Wörlen · Metzler-Müller · Balleis | BGB AT

BGB AT

mit Einführung in das Recht

Begründet von
Dr. iur. Rainer Wörlen †
seinerzeit Professor an der Hochschule Schmalkalden

unter Mitarbeit sowie von der 11. bis zur 15. Auflage fortgeführt von
Dr. iur. Karin Metzler-Müller
Professorin a.D. an der Hessischen Hochschule für Polizei und Verwaltung

überarbeitet von
Dr. iur. Kristina Balleis
Professorin an der Technischen Hochschule Aschaffenburg

und
Dr. iur. Axel Kokemoor
Professor an der Hochschule Fulda

16., überarbeitete und verbesserte Auflage 2023

Verlag Franz Vahlen

Zitiervorschlag: Wörlen/Metzler-Müller/Balleis BGB AT Rn.

www.vahlen.de

ISBN Print 978 3 8006 6833 5
ISBN E-Book 978 3 8006 6834 2

Wilhelmstraße 9, 80801 München

Druck: Beltz Grafische Betriebe GmbH
Am Fliegerhorst 8, 99947 Bad Langensalza

Satz: R. John + W. John GbR, Köln
Umschlaggestaltung: Martina Busch Grafikdesign, Homburg Saar

Gedruckt auf säurefreiem, alterungsbeständigem Papier
(hergestellt aus chlorfrei gebleichtem Zellstoff)

Studium Juris longe praestantissimum est[*]

* Übersetzung und Quelle auf der nächsten Seite – besonders zu beherzigen von künftigen [Wirtschafts-] Juristinnen und Juristen!

* Das Rechtsstudium steht weitaus an erster Stelle. [von Goethe, Positiones Juris, These 41, Straßburg 1771 (B 2 S. 57, Übersetzung S. 318) zit. nach Pausch/Pausch, Goethe-Zitate für Juristen, Köln 1994.]

Karikatur: Mit freundlicher Genehmigung des Urhebers Kai Felmy.

Vorwort zur 16. Auflage

Das vorliegende Lernbuch soll Studierenden der Rechts- und Wirtschaftswissenschaften an Universitäten, (Fach-)Hochschulen und Berufsakademien den Einstieg ins BGB erleichtern. Es ist aber auch bestens für eine auf das Wesentliche komprimierte Wiederholung vor Prüfungen geeignet. Übungsfälle, Prüfungsschemata sowie Lern- und Prüfungshinweise helfen bei der Vorbereitung.

Das von *Rainer Wörlen* begründete didaktische Konzept des „Lernens im Dialog" – das in seinen zahlreichen Lernbüchern umgesetzt worden ist – möchte Spaß am Lernen erzeugen und damit den Leserinnen und Lesern einen leichten Einstieg in ein Rechtsgebiet verschaffen. Die Zielsetzung dieses Werks wurde von Rainer Wörlen in seinem nachfolgend abgedruckten „Vorwort zur ersten Auflage" umfassend erläutert. Es vermittelt den Studierenden, wie sie mit diesem Lehrbuch besonders effektiv arbeiten – deshalb sollten Sie es unbedingt lesen.

In der Neuauflage wurden gesetzliche Neuerungen, soweit für den Allgemeinen Teil des BGB relevant, berücksichtigt. Dazu gehören vor allem die umfassende Reform des Schuldrechts zum 1.1.2022 durch das Gesetz zur Umsetzung der Richtlinie über bestimmte vertragsrechtliche Aspekte der Bereitstellung digitaler Inhalte und digitaler Dienstleistungen vom 25.6.2021 (BGBl. 2021 I 2123) und das Gesetz zur Regelung des Verkaufs von Sachen mit digitalen Elementen und anderer Aspekte des Kaufvertrags vom 25.6.2021 (BGBl. 2021 I 2133), das Gesetz zur Umsetzung der Digitalisierungsrichtlinie (DiRUG) vom 5.7.2021 (BGBl. 2021 I 3338), das Gesetz zur Modernisierung des Personengesellschaftsrechts (MoPeG) vom 10.8.2021 (BGBl. 2021 I 3436) und das Gesetz für faire Verbraucherverträge vom 10.8.2021 (BGBl. 2021 I 3433). Weitere Übersichten und zusätzliche Lern- und Prüfungshinweise sowie Beispiele wurden eingefügt. Rechtsprechung und Literatur befinden sich auf dem aktuellen Stand.

Nicht nur inhaltlich ist die 16. Auflage mit Veränderungen verbunden: Unsere liebe Kollegin Karin Metzler-Müller, die viele, viele Jahre an diesem Werk mitarbeitete und es nach dem Tod Rainer Wörlens im Jahr 2009 von der 11. bis zur 15. Auflage als Alleinautorin fortführte, ist in Pension. Sie hat uns die Zukunft dieses Buches anvertraut, was uns eine Ehre wie auch Ansporn ist, es in der bewährten Konzeption weiterzuführen und in den Details fortzuentwickeln.

Für Hinweise und Verbesserungsvorschläge sowie „Fehlermeldungen" sind wir stets dankbar. Sie erreichen uns am besten per E-Mail (kristina.balleis@th-ab.de; axel.kokemoor@sk.hs-fulda.de) oder an der Technischen Hochschule Aschaffenburg, Würzburger Str. 45, 63743 Aschaffenburg, Fax: 06021/4206 701 bzw. an der Hochschule Fulda, Leipziger Str. 123, 36037 Fulda, Fax: 0661/9 640 452.

Aschaffenburg und Fulda, im November 2022

Kristina Balleis
Axel Kokemoor

Aus dem Vorwort zur ersten Auflage – zugleich eine Arbeitsanleitung –

Meine Bücher zum BGB, Handelsrecht und Arbeitsrecht basieren auf meinen Arbeitsgemeinschaften für Studienanfänger an den Universitäten Würzburg und Freiburg sowie auf meinen Vorlesungen zum „Wirtschaftsrecht" im ehemaligen „Fachbereich Versicherungswesen" an der Hochschule Köln.

„Einführungen", „Grundrisse" und dergleichen haben gemeinsam, dass sie niemals vollständig sein können. So ist es nicht Ziel dieses Buches, die Vielzahl der auf dem Markt befindlichen, zum Teil vorzüglichen und viel umfassenderen Einführungswerke nur um eine andersartige Stoffauswahl zu ergänzen. (Auf einige dieser Werke wird bisweilen unter der Überschrift „Literatur zur Vertiefung" ebenso verwiesen wie auf speziellere Lehrbücher.)

Der Zweck dieses Buchs ist vornehmlich ein „didaktisch-pädagogischer":

Den Studierenden soll der Stoff nicht in einem vortragsähnlichen Monolog nahe gebracht werden, sondern in Form eines „Lehrgesprächs". Ihnen soll anhand von zur Thematik hinführenden Fragen oft Gelegenheit gegeben werden, sich **zunächst eigene Gedanken** zu **machen**, bevor sie die Antworten lesen, die den Stoff lehrbuchartig darbieten.

Bei dieser Darstellung des Stoffs wird weitgehend die „Fall-Methode" angewandt: „Das Recht" wird in der Praxis des täglichen Lebens von Rechtsfällen (Rechtsstreitigkeiten) beherrscht. Ein Fall endet regelmäßig mit einer Frage, und zu dieser Frage sollten die Studierenden bei der Durcharbeitung dieses Buches wiederum – auch ohne besondere Aufforderung – zunächst eigene Überlegungen anstellen, bevor sie weiterlesen.

Erfolgreiches Lernen bedeutet schließlich nicht nur **Lesen** und **Nachdenken**, sondern immer und immer wieder: **Wiederholen!** Um den Studierenden Gelegenheit zu geben zu überprüfen, was von dem zuvor im Lehrgespräch Erarbeiteten (bzw. hier Gelesenen) im Gedächtnis haften geblieben ist, werden am Ende von Teilabschnitten Stoffgliederungsübersichten, Merksätze und Prüfungsschemata dargeboten. Sollte man bei der Lektüre dieser Übersichten feststellen, dass man der Zusammenfassung nicht ohne Schwierigkeiten folgen kann, sollte man tunlichst zurückblättern, um den Stoff nachzuarbeiten! Gegebenenfalls mache man sich Notizen, um einem „Problem" anhand von vertiefender Literatur nachzugehen.

(…)

Schließlich soll dieses Buch bei der Stoffvermittlung auch schon ein wenig an die zivilrechtliche, gutachtliche Denkweise heranführen, deren Beherrschung für die Anfertigung von Prüfungsklausuren geboten ist. Bisweilen wird der Stoff, den ein Fall vermitteln soll, daher in gutachtenähnlicher Form „klausurmäßig" aufbereitet.

Nach intensiver Durcharbeitung sollten die Studierenden schon gut in der Lage sein, die Fälle zum ‚Allgemeinen Teil des BGB' in meiner (in demselben Verlag erschienenen) „Anleitung zur Lösung von Zivilrechtsfällen" selbstständig zu lösen bzw. nach dem im dortigen Vorwort unterbreiteten Arbeitsvorschlag nachzuarbeiten.

Es ist kein Zufall, dass in diesem Vorwort so häufig vom „**Arbeiten**" (**Durch**arbeiten, **Nach**arbeiten – auch **Vor**arbeiten kann nicht schaden!) die Rede ist. Es soll ja zugleich eine **Arbeits**anleitung sein!

„Ohne Arbeit kein Erfolg!" oder „Ohne Fleiß kein Preis!" sind keine Allgemeinplätze, sondern reine Wahrheit, „nichts als die Wahrheit!" Das Arbeiten (Synonym: Studieren!) kann dieses Buch, wie auch andere, nicht ersetzen. Es kann und soll die Arbeit aber etwas erleichtern und auflockern!

Bevor Sie mit der Lektüre beginnen, noch ein letzter Ratschlag, der, obwohl eigentlich selbstverständlich, nicht oft genug wiederholt werden kann: **Lesen Sie jede zitierte Vorschrift (= §!) sorgfältig durch**; wenn Sie diesen Band durcharbeiten, ist die ständige Benutzung (Lektüre) eines Texts des BGB unerlässlich. Ausreichend und empfehlenswert ist die Anschaffung der jeweils neuesten Auflage der Gesetzessammlung „BGB – Bürgerliches Gesetzbuch", der Reihe „Beck-Texte im dtv", Nr. 5001 mit einer Einführung von *Köhler* oder die „NWB-Textausgabe: Wichtige Gesetze des Wirtschaftsprivatrechts" mit einer Einführung von *Güllemann*. Beide Einführungen sind zum Einstieg sehr lesenswert. Den Hinweis „**Lesen!**" werden Sie im Text dieses Buches immer wieder finden. Wenn ich die Wichtigkeit der Gesetzeslektüre in meiner „Anleitung zur Lösung von Zivilrechtsfällen"[2] noch mit dem Satz „Die halbe Juristenwahrheit steht im Gesetz" unterstrichen habe, so möchte/muss ich dem noch hinzufügen: „**Die Hälfte aller Fehler in juristischen Anfängerklausuren könnte vermieden werden, wenn die Bearbeiter die zitierten Vorschriften (genauer) lesen würden.**"

Köln, im Mai 1990 *Rainer Wörlen*

2 Vgl. Literaturverzeichnis.

Inhaltsverzeichnis

Vorwort zur 16. Auflage VII

Aus dem Vorwort zur ersten Auflage – zugleich eine Arbeitsanleitung – IX

Inhaltsverzeichnis XI

Verzeichnis der Übersichten XVII

Verzeichnis der Prüfungsschemata XIX

Abkürzungsverzeichnis XXI

Literaturverzeichnis XXVII

1. Teil. Allgemeine Rechtslehre – Einführung in das Recht 1

1. Kapitel. Begriff, Inhalt, Erscheinungsformen und Durchsetzung des Rechts 1
- I. Sprache der Juristen 1
- II. Recht und Gesetz 1
  - Exkurs: Das Gesetzgebungsverfahren in Deutschland 3
- III. Privatrecht und öffentliches Recht 8
- IV. Wirtschaftsrecht und Wirtschaftsprivatrecht 12
- V. Internationales Recht 12
  - 1. Internationales Privatrecht (IPR) 13
  - 2. Rechtsordnung der Europäischen Union (Unionsrecht) 15
- VI. Materielles und formelles Recht 17
- VII. Durchsetzung des Rechts 17

2. Kapitel. Entstehung des Bürgerlichen Gesetzbuchs 21

3. Kapitel. Wichtige Grundbegriffe des Bürgerlichen Rechts – Terminologie des BGB 25
- I. Bedeutung und Inhalt bürgerlich-rechtlicher Regelungen 25
- II. Personen und Rechte 26
  - 1. Rechtsfähigkeit; Rechtssubjekte 26
  - 2. Formen der privatrechtlichen Handlungsfähigkeit 30
  - 3. Altersabhängige Rechte und Pflichten der natürlichen Personen 35

4. Kapitel. Aufbau und Systematik des BGB 37
- Exkurs: Arbeitsmittel und Arbeitsmethoden zum Erlernen des „Rechts“ 41
- 1. Gesetze 41
- 2. Fachliteratur 42
  - a) Kommentare 42
  - b) Lehrbücher und Grundrisse 43
  - c) Fallsammlungen 43
  - d) Monographien 43

3. Entscheidungssammlungen ... 44
4. Fachzeitschriften, Ausbildungszeitschriften ... 44
5. Repetitorien ... 44
6. Elektronische Publikationen ... 45

2. Teil. Allgemeiner Teil des Bürgerlichen Gesetzbuchs ... 47

1. Abschnitt. Personen (Rechtssubjekte) und Gegenstände (Rechtsobjekte) ... 47

1. Kapitel Personen (Rechtssubjekte) ... 47
I. Natürliche Personen ... 47
1. Rechtsfähigkeit und Volljährigkeit ... 47
2. Namensrecht und Persönlichkeitsrecht ... 47
3. Verbraucher und Unternehmer ... 48
a) Verbraucher ... 48
b) Unternehmer ... 49
II. Juristische Personen ... 50
1. Entstehung ... 50
2. Handlungsfähigkeit ... 52
3. Haftung ... 53
4. Arten (Einteilung) der juristischen Personen ... 57

2. Kapitel. Gegenstände des Rechts (Rechtsobjekte) ... 58
I. Sachen und Rechte ... 58
II. Sachen und Sachgesamtheiten ... 58
III. Einteilung der Sachen ... 59
1. Bewegliche und unbewegliche Sachen ... 59
2. Vertretbare und nicht vertretbare Sachen ... 60
3. Verbrauchbare und nicht verbrauchbare Sachen ... 61
4. Teilbare und nicht teilbare Sachen ... 61
IV. Teile von Sachen (Bestandteile) ... 61
1. Wesentliche Bestandteile ... 62
2. Wesentliche Bestandteile eines Grundstücks oder eines Gebäudes ... 63
3. Scheinbestandteile ... 64
V. Zubehör, Früchte, Nutzungen, Lasten ... 66
1. Zubehör ... 66
2. Früchte, Nutzungen, Lasten ... 66

2. Abschnitt. Rechtsgeschäfte und Willenserklärungen ... 69

1. Kapitel. Voraussetzungen und Wirkungen von Willenserklärungen ... 69
I. Geschäftsfähigkeit ... 69
1. Einteilung (Arten) der Geschäftsfähigkeit ... 70
2. Geschäftsunfähigkeit ... 70
3. Beschränkte Geschäftsfähigkeit ... 71
Exkurs: Unwirksamkeit und Nichtigkeit ... 74
4. Partielle Geschäftsfähigkeit ... 75
5. Betreuung ... 75
II. Inhalt und Bedeutung von Willenserklärungen ... 78

1. Bestandteile einer Willenserklärung (allgemeine Wirksamkeitsvoraussetzungen) 79
Exkurs: Methodik der Fallbearbeitung I (Gutachten und Urteil) 79
a) Wille 83
b) Erklärung 84
2. Besondere Wirksamkeitsvoraussetzungen für Willenserklärungen 90
a) Abgrenzung von Willenserklärungen zu ähnlichen Erklärungen 90
b) Inhaltliche Bedeutung von Willenserklärungen (Auslegung) 95
Exkurs: Auslegung und Analogie; teleologische und geltungserhaltende Reduktion 98
c) Empfangsbedürftige und nicht empfangsbedürftige Willenserklärungen 105
d) Abgabe und Zugang von empfangsbedürftigen Willenserklärungen 105
Exkurs: Methodik der Fallbearbeitung II (Allgemeine Vorüberlegungen zum Gutachten) 116
3. Elektronische Willenserklärungen 128

2. Kapitel. Anfechtung von Willenserklärungen und Rechtsgeschäften 130
I. Grundgedanken 130
II. Voraussetzungen der wirksamen Anfechtung 131
1. Anfechtungsgründe 131
a) Inhaltsirrtum 131
b) Erklärungsirrtum 132
c) Eigenschaftsirrtum 133
Exkurs: Methodik der Fallbearbeitung III (Wiederholung – Fallbeispiel Anfechtungsrecht) 135
d) Irrtum wegen falscher Übermittlung 138
e) Irrtum durch arglistige Täuschung 138
f) Willenserklärung aufgrund widerrechtlicher Drohung 139
2. Anfechtungserklärung 141
3. Anfechtungsfrist 142
III. Wirkungen der Anfechtung 142
1. Nichtigkeit des Rechtsgeschäfts 142
2. Schadensersatzpflicht des Anfechtenden 143
3. Herausgabe bereits ausgetauschter Leistungen 145
IV. Falllösungen zum Anfechtungsrecht 146

3. Kapitel. Trennungs- und Abstraktionsprinzip 157

4. Kapitel. Form und Nichtigkeit von Rechtsgeschäften 167
I. Grundsatz 167
II. Zweck der Formbedürftigkeit 167
1. Beweisfunktion 167
2. Beratungsfunktion 168
3. Warn- und Schutzfunktion 168

III. Arten der Form ... 168
1. Gesetzliche Schriftform ... 168
2. Elektronische Form ... 169
3. Textform ... 171
4. Vereinbarte Form ... 172
5. Notarielle Beurkundung ... 173
6. Öffentliche Beglaubigung ... 173
7. Abgabe von Willenserklärungen bei gleichzeitiger Anwesenheit der Parteien vor zuständiger Stelle ... 174
IV. Beispiele für gesetzliche Formvorschriften ... 174
1. Schuldrecht ... 175
2. Sachenrecht ... 175
3. Familienrecht ... 175
4. Erbrecht ... 175
5. Handelsrecht ... 176
6. Gesellschaftsrecht ... 176
V. Rechtsfolgen der Nichteinhaltung der Form ... 176
1. Grundsatz: Nichtigkeit des Rechtsgeschäfts ... 176
2. Ausnahmen ... 176
a) Heilung des Formmangels durch Erfüllung ... 176
b) Teilnichtigkeit ... 176
c) Umdeutung ... 177
VI. Nichtige Rechtsgeschäfte ohne Formverstoß ... 181
1. Verstoß gegen gesetzliche Verbote ... 181
a) Verbotsgesetze ... 181
b) Rechtsfolgen des Verstoßes ... 181
c) Umgehungsgeschäfte ... 182
2. Verstoß gegen die guten Sitten ... 182
a) Sittenwidrigkeit ... 182
b) Wucher ... 183
3. Nichtigkeit aufgrund von Willensmängeln ... 185
a) Geheimer Vorbehalt ... 185
b) Scheingeschäft ... 185
c) Scherzerklärung ... 188
Exkurs: Zwingendes und nachgiebiges Recht ... 190

5. Kapitel. Vertrag ... 192
I. Vertragsschluss ... 192
II. Vertragsschluss im E-Commerce ... 194
1. Zustandekommen des Vertrags ... 194
2. Abgabe und Zugang von elektronischen Willenserklärungen ... 196
3. Besonderheiten beim Vertragsschluss mit Verbrauchern im elektronischen Geschäftsverkehr ... 198
III. Einbeziehung von Allgemeinen Geschäftsbedingungen (AGB); Widerrufsrecht ... 199
1. Einbeziehung von Allgemeinen Geschäftsbedingungen (AGB) ... 199
2. Widerrufsrecht ... 201
IV. Einigungsmangel (Dissens) ... 202

1. Offener Dissens ... 202
2. Versteckter Dissens ... 202
3. Abgrenzung: Dissens, Inhaltsirrtum und falsa demonstratio ... 203

6. Kapitel. Recht der Stellvertretung ... 210
I. Zulässigkeit der Stellvertretung ... 210
II. Arten der Stellvertretung ... 211
1. Gesetzliche Vertretung ... 211
2. Organschaftliche Vertretung ... 211
3. Rechtsgeschäftliche Vertretung (Stellvertretung) ... 212
III. Voraussetzungen und Wirkungen der wirksamen Stellvertretung 212
1. Merkmale der Vertretung ... 212
2. Vertreter und Bote ... 214
3. Offenkundigkeitsprinzip ... 215
4. Inhalt der Vertretungsmacht ... 218
a) Vertretungsmacht durch Vollmachtserteilung ... 218
b) Vertretungsmacht kraft guten Glaubens bzw. kraft Rechtsscheins ... 219
c) Duldungsvollmacht und Anscheinsvollmacht ... 220
d) Vollmacht durch konkludentes Handeln ... 222
e) Erlöschen der Vollmacht ... 222
IV. Vertretung ohne Vertretungsmacht ... 226
1. Genehmigung des Vertragsschlusses durch den Vertretenen ... 226
2. Haftung des Vertreters ohne Vertretungsmacht ... 227
a) Bewusstes Handeln ohne Vertretungsmacht ... 227
b) Unbewusstes Handeln ohne Vertretungsmacht ... 228
c) Handeln ohne Vertretungsmacht bei Kenntnis des Vertragspartners ... 229
V. Insichgeschäft ... 230
VI. Eigenhaftung des Vertreters mit Vertretungsmacht als Dritter iSv § 311 III ... 235
1. Besondere Vertrauensinanspruchnahme durch Dritte ... 235
2. Besonderes wirtschaftliches Eigeninteresse von Dritten ... 239

7. Kapitel. Bedingung; Befristung; Fristen, Termine; Auflage; Verjährung ... 243
I. Bedingung ... 243
1. Aufschiebende Bedingung ... 244
2. Auflösende Bedingung ... 245
II. Befristung (Zeitbestimmung) ... 245
III. Fristen und Termine ... 245
IV. Auflage ... 248
V. Verjährung/Ausschluss- und Verjährungsfristen/Einwendungen und Einreden ... 249
1. Ausschlussfristen/Einwendungen ... 249
2. Verjährungsfristen/Einreden ... 249

Sachverzeichnis ... 255

Verzeichnis der Übersichten

(Die Zahlen rechts beziehen sich auf die Seiten.)

1: Weg der Gesetzgebung ... 5
2: Was ist Recht? ... 8
3: Einordnung des Bürgerlichen Rechts in unser Rechtssystem ... 11
4: Gerichtsaufbau in Deutschland ... 20
5: Entstehungsgeschichte des BGB ... 24
6: Allgemeine Begriffe aus dem Bürgerlichen Recht (Teil 1) ... 29
7: Allgemeine Begriffe aus dem Bürgerlichen Recht (Teil 2) ... 34
8: Altersabhängige Rechte und Pflichten ... 35
9: Aufbau des Bürgerlichen Gesetzbuchs ... 40
10: Rechtssubjekte ... 55
11: Einteilung der juristischen Personen ... 56
12: Rechtsobjekte (Gegenstände) ... 60
13: Sachen ... 67
14: Geschäftsfähigkeit ... 77
15: Methodik der juristischen Fallbearbeitung – I. Gutachten und Urteil – ... 82
16: Willenserklärung
(Teil 1) I. Bestandteile der Willenserklärung ... 86
(Teil 2) II. Kundgabe der Willenserklärung ... 89
(Teil 3) III. Abgrenzung von anderen Erklärungen ... 94
(Teil 4) IV. Auslegung von Willenserklärungen ... 97
17: Exkurs: Methoden der Rechtswissenschaft
I. Auslegung von Gesetzen ... 103
II. Analogie ... 104
III. Teleologische und geltungserhaltende Reduktion ... 104
18: Recht der Willenserklärungen (Abgabe und Zugang von Willenserklärungen) ... 114
19: Methodik der juristischen Fallbearbeitung – II. Allgemeine Vorüberlegungen zur Ausarbeitung einer Klausur (Gutachten) – ... 125
20: Anfechtungsrecht ... 152
21: Besitz und Eigentum ... 164
22: Trennungs- und Abstraktionsprinzip ... 165
23: Form von Rechtsgeschäften ... 178
24: Nichtige Rechtsgeschäfte ohne Formverstoß ... 184
24a: Nichtige Rechtsgeschäfte aufgrund von Willensmängeln ... 189
25: Vertragsschluss ... 199
26: Abgrenzung: Dissens, Irrtum und „falsa demonstratio“ ... 208
27: Recht der Stellvertretung ... 224
28: Rechtsfolgen der Vertretung/Haftung im Stellvertretungsrecht ... 232
29: Bedingung, Befristung, Fristen, Auflage, Verjährung, Einreden, Einwendungen ... 252

Verzeichnis der Prüfungsschemata

§§ 104 ff.	Prüfungsfolge der Wirksamkeit einer Willenserklärung bei Mangel der Geschäftsfähigkeit	76
	Prüfungsfolge eines Anspruchs aus Vertrag	127
§ 122	Schadensersatzpflicht des Anfechtenden	144
§§ 119 ff., 142 f.	Prüfungsfolge bei der Anfechtung	151
§ 164	Prüfungsfolge bei der Stellvertretung	223
§ 179	Haftung des Vertreters ohne Vertretungsmacht	230
§ 280 I iVm §§ 241 II, 311 II und III	Eigenhaftung des Vertreters mit Vertretungsmacht	241

Abkürzungsverzeichnis*

ABGB . . . . Allgemeines Bürgerliches Gesetzbuch (Österreich)
ABl. . . . . Amtsblatt
Abs. . . . . Absatz
Abschn. . . . . Abschnitt
AcP . . . . Archiv für die civilistische Praxis (Zeitschrift)
AdVermiG . . . . Gesetz über die Vermittlung der Annahme als Kind und über das Verbot der Vermittlung von Ersatzmüttern (Adoptionsvermittlungsgesetz)
aE . . . . am Ende
AEUV . . . . Vertrag über die Arbeitsweise der Europäischen Union
AG . . . . Aktiengesellschaft
AGB . . . . Allgemeine Geschäftsbedingungen
AGBG . . . . Gesetz zur Regelung der Allgemeinen Geschäftsbedingungen (AGB-Gesetz)
AGG . . . . Allgemeines Gleichbehandlungsgesetz
AktG . . . . Aktiengesetz
Anm. . . . . Anmerkung
APR . . . . Allgemeines Persönlichkeitsrecht
ArbGG . . . . Arbeitsgerichtsgesetz
ArbR . . . . Arbeitsrecht
arg. . . . . Argument (argumentum)
Art. . . . . Artikel
AT . . . . Allgemeiner Teil
Aufl. . . . . Auflage
ausf. . . . . ausführlich
Azubi . . . . Auszubildende, Auszubildender

BauGB . . . . Baugesetzbuch
BayObLGZ . . . . . . Entscheidungen des Bayerischen Obersten Landesgerichts in Zivilsachen
BB . . . . Betriebs-Berater (Zeitschrift)
BBiG . . . . Berufsbildungsgesetz
Bd. . . . . Band
BeckRS . . . . Beck'sche Rechtsprechungssammlung (abrufbar in beck-online)
begr. . . . . begründet
ber. . . . . berichtigt
betr. . . . . betreffend, betrifft
BetrVG . . . . Betriebsverfassungsgesetz
BeurkG . . . . Beurkundungsgesetz
BGB . . . . Bürgerliches Gesetzbuch
BGB AT . . . . Allgemeiner Teil des BGB
BGB-Ges . . . . BGB-Gesellschaft
BGBl. . . . . Bundesgesetzblatt
BGH . . . . Bundesgerichtshof
BGHZ . . . . Entscheidungen des Bundesgerichtshofs in Zivilsachen
BR . . . . Bundesrat
Bsp. . . . . Beispiel
BT . . . . Besonderer Teil
BtBG . . . . Gesetz über die Wahrnehmung behördlicher Aufgaben bei der Betreuung Volljähriger (Betreuungsbehördengesetz)
Buchst. . . . . Buchstabe

* Vgl. dazu *Kirchner, H.*, Abkürzungsverzeichnis der Rechtssprache, 10. Aufl. 2021.

BürgerlR . . . . Bürgerliches Recht
bzw. . . . . beziehungsweise

ca. . . . . circa
CAD . . . . engl.: Canadian dollar = kanadischer Dollar
c. i. c. . . . . culpa in contrahendo
CISG . . . . United Nations, Convention on Contracts for the International Sale of Goods = Übereinkommen der Vereinten Nationen über Verträge über den internationalen Warenkauf
CompR/CoR . . . . . Computerrecht
CZK . . . . tschechische Kronen

DB . . . . Der Betrieb (Zeitschrift)
dgl. . . . . der-/desgleichen
dh . . . . das heißt
DKK . . . . dänische Kronen
DNotZ . . . . Deutsche Notar-Zeitschrift
DRiZ . . . . Deutsche Richterzeitung
Drs. . . . . Drucksache
dt. . . . . deutsch/e/r/s
dtv . . . . Deutscher Taschenbuch Verlag

EAG-Vertrag . . . . . Vertrag zur Gründung der Europäischen Atomgemeinschaft
EG . . . . Europäische Gemeinschaften
EGBGB . . . . Einführungsgesetz zum Bürgerlichen Gesetzbuche
EGKS . . . . Europäische Gemeinschaft für Kohle und Stahl
EGV . . . . Vertrag zur Gründung der Europäischen Gemeinschaften
EGZPO . . . . Gesetz betreffend die Einführung der Zivilprozeßordnung
Einf. . . . . Einführung
eIDAS-VO . . . . Verordnung (EU) Nr. 910/2014 des Europäischen Parlaments und des Rates über elektronische Identifizierung und Vertrauensdienste für elektronische Transaktionen im Binnenmarkt und zur Aufhebung der Richtlinie 1999/93/EG v. 23.7.2014
ErbbauRG . . . . Gesetz über das Erbbaurecht (Erbbaurechtsgesetz)
ErbR . . . . Erbrecht
ESchG . . . . Gesetz zum Schutz von Embryonen (Embryonenschutzgesetz)
etc . . . . et cetera
EU . . . . Europäische Union
Euro-I-VO . . . . Verordnung (EG) Nr. 1103/97 des Rates vom 17.6.1997 über bestimmte Vorschriften im Zusammenhang mit der Einführung des Euro
EuropaR . . . . Europarecht
EUV . . . . Vertrag über die Europäische Union
e.V. . . . . eingetragener Verein
evtl. . . . . eventuell

f., ff. . . . . folgende (Seite), fortfolgende (Seiten)
FamR . . . . Familienrecht
FamRZ . . . . Zeitschrift für das gesamte Familienrecht
FernUSG . . . . Gesetz zum Schutz der Teilnehmer am Fernunterricht (Fernunterrichtsschutzgesetz)
Fn. . . . . Fußnote
FS . . . . Festschrift
„fSaE“ . . . . „für Studenten aufbereitete Entscheidung“

GastG . . . . Gaststättengesetz
GBO . . . . Grundbuchordnung
GbR . . . . Gesellschaft bürgerlichen Rechts
gem. . . . . gemäß

GG	Grundgesetz für die Bundesrepublik Deutschland
ggf.	gegebenenfalls
Ggs.	Gegensatz
GK	Grundkurs
GmbH	Gesellschaft mit beschränkter Haftung
GmbHG	Gesetz betreffend die Gesellschaften mit beschränkter Haftung
GPR	Zeitschrift für das Privatrecht der Europäischen Union
GVG	Gerichtsverfassungsgesetz
GWB	Gesetz gegen Wettbewerbsbeschränkungen
Halbbd.	Halbband
HandelsR	Handelsrecht
hess.	hessisches
HessOrtsGG	Hessisches Ortsgerichtsgesetz
HGB	Handelsgesetzbuch
HK	Handkommentar (vgl. Literaturverzeichnis: Schulze ua)
hM	herrschende Meinung
Hrsg.	Herausgeber
Hs.	Halbsatz
idR	in der Regel
iErg	im Ergebnis
iHv	in Höhe von
insbes.	insbesondere
IntVertragsR	Internationales Vertragsrecht
IPR	Internationales Privatrecht
iSd	im Sinne des/der
iSv	im Sinne von
iVm	in Verbindung mit
JA	Juristische Arbeitsblätter (Zeitschrift)
JArbSchG	Gesetz zum Schutze der arbeitenden Jugend (Jugendarbeitsschutzgesetz)
JGG	Jugendgerichtsgesetz
Jh.	Jahrhundert
jP	juristische Person
JR	Juristische Rundschau (Zeitschrift)
JURA	Juristische Ausbildung (Zeitschrift)
jurisPK	juris PraxisKommentar (vgl. Literaturverzeichnis: Herberger ua)
JuS	Juristische Schulung (Zeitschrift)
JZ	Juristenzeitung (Zeitschrift)
Kap.	Kapitel
Kfz	Kraftfahrzeug
KG	Kommanditgesellschaft/Kammergericht
KGaA	KG auf Aktien
KSchG	Kündigungsschutzgesetz
L	Lernbogen (JuS)
LadSchlG	Gesetz über den Ladenschluss (Ladenschlussgesetz)
lat.	lateinisch
LG	Landgericht(e)
LPartG	Gesetz über die Eingetragene Lebenspartnerschaft (Lebenspartnerschaftsgesetz)
LSK	Leitsatzkartei
MDR	Monatsschrift des deutschen Rechts (Zeitschrift)
MMR	Multimedia und Recht (Zeitschrift)
MoPeG	Gesetz zur Modernisierung des Personengesellschaftsrechts (Personengesellschaftsmodernisierungsgesetz)

MüKo .... Münchener Kommentar (Literaturverzeichnis)
MuSchG .... Gesetz zum Schutz von Müttern bei der Arbeit, in der Ausbildung und im Studium (Mutterschutzgesetz)
mwN .... mit weiteren Nachweisen

NATO .... North Atlantic Treaty Organization (= Verteidigungsbündnis)
NJ............. Neue Justiz (Zeitschrift)
NJOZ .... Neue Juristische Online Zeitschrift
NJW .... Neue Juristische Wochenschrift (Zeitschrift)
NJW-RR .... Neue Juristische Wochenschrift (Rechtsprechungs-Report Zivilrecht)
Nr. .... Nummer
NWB .... Neue Wirtschaftsbriefe (= Verlag)

obj. .... objektiv
öff. .... öffentliche/r/s
OHG .... Offene Handelsgesellschaft
OLG .... Oberlandesgericht(e)
OLGZ .... Entscheidungen der Oberlandesgerichte in Zivilsachen
OR .... (schweizerisches) Obligationenrecht

PAuswG .... Gesetz über Personalausweise und den elektronischen Identitätsnachweis (Personalausweisgesetz)
PK .... Praxiskommentar (vgl. Literaturverzeichnis: Herberger ua)
preuß. .... preußisch
PrivatR .... Privatrecht
ProdHaftG .... Gesetz über die Haftung für fehlerhafte Produkte (Produkthaftungsgesetz)
Prof. .... Professor, Professorin
ProstG .... Gesetz zur Regelung der Rechtsverhältnisse der Prostituierten (Prostitutionsgesetz)

Rdi .... Recht digital (Zeitschrift)
RelKErzG .... Gesetz über die religiöse Kindererziehung
RGBl. .... Reichsgesetzblatt
RGZ .... Entscheidungen des Reichsgerichts in Zivilsachen
RL .... Richtlinie
Rn. .... Randnummer(n)
röm. .... römisch
RRegeln .... Rechtsregeln
Rspr. .... Rechtsprechung
RÜ .... Rechtsprechungsübersicht (Zeitschrift)

S. .... Satz/Seite/Siehe
SachenR .... Sachenrecht
ScheckG .... Scheckgesetz
SchuldR .... Schuldrecht
SchwarzArbG ..... Gesetz zur Bekämpfung der Schwarzarbeit und illegalen Beschäftigung (Schwarzarbeitsbekämpfungsgesetz)
SGB .... Sozialgesetzbuch
Slg. .... Sammlung der Rechtsprechung
sog. .... sogenannt/e/er
StGB .... Strafgesetzbuch
StPO .... Strafprozessordnung
SV .... Sachverhalt

TB .... Taschenbuch
TVG .... Tarifvertragsgesetz
TzWrG .... Gesetz über die Veräußerung von Teilzeitnutzungsrechten an Wohngebäuden (Teilzeit-Wohnrechtegesetz)

ua .... und andere
uÄ .... und Ähnliche/s
Überbl. .... Überblick
UrhG .... Gesetz über Urheberrecht und verwandte Schutzrechte (Urheberrechtsgesetz)
Urt. .... Urteil
USD .... United States Dollar (= Währungseinheit der Vereinigten Staaten)
usf. .... und so fort
usw .... und so weiter
uU .... unter Umständen
UWG .... Gesetz gegen den unlauteren Wettbewerb

v. .... von/vom/vor
Var. .... Variante
VDG .... Vertrauensdienstegesetz
VerbrKrG .... Verbraucherkreditgesetz
VerlG .... Gesetz über das Verlagsrecht
vgl. .... vergleiche
VO .... Verordnung
Vor .... Vorbemerkung
VuR .... Verbraucher und Recht (Zeitschrift)
VVaG .... Versicherungsverein auf Gegenseitigkeit
VVG .... Gesetz über den Versicherungsvertrag (Versicherungsvertragsgesetz)
VwGO .... Verwaltungsgerichtsordnung
VwVfG .... Verwaltungsverfahrensgesetz

WE(en) .... Willenserklärung(en)
WEG .... Gesetz über das Wohnungseigentum und das Dauerwohnrecht (Wohnungseigentumsgesetz)
WG .... Wechselgesetz
WirtschaftsPrivatR . . Wirtschaftsprivatrecht
wissArb .... wissenschaftliches Arbeiten

zB .... zum Beispiel
ZfPW .... Zeitschrift für die Privatrechtswissenschaft
ZGS .... Zeitschrift für das gesamte Schuldrecht
ZJS .... Zeitschrift für das Juristische Studium
ZPO .... Zivilprozessordnung
ZRP .... Zeitschrift für Rechtspolitik

Literaturverzeichnis

Aichberger, Th./Häberle, P./Hakenberg, W./Koch, Th./Winkler, J. (vormals Model, O./Creifelds, C.), Staatsbürger-Taschenbuch, 35. Aufl. 2022 (zit.: Aichberger Staatsbürger)

Alpmann Schmidt/Lüdde, J. S., BGB AT 1, 24. Aufl. 2021 und BGB AT 2, 22. Aufl. 2021 (zit.: Alpmann Schmidt BGB AT 1 bzw. BGB AT 2)

Bitter, G./Röder, S., BGB Allgemeiner Teil, 5. Aufl. 2020 (zit.: Bitter/Röder BGB AT)

Brox, H./Walker, W.-D., Allgemeiner Teil des BGB, 46. Aufl. 2022 (zit.: Brox/Walker BGB AT)

Führich, E., Wirtschaftsprivatrecht, 14. Aufl. 2022 (zit.: Führich WirtschaftsPrivatR)

Grüneberg, Ch. ua (vormals Palandt, O.), Bürgerliches Gesetzbuch, Kommentar, 81. Aufl. 2022 (zit.: Grüneberg/Bearbeiter)

Güllemann, D., Internationales Vertragsrecht, 3. Aufl. 2018 (zit.: Güllemann IntVertragsR)

Hakenberg, W., Europarecht, 9. Aufl. 2021 (zit.: Hakenberg EuropaR)

Hau, W./Poseck, R. (Hrsg.), BeckOK BGB, 63. Edition 2022 (zit.: Beck OK BGB/Bearbeiter)

Herberger, M./Martinek, M./Rüßmann, H./Werth, S., juris PraxisKommentar BGB, Band 1 – Allgemeiner Teil, 9. Aufl. 2020 (zit.: jurisPK-BGB/Bearbeiter)

Hirsch, C., BGB Allgemeiner Teil, 10. Aufl. 2019 (zit.: Hirsch BGB AT)

Jauernig, O. (Hrsg.), Bürgerliches Gesetzbuch, Kommentar, 18. Aufl. 2021 (zit.: Jauernig/Bearbeiter)

Kallwass, W./Abels, P./Müller-Michaels, O., Privatrecht, 25. Aufl. 2022 (zit.: Kallwass/Abels/Müller-Michaels PrivatR)

Klunzinger, E., Einführung in das Bürgerliche Recht, 17. Aufl. 2019 (zit.: Klunzinger BürgerlR)

Köhler, H., BGB Allgemeiner Teil, 46. Aufl. 2022 (zit.: Köhler BGB AT)

Medicus, D./Petersen, J., Bürgerliches Recht – Eine nach Anspruchsgrundlagen geordnete Darstellung –, 28. Aufl. 2021 (zit.: Medicus/Petersen BürgerlR)

Metzler-Müller, K./Füglein, F., Wie löse ich einen Privatrechtsfall? – Aufbauschemata, Mustergutachten, Klausurschwerpunkte –, 8. Aufl. 2022 (zit.: Metzler-Müller/Füglein Privatrechtsfall)

Möllers, Th., Juristische Arbeitstechnik und wissenschaftliches Arbeiten, 10. Aufl. 2021 (zit.: Möllers Arbeitstechnik)

Münchener Kommentar zum Bürgerlichen Gesetzbuch, Bd. 1 Allgemeiner Teil, §§ 1–240, AllgPersönlR, ProstG, AGG, 9. Aufl. 2021; Bd. 3 Schuldrecht – Allgemeiner Teil II, 9. Aufl. 2022 (zit.: MüKoBGB/Bearbeiter)

Musielak, H.-J./Hau, W., Grundkurs BGB, 17. Aufl. 2021 (zit.: Musielak/Hau GK BGB)

Neuner, J., Allgemeiner Teil des Bürgerlichen Rechts, 12. Aufl. 2020 (zit.: Neuner BGB AT)

Schade, F./Graewe, D., Wirtschaftsprivatrecht, Grundlagen des Bürgerlichen Rechts und des Wirtschaftsrechts, 4. Aufl. 2017 (zit.: Schade/Graewe WirtschaftsPrivatR)

Schulze, R./Dörner, H./Ebert, I. ua, Bürgerliches Gesetzbuch, Handkommentar, 11. Aufl. 2021 (zit.: HK-BGB/Bearbeiter)

Spindler, G./Schuster, F., Recht der elektronischen Medien, 4. Aufl. 2019 (zit.: Spindler/Schuster)

Stadler, A., Allgemeiner Teil des BGB, 21. Aufl. 2022 (zit.: Stadler BGB AT)

Staudinger, J., von Staudingers Kommentar zum Bürgerlichen Gesetzbuch mit Einführungsgesetz, 18. Aufl. 2018 ff. (zit.: Staudinger/Bearbeiter)

Weber, K. (Hrsg.) (vormals Creifelds), Rechtswörterbuch, 24. Aufl. 2022 (zit.: Creifelds Rechtswörterbuch/Bearbeiter)

Westermann, H.-P., Grundbegriffe des BGB, 17. Aufl. 2013 (zit.: Westermann Grundbegriffe BGB)

Wörlen, R./Kokemoor, A., Arbeitsrecht, 13. Aufl. 2019 (zit.: Wörlen/Kokemoor ArbR)

Wörlen, R./Kokemoor, A./Lohrer, S., Handelsrecht mit Gesellschaftsrecht, 14. Aufl. 2021 (zit.: Wörlen/Kokemoor/Lohrer HandelsR)

Wörlen, R./Kokemoor, A., Sachenrecht mit Kreditsicherungsrecht, 11. Aufl. 2020 (zit.: Wörlen/Kokemoor SachenR)

Wörlen, R./Metzler-Müller, K., Schuldrecht AT, 14. Aufl. 2020 (zit.: Wörlen/Metzler-Müller SchuldR AT)

Wörlen, R./Metzler-Müller, K./Kokemoor, A., Schuldrecht BT, 14. Aufl. 2022 (zit.: Wörlen/Metzler-Müller/Kokemoor SchuldR BT)

Wörlen, R./Schindler, S./Balleis, K., Anleitung zur Lösung von Zivilrechtsfällen – Methodische Hinweise und 22 Musterklausuren, 10. Aufl. 2020 (zit.: Wörlen/Schindler/Balleis ZivilR)

Zerres, T., Bürgerliches Recht – Allgemeiner Teil, Schuldrecht, Sachenrecht, Zivilprozessrecht, 10. Aufl. 2022 (zit.: Zerres BürgerlR)

1. Teil. Allgemeine Rechtslehre – Einführung in das Recht

1. Kapitel. Begriff, Inhalt, Erscheinungsformen und Durchsetzung des Rechts

I. Sprache der Juristen[1]

Sie werden sich zu Beginn des Studiums unseres gemeinsamen Lehr- bzw. Lerngebiets mit einer Reihe von Grundbegriffen aus dem juristischen Sprachgebrauch befassen müssen, um sich mit der für Nichtjuristinnen und -juristen bisweilen nicht ganz leicht zu verstehenden Terminologie der Rechtswissenschaft vertraut zu machen. Die juristische Sprache ist – kurz gesagt – gewöhnungsbedürftig. 1

Wenngleich es sehr wichtig ist, eine Reihe von juristischen Fachausdrücken und -begriffen zu beherrschen, sollte man bei ihrem Erlernen nie vergessen, dass unsere eigentliche Sprache Deutsch (vgl. auch § 184 GVG: „Die Gerichtssprache ist Deutsch") und nicht „Fachchinesisch" ist! Auch ohne juristische Fachbegriffe kann es ganz schön kompliziert werden, wenn man genau sein will. Dies zeigt eine heute eher komisch wirkende Begriffsbestimmung des ehrwürdigen Reichsgerichts von 1871. Es definierte den Begriff der damals noch recht neuen Eisenbahn (1838) folgendermaßen:

„Eine Eisenbahn ist ein Unternehmen, gerichtet auf wiederholte Fortbewegung von Personen oder Sachen über nicht ganz unbedeutende Raumstrecken auf metallener Grundlage, welche durch ihre Konsistenz, Konstruktion und Glätte den Transport großer Gewichtsmassen bzw. die Erzielung einer verhältnismäßig bedeutenden Schnelligkeit der Transportbewegung zu ermöglichen bestimmt ist, und durch diese Eigenart in Verbindung mit den außerdem zur Erzeugung der Transportbewegung benutzten Naturkräften – Dampf, Elektrizität, tierischer oder menschlicher Muskeltätigkeit, bei geneigter Ebene der Bahn auch schon durch die eigene Schwere der Transportgefäße und deren Ladung usf. – bei dem Betriebe des Unternehmens auf derselben eine verhältnismäßig gewaltige, je nach den Umständen nur bezweckterweise oder auch Menschenleben vernichtende und menschliche Gesundheit verletzende Wirkung zu erzeugen fähig ist."[2] 2

Mit solch spitzfindigen Definitionen werden wir es zum Glück nicht zu tun bekommen, wenn wir uns mit dem (Wirtschafts-)Privatrecht befassen!

Mit „Spitzfindigkeit" hat es allerdings nichts zu tun, wenn Sie sich bei der Anwendung und Wiedergabe juristischer Vorschriften (= Paragrafen) genau an die dort benutzten Worte und Begriffe halten! Denn Ihrer Meinung nach scheinbar gleichbedeutende Begriffe haben rechtlich oft sehr unterschiedliche Bedeutung: „Gegenstand" ist nicht dasselbe wie „Sache", und „Einwilligung" ist etwas anderes als „Genehmigung", um nur zwei Beispiele zu nennen! 3

II. Recht und Gesetz

An den Hochschulen und Universitäten wird „Recht" in unterschiedlicher Breite und mit unterschiedlichen Bezeichnungen, mal als Hauptfach, mal als Nebenfach gelehrt. 4

---

1 Vgl. dazu auch Emile Zola, „Was für eine barbarische Sprache doch die Sprache des Gesetzes ist", gefunden in: Günther (Hrsg.), BGB in Reimen, 1994, sowie in Zimmermanns Zitaten-Lexikon für Juristen, 1998, 88; Schnapp JURA 2004, 22; Schnapp JURA 2006, 583.

2 RGZ 1, 247 (252).

Die Rede ist von Recht, Rechtswissenschaften, Wirtschaftsprivatrecht[3], Wirtschaftsrecht usw.

■ [4]Was heißt das eigentlich: „Recht"? Was verbirgt sich hinter diesem Begriff?
Wie würden Sie mit eigenen Worten als Laie einem anderen Laien definieren, was „Recht" ist?
Versuchen Sie es einmal ...

Bevor Sie weiterlesen, sollten Sie selbst ernsthaft überlegen, wie Sie, zB bei einer Umfrage auf der Straße, auf die überraschend gestellte Frage „Was ist Recht?" antworten würden! (Überlegen Sie!)

Sie werden gemerkt haben, dass es gar nicht so einfach ist, einen scheinbar geläufigen, häufig benutzten Begriff umfassend und präzise zu definieren. Das liegt nicht daran, dass es Ihnen an Wissen oder Phantasie fehlt, sondern einfach daran, dass es eine allumfassende Definition für „das Recht", die man in einem Satz formulieren könnte, gar nicht gibt.

5 ▶ Man muss zunächst unterscheiden zwischen

Recht im objektiven Sinn

und

Recht im subjektiven Sinn.

■ Was bedeutet „Recht im objektiven Sinn"?
▶ Unter Recht im objektiven Sinn versteht man die Gesamtheit der mündlich überlieferten oder schriftlich niedergelegten Grundsätze, die sich eine Gemeinschaft gibt, und die in bindender Weise das menschliche Zusammenleben ordnen und regeln.

Handelt es sich bei dem objektiven Recht um Grundsätze oder Normen, die sich durch langjährige Übung entwickelt haben und mündlich überliefert wurden, spricht man von **Gewohnheitsrecht**. Gewohnheitsrecht sind ungeschriebene Rechtsnormen. Die Bedeutung des Gewohnheitsrechts ist heute nur noch gering, weil die meisten Lebensvorgänge durch geschriebene Rechtsnormen geregelt sind.

Die schriftliche Festlegung von Rechtsnormen wird oft mit dem Fremdwort „Kodifizierung" bezeichnet. Das **schriftlich festgelegte Recht** heißt deshalb auch **„kodifiziertes Recht"**. Zur Abgrenzung vom Gewohnheitsrecht nennt man es auch gesetztes Recht, denn das kodifizierte Recht hat sich nicht durch langjährige Übung und mündliche Überlieferung entwickelt, sondern es wird von den staatlichen Gesetzgebungsorganen „gesetzt".

Deswegen haben die meisten Sammlungen von Rechtsnormen dieses „gesetzten Rechts" auch einen ganz bestimmten Namen: „Gesetz"!

Stellen Sie sich wieder vor, Sie gehen durch die Fußgängerzone Ihrer Heimatstadt und geraten in ein Interview. Diesmal bekommen Sie folgende Frage:

■ „Was ist ein Gesetz?" Wie würden Sie antworten?
Überlegen Sie zuerst!

---

3 Der Inhalt dieses Begriffs wird an späterer Stelle genauer erklärt.

4 „■" bedeutet im Folgenden immer, auch wenn das nicht ausdrücklich erwähnt wird: „Achtung, erst selbst nachdenken!!" Der Pfeil („▶") weist dann auf die Antwort hin.

Sicherlich sind Ihnen auch auf diese Frage Antworten eingefallen, aber vermutlich werden diese Antworten nicht ganz vollständig gewesen sein; denn der Begriff „Gesetz“ ist ähnlich schwierig zu definieren wie der Begriff „Recht“. Auch dieser Begriff wird in doppeltem Sinne verwendet, und zwar spricht man von

▶ **Gesetz im materiellen Sinn** 6

und

Gesetz im formellen Sinn.

■ Bevor Sie weiterlesen, sollten Sie sich erst wieder selbst einige Gedanken darüber machen, worin der Unterschied besteht, indem Sie sich zB an Ihren – sofern Sie einen solchen genießen durften – „Staatsbürger-, Gemeinschafts- bzw. Rechts- oder Sozialkunde“-Unterricht erinnern. Nicht selten erfährt man dort etwas über das „Gesetzgebungsverfahren des Bundes“ und in diesem Zusammenhang könnte – zumindest mittelbar – der Begriff des „Gesetzes im formellen Sinne“ angesprochen worden sein …

▶ Gesetz im materiellen Sinn ist jede Rechtsnorm, die für eine unbestimmte Vielzahl von Personen allgemein verbindliche Regelungen enthält.

▶ Gesetz im formellen Sinne ist jeder Beschluss der zur Gesetzgebung zuständigen Organe, der im verfassungsmäßig vorgesehenen Gesetzgebungsverfahren ergangen, ordnungsgemäß ausgefertigt und verkündet worden ist.

Um diese Unterscheidung zu verstehen, muss man wissen, wie überhaupt ein Gesetz zustande kommt.

Wir wollen deshalb einen kleinen Ausflug bzw. – wissenschaftlich gesprochen – einen **Exkurs** ins Staats- und Verfassungsrecht unternehmen und uns in groben Zügen das formelle Gesetzgebungsverfahren des Bundes vergegenwärtigen.

Exkurs: Das Gesetzgebungsverfahren in Deutschland

Wie Sie teilweise vielleicht (noch) wissen, wird unser Staatssystem vom Grundsatz der *Gewaltenteilung* beherrscht, deren Schöpfer der französische Staatsdenker Montesquieu (1689–1755) war.[5] 7

Nach Art. 20 II unseres Grundgesetzes (GG) geht alle Staatsgewalt vom Volke aus und wird vom Volk in Wahlen und Abstimmungen sowie durch (getrennte) Organe ausgeübt. Welche drei Organe dies sind, könnte Ihnen noch bekannt sein!

■ Nämlich welche?

▶ Die gesetzgebende / die vollziehende / die rechtsprechende } Gewalt { Legislative / Exekutive / Judikative

Die gesetzgebende	Gewalt	Legislative
die vollziehende		Exekutive
die rechtsprechende		Judikative

Während die Gesetzgebung dem Bundestag unter Beteiligung des Bundesrats zugewiesen ist, obliegt die Ausführung (= der Vollzug) der Gesetze der Bundesregierung und den übrigen Verwaltungsbehörden des Bundes und der Länder.

5 Sein Hauptwerk von 1748 ist: „*De l'esprit des loix*“, ein Schlüsseltext der Aufklärung.

Die Rechtsprechung ist unabhängigen Gerichten übertragen. Die Gerichte führen die Gesetze nicht aus, sondern sie entscheiden, ob Gesetze beachtet, eingehalten oder richtig angewendet wurden!

Der Weg der Gesetzgebung vollzieht sich grob in fünf Abschnitten bzw. Phasen.

■ Wissen Sie zufällig noch, welche Phasen dies sind? Versuchen Sie, sich zu erinnern, bevor Sie weiterlesen!

▶ (1) Einbringen eines Gesetzentwurfs beim Bundestag (sog. „Gesetzesinitiative")
(2) Feststellung des Gesetzesinhalts durch den Bundestag in drei Lesungen
(3) Beteiligung des Bundesrats
(4) Ausfertigung des Gesetzes durch den Bundespräsidenten nach Gegenzeichnung durch den sachlich zuständigen Bundesminister und
(5) Verkündung (Publikation) im Bundesgesetzblatt

Das Gesetzgebungsverfahren ist im Grundgesetz in den Art. 76–78 verfassungsrechtlich verankert. Sehr anschaulich ist dieses Verfahren in der folgenden Übersicht 1 von Aichberger ua[6] (→ Rn. 9) dargestellt, nach deren Lektüre Sie bitte wieder hier weiterlesen.

8 Soweit unser Exkurs ins Verfassungsrecht, zu dem uns die Definition des Begriffs „Gesetz" Anlass gab.

Gesetz im formellen Sinn, so hatten wir festgestellt, ist jedes von den zuständigen Gesetzgebungsorganen beschlossene Gesetz, während mit **Gesetz im materiellen Sinn** jede Rechtsnorm gemeint ist, die allgemein verbindliche Regelungen für eine Vielzahl von Personen enthält. Die meisten formellen Gesetze – formell, weil im förmlichen Gesetzgebungsverfahren ergangen – sind zugleich materielle Gesetze, da sie überwiegend Regelungen enthalten, die für eine unbestimmte Vielzahl von Personen gelten.

Eine Ausnahme ist zB der Haushaltsplan einer Regierung, weil er zwar im förmlichen Gesetzgebungsverfahren verabschiedet wird, aber keine Rechte und Pflichten für die einzelnen Staatsbürger erzeugt, sondern nur für die Staatsorgane verbindlich ist. Umgekehrt gibt es viele Gesetze im materiellen Sinne, die nicht im förmlichen Gesetzgebungsverfahren erlassen wurden, zB Rechtsverordnungen und Satzungen.

„Gesetz" im materiellen Sinn ist auch das **Gewohnheitsrecht**. Nicht zu verwechseln mit dem Gewohnheitsrecht ist das **Richterrecht**, das sich im Wege der Rechtsfortbildung entwickelt hat. Mit dem Gewohnheitsrecht werden Sie sich im Verlaufe Ihres Studiums eher weniger beschäftigen müssen, vielleicht auch nicht mit Rechtsverordnungen oder Satzungen. Aber Sie sollten wenigstens wissen, dass es so etwas gibt;[7] zur Verdeutlichung dazu abschließend zwei Beispiele:

6 Aichberger Staatsbürger 269.
7 → **Rn. 5.**

Übersicht 1 9

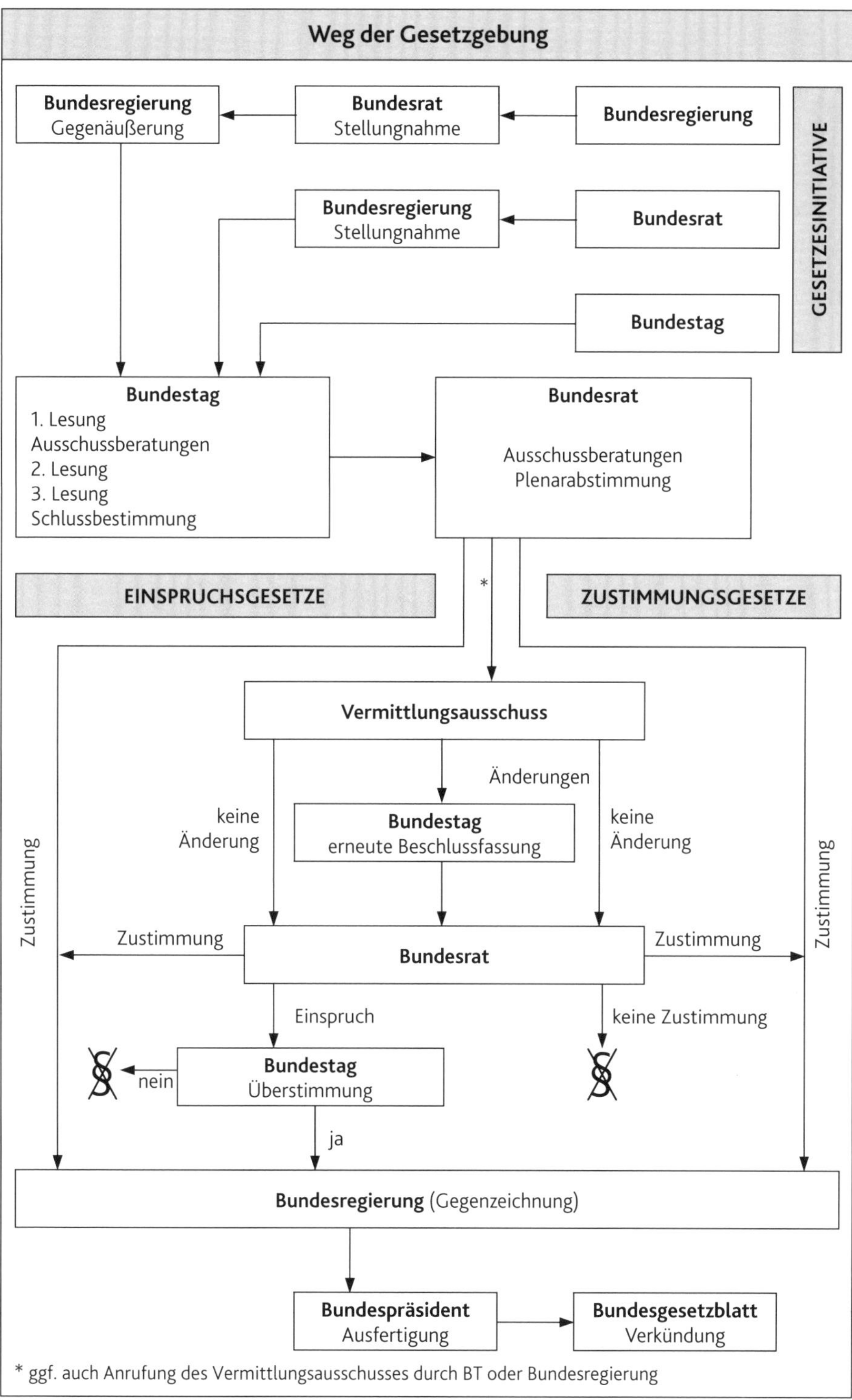

Das Gewohnheitsrecht spielt manchmal noch eine Rolle im Bereich des Landwirtschaftsrechts und im privaten[8] Nachbarrecht mancher Bundesländer. So sieht zB das nirgendwo niedergeschriebene, vielerorts in Hessen noch geltende „Wenderecht" vor, dass Landwirte beim Ackern mit dem Traktor das Nachbargrundstück befahren dürfen, damit sie mit dem Pflug auch jeden Winkel ihres Ackers erfassen können.
Gewohnheitsrecht ist in manchen Gegenden Deutschlands auch das „Hammerschlag- oder Leiterrecht". Dieses sieht vor, dass Eigentümer eines dicht an der Grundstücksgrenze stehenden Hauses zu Reparaturarbeiten die Leiter schräg an die Hauswand lehnen dürfen, auch wenn die Füße der Leiter dabei auf dem Nachbargrund zu stehen kommen. Wie anders sollten sonst Ausbesserungen an einer solchen Außenwand in gewisser Höhe vorgenommen werden?

10 Mit diesen Beispielen wollen wir das Gewohnheitsrecht endgültig verlassen und uns nach dem objektiven Recht mit dem subjektiven Recht befassen.

■ **Recht im objektiven Sinne**, um es zu wiederholen, ist die Gesamtheit der mündlich oder schriftlich niedergelegten Grundsätze, die sich eine Gemeinschaft gibt und die in verbindlicher Weise das menschliche Zusammenleben ordnen und regeln. Zu Rechtsnormen formuliert richten sich diese Grundsätze des objektiven Rechts an eine unbestimmte Vielzahl von Personen. An wen richtet sich wohl das subjektive Recht? Anders ausgedrückt: Wer ist davon betroffen?

▶ Hier ist der Einzelne, eine bestimmte Person, ein Subjekt angesprochen!
Unter **Recht im subjektiven Sinn** versteht man eine Befugnis, die sich aus einer Rechtsnorm des objektiven Rechts für die berechtigte Person unmittelbar ergibt.

■ **Wiederholung**: Was ist „Recht"? (Über das bisher Gelesene nachdenken!)

▶ Eine umfassende Definition des Begriffs „Recht" gibt es nicht! Man muss vielmehr unterscheiden zwischen „objektivem" und „subjektivem" Recht:

Objektives Recht	Subjektives Recht
= Gesamtheit der mündlich überlieferten oder schriftlich niedergelegten Grundsätze (Rechtsnormen), die sich eine Gemeinschaft gibt und die in bindender Weise das menschliche Zusammenleben ordnen oder regeln.	= Befugnis, die sich aus einer Rechtsnorm des objektiven Rechts für die berechtigte Person unmittelbar ergibt.

11 Dazu ein **Beispiel:** Das objektive, für jedermann (= alle) geltende Recht ist, wie Sie erfahren haben, zum größten Teil in Gesetzen geregelt. Ein solches Gesetz, mit dem wir uns künftig ständig beschäftigen werden, ist (auch) das Bürgerliche Gesetzbuch, das BGB. Das BGB, als objektives Recht, regelt in § 903[9] die „Befugnisse des Eigentümers". Lesen Sie diese Vorschrift! (Hinweis: Gesetz immer wieder lesen!)[10]

■ Wenn Sie sich noch einmal die Definition des objektiven Rechts und des materiellen Gesetzes (→ Rn. 5, 6 und 10) ansehen, müssten Sie selbst darauf kommen,

8 „Privat" hat in der juristischen Terminologie eine besondere Bedeutung, die Ihnen am Ende dieses Kapitels sicher geläufig sein wird.

9 Alle in diesem Buch ohne Gesetzesbezeichnung zitierten Paragrafen („§§") sind solche des BGB!

10 „Es ist nie zu spät": Im Vorwort (zur ersten Auflage) wurde darauf hingewiesen, dass Sie zum Studium des Rechts als Begleitlektüre immer einen Gesetzestext benötigen (hier: BGB!). Dort müssen Sie jeden Paragrafen (Juristinnen und Juristen schreiben dieses Wort beim Zitieren desselben nicht aus, sondern benutzt das Zeichen „§" – Plural: „§§"!), der genannt wird (auch ohne gesonderte Aufforderung!), lesen. Dann sollten Sie über den Inhalt erst einmal nachdenken, bevor Sie weiterlesen!

warum diese Vorschrift des BGB – wie alle anderen Vorschriften des BGB auch – zum objektiven Recht zählt?

▶ Auch § 903 trifft eine Regelung, die für jedermann gilt, sie ist allgemein verbindlich; mit anderen Worten: Jeder Eigentümer kann gem. § 903 mit seiner Sache nach Belieben verfahren und andere von jeder Einwirkung ausschließen! Gleichzeitig folgt aus § 903 aber auch ein subjektives Recht!

■ Nämlich welches?

▶ Wenn Sie die Definition des subjektiven Rechts betrachten (→ Rn. 10), kann die Antwort nicht so schwer sein:
Da diese Vorschrift allgemein verbindlich ist, gilt sie, wie gesagt, für jeden Eigentümer, also auch für Sie persönlich, sofern Sie Eigentum an einer Sache haben. Gemäß § 903 haben Sie selbst grundsätzlich das Recht, mit Ihrem Eigentum nach Belieben zu verfahren! Diese Befugnis ist Ihr subjektives Recht, das sich aus dem objektiven Recht, hier aus § 903 BGB, unmittelbar ergibt!

Lesen Sie abschließend Übersicht 2 (→ Rn. 12).

12 **Übersicht 2**

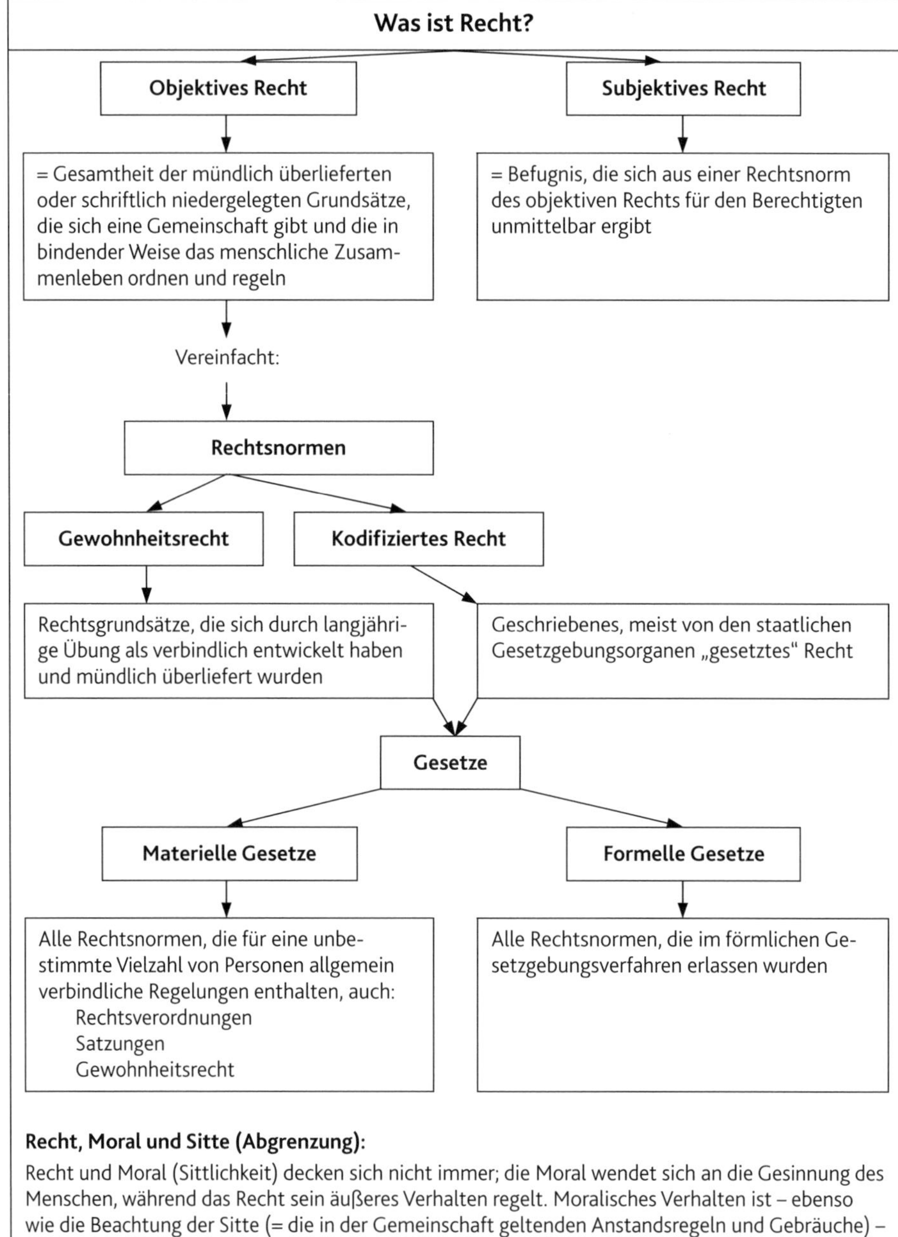

Recht, Moral und Sitte (Abgrenzung):

Recht und Moral (Sittlichkeit) decken sich nicht immer; die Moral wendet sich an die Gesinnung des Menschen, während das Recht sein äußeres Verhalten regelt. Moralisches Verhalten ist – ebenso wie die Beachtung der Sitte (= die in der Gemeinschaft geltenden Anstandsregeln und Gebräuche) – nur erzwingbar, soweit es auch von Rechtsvorschriften gefordert wird.

III. Privatrecht und öffentliches Recht

13 Über § 903 sind wir direkt beim BGB angelangt und wollen das Bürgerliche Recht nun in unser Rechtssystem einordnen. Das Bürgerliche Recht, aufgrund der lateini-

schen Bezeichnung „ius civile“ bisweilen „Zivilrecht“ genannt, gehört dem Bereich des „Privatrechts“ an.

Als **Privatrecht** bezeichnet man den Teil unserer Rechtsordnung, der dazu dient, die Belange und Interessen der Einzelnen, nämlich der Privatpersonen,[11] zu schützen und der zu diesem Zweck die Beziehungen der Privatpersonen zueinander auf der Grundlage ihrer Gleichordnung, Gleichberechtigung und Selbstbestimmung regelt:

„Regelt die Rechtsbeziehungen zwischen Rechtssubjekten, insbes. Bürgern und von ihnen gebildeten Vereinigungen auf der Ebene der Gleichordnung“. Auch Träger öffentlicher Gewalt können privatrechtlich handeln (zB Kauf von Büromaterial für Behörde ... dazu sogleich!).

Den Gegensatz zum Privatrecht bildet ein anderer großer Rechtsbereich, dessen Namen Sie sicher schon gelesen haben:

Das **öffentliche Recht**!

■ Was versteht man darunter?
Überlegen Sie! = Was würden Sie in einem Interview antworten, wenn man Ihnen diese Frage stellt?

▶ Darunter versteht man denjenigen Teil unserer Rechtsordnung, der dazu dient, die Belange und Interessen der Gesamtheit zu schützen und der zu diesem Zweck die Verhältnisse staatlicher Hoheitsträger untereinander und deren Organisation sowie das Verhältnis des einzelnen Bürgers zu den staatlichen Hoheitsträgern regelt. In diesem letzten Fall ist das öffentliche Recht durch ein sog. Über-Unterordnungsverhältnis gekennzeichnet:

„Recht der staatlichen Organisationen, der Beziehungen des einzelnen Bürgers zum Staat (und anderen Trägern öffentlicher Gewalt) im Unter-/Überordnungsverhältnis sowie der Beziehungen zwischen verschiedenen Trägern öffentlicher Gewalt“.

Zur Abgrenzung „Privatrecht“ und „öffentliches Recht“ einige Standard-Beispiele:

Beispiel 1: Kauffrau V fordert von ihrem Kunden K die Bezahlung eines Gebrauchtwagens. Laut 14
Rechnung hat K 5.200 EUR zu begleichen.

■ Zu welchem Bereich unserer Rechtsordnung gehört dieser Fall? Zum Privatrecht oder zum öffentlichen Recht?

▶ Zum Privatrecht!

■ Warum?

11 Damit nähern wir uns schon ein wenig an das an, was in Fn. 3 und Fn. 8 angedeutet wurde: Wir befassen uns hier mit dem „Wirtschafts**privat**recht“.

▶ Weil sich zwei Bürger gleichrangig gegenüberstehen. V hat gegenüber K aufgrund eines Kaufvertrages, der im BGB geregelt ist, einen Anspruch,[12] wie die juristisch gebildete Person sagt, auf Bezahlung des Kaufpreises. Wenn K sich aus irgendeinem Grunde weigert, die Rechnung zu bezahlen, kann V dem K nicht „befehlen" zu zahlen und K muss „gehorchen", sondern V ist darauf angewiesen, ihren Anspruch beim Landgericht (vgl. §§ 23, 71 GVG – zu den „Gerichten" und ihrem Aufbau lesen Sie sogleich noch etwas) einzuklagen und muss beweisen, dass ihr Anspruch tatsächlich besteht.

15 **Beispiel 2:** Hauseigentümer H möchte sein Haus um einen Anbau erweitern und beantragt beim Bauamt der Gemeinde G eine Baugenehmigung. Die zuständige Beamtin der Gemeinde meint, das Haus des H sei schon groß genug und lehnt den Antrag ab. Gegen diesen ablehnenden Bescheid erhebt H Widerspruch, den er im Rathaus zur Niederschrift vorträgt.[13]

■ Privatrecht oder öffentliches Recht?

▶ Öffentliches Recht!

■ Warum?

▶ Zwischen der Gemeinde G und dem H besteht ein Über-Unterordnungsverhältnis. H muss dem Bescheid der Gemeinde zunächst „gehorchen", dh, bis über seinen Widerspruch durch die nächsthöhere Behörde entschieden ist, darf er nicht bauen! Wird sein Widerspruch zurückgewiesen, darf er ebenfalls nicht bauen; er kann dann allerdings beim Verwaltungsgericht Klage erheben!

16 **Beispiel 3:** Dieselbe Gemeinde G will ein neues Rathaus bauen und deswegen mit H, der Inhaber einer Baufirma ist, die entsprechenden Verträge schließen. H, der nach dem Ärger mit der Baugenehmigung die Nase voll hat, weigert sich.

■ Kann die Gemeinde G den H mit einem entsprechenden Bescheid zwingen, die Verträge mit ihr abzuschließen?

▶ Die Gemeinde handelt nicht als Baubehörde (= nicht als Hoheitsträgerin), sondern wie eine Privatperson, die einen Vertrag abschließen will. Die Gemeinde handelt als „Fiskus", dh als gewöhnliches Wirtschaftssubjekt! In diesem Fall ist sie den Regeln des Privatrechts genauso unterworfen wie jeder Bürger und steht dem H im Verhältnis der Gleichordnung gegenüber. Zum Vertragsschluss kann niemand gezwungen werden; im Vertragsrecht herrscht vielmehr die Vertragsfreiheit bzw. sog. „Privatautonomie", über die Sie noch einiges lesen werden.

17 **Wir merken uns:**
Auf dem Gebiet des öffentlichen Rechts stehen sich Staat und Bürger im Verhältnis der Über- und Unterordnung gegenüber. Im Privatrecht stehen sich die Beteiligten auf der Ebene der Gleichordnung gegenüber.
Zu den beiden großen Bereichen unserer Rechtsordnung, dem öffentlichen Recht und dem Privatrecht, gehören eine Vielzahl von Teilrechtsgebieten mit den dazugehörigen Gesetzen (Übersicht 3 → Rn. 18):

12 Ein „Zentralbegriff" des BGB, über den Sie noch viel lesen und lernen müssen!

13 Oder er muss gleich Klage vor dem Verwaltungsgericht erheben, was in manchen Bundesländern gesetzlich so vorgesehen ist, zB in Art. 15 BayAGVwGO oder § 8a NdsAGVwGO.

Übersicht 3 18

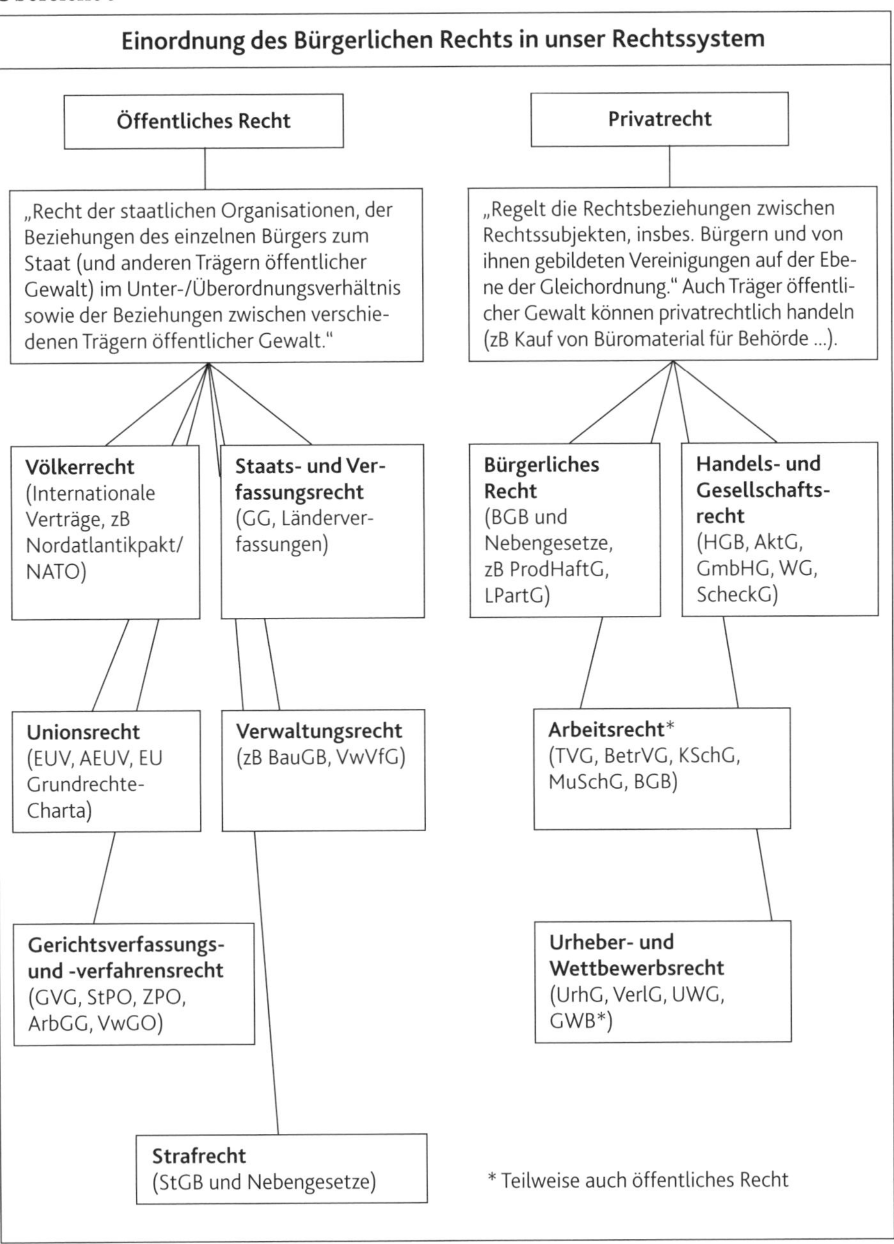

IV. Wirtschaftsrecht und Wirtschaftsprivatrecht

19 Nach überwiegender Meinung wird unter **Wirtschaftsrecht** die Summe der Normen verstanden, die die selbstständige Erwerbstätigkeit in Industrie, Handel, Handwerk, Landwirtschaft, Verkehr und den freien Berufen regeln.[14]

Innerhalb des Wirtschaftsrechts ist entsprechend der aufgezeigten generellen Unterscheidung zwischen privatem und öffentlichem Wirtschaftsrecht zu differenzieren, wobei auf Letzteres in diesem Grundriss nicht einzugehen ist.

Zum **Wirtschaftsprivatrecht** zählen vor allem die drei ersten „Bücher"[15] des BGB, der Allgemeine Teil, das Recht der Schuldverhältnisse („Schuldrecht") und das Sachenrecht. Im Allgemeinen Teil sind Grundsätze und Grundbegriffe des Bürgerlichen Rechts niedergelegt, die weitestgehend für das Wirtschaftsprivatrecht gleichermaßen relevant sind. Das Schuldrecht[16] erfasst unter anderem die Rechtsbeziehungen der durch eine Vielzahl von Verträgen (zB Kauf-, Miet-, Darlehens-, Kreditsicherungsverträge) am Wirtschaftsleben Beteiligten. Das Sachenrecht regelt unter anderem das rechtliche Schicksal von Besitz und Eigentum sowohl an beweglichen als auch unbeweglichen Sachen („Mobilien" und „Immobilien").

20 Auch das Familienrecht (zB rechtliches Schicksal der von den Ehepartnern mit in die Ehe gebrachten Wirtschaftsgüter) und das Erbrecht (zB „Wer erbt das Unternehmen?") weisen im vierten und fünften „Buch" des BGB Berührungspunkte zum Wirtschaftsrecht auf. Vorschriften des gesamten BGB sind also ein wesentlicher Bestandteil des Wirtschaftsprivatrechts.

21 Einen Zentralbereich des Wirtschaftsprivatrechts bildet das Handelsrecht[17] als „Sonderrecht der Kaufleute", das vornehmlich im HGB kodifiziert ist. Daneben ist das Gesellschaftsrecht, davon besonders das AktG und das GmbHG, zu nennen.

Von grundsätzlicher Bedeutung ist das UWG, vor allem im Bereich des Marketing.

22 Last, but not least ist auch das Arbeitsrecht[18] zu erwähnen, welches unter anderem die Rechte und Pflichten von Arbeitnehmer und Arbeitgeber bestimmt.

Angesichts dieser vielen Gesetze, die – als Bestandteile des Wirtschaftsprivatrechts – für das Wirtschaftsleben gelten, mag es allen angehenden Juristinnen und Juristen sowie Wirtschaftswissenschaftlerinnen und Wirtschaftswissenschaftlern einleuchten, dass Grundkenntnisse hierüber unerlässlich sind.

V. Internationales Recht

23 Weltweite Wirtschaftsbeziehungen und das unaufhaltsame Zusammenwachsen des europäischen Marktes werfen auch im Wirtschaftsprivatrecht Probleme auf, die sich nur auf internationaler Ebene lösen lassen.

---

14 Vgl. Creifelds Rechtswörterbuch/Lohse „Wirtschaftsrecht".

15 Mit „Aufbau und Systematik" des BGB werden wir uns unten (→ **Rn. 62 ff.**) ausführlicher beschäftigen.

16 Vgl. dazu Wörlen/Metzler-Müller SchuldR AT und Wörlen/Metzler-Müller/Kokemoor SchuldR BT.

17 Vgl. Wörlen/Kokemoor/Lohrer HandelsR.

18 Vgl. Wörlen/Kokemoor ArbR.

Internationales Recht im klassischen Sinne ist **Völkerrecht**, das sich mit den Rechtsbeziehungen zwischen verschiedenen Staaten beschäftigt und durch bi- oder multilaterale (zwei- oder mehrseitige) Verträge und Abkommen geregelt wird. Daneben gehört zum internationalen Recht auch das **UN-Kaufrecht** und das sogenannte supranationale Recht. Letzteres wird von mit eigener Rechtssetzungsbefugnis ausgestatteten supranationalen Organisationen wie zB der Europäischen Union bzw. deren Organen[19] erlassen und geht dem nationalen Recht der Mitgliedstaaten vor. Ebenso zum internationalen Recht im weiteren Sinne zählt das internationale Privatrecht.

1. Internationales Privatrecht (IPR)

Durch die Zunahme des Welthandels, von Reisen, der Internetnutzung und auch der **24**
Aus- und Zuwanderung ist die Bedeutung des IPR gestiegen. Es bestimmt nämlich, nach welchen Regeln ein Sachverhalt mit Auslandsberührung behandelt wird.

Der Begriff „international" ist hier insofern missverständlich, als man daraus schließen könnte, dass die Vorschriften des IPR nationalen Regelungen vorgehen. Das IPR ist kein einheitliches Internationales Recht. Vielmehr hat jedes Land, auch Deutschland, Italien, Japan usw. sein eigenes IPR – vorbehaltlich internationaler Abkommen oder anderem vorrangigem Recht zB europäisches IPR – dazu gleich mehr! Das für Deutschland im EGBGB[20] geregelte IPR ist weder internationales noch übernationales (supranationales) Recht, sondern nationales, innerstaatliches Recht. Lesen Sie zur ersten Information die Überschriften der Art. 3–6 EGBGB, in denen allgemeine Grundsätze des IPR normiert sind.

Bei Sachverhalten mit Verbindung zu einem ausländischen Staat bestimmt also das IPR, welches Recht anwendbar ist, inländisches oder ausländisches Recht (vgl. Art. 3 EGBGB). IPR entscheidet also nicht in der Sache selbst, sondern trifft nur eine Entscheidung zwischen den kollidierenden Rechtsordnungen. Deshalb spricht man auch vom sog. **Kollisionsrecht**. Da das IPR auf das materiell anwendbare Recht verweist, wird es auch **Verweisungsrecht** genannt.[21] Das anzuwendende Recht wird mithilfe der Kollisionsnormen ermittelt. Diese enthalten keine Aussage zum Inhalt des anwendbaren Rechts.[22] Mit der Verweisung auf ein bestimmtes Recht wird allerdings auch eine Vorentscheidung getroffen, denn die Auswahl des anwendbaren Rechts beeinflusst indirekt die Sachentscheidung.[23]

Anknüpfungspunkte für das IPR zur Bestimmung der anwendbaren Rechtsordnung können persönliche Umstände sein

Beispiele: Staatsangehörigkeit, Wohnsitz

oder räumliche Umstände.

Beispiele: Ort der belegenen Sache, um die sich der Rechtsstreit dreht

19 Falls Sie mehr über die Organe der EU – auch „Institutionen" genannt – erfahren möchten: Hakenberg EuropaR Rn. 116 ff. lesen.
20 Das EGBGB finden Sie in nahezu jeder BGB-Textausgabe; zB Beck-Texte im dtv, BGB, Nr. 2.
21 Hierzu Güllemann IntVertragsR 13.
22 Hüßtege/Ganz, Internationales Privatrecht, 5. Aufl. 2013, S. 1.
23 v. Hoffmann/Thorn, Internationales Privatrecht, 9. Aufl. 2007, S. 3.

Wird im IPR auf das Recht eines anderen Staates verwiesen, so ist auch dessen IPR anzuwenden;[24] sofern das Recht des anderen Staates auf deutsches Recht zurückverweist, sind nur noch die deutschen Sachnormen anzuwenden (Art. 4 I EGBGB). Andernfalls, also bei erneuter Anwendung deutscher Kollisionsnormen des IPR, würden die Verweisungen kein Ende nehmen. Um die Schwierigkeiten zu vermeiden, die sich bei der Anwendung des IPR ergeben können – und weil die nationalen Rechte verschiedener Staaten teilweise erheblich voneinander abweichen –, sollten die Parteien das anwendbare Recht möglichst im Vertrag vereinbaren.[25]

25 Wichtig zu wissen ist, dass mittlerweile viele Vorschriften des deutschen IPR durch die vorrangigen europäischen Vorschriften in bindenden IPR-Verordnungen abgelöst wurden (vgl. **Art. 3 Nr. 1 EGBGB**). Seitdem die EU die Gesetzgebungskompetenz im IPR durch den Vertrag von Amsterdam (1999) übertragen bekommen hat,[26] geht die Bedeutung des EGBGB kontinuierlich zurück. Dies gilt vor allem für **außervertragliche Schuldverhältnisse**, für welche die seit dem 11.1.2009 geltende VO (EG) Nr. 864/2007 v. 11.7.2007 („**Rom-II-VO**")[27] das anzuwendende Recht bestimmt. Für **vertragliche Schuldverhältnisse** bestimmt sich das anzuwendende Recht nach der VO (EG) Nr. 593/2008 v. 17.6.2008 („**Rom-I-VO**")[28], die seit dem 17.12.2009 gilt.

Wir halten fest: Das IPR beantwortet nur die Frage, welches nationale Privatrecht im jeweiligen Fall anwendbar ist.

> Zu Verdeutlichung folgendes **Beispiel:**[29]
> Ein deutscher Staatsangehöriger verbringt seinen Urlaub in Gardone am Gardasee und mietet deshalb im Ort eine Ferienwohnung von einer Italienerin. Da der Urlauber sein Geld lieber in Essen und Trinken investiert, aber nicht für Miete verwendet, verklagt die italienische Vermieterin den deutschen Mieter vor einem deutschen Gericht auf Mietzahlung. Welches Recht muss die deutsche Richterin anwenden?
> **Lösung:** Wegen der Lage der Ferienwohnung in Italien und der italienischen Staatsangehörigkeit der Vermieterin hat der Sachverhalt eine Verbindung zu einem ausländischen Staat (vgl. Art. 3 Nr. 1 Buchst. b EGBGB, Art. 1 Rom I-VO). Die deutsche Richterin muss also überlegen, ob evtl. italienisches Recht zur Anwendung kommt. Sofern die Mietvertragsparteien nicht die Anwendbarkeit eines bestimmten Rechts vereinbart haben, ist nach Art. 4 I Buchst. c Rom I-VO auf diesen Mietvertrag über eine Immobilie im Ausland das Recht des Staates anzuwenden, in dem die unbewegliche Sache gelegen ist. Da sich die Ferienwohnung in Italien befindet, muss die deutsche Richterin italienisches Recht anwenden.

> Weitere **Beispiele** aus der Praxis für die Anwendung von IPR sind:
> (1) Architektin A aus Osnabrück besitzt in Spanien eine Ferienwohnung und verbringt dort drei Wochen während des Winters. Für ihre Wohnung kauft sie von einem in Spanien ansässigen Händler eine neue Küche. Welches Recht ist anwendbar?[30]
> (2) Ein afrikanischer Stammesangehöriger zieht mit seinen drei Frauen, die er wirksam in seiner Heimat geheiratet hat, nach Deutschland. Hier sterben zwei seiner Frauen, dann er selbst. Ein Testament ist nicht vorhanden, ebenso wenig eine Rechtswahl des einheimischen afrikanischen Rechts. Kann die dritte Frau erben?[31]

24 Findet das Recht eines anderen Staats nach **europäischem IPR**, zB der Rom I-VO, Anwendung, so werden die Rechtsnormen des Internationales Privatrechts dieses Staats allerdings ausgeschlossen, s. zB Art. 20 Rom I-VO (Beck-Texte im dtv, BGB, Nr. 9).
25 Was jederzeit möglich ist, s. zB Art. 3 Rom I-VO.
26 Art. 81 I und II Buchst. c AEUV; siehe Hakenberg EuropaR Rn. 473–478.
27 Beck-Texte im dtv, BGB, Nr. 10.
28 Beck-Texte im dtv, BGB, Nr. 9.
29 Nach Güllemann IntVertragsR S. 13.
30 Nach Güllemann IntVertragsR S. 25.
31 Nach Güllemann IntVertragsR S. 31.

(3) M und F, beides griechische Staatsangehörige, heiraten in Deutschland nach griechisch-orthodoxem Ritus, wobei der Pope (= Bezeichnung für einen orthodoxen Priester) keine Ermächtigung der griechischen Regierung nach Art. 13 IV 2 EGBGB besaß. Vor einem deutschen Standesbeamten fand keine Trauung statt. Ist die Ehe wirksam?[32]

Diese Fälle können und müssen Sie hier nicht lösen. Bei Interesse können Sie die Ausführungen und Lösungen bei Güllemann (s. Literaturverzeichnis) nachlesen.

Merke: Unter IPR werden alle Rechtsnormen verstanden, die bestimmen, welche von mehreren nebeneinander bestehenden Privatrechtsordnungen bei einem Sachverhalt mit einer Verbindung zu einem ausländischen Staat zur Anwendung kommen.

2. Rechtsordnung der Europäischen Union (Unionsrecht)

Die Mitgliedstaaten der Europäischen Union haben einen Teil ihrer Souveränitäts- **26**
rechte an die Europäische Union abgetreten (Art. 1 I EUV). Ergebnis davon ist, dass die EU eine **eigenständige, supranationale (überstaatliche) Rechtsordnung** hat. Sie ist also auch eine „**Rechtsunion**". Diese eigenständige Rechtsordnung kann die Rechtsordnungen der Mitgliedstaaten überlagern und ersetzen.[33]

Im Unionsrecht unterscheidet man zwischen dem primären und dem sekundären Unionsrecht.

Bestandteile des **primären Unionsrechts**[34] sind die zwischen den Mitgliedstaaten geschlossenen Gründungsverträge (EGKS-, E(W)G- und EAG-Vertrag) einschließlich ihrer Anhänge, Protokolle usw. Außerdem zählen die zu ihrer Änderung und Ergänzung geschlossenen Verträge,[35] gegenwärtig also der EUV, AEUV (in der Fassung des Lissabonner Vertrages) und die Grundrechte-Charta sowie die Beitrittsverträge mit neuen Mitgliedstaaten dazu. Diese Verträge sind völkerrechtliche Verträge, die aufgrund von Art. 23 GG abgeschlossen und durch Zustimmungsgesetz des Bundestages nach Art. 59 II GG ratifiziert werden und so Verbindlichkeit für die Bundesrepublik erlangen. Sie bestehen ua aus Regelungen über die Organisation der Europäischen Institutionen und Ermächtigungen zum Erlass von Rechtsnormen.

Das **sekundäre Unionsrecht** ist das von den Unionsorganen auf der Grundlage der genannten (Gründungs-)Verträge gesetzte Recht. In den Verträgen wurden die Unionsorgane von den Mitgliedstaaten ermächtigt, in bestimmten Grenzen eigenständig Recht zu setzen, das europaweit Geltung erlangen kann. Meist handelt es sich hierbei um Verordnungen oder Richtlinien.[36] Damit kann eine europaweite Vereinheitlichung bzw. Harmonisierung des Rechts in den Mitgliedstaaten erreicht werden.

Verordnungen gelten unmittelbar in jedem Mitgliedstaat.[37] Es bedarf keiner Umsetzung in nationales Recht, sie haben unmittelbare Gesetzeswirkung (vgl. Art. 288 II AEUV).

32 Nach Güllemann IntVertragsR S. 34.

33 Hakenberg EuropaR Rn. 214.

34 Ausf. hierzu Hakenberg EuropaR Rn. 217 f.

35 Wichtige ältere Änderungsverträge sind: Die Einheitliche Europäische Akte (= eine der wichtigsten Revisionen der Gründungsverträge), der Maastrichter und der Amsterdamer Vertrag.

36 Hakenberg EuropaR Rn. 219.

37 Art. 288 II AEUV: Die Verordnung hat allgemeine Geltung. Sie ist in allen ihren Teilen verbindlich und gilt unmittelbar in jedem Mitgliedstaat.

Beispiele: Die seit dem 25.5.2018 geltende Datenschutz-Grundverordnung (DSGVO)[38] sowie die Taxonomie-Verordnung,[39] die Vorgaben für nachhaltige Investitionen definiert und dadurch private Investitionen in ökologisch nachhaltige Projekte fördern soll.

Richtlinien entfalten dagegen grundsätzlich **keine unmittelbare Wirkung für den Bürger**. Sie wenden sich nur an den nationalen Gesetzgeber, dem bei deren Umsetzung in nationales Recht die Wahl der Form und Mittel überlassen bleibt (Art. 288 III AEUV)[40] und haben also nur mittelbare Geltung. Dabei lassen sie den nationalen Parlamenten einen mehr oder weniger großen Spielraum. Sie sind lediglich hinsichtlich ihrer Ziele verbindlich. Richtlinien setzen regelmäßig eine Frist, innerhalb derer sie in innerstaatliches Recht umgesetzt werden müssen. Mit der Umsetzung wird der Richtlinieninhalt Teil der nationalen Rechtsordnung und gilt somit für alle, die vom Umsetzungsakt (zB ein Gesetz) betroffen sind.

Beispiele:[41] Die Digitale-Inhalte-Richtlinie (EU) 2019/770[42] und die Warenkauf-Richtlinie (EU) 2019/771[43], die zum 1.1.2022 zu einer umfassenden Reform des BGB-Vertragsrechts in Deutschland geführt haben.

Im Bereich des Wirtschaftsprivatrechts ist die unionsweite Harmonisierung des Rechts insbesondere im Arbeitsrecht, Gesellschaftsrecht, Wettbewerbsrecht, Reiserecht, Produkthaftungsrecht, im E-Commerce-Recht und im Verbraucherschutzrecht recht weit fortgeschritten.

27 Dem Unionsrecht kommt ein **Anwendungsvorrang** vor dem nationalen Recht der einzelnen Mitgliedstaaten zu, wenn gleiche Regelungsinhalte betroffen sind. Steht nationales Recht nicht im Einklang mit Unionsrecht, wird es also durch das Unionsrecht verdrängt. Das nationale Recht, das mit dem Unionsrecht nicht vereinbar ist, ist nicht nichtig, sondern wird lediglich nicht angewendet.[44]

Die europäische Rechtsangleichung (als Teil der „europäischen Integration") hat seit der Gründung der EU in den 1950er Jahren einen solchen Umfang erfahren, dass sie in diesem Rahmen nicht näher dargestellt werden kann. Hier sei auf das Lehrbuch zum Europarecht von Hakenberg (vgl. Literaturverzeichnis) verwiesen.

---

38 Verordnung (EU) 2016/679 des Europäischen Parlaments und des Rates zum Schutz natürlicher Personen bei der Verarbeitung personenbezogener Daten, zum freien Datenverkehr und zur Aufhebung der Richtlinie 95/46/EG vom 27.4.2016, ABl. 2016 L 119, 1, ber. ABl. 2016 L 314, 72, ABl. 2018 L 127, 2.

39 Verordnung (EU) 2020/852 des Europäischen Parlaments und des Rates über die Einrichtung eines Rahmens zur Erleichterung nachhaltiger Investitionen und zur Änderung der Verordnung (EU) 2019/2088 v. 18.6.2020, ABl. 2020 L 198, 13.

40 Art. 288 III AEUV: Die Richtlinie ist für jeden Mitgliedstaat, an den sie gerichtet wird, hinsichtlich des zu erreichenden Ziels verbindlich, überlässt jedoch den innerstaatlichen Stellen die Wahl der Form und der Mittel.

41 Eine Vielzahl europäischer Richtlinien ist abgedruckt in der Gesetzessammlung **CompR** (IT- und Computerrecht) – Beck-Texte im dtv, 15. Aufl. 2022 (Rechtsstand: Januar 2022). Dort sehr lesenswert und lehrreich die „Einführung" von Schneider!

42 Richtlinie (EU) 2019/770 des Europäischen Parlaments und des Rates über bestimmte vertragsrechtliche Aspekte der Bereitstellung digitaler Inhalte und digitaler Dienstleistungen vom 20.5.2019, ABl. 2019 L 136, 1.

43 Richtlinie (EU) 2019/771 des Europäischen Parlaments und des Rates über bestimmte vertragsrechtliche Aspekte des Warenkaufs, zur Änderung der Verordnung (EU) 2017/2394 und der Richtlinie 2009/22/EG sowie zur Aufhebung der Richtlinie 1999/44/EG vom 20.5.2019, ABl. 2019 L 136, 28.

44 EuGH Urt. v. 15.7.1964 – 6/64, Slg. 1964, 1141 = NJW 1964, 2371.

VI. Materielles und formelles Recht

28 Das Wirtschaftsprivatrecht und insbesondere das im BGB geregelte Bürgerliche Recht sind Bestandteile des sog. materiellen Rechts. Als **materielles Recht** bezeichnet man die Rechtsnormen, die den Inhalt des Rechts festlegen und ordnen.

Als **formelles Recht** bezeichnet man dagegen die Vorschriften, die der Durchsetzung des materiellen Rechts dienen. Dazu gehören zB sämtliche Verfahrensvorschriften, die in Prozessordnungen (ZPO, StPO, VwGO ua) enthalten sind.

VII. Durchsetzung des Rechts

29 Um ein Recht, das man hat, durchsetzen zu können, muss man im Streitfall vor Gericht gehen. Je nachdem, in welchem Rechtsgebiet es zu einem Rechtsstreit kommt, sind für Entscheidungen dieses Rechtsstreits verschiedene Gerichte zuständig. Privatrechtliche Streitigkeiten werden vor **ordentlichen Gerichten** entschieden, was aber nicht heißt, dass die anderen Gerichte unordentlich wären. Der Begriff „ordentliche Gerichtsbarkeit" ist historisch. Früher waren nur die Gerichte der Justiz (die Zivil- und Strafgerichte) mit unabhängigen Richtern besetzt (also „ordentlich"); dagegen wurde die Verwaltungs- und Finanzgerichtsbarkeit von weisungsgebundenen Personen mit Beamtenstatus ausgeübt. Das ist heute anders. Alle Gerichte in Deutschland sind mit unabhängigen Richtern besetzt.

Informationen über den Gerichtsaufbau in Deutschland finden Sie in der folgenden Übersicht 4 (→ Rn. 35 aE).

30 Zuvor aber noch einige kurze Anmerkungen zu den Gerichten, den Gerichtsbarkeiten und dem Aufbau der Gerichte bzw. der Gerichtsorganisation in Deutschland, die Ihnen das Verständnis dieser Übersicht erleichtern sollen.

Das Gericht ist ein aus einer oder mehreren Personen (Richtern) bestehendes Organ, dem die Rechtsprechung (= Judikative → Rn. 7) obliegt. „Das" Gericht entscheidet unter Anwendung des geltenden objektiven Rechts nach seiner Überzeugung, was bei konkreten, streitigen Sachverhalten rechtens ist. Je nachdem, welche Rechtsmaterie (→ Rn. 18) der Rechtsstreit tangiert, sind Gerichte verschiedener Gerichtsbarkeiten zuständig.

Unter Gerichtsbarkeit versteht man gemeinhin die Ausübung der Rechtspflege bzw. Rechtsprechung, die den Richterinnen und Richtern anvertraut ist. Man unterscheidet zwischen der **Verfassungsgerichtsbarkeit** und der **sonstigen Gerichtsbarkeit** (vgl. Art. 92, 95 GG). Diese gliedert sich nach der sachlichen Zuständigkeit in: ordentliche Gerichtsbarkeit, Arbeitsgerichtsbarkeit, Verwaltungsgerichtsbarkeit, Finanzgerichtsbarkeit, Sozialgerichtsbarkeit.[45] Dabei handelt es sich durchweg um staatliche Gerichtsbarkeiten.

31 Daneben gibt es die **private Schiedsgerichtsbarkeit**, der vor allem – aber nicht nur – bei grenzüberschreitenden (internationalen) Rechtsstreitigkeiten besondere Bedeutung zukommt. Aufgrund einer Vereinbarung (Schiedsklausel oder -abrede) der

45 In Abgrenzung zur Verfassungsgerichtsbarkeit nennt man die in Art. 95 GG aufgezählten Gerichte auch Fachgerichte im weiteren Sinne. Geläufig ist der Begriff der „Fachgerichtsbarkeit" aber auch für die Bündelung der vier nicht ordentlichen Gerichtsbarkeiten.

Parteien entscheidet ein Schiedsgericht anstelle des staatlichen Gerichts bürgerlich-rechtliche Streitigkeiten. Entscheidungen von Schiedsgerichten sind für die Parteien gleichermaßen bindend wie die von Staatsgerichten. Das schiedsrichterliche Verfahren ist seit 1998 auch in der ZPO geregelt (10. Buch: §§ 1025 ff.). Dort wird die nichtstaatliche Streitentscheidung und damit der Ausschluss staatlicher Gerichtsbarkeit durch Vereinbarung der Parteien ermöglicht. Der Begriff des „Schiedsrichters" bei Sportwettkämpfen hat durchaus juristische Bedeutung!

Jede Gerichtsbarkeit hat verschiedene Instanzen (Rechtszüge), die – vereinfacht ausgedrückt – nach der Bedeutung des Rechtsstreits zuständig sind. Ihnen dies näher zu bringen, würde in unserer „Einführung in das Recht" zu weit führen. Dazu bedarf es einer eingehenderen Beschäftigung mit dem vielfältigen Prozess (= Verfahrens-) recht, die von Ihnen in der Anfangsphase Ihres Studiums regelmäßig nicht verlangt wird. Dennoch sollten Sie zumindest wissen, wodurch die Zuständigkeit der Gerichte, die über bürgerlich-rechtliche Streitigkeiten entscheiden, begründet wird.[46] Das Bürgerliche Recht bildet schließlich den Schwerpunkt Ihres „Rechts"-Studiums!

32 Bei bürgerlich-rechtlichen Streitigkeiten richtet sich die **sachliche Zuständigkeit der Gerichte** in erster Linie nach der **Höhe des Streitwertes**, über den im Einzelnen die Vorschriften der §§ 2–9 ZPO und insbesondere die Vorschriften des Gerichtsverfassungsgesetzes (GVG) etwas aussagen. Die sachliche Zuständigkeit der Amtsgerichte in erster Instanz umfasst gem. § 23 GVG in bürgerlichen Rechtsstreitigkeiten, soweit diese nicht ohne Rücksicht auf den Wert des Streitgegenstands (wegen ihrer besonderen rechtlichen Bedeutung) den Landgerichten zugewiesen sind, vor allem Streitigkeiten über vermögensrechtliche Ansprüche, deren Streitwert 5.000 EUR nicht übersteigt. Das Landgericht ist – abgesehen von der streitwertunabhängigen Zuständigkeit – für alle vermögensrechtlichen Streitigkeiten in erster Instanz zuständig, die nicht den Amtsgerichten zugewiesen sind, also alle über 5.000 EUR Streitwert (§ 71 GVG).

Die **örtliche Zuständigkeit des Gerichts** richtet sich grundsätzlich nach dem **Wohnsitz des Schuldners,** dem sog. Gerichtsstand, vgl. § 13 ZPO.

33 Gegen Urteile der Gerichte erster Instanz ist gem. § 511 ZPO die **Berufung** statthaft, bei vermögensrechtlichen Streitigkeiten allerdings nur, wenn der Wert des Beschwerdegegenstands 600 EUR übersteigt (§ 511 II Nr. 1 ZPO) oder das erstinstanzliche Gericht die Berufung im Urteil zugelassen hat (§ 511 II Nr. 2 ZPO).

Berufungsinstanz für Entscheidungen des Amtsgerichts ist grundsätzlich das (örtlich zuständige) Landgericht (§ 72 GVG). Berufungsinstanz für erstinstanzliche Urteile des Landgerichts ist regelmäßig das Oberlandesgericht (§ 119 GVG).

34 Gegen Berufungsurteile des LG und des OLG ist unter den Voraussetzungen der §§ 542 ff. ZPO die **Revision** statthaft (§ 542 I ZPO). Über die Revision hat (gem. § 133 GVG) der in Karlsruhe ansässige Bundesgerichtshof (BGH) zu entscheiden. Wird die Revision nicht durch das Berufungsgericht zugelassen, kann gem. § 544 ZPO Nichtzulassungsbeschwerde erhoben werden. Dies allerdings nur, wenn der

46 Die hier zitierten „§§", brauchen Sie ausnahmsweise nicht nachzulesen – es genügt schon, wenn Sie wissen, dass es diese Vorschriften gibt!

Wert der mit der Revision geltend zu machenden Beschwer 20.000 EUR beträgt oder das Berufungsgericht die Berufung als unzulässig verworfen hat.

Literatur zur Vertiefung (→ Rn. 1–35): Böhm, Grundlagen und Rechtsquellen der Europäischen Union – Teil 1, JA 2008, 838; Brox/Walker BGB AT §§ 1–3; Hakenberg EuropaR 4. Teil: Die Rechtsordnung der Europäischen Union; Klunzinger BürgerlR §§ 1–3; Köhler BGB AT §§ 1–2; Schapp, Einführung in das Bürgerliche Recht: Das System des Bürgerlichen Rechts, JA 2003, 125; Schnapp, Da hab ich einen Satz gemacht: Über Bildung und Missbildung von Sätzen, JURA 2004, 22; Schnapp, Das Gebot der Sachlichkeit, JURA 2006, 583; Schröder, Die Gewaltenteilung, JuS 2022, 23, 122; Stadler BGB AT §§ 1, 2; Stürner, Das Privatrecht der Europäischen Union, JURA 2016, 1133; Voßkuhle/Kaufhold, Das parlamentarische Gesetzgebungsverfahren, JuS 2022, 312; Walter, Über den juristischen Stil, JURA 2006, 344; Zehnthöfer, Was ist Moral, Recht, Gerechtigkeit? – Grundprobleme der Rechtsphilosophie, JURA 2004, 822.

Die Übersicht zum Gerichtsaufbau finden Sie auf der folgenden Seite. Mehr Informationen über die Gerichte erhalten Sie wie folgt: 35

Auf der Homepage des **Bundesministeriums der Justiz (www.bmj.de)** klicken Sie den Reiter

- „Service“ sowie den Button
- „Gerichte- und Staatsanwaltschaftenfinder“ an. Bei dem Unterpunkt
- „Wie funktioniert eigentlich der Gerichtsaufbau in Deutschland?“ finden Sie unter dem Link „Übersicht“ das
  → **„Schaubild Gerichtsaufbau“**.

Die Anschriften und Telekommunikationsdaten der ordentlichen Gerichte des Bundes und der Länder finden Sie bei dem Unterpunkt

- „Wie kann ich die Gerichte oder Staatsanwaltschaften erreichen?“ sowie unter dem Link
  → **Anschriftenverzeichnis der „Gerichte“**.

Die aktuelle Anzahl der Gerichte erhalten Sie bei dem Unterpunkt

- „Wie viele Bundes- und Landesgerichte gibt es in Deutschland?“ unter dem Link
  → **„Anzahl der Gerichte des Bundes und der Länder“**.

Es gibt 24 Oberlandesgerichte, wie Sie vielleicht jetzt herausgefunden haben. In Berlin heißt das OLG „Kammergericht“. Die meisten Oberlandesgerichte sind nach der Stadt benannt, in der sie ihren Sitz haben (zB OLG Bamberg bis OLG Stuttgart). Andererseits gibt es das Brandenburgische, Hanseatische, Pfälzische, Saarländische sowie das Thüringer OLG. Letzteres befindet sich in Jena.

Sie finden außerdem 115 Landgerichte von A (Aachen) bis Z (Zwickau). Es folgen 638 Amtsgerichte von A (wieder: Aachen) bis Z (wieder: Zwickau).

Die Fachgerichte (→ Rn. 30), also die Verwaltungsgerichte, Sozialgerichte, Arbeitsgerichte, Finanzgerichte können Sie ebenfalls bei dem Unterpunkt

- „Wie kann ich die Gerichte oder Staatsanwaltschaften erreichen?“ finden
  → **Anschriftenverzeichnis der „Gerichte“**.

Die „Staatsanwaltschaften“ sind nicht Teil der „ordentlichen Gerichtsbarkeit“, sondern gehören zur Exekutive.

 Übersicht 4

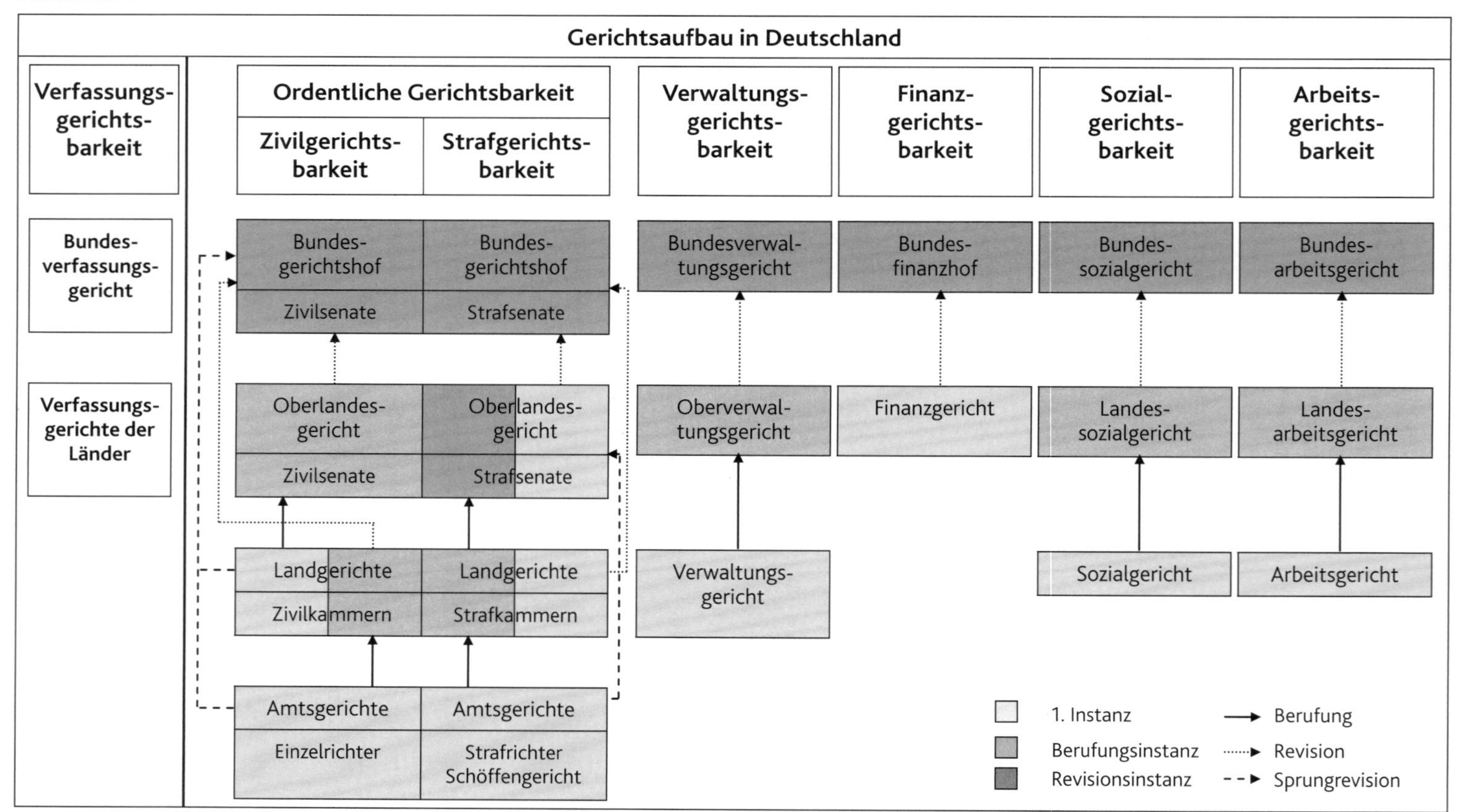
Gerichtsaufbau in Deutschland
Verfassungs-gerichts-barkeit
Bundes-verfassungs-gericht
Verfassungs-gerichte der Länder
Ordentliche Gerichtsbarkeit
Zivilgerichts-barkeit
Strafgerichts-barkeit
Verwaltungs-gerichts-barkeit
Finanz-gerichts-barkeit
Sozial-gerichts-barkeit
Arbeits-gerichts-barkeit
Bundes-gerichtshof
Zivilsenate
Bundes-gerichtshof
Strafsenate
Bundesverwal-tungsgericht
Bundes-finanzhof
Bundes-sozialgericht
Bundes-arbeitsgericht
Oberlandes-gericht
Zivilsenate
Oberlandes-gericht
Strafsenate
Oberverwal-tungsgericht
Finanzgericht
Landes-sozialgericht
Landes-arbeitsgericht
Landgerichte
Zivilkammern
Landgerichte
Strafkammern
Verwaltungs-gericht
Sozialgericht
Arbeitsgericht
Amtsgerichte
Einzelrichter
Amtsgerichte
Strafrichter
Schöffengericht
1. Instanz
Berufungsinstanz
Revisionsinstanz
Berufung
Revision
Sprungrevision

2. Kapitel. Entstehung des Bürgerlichen Gesetzbuchs

Schwerpunkt Ihrer Rechtsvorlesungen wird sicherlich das im Bürgerlichen Gesetzbuch geregelte Bürgerliche Recht sein. 36

Bevor wir uns mit dem Inhalt des BGB näher befassen, sollten Sie wissen, wie es überhaupt zur Kodifizierung dieses Gesetzes kam.

■ Erinnern Sie sich, was damit gemeint ist?
▶ Selbst überlegen! Die schriftliche Festlegung der Rechtsregeln im förmlichen Gesetzgebungsverfahren.[47]

Das Deutsche Bürgerliche Recht ist nicht schon immer im BGB geregelt; dazu kam es erst relativ spät.

■ Wissen Sie zufällig, wann das Bürgerliche Gesetzbuch in Kraft getreten ist?
▶ Schätzen Sie, wenn Sie es nicht wissen! Antwort: Fn.[48]

Das BGB gilt als **die** große deutsche Gesetzeskodifikation des 19. Jahrhunderts.

Sie werden hier zwar nicht die vollständige Entstehungsgeschichte des BGB erfahren, doch einige Meilensteine seiner Entwicklung sollten Sie ruhig kennen! 37

Der Sinn einer akademischen Ausbildung ist nicht nur das sture Pauken des Prüfungsstoffes, also der Wissenserwerb, sondern so ein Studium ist zugleich Gelegenheit, die – wenn auch fachbezogene – „Allgemeinbildung" zu erweitern. Für jemanden, der sich mit dem „Recht", hier mit dem Bürgerlichen Recht im BGB, befassen muss, wird das Verständnis grundsätzlich erleichtert, wenn er ungefähr weiß, aus welchem Zeitgeist heraus sich dieses Gesetz entwickelt hat.[49]

Vor dem Inkrafttreten des BGB herrschte im deutschen Raum eine **starke Rechtszersplitterung**, die den Ruf nach der Schaffung eines einheitlichen Gesetzeswerks im Bereich des Privatrechts laut werden ließ. Bis zur Gründung des Deutschen Reichs (wann?)[50] nahmen die einzelnen deutschen Staaten (Preußen, Bayern, Sachsen, Württemberg, Baden, Mecklenburg usw) das Recht der Gesetzgebung und auch die Gerichtsbarkeit jeweils für sich in Anspruch.

Vorläufer dieser einzelnen Landesrechte, dieser partikularen Rechte, wie man sie auch bezeichnet, war das sog. Gemeine Recht (für Lateiner: ius commune). Als „gemein" wurde dieses Recht nicht bezeichnet, weil es nur garstige Vorschriften enthielt, sondern weil es für alle deutschen Staaten gemeinsam galt! Es war nur zum geringen Teil deutschen Ursprungs und beruhte im Wesentlichen auf übernommenem (rezipiertem) fremdem Recht, insbesondere auf dem Gedankengut des römischen Rechts. Man spricht in diesem Zusammenhang häufig sehr vereinfacht von der Re- 38

47 → Rn. 5.

48 **Am 1.1.1900!**

49 Wenn Sie tiefer in die Deutsche Rechtsgeschichte eintauchen möchten, schauen Sie in das hervorragende und moderne Standardwerk von Kroeschell, Deutsche Rechtsgeschichte, Bd. 1: Bis 1250, 13. Aufl. 2008; Bd. 2: 1250–1650, 9. Aufl. 2008 (von Kroeschell/Cordes/Nehlsen-v. Stryk); Bd. 3: Seit 1650, 5. Aufl. 2008 oder auch Gmür/Roth, Grundriss der deutschen Rechtsgeschichte, 15. Aufl. 2018.

50 **1871!**

zeption (Übernahme) des römischen Rechts, die im 15. Jahrhundert ihren Höhepunkt hatte.[51] Das gemeine Recht, das auf Gewohnheitsrecht (→ Rn. 5) beruhte, war auch nach Schaffung der sog. „Partikularrechte“ in den einzelnen deutschen Staaten gültig. „Partikular“ bedeutet, einen Teil(aspekt) der Minderheit betreffend. Die Partikularrechte galten also nur für einen einzelnen Staat, nicht aber für alle Staaten, wie das „gemeine Recht“. Letztgenanntes galt gegenüber den Partikularrechten nur subsidiär.

39 ■ Was bedeutet das: Es galt subsidiär? Können Sie sich darunter etwas vorstellen?
▶ Subsidiär bedeutet so viel wie „nachrangig“ dh, das gemeine Recht wurde nur angewendet, sofern keine einzelstaatliche Regelung des jeweiligen Partikularrechts vorhanden war (= Subsidiaritätsprinzip)[52].

Es galt der Grundsatz „Landesrecht bricht gemeines Recht“. Die Landesrechte waren in einigen Partikularstaaten bereits in großen Gesetzeswerken kodifiziert (Erinnern! „Kodifizierung“ = schriftliche Festlegung). Das Ergebnis dieser Zusammenfassung von Rechtsvorschriften eines bestimmten Rechtsgebiets in einem einheitlichen Gesetz („**Kodifikation**“)[53] wurde Codex genannt.

Von den wichtigsten sollte man einmal etwas gehört bzw. gelesen haben. Dies waren vor allem:

In **Bayern** der „Codex Maximilianeus Bavaricus Civilis“ (1756),
in **Preußen** das „Allgemeine Landrecht für die preußischen Staaten“ (1794),
in **Sachsen** das „Bürgerliche Gesetzbuch für das Königreich Sachsen“ (1863),
in den **linksrheinischen Gebieten** das unter Napoleon geschaffene französische Zivilgesetzbuch, der „Code civil“ (1804),
in **Baden** das „Badische Landrecht“ (1809); dieses beruhte im Wesentlichen auf einer Übersetzung des „Code civil“.

40 Nicht zuletzt die Tatsache, dass Frankreich mit dem „Code civil“ bereits seit 1804 ein einheitliches Gesetzeswerk für das Privatrecht besaß, war Auslöser für die Schaffung eines einheitlichen deutschen Gesetzeswerks auf dem Gebiet des Bürgerlichen Rechts; denn was der französischen Nation gelungen war, so meinte man, könne auch der deutschen Nation gelingen. Sinn der Schaffung des BGB war es nicht, etwas inhaltlich völlig Neues zu verfassen, sondern das bereits vorhandene, teilweise unterschiedliche, Privatrecht der verschiedenen Landesteile zu vereinfachen und zu vereinheitlichen. In Teilgebieten des Privatrechts war das schon früher gelungen, so zB durch Schaffung der „Allgemeinen Deutschen Wechselordnung“ von 1848 und des „Allgemeinen Deutschen Handelsgesetzbuchs“ von 1861, das 1897 von dem heute noch – natürlich mit zwischenzeitlichen Änderungen – geltenden HGB abgelöst wurde.

Auf die Notwendigkeit der Schaffung eines einheitlichen Bürgerlichen Gesetzbuchs hatte erstmals der Heidelberger Rechtsgelehrte A. F. Justus Thibaut (trotz des französischen Namens ein Deutscher) hingewiesen, als er 1814 seine Schrift „Über die Notwendigkeit eines Allgemeinen Bürgerlichen Rechts für Deutschland“ veröffent-

51 Für Interessierte: Über die Rezeption des römischen Rechts bzw. über die „Anfänge des gelehrten Rechts“, können Sie sich informieren im gleichnamigen Werk von Trusen (1962). Wenn Sie nicht so viel Zeit investieren wollen: „Die Rezeption des römischen Rechts“ wird kurz und gut in dem Aufsatz von Schildt JURA 2003, 450 dargestellt.

52 Auf diesen Begriff kommen wir noch zurück!

53 Vgl. Creifelds Rechtswörterbuch/Groh „Kodifikation“.

lichte. Er hatte sich aber mit seinen Bemühungen nicht durchsetzen können, weil unter anderem der Marburger Rechtsprofessor Friedrich Carl von Savigny (ebenfalls ein Deutscher und von 1842–1848 preußischer Justizminister) der Auffassung war, dass die Zeit für ein solches Gesetzeswerk noch nicht reif gewesen sei.

Erst nach der Gründung des Deutschen Reiches im Jahre 1871 war es möglich, vielerorts bestehende Kodifikationsabsichten zu verwirklichen. Die Arbeiten für ein **einheitliches Bürgerliches Gesetzbuch** wurden verstärkt aufgenommen und von sog. Kommissionen geleitet, die vorwiegend aus Universitätsgelehrten sowie hohen Richtern und Ministerialbeamten bestanden.

Nachdem 1873 auf Initiative der Abgeordneten Lasker und Miquel die Gesetzgebungszuständigkeit des Reichs für das gesamte Bürgerliche Recht (lex Lasker) begründet worden war, wurde 1874 die erste Kommission berufen, die sich aus elf Juristen aus den elf größten Einzelstaaten zusammensetzte. Sie begann ihre eigentliche Arbeit 1881 mit den Hauptberatungen und legte als Ergebnis 1887 den „Ersten Entwurf" vor, der 1888 – zusammen mit einer ausführlichen Begründung, den sog. „Motiven" – veröffentlicht wurde. Federführend war in dieser Kommission der Leipziger Juraprofessor Bernhard Windscheid (1817–1892), den man bisweilen auch als „Vater des BGB" bezeichnet. Dieser „Erste Entwurf" wurde mit heftiger Kritik aufgenommen, bei der sich neben Anton Menger („Das bürgerliche Recht und die besitzlosen Volksklassen", 1890) namentlich der berühmte Berliner Rechtsgelehrte Otto von Gierke (1841–1921) hervortat.[54] Ihm war dieser Entwurf zu sehr am römischen Recht ausgerichtet; das Werk sei nicht Deutsch genug und außerdem volks- und lebensfremd, zu formalistisch, und es berücksichtigte seiner Ansicht nach die sozialen Forderungen seiner Zeit zu wenig. Diese Kritik führte zur Bearbeitung durch eine zweite Kommission, der außer Juristen auch Vertreter der Wirtschaft angehörten und die von 1890–1895 tagte. Der von dieser Kommission verfasste „Zweite Entwurf" war wesentlich klarer formuliert und gewährte den wirtschaftlich Schwachen mehr Schutz. Dieser zweite Entwurf wurde 1896 vom Reichstag – mit wenig Änderungen durch das Reichsjustizamt in einer Denkschrift – verabschiedet und zusammen mit den Begründungen, den sog. „Protokollen", nach Unterzeichnung durch Kaiser Wilhelm II. am 24.8.1896 im Reichsgesetzblatt verkündet.

Am 1.1.1900 trat das BGB in Kraft, zusammen mit dem HGB und einigen Nebengesetzen, wie zB der Grundbuchordnung (GBO).[55]

Seither hat das BGB eine Vielzahl von Änderungen erfahren, von denen die Schuldrechtsreform aufgrund des Schuldrechtsmodernisierungsgesetzes v. 26.11.2001 zum 1.1.2002 die tiefgreifendste Wirkung hatte. Auch die Schuldrechtsreform zum 1.1..2022[56] führte in jüngster Zeit zu umfangreichen Neuerungen.

54 In seiner sog. „Kampfschrift" (vgl. Wieacker, Privatrechtsgeschichte der Neuzeit, 2. Aufl. 1967 [2. Nachdruck 1996], S. 453) „Der Entwurf eines Bürgerlichen Gesetzbuches und das deutsche Recht" (1888/89) kritisierte er das BGB mit dem markigen Satz: „Unser Privatrecht muss ein Tropfen sozialistischen Öles durchsickern!" (Zitat nach Kroeschell, Deutsche Rechtsgeschichte, Bd. 3, 5. Aufl. 2008, S. 221; bei Wieacker, Privatrechtsgeschichte der Neuzeit, 2. Aufl. 1967, S. 470 ist dieser Tropfen Öl nur „sozial" ...).

55 Dazu mehr in Wörlen/Kokemoor SachenR Rn. 196 ff.

56 Gesetz zur Umsetzung der Richtlinie über bestimmte vertragsrechtliche Aspekte der Bereitstellung digitaler Inhalte und digitaler Dienstleistungen vom 25.6.2021, BGBl. 2021 I 2123; Gesetz zur Regelung des Verkaufs von Sachen mit digitalen Elementen und anderer Aspekte des Kaufvertrags vom 25.6.2021, BGBl. 2021 I 2133.

Dies soll als Überblick über die Entstehung des BGB genügen. Sehen Sie sich die Entstehungsgeschichte anhand von Übersicht 5 (→ Rn. 41) noch einmal an.

41 **Übersicht 5**

Entstehungsgeschichte des BGB

Inkrafttreten: 1.1.1900
= **einheitliche Kodifizierung** (= schriftliche Festlegung) des deutschen Privatrechts

Situation vorher: **Starke Rechtszersplitterung** → Bis zur Gründung des deutschen Reiches (1871) lag Gesetzgebung bei deutschen Einzelstaaten = Partikularstaaten → Partikularrechte bzw. -gesetze

Vorläufer der Partikularrechte:
„Gemeines Recht" (ius commune) — **Gewohnheitsrecht**

Basis: übernommenes („rezipiertes") römisches Recht (→ „Rezeption" des römischen Rechts, 15. Jh.)

Geltung in allen deutschen Staaten, aber „subsidiär" [= nachrangig: gemeines Recht galt nur, sofern nicht einzelstaatliche (partikulare) Sonderregelungen vorhanden waren]

Die wichtigsten Gesetze der Partikularstaaten
- Codex Maximilianeus Bavaricus Civilis (1756) – Bayern
- Allgemeines Landrecht für die preußischen Staaten (1794) – Preußen
- Bürgerliches Gesetzbuch für das Königreich Sachsen (1863) – Sachsen
- „Code civil (français)" (1804) – linksrheinische Gebiete
- Badisches Landrecht (1809) – Baden

Schaffung des französischen **„Code civil"** war **Auslöser** für Forderung nach einheitlichem deutschem Privatrechtsgesetzbuch; Initiative: Heidelberger Rechtsprofessor A. F. Justus Thibaut (1772–1840)

→ „Über die Notwendigkeit eines allgemeinen Bürgerlichen Rechts für Deutschland" (1814)

→ Dagegen: Friedrich Carl von Savigny (1779–1861) (v. 1842–1848 preußischer Justizminister) → „Zeit noch nicht reif"

Einzelne Gesetzwerke in Teilgebieten des deutschen Privatrechts
- Allgemeine Deutsche Wechselordnung, 1848
- Allgemeines Deutsches Handelsgesetzbuch, 1861

Nach Gründung des deutschen Reiches
- 1874 Beauftragung der 1. Kommission (11 Juristen)
  → Professoren, Richter, Ministerialräte; Bernhard Windscheid (1817–1892) = „Vater des BGB"
- 1881 Beginn der Hauptberatungen
- 1888 1. Entwurf mit „Motiven" (= Begründungen)
- Kritik: Otto von Gierke (1841–1921) → „Zu undeutsch, zu römisch, zu formalistisch, zu lebens- und volksfremd, zu unsozial"
- 1890 2. Kommission
- 1895 2. Entwurf mit „Protokollen"
  → Änderungen, Verbesserungen (Schutz der wirtschaftlich Schwachen)
- 1896 Verabschiedung 2. Entwurf durch Reichstag/mit „Denkschrift" Reichsjustizamt (sog. 3. Entwurf)
- 24.8.1896 Verkündung des BGB im RGBl.
- **1.1.1900 Inkrafttreten des BGB**
- **1.1.2002 „Große Schuldrechtsreform"**
- **1.1. bzw. 1.7.2022 „Schuldrechtsreform 2022"**

3. Kapitel. Wichtige Grundbegriffe des Bürgerlichen Rechts – Terminologie des BGB

Nachdem wir einen kleinen Überblick über die Entstehungsgeschichte des BGB bekommen und das Bürgerliche Recht in unser Rechtssystem eingeordnet haben, wollen wir einige Begriffe und Grundprinzipien des Bürgerlichen Rechts betrachten, um uns mit der Terminologie des BGB vertraut zu machen. 42

I. Bedeutung und Inhalt bürgerlich-rechtlicher Regelungen

Das Bürgerliche Recht ist – auch wenn das oft behauptet wird – alles andere als eine trockene oder gar lebensfremde Materie. Lebensfremd kann das Recht schon deshalb nicht sein, weil es sozusagen das Leben selbst ist. Fast tagtäglich wird jeder von Ihnen, ohne dass Sie sich dessen bewusst werden, mit dem Recht, vor allem mit dem Bürgerlichen Recht, konfrontiert. Das fängt schon an, wenn Sie morgens in einer Bäckerei Brötchen kaufen, diese bar bezahlen und mit zur Uni oder Hochschule nehmen. Dieses Beispiel ist im Grunde schon ein erster kleiner **„Fall"** und die entscheidende Fallfrage dazu lautet: 43

■ „Wie viele Verträge wurden geschlossen"? (Überlegen Sie!)
Einen Vertrag, der hier geschlossen wurde, müssten Sie, auch ohne das BGB zu kennen, nennen können?

▶ Ein Kaufvertrag über die Brötchen! (§ 433 lesen!)
Außerdem wurden noch zwei Eigentumsübertragungsverträge geschlossen. Sie haben nämlich, wenn auch stillschweigend – durch schlüssiges oder juristisch gesprochen „konkludentes" Verhalten – mit der Bäckerei dahingehend eine Einigung erreicht, dass Sie Eigentümer der Brötchen werden sollen, und zum anderen haben Sie sich mit ihm darüber geeinigt, dass die Bäckerin Eigentümerin des Geldes werden soll!
Durch Übergabe der Brötchen und durch Übergabe des Geldes sind diese Eigentumswechsel sofort vollzogen worden, und zwar jeweils durch einen „dinglichen Vertrag" gem. § 929 S. 1 (zur ersten Information schon einmal durchlesen!).

Wir werden auf dieses Beispiel bei Gelegenheit (→ Rn. 272 f.) noch einmal zurückkommen und uns dann die Vorschriften des BGB, in denen diese Vorgänge geregelt sind, genauer ansehen.

■ Was also – allgemeiner betrachtet – regelt das BGB und welchen Prinzipien folgt es dabei?

▶ Zunächst hatten wir bereits festgestellt, dass im BGB ein Teilbereich des Privatrechts geregelt wird. 44
Das Bürgerliche Recht, für das bekanntlich auch der Begriff „Zivilrecht" verwendet wird, regelt Rechtsbeziehungen zwischen Privatpersonen, hauptsächlich Rechtsbeziehungen des Wirtschafts- und Gesellschaftslebens und der Familie.

Privatpersonen sind alle Menschen, aber auch, wie Sie vielleicht schon wissen oder demnächst noch lernen werden, Vereine und Gesellschaften, wie zB eine Aktiengesellschaft oder eine GmbH. Selbst der Staat ist nicht nur Hoheitsträger, sondern kann, wie Sie bereits gelesen haben, auch als „Privatperson" auftreten, etwa als Eigentümer, Vermieter oder Käufer und heißt dann *Fiskus*. Rechtsbeziehungen des Wirtschafts- und Gesellschaftslebens regelt das Bürgerliche Recht vor allem in zwei Teilgebieten: dem *Schuldrecht* und dem *Sachenrecht*.

Das **Schuldrecht**, oder wie es im Gesetz heißt, das „Recht der Schuldverhältnisse", hat mit Rechtsbeziehungen zu tun, in denen einer etwas schuldet, das ist der „Schuldner", und der andere das Geschuldete fordern kann, das ist der „Gläubiger".[57] In der Terminologie des Bürgerlichen Rechts bedeutet das, dass der Gläubiger gegen den Schuldner einen „Anspruch" hat. Die rechtlichen Vorschriften – die Paragrafen also – aus denen der Gläubiger solche Ansprüche herleiten kann, nennt man „Anspruchsgrundlagen". Mit diesem Begriff werden wir uns noch sehr ausführlich beschäftigen. Ansprüche einer Privatperson gegen eine andere Privatperson können nicht nur im Schuldrecht entstehen, sondern auch in anderen Bereichen des Bürgerlichen Rechts, so zB auch im Sachenrecht, im Familienrecht und im Erbrecht.

Wie das Schuldrecht ordnet auch das **Sachenrecht** verschiedenartige Lebensbereiche. Das BGB versteht unter „Sachen" einerseits den gesamten Grund und Boden mit all seinen Bestandteilen (wie zB Pflanzen und Gebäude). Das sind die sog. *unbeweglichen Sachen*, die „Immobilien". So wird verständlich, warum man Grundstücksmakler auch Immobilienmakler nennt …

Neben den unbeweglichen Sachen kennt das BGB den Begriff der *beweglichen Sachen*. Das sind vor allem Waren jeder Art, zB auch die bereits erwähnten Brötchen aus der Bäckerei, aber auch alles sonst, was nicht niet- und nagelfest, also beweglich ist!

Das Sachenrecht ist aber nicht Thema dieses Buchs. Wir wollen deshalb noch nicht näher darauf eingehen, sondern uns erst einmal mit den Personen beschäftigen, die von den Regelungen des BGB betroffen werden.

II. Personen und Rechte

1. Rechtsfähigkeit; Rechtssubjekte

Übungsfall 1

Der exzentrische Herald Blööcker liebt sein Hündchen Lilly Queen über alles. Deshalb möchte er das Tierchen in seinem Testament als Erbe einsetzen oder den Lebensabend von Lilly Queen durch eine sog. „Pensionszusage" sicherstellen. Wie kann er das erreichen?

45 Die Antwort auf diese Frage heißt schlicht: „Überhaupt nicht!"

- ■ Warum wohl nicht?
- ▶ „Erbe" oder „Gläubiger eines Pensionsanspruches" kann nur jemand werden, der auch Rechte haben kann. Entscheidend ist, ob die Hündin Lilly Queen Rechte haben kann! Damit ist die Frage nach der Rechtsfähigkeit gestellt. Eine Definition der Rechtsfähigkeit werden Sie im BGB nicht finden. Lesen Sie dazu § 1!

Was Rechtsfähigkeit bedeutet, wird nicht erklärt, sondern es wird nur gesagt, wann die Rechtsfähigkeit des Menschen beginnt, nämlich mit der Vollendung der Geburt. Vollendung der Geburt bedeutet, dass der Säugling nach Austritt aus dem Mutterleib lebt, also mindestens einen Atemzug getan haben muss.

57 Lesen Sie zur ersten Information § 241 I! In Wörlen/Metzler-Müller SchuldR AT werden Sie unter Rn. 6 f. mehr dazu erfahren.

Die Rechtsfähigkeit wird von der Rechtslehre folgendermaßen definiert:

Unter **Rechtsfähigkeit** versteht man die Fähigkeit, Träger von Rechten und Pflichten zu sein.

Mit der Formulierung des § 1 können wir die Antwort auf unsere Hundefrage begründen: Träger von Rechten und Pflichten können nur Menschen, nicht aber Tiere sein. Tiere sind juristisch gesehen zwar gem. § 90a keine Sachen (mehr),[58] aber wie wollte man zB Lilly Queen zur Verantwortung ziehen, wenn sie den ungeliebten Postboten beißt und dieser Schadensersatz verlangt? Dafür muss nun einmal Blööcker geradestehen bzw. „haften", wie es im juristischen Sprachgebrauch heißt. Auf die sog. „Tierhalterhaftung", die im BGB (§ 833) ausdrücklich geregelt ist, kommen wir zu einem späteren Zeitpunkt kurz zurück! Bleiben wir noch bei der Rechtsfähigkeit des Menschen. Wie Sie gelesen haben, bedeutet Rechtsfähigkeit, dass eine Person – Abschnitt 1 von Buch 1 („Allgemeiner Teil") des BGB ist mit dem Titel „Personen" überschrieben – Träger von Rechten und Pflichten sein kann. Wenn Sie sich an unsere Unterscheidung von objektivem und subjektivem Recht erinnern, können Sie vielleicht diese Frage beantworten:

■ Welche Rechte werden in der Definition der Rechtsfähigkeit angesprochen? 46
▶ Subjektive Rechte!
■ Wissen Sie noch, wie oben (Übersicht 2 → Rn. 12) ein subjektives Recht definiert wurde?
▶ Als Befugnis, die sich aus einer Rechtsnorm des objektiven Rechts für den Berechtigten unmittelbar ergibt.

Man nennt die Personen, die Träger von Rechten und Pflichten sein können, deshalb auch „Rechtssubjekte". **Rechtssubjekt** iSd BGB ist in erster Linie der Mensch oder die *„natürliche Person"*, wie dies in der Überschrift des ersten Titels über § 1 ausgedrückt wird. 47

■ Vielleicht wissen Sie schon, welche Personen im BGB den natürlichen Personen gegenüberstehen?
▶ Die *„juristischen Personen"*! 48
■ Was bzw. wer sind nun juristische Personen?
▶ Juristische Personen sind durch die Rechtsordnung zugelassene, mit eigener Rechtsfähigkeit ausgestattete Zusammenschlüsse bzw. Vereinigungen mehrerer Personen.

Beispiele: Vereine (zB FC Gelsenkirchen-Schalke 04 e.V.), Kapitalgesellschaften wie Aktiengesellschaft (zB Siemens AG), GmbH (zB Robert Bosch GmbH) usw.

Die juristischen Personen werden wir unter → Rn. 84 ff. noch ausführlicher behandeln.

58 Seit dem am 1.9.1990 in Kraft getretenen „Gesetz zur Verbesserung der Rechtsstellung des Tieres im bürgerlichen Recht" (v. 20.8.1990, BGBl. 1990 I 1762) werden Tiere auch im bürgerlichen Recht nicht mehr als Sachen, sondern als Lebewesen angesehen. Die für Sachen geltenden Vorschriften dürfen daher nur angewandt werden, wenn nicht besondere Bestimmungen zum Schutz der Tiere entgegenstehen. Dieser zentrale Grundsatz wurde im Schadensrecht (§ 251 II 2), Sachenrecht (§ 903 S. 2) und Zwangsvollstreckungsrecht (§§ 765a I 3 und 811c I ZPO) durch konkrete Einzelregelungen ergänzt. Vgl. hierzu Aufsatz von Steding, § 90a – nur juristische Begriffskosmetik? Reflexionen zur Stellung des Tieres im Recht, Neue Justiz 1994, 1.

49 Wenn Sie eben verstanden haben, dass die Rechtsfähigkeit der natürlichen Personen an das Menschsein geknüpft ist und mit der Vollendung seiner Geburt beginnt, können Sie leicht die Frage beantworten, wann die Rechtsfähigkeit der natürlichen Person endet.

■ Zu welchem Zeitpunkt wird die Rechtsfähigkeit wohl enden?

▶ Sollten Sie sich soeben die Mühe gemacht haben, im Gesetz nach einer Antwort zu suchen, war das diesmal vergeblich. Dass die Rechtsfähigkeit des Menschen mit dem Tod endet, ist selbstverständlich. Das BGB „schweigt" deshalb.

Damit nicht alle Rechte und Pflichten, die der Mensch sich zu Lebzeiten erworben hat, beziehungslos im Nichts verschwinden, hat das BGB an die Stelle der Verstorbenen (sog. *Erblasser*) die *Erben* gesetzt.

Wer das im Einzelnen sein kann, werden Sie genauer erfahren, wenn Sie sich dem „Erbrecht" zuwenden.

Dennoch schon ein kleines **Beispiel** dazu:

50 Der Vater V des Kindes K ist zwei Monate vor der Geburt des Kindes verstorben. Kann K trotzdem Erbe des V sein?

■ Was ist nach dem, was Sie bisher gelesen haben, Voraussetzung dafür, dass jemand Erbe sein kann, also Rechte und Pflichten des Erblassers übernehmen kann?

▶ Er muss rechtsfähig sein!

■ War K zum Zeitpunkt des Eintritts des Erbfalls, nämlich des Todes des V, rechtsfähig?

▶ Nach § 1 beginnt die Rechtsfähigkeit mit der Vollendung der Geburt!
Das wird im Erbrecht in § 1923 I nochmals ausdrücklich bekräftigt (lesen!).
Da es sehr ungerecht wäre, wenn K aufgrund des unglücklichen frühzeitigen Todes seines Vaters als Erbe ausscheidet, hat der Gesetzgeber mit der Vorschrift des § 1923 II – lesen! – geholfen.
Die Vorschrift kann zwar nicht erreichen, dass K tatsächlich rechtzeitig vor dem Tod des Vaters, der das Kind bereits gezeugt hatte, zur Welt kommt; wohl aber kann sie bestimmen, dass das bereits gezeugte Kind die gleichen Rechte haben soll wie ein geborenes Kind. Durch die Formulierung „gilt als vor dem Erbfall geboren" fingiert der Gesetzgeber einen Zustand, der in Wirklichkeit (noch) nicht vorliegt (= „**Fiktion**", am Wort „*gilt*" zu erkennen). Das noch nicht geborene, aber bereits gezeugte Kind, auch bezeichnet mit dem lateinischen Fremdwort „nasciturus" (= Leibesfrucht), wird durch § 1923 II für erbfähig erklärt. Für den Erbfall wird somit entgegen § 1 die Rechtsfähigkeit vorverlegt.

Die Vorverlegung einer Art von „Rechtsfähigkeit" gibt es auch in anderen Rechtsgebieten. Wenn Sie ab und zu aufmerksam die Medien verfolgen, müssten Sie eigentlich wissen, welches Rechtsgebiet damit angesprochen sein könnte.

■ Welcher Rechtsbereich ist gemeint?

▶ Das „Strafrecht" mit seinen immer wieder diskutierten „Abtreibungsparagrafen", den §§ 218–219b StGB.[59]

---

59 Zuletzt gestritten wurde über das Verbot der Werbung für den Schwangerschaftsabbruch aus § 219a StGB, der aber zum 19.7.2022 vom Gesetzgeber gestrichen wurde (Ges. v. 11.7.2022, BGBl. 2022 I 1082).

Wir bleiben weiterhin beim BGB und wollen die juristischen Begriffe, die wir bisher kennengelernt haben, anhand der folgenden Zusammenfassung (Übersicht 6) wiederholen, bevor wir uns mit neuen Begriffen befassen.

Übersicht 6 51

Allgemeine Begriffe aus dem Bürgerlichen Recht (Teil 1)			
Das Bürgerliche Recht regelt Rechtsbeziehungen zwischen Privatpersonen im Wirtschafts- und Gesellschaftsleben und in der Familie			
Rechtssubjekte	**Schuldrecht**	**Sachenrecht**	**Familien- und Erbrecht**
natürliche Personen ↓ einzelne Menschen **juristische Personen** ↓ „von der Rechtsordnung zugelassene, mit eigener **Rechtsfähigkeit** ausgestattete Vereinigungen mehrerer Personen" (zB eV, GmbH, AG)	= „Recht der Schuldverhältnisse" Rechtsbeziehungen zwischen zwei „Parteien": **Schuldner** ↓ „schuldet" **Gläubiger** ↓ kann „fordern", hat „Anspruch" (§, der Anspruch enthält = Anspruchsgrundlage) Rechte (und Pflichten) bestehen *nur* zwischen diesen beiden *Parteien*! ↓	Regelt Rechte an **beweglichen und unbeweglichen Sachen.** Schützt Eigentum und Besitz Herrschaftsrechte, die **gegenüber jedermann** wirken! ↓	↓ Regelt unter anderem Eltern-Kind-Verhältnis ↓ Regelt Schicksal des Vermögens des Verstorbenen (Erblasser)
	relative Rechte	**absolute Rechte**	

Rechtsfähigkeit …
… ist die Fähigkeit, Träger von Rechten und Pflichten zu sein.

Beginn: § 1 = Geburt; *Ausnahme:* „nasciturus" ist erbfähig
→ § 1923 II = **„Fiktion"** = Gesetz nimmt Sachverhalt an, der in Wirklichkeit nicht besteht

Ende: Tod

2. Formen der privatrechtlichen Handlungsfähigkeit

52 Ein weiterer wichtiger Begriff, dessen Kenntnis für das Grundverständnis des BGB erforderlich ist, ist die „Handlungsfähigkeit".

■ Versuchen Sie einmal mit eigenen Worten zu formulieren, was darunter „rechtlich" zu verstehen sein könnte!

▶ Handlungsfähigkeit ist die Fähigkeit, verantwortlich oder „rechtserheblich" handeln zu können.

Etwas genauer:

Merke: Unter **Handlungsfähigkeit** versteht man die Fähigkeit, Rechte und Pflichten zu begründen, aufzuheben oder zu verändern.

Die Handlungsfähigkeit gliedert sich in die *„Geschäftsfähigkeit"* und die *„Deliktsfähigkeit"*. Dazu lösen wir...

Übungsfall 2

Die achtjährige Franzi kauft sich einen Fußball. Beim Spielen verwechselt sie das Tor mit einer Fensterscheibe des Nachbarhauses, die dadurch zu Bruch geht.

■ Welche beiden Rechtsfragen wirft dieser kleine Fall auf? – Hinweis: Jeder der beiden Sätze dieses Falles wirft eine rechtliche Frage auf. Überlegen Sie wieder selbst, bevor Sie weiterlesen!

▶ 1. Kann die achtjährige Franzi wirksam einen Kaufvertrag abschließen
und
2. muss Franzi den Schaden der zerbrochenen Fensterscheibe ersetzen?

Wenden wir uns zunächst der ersten Frage zu:

■ Wovon hängt es wohl ab, ob Franzi (F) einen Kaufvertrag abschließen kann?

▶ Von der Handlungsfähigkeit der F, genauer: von ihrer Geschäftsfähigkeit.

53 Die **Geschäftsfähigkeit** ist im BGB in den §§ 104–113 geregelt. Wenn Sie dort aber nach einer Definition der Geschäftsfähigkeit suchen, werden Sie keine finden. Das BGB setzt in diesen Vorschriften lediglich fest, wann bzw. mit welchem Alter jemand geschäftsfähig ist oder nicht, und regelt die Wirkungen von *„Willenserklärungen"*, die ein noch nicht (voll) Geschäftsfähiger abgibt. Lesen Sie zur ersten Information einmal § 105 I.

Der Begriff der „Geschäftsfähigkeit" ist überall dort von Bedeutung, wo Willenserklärungen abgegeben werden. Damit haben wir wieder einen neuen Begriff, dessen juristische Definition Sie noch nicht kennen und die Sie im BGB ebenfalls nicht finden werden!

54 ■ Was versteht der Jurist unter einer Willenserklärung? Und was unter Geschäftsfähigkeit?

▶ Allgemein gelten folgende Definitionen:

Merke:
Eine **Willenserklärung** ist eine auf einen rechtlichen Erfolg gerichtete Willensäußerung.
Unter **Geschäftsfähigkeit** versteht man die Fähigkeit, wirksame Willenserklärungen abzugeben.

In welchem Alter der Mensch über diese Geschäftsfähigkeit verfügt, ist, wie gesagt, im BGB ausdrücklich geregelt.

■ Wenn Sie sich in Ruhe § 2 und dann die §§ 104–106 durchlesen, müssten Sie die Frage beantworten können, ob die achtjährige F über die erforderliche Geschäftsfähigkeit verfügte, um einen wirksamen Kaufvertrag abschließen zu können. (Versuchen Sie, bevor Sie weiterlesen, Ihre Antwort anhand der gelesenen Vorschriften kurz schriftlich zu begründen!)

▶ Antwort (vgl. „Radio Eriwan")[60]: „Im Prinzip ja; aber (nur wenn) …"
Also: F ist zunächst Minderjährige; volljährig wird sie gem. § 2 erst mit 18 Jahren. Da F acht Jahre alt ist, ist sie eine Minderjährige, die das siebte Lebensjahr vollendet hat und somit gem. § 106 nach Maßgabe der §§ 107–113 in der Geschäftsfähigkeit beschränkt ist. Da zur Wirksamkeit eines Vertrags zwei sich deckende Willenserklärungen, Angebot und Annahme, erforderlich sind (damit werden wir uns später noch eingehend beschäftigen), müssen wir im BGB nach einer Vorschrift suchen, die etwas über die Willenserklärung einer beschränkt geschäftsfähigen Minderjährigen aussagt.

■ Welche Vorschrift kommt hier in Betracht?

▶ § 107 – lesen!

■ Was bedeutet das?

▶ Zunächst muss es sich bei der auf Abschluss des Kaufvertrags gerichteten Willenserklärung der F um eine Willenserklärung handeln, durch die sie nicht lediglich einen rechtlichen Vorteil erlangt.

■ Trifft das in unserem Fall zu? Was meinen Sie?

▶ Auch ohne das BGB schon zu kennen, wissen Sie, dass der Käufer einer Sache zur Zahlung des Kaufpreises verpflichtet ist (§ 433 II – lesen!). Indem F mit dem Fußballverkäufer einen Kaufvertrag abschließt, verpflichtet sie sich zur Kaufpreiszahlung. Eine Verpflichtung bedeutet immer einen rechtlichen Nachteil!

■ Was folgt daraus für unseren Fall? (Die Antwort finden Sie in § 107!)

▶ F bedurfte zu ihrer auf den Abschluss des Kaufvertrags gerichteten Willens- **55**
erklärung der Einwilligung ihres gesetzlichen Vertreters. Das sind in der Regel die Eltern (vgl. §§ 1626 und 1629[61], jeweils Abs. 1) oder ein Vormund (§§ 1773, 1793[62]).
Da unser Fall über eine vorliegende Einwilligung der Eltern der Franzi nichts aussagt, müssen wir davon ausgehen, dass sie nicht vorlag. Was in diesem Fall mit dem Kaufvertrag geschieht, beantwortet § 108 I (lesen!). Schon wieder ein neuer Begriff: „Genehmigung".

---

60 Eriwan oder Jerewan ist die Hauptstadt Armeniens, „Radio Eriwan" ein Radiosender, der zu Zeiten der früheren Sowjetunion fiktive Zuhörerfragen beantwortete. Die (oft politischen) **Radio-Eriwan-Witze** werden mit einer „Frage an Radio Eriwan: …?" eingeleitet und meist mit „Im Prinzip ja/nein, …. aber …" beantwortet. Beispiel: Frage an Radio Eriwan: „Stimmt es, dass Bürger der Sowjetunion ihre Meinung frei äußern können?" Antwort: „Im Prinzip ja, …. aber sie sollten sich vorher ins Ausland begeben haben."

61 Beachte Änderungen bzw. neue Fassung der §§ 1629 ff ab 1.1.2023 wegen Gesetz zur Reform des Vormundschafts- und Betreuungsrechts v. 4.5.2021, BGBl. 2021 I 882.

62 Beachte neue Fassung der §§ 1773 ff. ab 1.1.2023 wegen Gesetz zur Reform des Vormundschafts- und Betreuungsrechts v. 4.5.2021, BGBl. 2021 I 882. Die gesetzliche Vertretung des Mündels, bislang § 1793, ist ab 2023 in § 1789 II S. 1 zu finden.

56 ■ Was meinen Sie, worin der Unterschied zwischen Einwilligung und Genehmigung besteht? (Wenn man § 107 und § 108 I genau liest, kann man den Unterschied herausfinden!)

▶ Das BGB verwendet für diese beiden Begriffe den Oberbegriff „*Zustimmung*". „*Einwilligung*" ist demnach die „vorherige Zustimmung" und „*Genehmigung*" ist die „nachträgliche Zustimmung". Lesen Sie dazu die §§ 183 und 184 (jeweils nur die erste Zeile).

Das Gesetz gibt selbst, indem es einen Begriff, der vorher erklärt wird, in Klammern aufführt, eine Definition dieses Begriffs. Man nennt diese Art der Definition **„Legaldefinition"**. Sie werden davon im Laufe des Studiums noch einige mehr kennenlernen.

Lernhinweis: Unterstreichen Sie den in Klammern stehenden Begriff in Ihrem Gesetzestext (sofern dies nach der für Sie geltenden Prüfungsordnung zulässig ist). Dann brauchen Sie diesen nicht auswendig lernen, denn: Ein Blick ins Gesetz genügt!

■ Die Frage, wovon die Wirksamkeit des Kaufvertrages zwischen Franzi und dem Fußballverkäufer abhängt, sollten Sie nun selbst beantworten können; wovon nämlich?

▶ Grundsätzlich von der Genehmigung der Eltern (arg. aus §§ 107, 108)! Wenn Juristen das Wort „grundsätzlich" benutzen, dann heißt das: „in der Regel" ist das so, wenn nicht eine Ausnahme eingreift.

57 ■ Lesen Sie § 110. Was könnte dieser sog. „*Taschengeldparagraf*" für unseren Fall bedeuten?

▶ Je nachdem, wie teuer der Fußball war und je nachdem, wie viel Taschengeld F von ihren Eltern bekommt, könnte der Vertrag auch ohne deren Zustimmung voll wirksam sein, sofern F den Ball sofort bezahlt (= die Leistung „bewirkt") hat!

Damit haben wir die erste Frage unseres kleinen Falls gelöst. (Auf die „Geschäftsfähigkeit" werden wir später noch ausführlicher zurückkommen.)

■ Wie sieht es mit der zerbrochenen Fensterscheibe aus?

58 ▶ Ob F dafür aufkommen muss, hängt von der „Deliktsfähigkeit" der F ab.

Auch dieser Begriff wird im BGB nicht definiert.

Merke: Nach der Rechtslehre ist **Deliktsfähigkeit** die Fähigkeit, unerlaubte Handlungen mit Verantwortlichkeit für deren Folgen vorzunehmen.

Unter einer *unerlaubten Handlung* iSd BGB versteht man einen widerrechtlichen Eingriff in ein vom Gesetz geschütztes Rechtsgut, durch den ein Schaden entsteht. Lesen Sie dazu § 823 I.

Sie sehen, dass das Gesetz eine Reihe von Rechten und Rechtsgütern aufzählt, für deren Verletzung der Schädiger Schadensersatz leisten muss. Erinnern wir uns daran, dass Franzi die Fensterscheibe des Nachbarhauses zerstört hat.

■ Welches der in § 823 I genannten Rechtsgüter der Nachbarn hat F verletzt?

▶ Das Eigentum!

Diese Eigentumsverletzung geschah auch „widerrechtlich“ und „fahrlässig“ (im Einzelnen werden wir uns auch mit diesen Begriffen später auseinandersetzen), sodass Franzi gem. § 823 I (eigentlich) zum Schadensersatz verpflichtet ist. Da F aber minderjährig ist, gilt für sie § 828, der etwas über die **Deliktsfähigkeit** aussagt, ohne das Wort freilich zu benutzen – § 828 I lesen!

- ■ Passt diese Vorschrift auf unseren Fall?
- ▶ Nein! F ist acht Jahre alt.

Ebenso wenig passt § 828 II, da kein Verkehrsunfall stattgefunden hat.

Also: § 828 III lesen! 59

Entscheidend für eine Schadensersatzhaftung der F ist danach, ob F im konkreten Fall die erforderliche Einsicht hatte, und ob sie dieser Einsicht entsprechend handeln konnte. Man nennt die in § 828 III für Minderjährige ab sieben Jahre geltende Deliktsfähigkeit übrigens „*bedingte Deliktsfähigkeit*“. Ob die achtjährige F in unserem Fall über die Einsichtsfähigkeit verfügte, müssen wir offenlassen, da unser Sachverhalt zu den konkreten Umständen der Zerstörung der Scheibe zu wenig aussagt. „Im Zweifel“ entscheiden wir uns immer zugunsten der Minderjährigen, denn sie will der Gesetzgeber zu Recht geschützt sehen!

Zur vollständigeren Information wollen wir abschließend einen Blick auf § 832 I werfen (= lesen!).

- ■ Wenn Sie diese Vorschrift genau gelesen haben, müssten Sie folgende Frage beantworten können: Warum ist der häufig auf Schildern (zB an Baustellen) zu findende Satz „Eltern haften für ihre Kinder“ juristisch falsch?
- ▶ Die Eltern haften nicht für ein eventuelles Verschulden ihres Kindes, sondern sie haften für ihr eigenes Verschulden, wenn sie ihre Aufsichtspflicht verletzt haben!

Zur Aufsicht über ein Kind sind kraft Gesetzes (gem. § 1631 I) die Eltern oder (gem. § 1789 nF bzw. bis 31.12.2022: gem. § 1793 aF) gegebenenfalls ein Vormund verpflichtet. Sofern die Eltern der F in unserem Fall ihre Aufsichtspflicht verletzt hätten, müssten sie den Nachbarn den Schaden ersetzen, dh die neue Fensterscheibe bezahlen.

Prägen Sie sich die neuen Begriffe anhand der nächsten Zusammenfassung (Übersicht 7) ein.

60 **Übersicht 7**

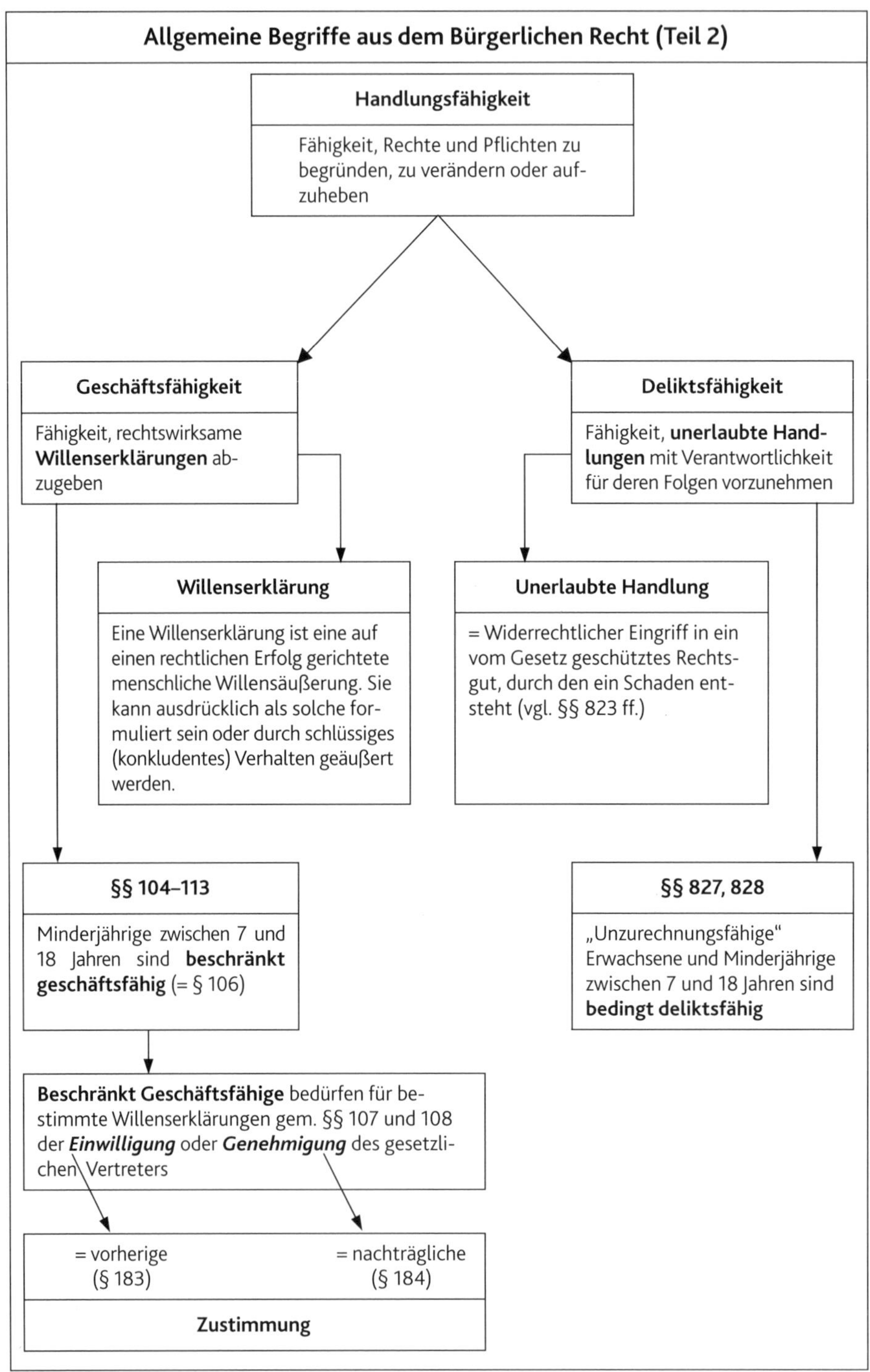

3. Altersabhängige Rechte und Pflichten der natürlichen Personen

Unter → Rn. 45 ff. dieses Kapitels und in den zusammenfassenden Übersichten 6 und 7 haben Sie erfahren, dass Rechtsfähigkeit, Geschäftsfähigkeit und Deliktsfähigkeit von bestimmten Lebensaltersstufen des Menschen (den das BGB in „Abschnitt 1, Titel 1" von „Buch 1" als „natürliche Person" bezeichnet) abhängig sind. Das Lebensalter hat aber nicht nur im Bürgerlichen Recht, sondern auch in anderen Rechtsbereichen besondere Bedeutung. Einige der wichtigsten vom Alter abhängige Rechte und Pflichten enthält die folgende Übersicht. **61**

Übersicht 8

Altersabhängige Rechte und Pflichten		
Lebensalter	**Rechte und Pflichten**	**Bedeutung** (rechtliche Grundlage)
„nasciturus" (gezeugt, aber noch nicht geboren)	• Erbfähigkeit	• Die Erbfähigkeit des Menschen wird durch die „Fiktion" von § 1923 II (gegenüber § 1) vorverlegt.
Vollendung der Geburt	• Rechtsfähigkeit	• Fähigkeit, Träger von Rechten und Pflichten zu sein (vgl. § 1)
Vor Vollendung des 7. Lebensjahres	• Geschäftsunfähigkeit • Deliktsunfähigkeit • „interessant": Mitnahme von Kindern auf Fahrrädern noch erlaubt (§ 21 III StVO)	• Willenserklärungen sind nichtig (§§ 104, 105) • Keine Verantwortungsfähigkeit für Schadenszufügung (§ 828 I) • Ab Vollendung des 7. Lebensjahres nicht mehr erlaubt
Vollendung des 7. Lebensjahres („bis 18")	• beschränkte Geschäftsfähigkeit • bedingte Deliktsfähigkeit	• Rechtsgeschäftliches Handeln grundsätzlich nur mit Zustimmung des gesetzlichen Vertreters wirksam (§§ 106, 107, 108) • Verantwortungsfähigkeit für Schadenszufügung nur bei Einsichtsfähigkeit (§ 828 III)
Vollendung des 10. Lebensjahres	• Anhörung bei Konfessionsänderung	• Meinungsäußerungsrecht des Kindes (§ 3 II 5 RelKErzG)
Vollendung des 12. Lebensjahres	• Kein Konfessionswechsel gegen den Willen des Kindes	• „Mitbestimmungsrecht" des Kindes (§ 5 S. 2 RelKErzG)
Vor Vollendung des 14. Lebensjahres	• Strafunmündigkeit	• Keine Schuldfähigkeit des Kindes (§ 19 StGB)
Vollendung des 14. Lebensjahres	• Beginn der strafrechtlichen Verantwortlichkeit als „Jugendlicher" • Religionsmündigkeit	• Strafrechtliche Verantwortlichkeit 14-Jähriger bis vor Vollendung des 18. Lebensjahres bei Einsichtsfähigkeit (§§ 1 II, III 1 JGG) • Freie Wahl des religiösen Bekenntnisses (§ 5 S. 1 RelKErzG)

Übersicht 8 (Fortsetzung)

Lebensalter	**Rechte und Pflichten**	**Bedeutung** (rechtliche Grundlage)
Vollendung des 15. Lebensjahres	• Beginn der Eigenschaft als „Jugendlicher" auch im Arbeitsrecht • Sozialrechtliche Handlungsfähigkeit	• § 2 II JArbSchG • Recht, Anträge auf Sozialleistungen zu stellen und zu verfolgen sowie Sozialleistungen entgegenzunehmen, sofern keine Einschränkung durch den gesetzlichen Vertreter erfolgt (§ 36 I SGB I)
Vollendung des 16. Lebensjahres	• Personalausweisbesitz- und -vorlagepflicht • Testierfähigkeit	• § 1 I 1 Hs. 1, 2 PAuswG • Fähigkeit, ein Testament zu errichten (§§ 2229 I, 2233 I, 2247 IV)
Vollendung des 18. Lebensjahres	• Volljährigkeit	• Volle Geschäftsfähigkeit (arg. §§ 106, 2), volle Testierfähigkeit (arg. aus § 2229 I), volle Deliktsfähigkeit (arg. aus § 828 III), Ehemündigkeit (§ 1303), Prozessfähigkeit (§ 52 ZPO)
	• Strafrechtliche Verantwortlichkeit als „Heranwachsender" • Wahlrecht	• Unter bestimmten Voraussetzungen gemilderte Anwendung des materiellen Strafrechts auf 18- bis 21-Jährige (§§ 1 II, 105, 106 JGG) • Aktives und passives Wahlrecht für den Bundestag (Art. 38 II GG)
Vollendung des 21. Lebensjahres	• Volle strafrechtliche Verantwortlichkeit	• keine Anwendung des Jugendstrafrechts mehr (§ 1 II JGG)
Weitere mit besonderen Rechten verbundene Altersstufen bleiben unberücksichtigt.		

Literatur zur Vertiefung (→ Rn. 36–61): Bitter/Röder BGB AT § 2 II; Brox/Walker BGB AT § 12; Hähnchen, Der werdende Mensch – die Stellung des Nasciturus im Recht, JURA 2008, 161; Kaser, Der römische Anteil am deutschen bürgerlichen Recht, JuS 1967, 337; Köhler BGB AT § 3; Krause, Der deutschrechtliche Anteil an der heutigen Privatrechtsordnung, JuS 1970, 313; Kroeschell, Deutsche Rechtsgeschichte, Bd. 3, 5. Aufl. 2008, S. 189 ff., 247 ff.; Laufs, Die Begründung der Reichskompetenz für das gesamte bürgerliche Recht, JuS 1973, 740; Medicus, Die Entwicklung des bürgerlichen Rechts seit 1900, JA 1971, 343; Petersen, Die Rechtsfähigkeit des Menschen, JURA 2009, 669; Schapp, Einführung in das Bürgerliche Recht: Das System des Bürgerlichen Rechts, JA 2003, 125; Schildt, Die Rezeption des römischen Rechts, JURA 2003, 450; Schmoeckel, 100 Jahre BGB: Erbe und Aufgabe, NJW 1996, 1697; Schulte-Nölke, Die schwere Geburt des Bürgerlichen Gesetzbuchs, NJW 1996, 1705; Stürner, Der hundertste Geburtstag des BGB – nationale Modifikation im Greisenalter, JZ 1996, 741.

4. Kapitel. Aufbau und Systematik des BGB

Nachdem Sie inzwischen einige Vorschriften des BGB kennengelernt haben, müssen Sie sich den Aufbau und die Gesetzessystematik des BGB genauer ansehen. 62

Das BGB besteht aus fünf sog. „Büchern", die in den §§ 1-2385[63] verschiedene Rechtsgebiete des Bürgerlichen Rechts regeln. Welche Materien in den einzelnen Büchern geregelt sind, erfahren Sie am schnellsten, wenn Sie einen Blick ins Inhaltsverzeichnis des Gesetzes werfen:

■ Welche **fünf Bücher des BGB** gibt es und welche Paragrafen umfassen sie?

▶ Buch 1: Allgemeiner Teil (§§ 1–240a)
Buch 2: Recht der Schuldverhältnisse (Schuldrecht) (§§ 241–853)
Buch 3: Sachenrecht (§§ 854–1296)
Buch 4: Familienrecht (§§ 1297–1921)
Buch 5: Erbrecht (§§ 1922–2385)

Wie Sie aus dem Inhaltsverzeichnis des Gesetzes ersehen, ist jedes dieser „Bücher" zunächst in „Abschnitte", danach in „Titel" und schließlich in Paragrafen (§§) unterteilt. Die Überschrift „Allgemeiner Teil" für Buch 1 des BGB ist kennzeichnend für die Systematik des gesamten BGB:

Das BGB unterscheidet eine Vielzahl von allgemeinen und speziellen Begriffen und Grundsätzen. Dabei werden die allgemeinen Grundsätze den spezielleren immer wieder vorangestellt.

Am deutlichsten wird diese Systematik anhand eines **Beispiels**:

Wie Sie dem Inhaltsverzeichnis entnehmen können, trägt Abschnitt 3 von Buch 1 die Überschrift „Rechtsgeschäfte". Unter einem **Rechtsgeschäft** versteht man einen Tatbestand, der aus einer Willenserklärung einer oder mehrerer Personen und sonstigen Wirksamkeitsvoraussetzungen besteht, die die Herbeiführung eines rechtlichen Erfolgs bezwecken. 63

Rechtsgeschäfte kommen in allen Bereichen des Privatrechts vor, können aber sehr unterschiedlichen Inhalt haben und sehr verschiedene Rechtsfolgen nach sich ziehen. Typisches Beispiel für ein Rechtsgeschäft ist ein Vertrag. Die Willenserklärungen, die die beiden Vertragsparteien bei Abschluss dieses Rechtsgeschäfts abgeben, heißen Angebot und Annahme.

Die Rechtsfolge, welche die Vertragsparteien mit ihren Willenserklärungen herbeiführen wollen, ist die Wirksamkeit des jeweiligen Vertrags, aus dem für beide Parteien bestimmte Rechte und Pflichten folgen. Bei einem Kaufvertrag zB hat der Verkäufer die Pflicht, dem Käufer die Kaufsache zu übergeben und ihm das Eigentum daran zu verschaffen, während der Käufer den Kaufpreis zahlen muss.

Lesen Sie hierzu § 433 I 1 und II!

---

63 Während die Formulierung der Paragrafen-Überschriften früher den Redaktionen von Gesetzestextsammlungen überlassen war, sind diese Überschriften seit Inkrafttreten des Schuldrechtsmodernisierungsgesetzes zum 1.1.2002 „amtlich"!

Die beiden Absätze von § 433 regeln die besonderen Rechte und Pflichten des Verkäufers und des Käufers. § 433 befindet sich, wie Sie sehen, in Abschnitt 8 von Buch 2, der mit „Einzelne Schuldverhältnisse“ überschrieben ist. Man bezeichnet Abschnitt 8 von Buch 2 auch mit dem Begriff „Besonderes Schuldrecht“. In diesem Abschnitt sind die besonderen Rechte und Pflichten von Schuldnern und Gläubigern der dort beschriebenen speziellen Schuldverhältnisse beschrieben. Dagegen werden Sie zB in § 433 und den nachfolgenden Vorschriften, die sich auf den Kaufvertrag beziehen, kein Wort dazu finden, wie ein solcher Vertrag zustande kommt. Für den Kaufvertrag gilt nichts Besonderes: Er kommt zustande wie jeder Vertrag, eben durch Angebot und Annahme. Verträge gibt es auch im Sachenrecht, Familienrecht und im Erbrecht!

■ Wo würden Sie nach einer Regelung suchen, die etwas über das Zustandekommen von Verträgen im Allgemeinen sagt?
▶ Im Allgemeinen Teil des BGB!

Da Sie eben gelesen haben, dass es sich beim Vertrag um ein ganz typisches Rechtsgeschäft handelt, suchen Sie im Inhaltsverzeichnis sinnvollerweise unter Abschnitt 3 von Buch 1, der die Überschrift „Rechtsgeschäfte“ trägt. Wenn Sie dies jetzt tun, sehen Sie, dass Titel 3 in den §§ 145–157 ganz offensichtlich etwas über den Vertrag aussagt. Wenn Sie die Überschriften der einzelnen Paragrafen überfliegen – das Gesetz verwendet übrigens statt des bekannten Ausdrucks „Angebot“ den etwas antiquierten Begriff „Antrag“ –, werden Sie nicht sofort eine Vorschrift finden, die ausdrücklich bestimmt, dass ein Vertrag durch Angebot (bzw. Antrag) und Annahme zustande kommt. Dass dies so ist, setzt das Gesetz als gegeben (und bekannt) voraus. Dies folgt aus der Formulierung des § 151 S. 1 – lesen!

Verständlicher wird die dortige Formulierung, wenn man aus diesem ersten Satz von § 151 zwei Sätze macht, nämlich:

1. „Der Vertrag kommt durch die Annahme des Antrags zustande.“
2. „Dabei ist es nicht erforderlich, dass die Annahme dem Antragenden gegenüber … usw.“

64 Der Allgemeine Teil des BGB enthält Begriffe und Regelungen, die für alle Arten von Rechtsgeschäften bzw. für alle Arten von Verträgen gleichermaßen gelten. Diese allgemeingültigen Begriffe und Regelungen wurden im Allgemeinen Teil des BGB sozusagen „vor die Klammer gezogen“, damit sie nicht jedes Mal von neuem niedergeschrieben werden müssen. „Mathematisch vereinfacht“ lässt sich das so ausdrücken:

BGB = AT (SchuldR + SachenR + FamR + ErbR).

Der erste Abschnitt des BGB, der AT, enthält also Vorschriften, die für alle übrigen Abschnitte auch gelten. Diese Technik des „Vor-die-Klammer-Ziehens“ von allgemeingültigen Grundsätzen ist für den Gesetzgeber eine große Hilfe, da sie ihm dauernde Wiederholungen erspart und er das ohnehin umfangreiche Gesetzeswerk nicht unnötig aufblähen muss. Ohne diese Klammertechnik hätte zB bei jedem im Gesetz beschriebenen Vertragstyp erwähnt werden müssen, dass auch dieser Vertrag durch Angebot und Annahme zustande kommt.

Die **„Klammertechnik“** hat der Gesetzgeber nicht nur im Verhältnis vom Allgemeinen Teil zu den anderen vier Büchern des BGB gewählt, sondern bisweilen auch innerhalb der einzelnen Bücher, Abschnitte und Titel, ja sogar innerhalb der einzelnen Paragrafen angewandt! Zur Verdeutlichung dieser Methode einige **Beispiele**:

Schlagen Sie nochmals das Inhaltsverzeichnis des BGB auf und überfliegen Sie die **65**
Überschriften der acht Abschnitte von Buch 2. Sie sehen, dass Abschnitt 8, der die einzelnen bzw. besonderen Schuldverhältnisse regelt, mehr Platz einnimmt als die ersten sieben Abschnitte zusammen. Das wäre weitaus „schlimmer" geworden, wenn der Gesetzgeber nicht in den Abschnitten 1–7 allgemeine Grundsätze vorangestellt hätte, die für alle in Abschnitt 8 geregelten Schuldverhältnisse gelten. Man bezeichnet diesen Abschnitt 8 von Buch 2, wie gesagt, als „*Besonderes Schuldrecht*", während man die ersten sieben Abschnitte „*Allgemeines Schuldrecht*" nennt. Lesen Sie nun die erste Vorschrift des „Allgemeinen Schuldrechts": § 241!

In dieser Vorschrift wird für alle Schuldverhältnisse bestimmt, dass der Gläubiger berechtigt ist, vom Schuldner eine Leistung zu fordern.

Worin diese Leistung genau besteht, wird im Besonderen Teil des Schuldrechts jeweils gesondert geregelt, so zB in § 433 für den Kaufvertrag. Nach § 433 II (lesen!) kann der Verkäufer als Gläubiger von dem Käufer als Schuldner die Leistung „Zahlung des Kaufpreises" fordern.

Wenn wir uns den Aufbau des BGB und die Technik des „Vor-die-Klammer-Ziehens" von allgemeinen Begriffen anhand einer Grafik verdeutlichen, kann das aussehen, wie in der folgenden Übersicht 9 dargestellt.

40 **Übersicht 9**

Aufbau des Bürgerlichen Gesetzbuchs

Buch 1
Allgemeiner Teil
(§§ 1–240)

Inhalt: Allgemein gültige Vorschriften, die für alle folgenden vier Bücher des BGB gleichermaßen gelten

Buch 2 **Schuldrecht** (§§ 241–853)	**Buch 3** **Sachenrecht** (§§ 854–1296)	**Buch 4** **Familienrecht** (§§ 1297–1921)	**Buch 5** **Erbrecht** (§§ 1922–2385)
Allgemeines Schuldrecht (§§ 241–432) **Inhalt:** Allgemeine Regelungen, die für alle Schuldverhältnisse gelten **Besonderes Schuldrecht** (§§ 433–853) **Inhalt:** Gesetzlich typisierte Schuldverhältnisse (Rechte und Pflichten der Beteiligten)	**Inhalt:** Regelungen der rechtlichen Beziehungen von Personen zu Sachen, wie zB Besitz, Eigentum und anderer Rechte	**Inhalt:** Vorschriften über Ehe, Verwandtschaft, Vormundschaft, Betreuung und Pflegschaft	**Inhalt:** Regelung des Schicksals des Vermögens einer verstorbenen Person

Exkurs: Arbeitsmittel und Arbeitsmethoden zum Erlernen des „Rechts"

Einiges über die Art und Weise, den „Stoff" im Fach „Recht" zu erlernen, wurde bereits im Vorwort zur ersten Auflage gesagt, in dem auch schon das ein oder andere Arbeitsmittel erwähnt wurde. Im Einzelnen sind dies:

1. Gesetze

Das wichtigste Arbeitsmittel für Studierende, die das „Recht" (gleich welchen Umfangs) erlernen wollen, ist das Gesetz. Damit ist weder das Gesetz „im formellen Sinn" noch „im materiellen Sinn" gemeint (falls Sie nicht mehr wissen, was sich hinter diesen Begriffen verbirgt, sollten Sie das oben – Übersicht 2 → Rn. 12 – nachlesen!), sondern der **Gesetzestext**! Siehe Vorwort zur ersten Auflage am Ende: „Die halbe Juristenwahrheit steht im Gesetz"! Insofern haben es Juristen und Juristinnen bisweilen etwas leichter als Wirtschaftswissenschaftlerinnen und Wirtschaftswissenschaftler sowie andere Nichtjuristen, die sich mit vielfältigen Theorien und Autoren auseinandersetzen müssen. Im Recht hingegen ist vieles von vorneherein klar, da der Gesetzgeber bereits eindeutig entschieden hat. Natürlich hindert das nicht den freien Lauf der Rechtstheorien ... Doch um Grundzüge des Rechts zu erlernen, müssen Sie sich nur mit wenigen dieser Theorien beschäftigen. 67

Einen guten Juristen macht unter anderem aus, dass er das Gesetz kennt und anwenden kann. In diesem Sinne sollten auch Sie den Ehrgeiz haben, ein guter „Jurist" oder eine gute „Juristin" zu werden: Es kommt dabei aber nicht darauf an, dass man gesetzliche Vorschriften ihrem Inhalt nach auswendig aufsagen kann (dafür eignen sich Gedichte besser!), sondern man muss Inhalt und Systematik des Gesetzes einmal verstanden haben und wissen, wo etwas steht.

Der gute Jurist muss also nicht auf alle juristischen Fragen eine Antwort parat haben, aber wissen, wo die Antwort zu finden ist. Und das können Sie auch, wenn Sie alle Gesetzesparagrafen, die irgendwo (zB in diesem Buch) zitiert werden, immer und immer wieder im Gesetz aufsuchen und (nach)lesen![64]

Lernhinweis: Kennzeichnen Sie jede Vorschrift im Gesetz beim ersten Lesen (zB mit einem Textmarker), sodass Sie bei erneuter Lektüre immer daran erinnert werden, dass Sie sich mit der dortigen Regelung schon einmal befasst haben.

Irgendwann werden Sie feststellen, dass aus dem „Aufsuchen" nur noch ein „Aufschlagen" geworden ist ...

Welchen Gesetzestext Sie bei der Durcharbeit dieses Buchs benötigen, wissen Sie (hoffentlich noch): Das Bürgerliche Gesetzbuch! 68

Nun gibt es verschiedene Ausgaben dieses Gesetzestexts. Wenn Sie Jura studieren, werden Sie nicht umhinkommen, sich eine umfangreiche „Loseblatt-Sammlung", wie etwa die im Beck-Verlag erschienene von Habersack (vormals

---

64 Dies gilt ausnahmsweise nicht für die „§§" in Übersicht 8, → **Rn. 61**, sofern es sich nicht um §§ aus dem BGB handelt!

Schönfelder): „Deutsche Gesetze", anzuschaffen, die neben dem BGB noch viele weitere Gesetze zum Zivil-, Straf- und Verfahrensrecht enthält. Studieren Sie aber Wirtschaftsrecht, Sozialrecht, Wirtschaft und Recht oder Recht im Nebenfach, brauchen Sie im Zweifel keine Loseblattausgabe, sondern können sich mit einer handlichen, gebundenen Textausgabe begnügen. Ausreichend wird die jeweils neueste Ausgabe „Bürgerliches Gesetzbuch: BGB" aus der Reihe Beck-Texte im dtv Nr. 5001 (6,90 EUR)[65] oder die NWB Textausgabe „Wichtige Gesetze des Wirtschaftsprivatrechts" (10,90 EUR) sein.[66] Neben dem BGB enthalten diese (teils auszugsweise) eine Reihe von zivilrechtlichen Nebengesetzen; von einigen (wenigen) dieser Nebengesetze zum BGB werden Sie hin und wieder eine oder mehrere Vorschriften brauchen.

Wenn Sie sich später noch je eine gebundene Textausgabe „Handelsgesetzbuch: HGB" (Beck-Texte im dtv Nr. 5002, 8,90 EUR) und „Arbeitsgesetze: ArbG" (Beck-Texte im dtv Nr. 5006, 12,90 EUR) anschaffen, sind Sie wahrscheinlich ausreichend unter anderem für die Durcharbeitung dieser „Grundzüge" oder ähnlicher Bücher gerüstet. Damit kommen wir zum nächsten Arbeitsmittel:

2. Fachliteratur

Wenn Sie Rechtswissenschaft nicht als Hauptfach studieren, werden Sie sich mit der juristischen Fachliteratur nur in begrenztem Maße auseinandersetzen müssen, sofern Sie nicht ein juristisches Thema für eine Seminar- oder Ihre Bachelor- oder Masterarbeit wählen. Unabhängig davon sollten Sie zumindest einen groben Überblick darüber bekommen, welche Arten von Literatur zu unterscheiden sind. Wenn Sie Jura studieren, reicht dieser Überblick als erster Einstieg.

a) Kommentare

69 … zu den verschiedensten Gesetzen enthalten zu jedem Paragrafen des bearbeiteten Gesetzes, der zunächst zitiert wird, eine mehr oder minder ausführliche Auseinandersetzung mit der in der jeweiligen Vorschrift angesprochenen Problematik. Die Kommentierung enthält **Erläuterungen des Gesetzestexts**, gibt Hinweise auf weiterführende Literatur und zur Vorschrift erlassene Gerichtsentscheidungen (zB Urteile). Kommentare dienen vor allem der raschen Orientierung für jeden, der regelmäßig mit dem Gesetz und seiner Anwendung arbeiten muss, gleichzeitig dienen sie der Vertiefung von Einzelproblemen. In letzter Hinsicht könnte auch einmal für Sie ein Blick in einen sog. „Kurzkommentar"[67] hilfreich sein, sofern Sie ohnehin in die Bibliothek Ihrer Hochschule gehen wollten …

65 Dort zur Lektüre unbedingt empfehlenswert die „Einführung" von Köhler!

66 Mit einer ebenfalls lesenswerten Einführung von Güllemann.

67 Wenn Sie sich einmal die Mühe machen, den im Literaturverzeichnis zitierten „Grüneberg" (vormals Palandt) zu Rate zu ziehen, werden Sie die Bezeichnung „Kurz-Kommentar" sicherlich als Scherz empfinden – aber zum BGB gibt es daneben eben auch Großkommentare, wie zB „Staudinger" oder „Münchener Kommentar", die oft auf über 10 Bände im „Grüneberg-Format" ausgelegt sind!

Dort finden Sie dann auch:

b) Lehrbücher und Grundrisse

Je nach Umfang und Inhalt sind sog. klassische Lehrbücher und Grundrisse (Grundzüge) zu unterscheiden. 70

Lehrbücher wollen einen systematischen Überblick über ein Rechtsgebiet geben. Je nachdem, wie sehr der Verfasser ins Detail geht, können solche Werke zu „Handbüchern" ausufern, die eher als Nachschlagewerke denn als „Lehrbücher" geeignet sind. Ausführliche Lehrbücher zum BGB sind regelmäßig mit den Gebieten der fünf Bücher des BGB bezeichnet, wobei das Allgemeine Schuldrecht und das Besondere Schuldrecht jeweils noch gesondert aufbereitet werden. Sofern sich der Umfang in Grenzen hält, sind diese Lehrbücher auch ausgezeichnete „Lernbücher" für das Jurastudium; für diejenigen, die das Recht nur im Nebenfach studieren, können sie indessen nur zur vertiefenden Nacharbeitung von Einzelproblemen empfohlen werden.

Der Vermittlung von Grundwissen dienen **Grundrisse**, wie dieses Buch und die im Literaturverzeichnis aufgeführten Einführungswerke – auch **Juristische Lernbücher** genannt – der von Wörlen begründeten Reihe „Lernen im Dialog", in denen regelmäßig auf "Literatur zur Vertiefung" des erlangten Wissens verwiesen wird.

c) Fallsammlungen

… sollen den Studierenden zeigen, wie man theoretische Rechtskenntnisse auf einen konkreten Sachverhalt anwendet, um diesen **Sachverhalt („Fall") praxisnah in Form eines juristischen Gutachtens zu lösen**. Die Lektüre und Anschaffung einer solchen Fallsammlung ist nur sinnvoll und empfehlenswert, wenn man den Stoff, der in den jeweiligen Fällen und Lösungen behandelt wird, bereits materiell einigermaßen beherrscht. Dazu ist Voraussetzung, die entsprechenden Vorlesungen nicht nur „gehört", sondern – mithilfe eines Grundrisses – auch nachgearbeitet zu haben! Durch die Lektüre von Fallsammlungen, selbst wenn sie nur die gutachtliche Lösung der Fälle enthalten, ohne die Methodik der Fallbearbeitung zu erklären, wird man irgendwann in die Lage versetzt, das Wesentliche vom Unwesentlichen zu trennen. 71

Fallsammlungen sind besonders geeignet, das aus Vorlesungen und Lehrbüchern oder Grundrissen erworbene Wissen zu „ordnen", um es in Prüfungsklausuren zutreffend anzuwenden: Da in der Praxis nicht nur das reine Wissen, sondern auch die richtige Anwendung des Rechts maßgebend ist, werden Prüfungsklausuren regelmäßig als Fallbearbeitung ausgestaltet und die rechtlichen Probleme des Falls sind in Form eines Gutachtens zu lösen.[68]

d) Monographien

… sind wissenschaftliche Darstellungen, die einem einzelnen Problem gewidmet sind. In rechtswissenschaftlichen Monographien werden ganz **spezielle Fragen aus bestimmten Rechtsgebieten** unter Berücksichtigung des neuesten Meinungsstands („Theorienstreit") ausführlich erörtert. Damit werden Sie sich für 72

68 Einzelheiten dazu finden Sie in der „Anleitung zur Lösung von Zivilrechtsfällen", Rn. 15 ff. (Wörlen/Schindler/Balleis) sowie in Metzler-Müller/Füglein, „Wie löse ich einen Privatrechtsfall?", S. 25 ff.

einen erfolgreichen Studienabschluss im Zweifel nicht befassen müssen, sofern Sie nicht eine juristisch ausgerichtete Abschlussarbeit anfertigen wollen. Sollten Sie Jura studieren, kommen Sie in höheren Semestern an solchen Monographien allerdings nicht vorbei!

Ähnliches gilt für:

3. Entscheidungssammlungen

73 … dh amtliche Sammelbände von Entscheidungen (Urteile, Beschlüsse) der oberen und obersten Gerichte aus den verschiedensten Gerichtsbarkeiten, so zB die Sammlungen der Entscheidungen des Reichsgerichts in Zivilsachen (RGZ), der Entscheidungen des Bundesgerichtshofs in Zivilsachen (BGHZ) oder der Oberlandesgerichte in Zivilsachen (OLGZ).

Die aktuellen **gerichtlichen Entscheidungen** dieser (und anderer) Gerichte werden regelmäßig in der juristischen Fachdatenbank beck-online, dem Rechtsportal juris sowie auch in…

4. Fachzeitschriften, Ausbildungszeitschriften

74 … veröffentlicht. Die verbreitetste der juristischen Fachzeitschriften ist die „NJW" (Neue Juristische Wochenschrift). Wie die meisten **praxisbezogenen Fachzeitschriften** besteht sie etwa je zur Hälfte aus einem Aufsatz- und aus einem Rechtsprechungsteil. Liest man zum Beispiel ein Zitat wie „BGH NJW 2018, 507", bedeutet das, dass sich eine Entscheidung des BGH in der 2018 erschienenen „NJW" auf Seite 507 befindet (die Seiten von Fachzeitschriften werden idR vom ersten bis letzten wöchentlich oder monatlich erscheinenden Heft des Jahres durchlaufend nummeriert).

Neben der NJW und vielen anderen Fachzeitschriften zu speziellen Rechtsbereichen gibt es sog. **Ausbildungszeitschriften**, zB die „JuS" (Juristische Schulung), die „JA" (Juristische Arbeitsblätter) und die „JURA" (Juristische Ausbildung) oder auch die „RÜ" (RechtsprechungsÜbersicht), welche sich in erster Linie an den juristischen Nachwuchs (Studium, Referendariat) wenden. Von oft hoher didaktischer Qualität sind dort neben gutachtlich aufbereiteter Fälle vor allem Einführungsaufsätze, deren Lektüre mitunter auch für diejenigen, die „Recht" nicht im Hauptfach studieren, geeignet sein kann.

Letzteres gilt auch für manche schriftlich fixierte

5. Repetitorien

75 Man mag über die Notwendigkeit mündlicher – stets kostenpflichtiger – Repetitor-Kurse zusätzlich zum Studium geteilter Meinung sein. Mittlerweile gibt es auch derartige Angebote online.

Wenn Repetitorien jedoch – wie zB das von Alpmann Schmidt, aber auch das von hemmer –, in Büchern bzw. Skripten schriftlich niedergelegt sind, sind sie sehr gut zum Studium geeignet: Sie gewährleisten, den Stoff aus teils sehr theoretisch ausgelegten Lehrbüchern (oder Vorlesungen) praxis- und prüfungsbezogen nacharbeiten zu können.

Für diejenigen, die nicht Jura als Hauptfach studieren, sind sie indessen meist zu umfangreich, gibt es doch von Alpmann Schmidt allein zum Zivilrecht 13 Bände mit durchschnittlich 200 Seiten. Wegen ihrer Anschaulichkeit und eingängigen Darstellungsweise werden einzelne Abschnitte aus einigen dieser Bände in diesem Buch häufig als „Literatur zur Vertiefung" empfohlen (Exemplare davon sind in fast allen juristischen Bibliotheken vorhanden).

Welche Arbeitsmittel Sie letztlich benutzen und in welchem Umfang Sie das wollen, ist selbstverständlich Ihre eigene Entscheidung. An dieser Stelle sollten nur einige Informationen und Hinweise gegeben werden.[69] Gehen Sie baldmöglichst in das juristische Seminar bzw. Ihre Hochschulbibliothek und informieren Sie sich im Lesesaal der dortigen Präsenzbibliothek.[70] Dasselbe kann man, namentlich zur Vorbereitung der eigenen Kaufentscheidung, in der juristischen Abteilung einer gut sortierten Fachbuchhandlung tun. Hilfreich können auch Rezensionen (Buchbesprechungen) in juristischen Fachzeitschriften (insbesondere auch den Ausbildungszeitschriften JA, JURA und JuS) – oder auch im Internet – sein. Letztlich ist es nicht so wichtig, mit welchem Buch Sie arbeiten – wichtiger ist, dass Sie dies überhaupt tun!

6. Elektronische Publikationen

Mittlerweile ist die Benutzung elektronischer Hilfsmittel auch bei der juristi- **75a**
schen Recherche nicht mehr wegzudenken. Jede Hochschulbibliothek verfügt über Zugang zu **juristischen Datenbanken**, das **Internet** ist nahezu überall verfügbar. Diese Arbeitsmittel sollte man allerdings nicht „blind" benutzen, sondern sich der Chancen und Risiken gleichermaßen bewusst sein. Auf die Vorteile und die Gefahren der juristischen Computerrecherche, die Vielzahl juristischer Online-Datenbanken (zB Juris, beck-online, Jurion, LexisNexis.com, Westlaw ua), sowie juristische Webseiten im Internet wird hier nicht näher eingegangen.

Hingewiesen aber werden soll auf die mittlerweile höchst komfortable Möglichkeit, nicht nur Literatur (zB in Form von ebooks), sondern auch Gesetzestexte und Rechtsprechung blitzschnell aus dem Internet herunterladen zu können.

Packen wir „es" nun an, und wenden wir uns dem „Zweiten Teil" dieses Buchs zu.

69 Auch wenn Sie nicht Juristin oder Jurist, sondern Wirtschaftswissenschaftlerin oder -wissenschaftler werden wollen: Um einen Einstieg in das „Studium des Rechts" zu bekommen, können Sie wertvolle Hinweise finden bei Glossner/Dallmayer, Jura – erfolgreich studieren. Für Schüler und Studenten, 8. Aufl. 2021; Lange, Jurastudium erfolgreich, 8. Aufl. 2015 (9. Aufl. für 2023 angekündigt); Niederle, 500 Spezial-Tipps für Juristen – Wie man geschickt durchs Studium und das Examen kommt, 15. Aufl. 2021.

70 Dort kann man Bücher nur lesen, aber idR nicht entleihen!

2. Teil. Allgemeiner Teil des Bürgerlichen Gesetzbuchs

1. Abschnitt. Personen (Rechtssubjekte) und Gegenstände (Rechtsobjekte)

1. Kapitel. Personen (Rechtssubjekte)

Dass das BGB sich in Abschnitt 1 des „Allgemeinen Teils“ (= Buch 1) unter den ersten beiden Titeln (aufschlagen!) mit den natürlichen und juristischen Personen (= Rechtssubjekte) befasst, haben Sie im Teil „Allgemeine Rechtslehre/Einführung in das Recht“ bereits gelernt (prüfen Sie selbst anhand der Übersichten 6–8, was Sie davon behalten haben …!). 76

I. Natürliche Personen

1. Rechtsfähigkeit und Volljährigkeit

Die wichtigsten Paragrafen über die Rechtsfähigkeit (§ 1) und die Volljährigkeit (§ 2) haben wir bereits behandelt. Sie sollten sich nun die Zeit nehmen, einmal alle Vorschriften des ersten Titels durchzulesen! 77

2. Namensrecht und Persönlichkeitsrecht

Neben den §§ 1 und 2 sollten Sie sich auch noch § 12 (Namensrecht) zB mit einem Textmarker (→ Lernhinweis Rn. 67) – kennzeichnen.

Das Namensrecht ist ein absolutes und ein besonderes Persönlichkeitsrecht, das in § 12 in zweifacher Hinsicht geschützt wird: Wird das Recht zum Gebrauch eines Namens von einem anderen bestritten oder wird das Interesse des Berechtigten dadurch verletzt, dass ein anderer unbefugt den gleichen Namen gebraucht, kann der Berechtigte von dem Störer nach § 12 S. 1 die Beseitigung der Beeinträchtigung verlangen. § 12 S. 1 ist also eine echte Anspruchsgrundlage, dh eine Vorschrift, aus deren Wortlaut man herauslesen kann, dass jemand von einem anderen etwas (ein Tun oder Unterlassen, vgl. § 194 I) verlangen kann.[71] Es handelt sich hierbei um einen verschuldensunabhängigen Beseitigungsanspruch, der bei unbefugter Namensführung dahin geht, die rechtswidrige Einwirkung durch geeignete Maßnahmen für die Zukunft zu beseitigen, etwa durch Entfernung der unerlaubten Bezeichnung überall dort, wo sie angebracht wurde.[72] Bei Wiederholungsgefahr, dh wenn weitere Beeinträchtigungen zu besorgen sind, kann der Berechtigte gem. § 12 S. 2 auf Unterlassung klagen. Er hat also einen (vorbeugenden) Unterlassungsanspruch, der auf ein Verbot für die Zukunft gerichtet ist.[73] 78

Der Namensschutz wird auch aus dem aus Art. 2 I GG iVm Art. 1 I GG folgenden allgemeinen Persönlichkeitsrecht (abgekürzt APR) abgeleitet, ein Grundrecht, das 79

71 → **Rn. 205.**

72 Vgl. MüKoBGB/Säcker § 12 Rn. 158, 166.

73 Grüneberg/Ellenberger § 12 Rn. 37.

dem Schutz der Persönlichkeit einer Person vor Eingriffen in ihren Lebens- und Freiheitsbereich dient.

Dabei wirkt der Schutz des Namens und der Persönlichkeit bisweilen über den Tod hinaus. So ist ein sog. „postmortales Persönlichkeitsrecht" schon 1968 ausdrücklich vom BGH[74] anerkannt worden. Der BGH bejaht in seiner Entscheidung die Berechtigung der Erben des Schauspielers Gustav Gründgens, der durch die Darstellung des „Mephisto" in Goethes Theaterstück „Faust" bekannt war, eine das Persönlichkeitsrecht des Verstorbenen beeinträchtigende Veröffentlichung (durch das Buch „Mephisto – Roman einer Karriere" von Klaus Mann) zu verhindern. Zur Begründung wurde ausgeführt, dass die Darstellung in dem Buch geeignet gewesen sei, die Person des Verstorbenen zu verunglimpfen. Die Verfassungsbeschwerde des Verlegers gegen das Urteil des BGH blieb erfolglos. Der diesbezügliche Beschluss des BVerfG enthält eine bekannte Grundsatzentscheidung zur Kunstfreiheit und zum Allgemeinen Persönlichkeitsrecht, weithin bekannt als Mephisto-Entscheidung.[75]

3. Verbraucher und Unternehmer

a) Verbraucher

80 Gemäß **§ 13** ist **Verbraucher** jede natürliche Person, die ein Rechtsgeschäft zu einem Zweck abschließt, der überwiegend weder ihrer gewerblichen noch ihrer selbstständigen beruflichen Tätigkeit zugerechnet werden kann. Die Einfügung von „überwiegend" erfolgte durch Gesetz v. 20.9.2013[76] mit Wirkung zum 12.6.2014. Bedeutung hat dies für die Fälle, in denen ein Vertrag sowohl für gewerbliche als auch für private Zwecke geschlossen wird. Wenn eine natürliche Person einen Vertrag nicht überwiegend zu gewerblichen oder selbstständigen beruflichen Zwecken abschließt, handelt sie mithin als Verbraucher.[77]

Aus der negativen Formulierung der Ausschlussgründe „weder ... noch" leitet der BGH ab, dass die Verbrauchereigenschaft bei einer natürlichen Person im Zweifel zu bejahen ist. Nur wenn Umstände vorliegen, nach denen das Handeln aus der Sicht des anderen Teils eindeutig und zweifelsfrei einer gewerblichen oder selbstständigen beruflichen Tätigkeit zuzurechnen ist, gilt etwas anderes.[78]

Beispiel: Eine selbstständige Rechtsanwältin bestellt mehrere Lampen im Internet. Obwohl als Liefer- und Rechnungsadresse ihre Kanzlei angegeben worden war, handelt es sich um einen Verbrauchervertrag (Fernabsatzvertrag). Die Adressangabe reicht für eine eindeutige Zuordnung des Kaufs zu der Tätigkeit als Rechtsanwältin nicht aus. Somit handelt die Anwältin als Verbraucherin und ihr steht ein Widerrufsrecht nach §§ 312c, 312g I zu (→ Rn. 336).

81 Eine Neufassung von § 13 (wie auch von § 14) war im Rahmen der Harmonisierung des europäischen Zivilrechts[79] nach Umsetzung der EG-Fernabsatzrichtlinie[80] durch das Fernabsatzgesetz zum 30.6.2000 erfolgt, das durch die erste große Schuldrechts-

74 BGH NJW 1968, 1773.
75 BVerfGE 30, 173 = NJW 1971, 1645; s. dazu Hager JURA 2000, 186.
76 BGBl. 2013 I 364.
77 Beschlussempfehlung und Bericht des Rechtsausschusses, BT-Drs. 17/13951, 61.
78 BGH NJW 2009, 3780 (3781).
79 → Rn. 25–27.
80 = RL 97/7/EG des Europäischen Parlaments und des Rates über den Verbraucherschutz bei Vertragsabschlüssen im Fernabsatz v. 20.5.1997, ABl. 1997 L 144, 19.

reform zum 1.1.2002 (wie auch das AGBG[81], HaustürWG, VerbrKrG[82] und TzWrG[83]) in das BGB integriert wurde.[84]

Die Legaldefinition in § 13 bestimmt den Begriff des „Verbrauchers“ entsprechend ihrer Stellung im Allgemeinen Teil jedenfalls für alle Normen des BGB, in denen dieser Begriff verwendet wird: so insbesondere für §§ 241a, 270a, 271a V, 286 III, 288 II, IV und VI; 308 Nr. 1a und 1b, 310 III, 312–312k, 355–361, 474–479, 481–487, 491–512, 514 f., 640 II, 650f VI, 650i–650o, 650r I, 655a–655e, 656b, 661a, 675e IV, 675t II. Von diesen Vorschriften des Verbraucher(schutz)rechts sollten Sie zur ersten Orientierung einmal die amtlichen Überschriften lesen! Die Definition des § 13 ist des Weiteren anzuwenden bei Normen des EGBGB, die auf den Begriff des „Verbrauchers“ Bezug nehmen **82**

b) Unternehmer

Unternehmer ist gem. **§ 14** eine natürliche oder juristische Person oder eine rechtsfähige Personengesellschaft, die bei Abschluss eines Rechtsgeschäfts in Ausübung ihrer gewerblichen oder selbstständigen beruflichen Tätigkeit handelt. **83**

Wenn man diese Vorschrift liest und das BGB etwas kennt (was bei Ihnen nunmehr schon der Fall sein könnte) und es aufgeschlagen vor sich liegen hat (was bei Ihnen jetzt der Fall sein *müsste!*), kann man durchaus Zweifel an seiner Systematik haben. Während § 13 durchaus in Titel 1[85] „Natürliche Personen, Verbraucher, Unternehmer“ hineinpasst, könnte § 14, in dem auch „juristische Personen“ angesprochen werden, eigentlich auch unter Titel 2 angesiedelt sein. Es gibt möglicherweise ebenso viele Unternehmer, die juristische Personen, wie solche, die natürliche Personen sind. Angesichts der zunehmenden eigenständigen Bedeutung des Verbraucher(schutz)-rechts hätte der Gesetzgeber wohl besser daran getan, dem Thema „Verbraucher und Unternehmer“ einen eigenen Titel zwischen den jetzigen Titeln 1 und 2 zu widmen.[86]

Im Sinne der Definition von § 14 ist Unternehmer jede natürliche und juristische Person, die am Markt planmäßig und dauerhaft Leistungen gegen ein Entgelt anbietet.[87] Dazu gehören Einzelhandelskaufleute, Wissenschaftler, Künstler, Landwirte, Angehörige der Freien Berufe, Bauunternehmungen, Autovermietungen, Werbeagenturen uvm.[88] Auch Powerseller sind zumeist als Unternehmer zu behandeln.[89]

Die Definition des § 14 gilt für den Unternehmerbegriff gleichermaßen in allen Vorschriften, die das Verbraucherrecht betreffen und soeben für den Verbraucher (→ Rn. 82) genannt wurden.

81 Vgl. Wörlen/Metzler-Müller SchuldR AT Rn. 42 f.

82 Wörlen/Metzler-Müller/Kokemoor SchuldR BT Rn. 239 ff.

83 Wörlen/Metzler-Müller/Kokemoor SchuldR BT Rn. 144.

84 Wörlen/Metzler-Müller SchuldR AT Rn. 8; die Fernabsatzverträge werden dort ausf. behandelt in Rn. 79 ff.

85 → **Rn. 62 ff.** – Aufbau und Systematik des BGB.

86 So auch Grüneberg/Ellenberger § 13 Rn. 1.

87 BGH NJW 2006, 2250.

88 jurisPK-BGB/Martinek/Heine § 14 (Stand: 11.2.2021) Rn. 7 mwN.

89 MüKoBGB/Micklitz § 14 Rn. 28: Bei den sog. Powersellern im Internet handelt es sich um einen im Vergleich zu den sonstigen Nutzern kleinen Kreis von Anbietern, die pro Monat einen bestimmten Umsatz erzielen oder mindestens eine bestimmte Anzahl von Artikeln verkaufen. Tritt der Verkäufer bei eBay als Powerseller auf, muss er nach gefestigter Rspr. beweisen, dass er kein Unternehmer iSv § 14 ist (Beweislastumkehr).

Lernhinweis: Der (Werk-)Unternehmer iSd § 631 I darf nicht mit dem Begriff des „Unternehmers" nach § 14 verwechselt werden. Unternehmer im Sinne des Werkvertragsrechts ist der Hersteller (Auftragnehmer), der ein mit dem Besteller vertraglich vereinbartes Werk herstellt.[90]

Im Übrigen brauchen Sie zu den natürlichen Personen nicht mehr als das zu wissen, was Sie in der „Einführung" erfahren haben. Das dort erlangte Wissen wird im Laufe der Lektüre dieses Buchs noch vertieft werden, so zB in dem Kapitel, in dem ausführlicher auf die mit der Geschäftsfähigkeit verbundenen Probleme eingegangen wird.

Vertiefen wollen wir jetzt schon unser Wissen über

II. Juristische Personen

84 Wir hatten die **juristischen Personen** als „von der Rechtsordnung zugelassene, mit Rechtsfähigkeit ausgestattete Vereinigungen mehrerer Personen" bezeichnet.

Wenn wir uns das Wesen der juristischen Person näher ansehen, müssen wir diese Definition noch ergänzen: nicht nur Personenvereinigungen können als juristische Personen mit eigener Rechtsfähigkeit ausgestattet sein, sondern auch sog. Sacheinrichtungen bzw. Vermögensmassen.

Wir müssen die Definition der juristischen Personen daher folgendermaßen ergänzen:

Juristische Personen sind von der Rechtsordnung zugelassene, mit eigener Rechtsfähigkeit ausgestattete Personenvereinigungen oder Sacheinrichtungen (Vermögensmassen).

1. Entstehung

85 Wie eine juristische Person entstehen kann, wie sie Rechtsfähigkeit erlangt und welche Rechte und Pflichten sie im Einzelnen haben kann, wollen wir anhand einiger Fallbeispiele untersuchen.

Übungsfall 3

Zehn Medizinstudentinnen und -studenten gründen einen Verein, dessen Ziele sie in einer Satzung festlegen, in der es unter anderem heißt:

1. Befreiung der Gesellschaft von Lebensmitteln, die krank machen.
2. Verbot aller Lebensmittel, die viel Zucker, gesättigte Fettsäuren, Salz, Alkohol oder künstliche Farbstoffe enthalten.
3. Aktive Einwirkung auf Manager und „Knechte" der Lebensmittelindustrie, die sich nicht anpassen wollen.
4. Sitz des Vereins ist Köln.

Die Zehn lassen sich als „Gruppe Food-Tritt" ins Vereinsregister eintragen. Was liegt rechtlich gesehen vor?[91]

Die Antwort auf diese Frage gibt uns § 21 = lesen!

Unsere zehn angehenden Ärztinnen und Ärzte haben einen sog. „nichtwirtschaftlichen Verein" gegründet. Man nennt die nichtwirtschaftlichen Vereine auch „Idealvereine", da der Vereinszweck ein ideeller, eben nicht ein wirtschaftlicher ist.

90 S. hierzu Wörlen/Metzler-Müller/Kokemoor SchuldR BT Rn. 272.

91 Nach Nawratil/Hauptmann, BGB leicht gemacht, 33. Aufl. 2019, Fall 80.

Lernhinweis: Was ein wirtschaftlicher Verein ist, steht in § 22: Der „wirtschaftliche Verein" erlangt seine Rechtsfähigkeit durch staatliche Verleihung (Konzession, **Konzessionssystem**); jedoch nur, falls die Rechtsfähigkeit nicht ohnehin aufgrund besonderer bundesgesetzlicher Vorschriften erlangt wird: Die meisten „wirtschaftlichen" Zusammenschlüsse erhalten Rechtsfähigkeit dadurch, dass ihre Gründer eine der zugelassenen Gesellschaftsformen wählen (zB Aktiengesellschaft = Rechtsfähigkeit nach dem AktG, GmbH = GmbHG, Genossenschaft = GenG), sodass wirtschaftliche Vereine kaum noch vorkommen.

Während bei der natürlichen Person nur die Tatsache der Vollendung der Geburt ausreicht, um Rechtsfähigkeit zu erlangen, reicht allein der private Gründungsakt bei der juristischen Person zur Erlangung der Rechtsfähigkeit noch nicht aus.

■ Was muss vielmehr noch hinzukommen?
▶ Sie haben es eben in § 21 selbst gelesen: Die Eintragung ins Vereinsregister!

Lernhinweis: § 21 ist eine gesetzliche Vorschrift! Gesetzliche Vorschriften bezeichnet man, wie Sie wissen, auch als Rechtsnormen. Aufgrund der Bestimmungen dieser **Rechtsnorm**, kurz: „Norm", und aufgrund der Normen der §§ 55 ff., von denen Sie gleich noch einige wenige kennenlernen, erlangt der Verein seine Rechtsfähigkeit. Man spricht daher, im Gegensatz zum oben genannten Konzessionssystem, vom **Normativsystem**.

Die Rechtsfähigkeit der juristischen Person beruht auf einem Staatsakt. Durch diesen **86**
Staatsakt, die Eintragung ins Vereinsregister, wird die Rechtsfähigkeit der juristischen Person „Verein" begründet.

Die Eintragung ins Vereinsregister hat, anders ausgedrückt, eine *„rechtsbegründende"* oder *„konstitutive Wirkung"*.

■ Überlegen Sie selbst, wie man demgegenüber die Wirkung von § 1 bezeichnet, der erklärt, dass die Rechtsfähigkeit des Menschen (= natürliche Person) mit der Vollendung der Geburt beginnt.
▶ Hier spricht man von einer *„rechtserklärenden"* oder *„deklaratorischen Wir-* **87**
kung", die sich aus § 1 für die Rechtsfähigkeit der natürlichen Personen ergibt. Es genügt bekanntlich als Voraussetzung der Rechtsfähigkeit allein das Menschsein; einer staatlichen Mitwirkung bedarf es nicht.

Um tatsächlich ins Vereinsregister, das beim Amtsgericht geführt wird (vgl. § 55), **88**
eingetragen zu werden, muss der gegründete Verein bestimmte formale Voraussetzungen erfüllen, die in den §§ 56–59 festgelegt sind (lesen Sie diese Vorschriften!).

Wir wollen anhand dieser Paragrafen prüfen, ob der Verein „Gruppe Food-Tritt" diese Voraussetzungen erfüllt:

- § 56: Mindestmitgliederzahl: sieben – hier: zehn!
- § 57 I: Satzung mit Zweck, Name und Sitz – hier: erfüllt
- § 57 II: unterstellen wir.

Ebenso unterstellen wir, dass § 58 und § 59 eingehalten wurden.

Somit konnte das zuständige Amtsgericht die Eintragung unserer „Gruppe Food-Tritt" nicht gem. § 60 (lesen!) zurückweisen und der Verein hat durch die Eintragung ins Vereinsregister gem. § 21 Rechtsfähigkeit erlangt.

Aus der „Gruppe Food-Tritt" ist eine juristische Person geworden, die im Rechtsverkehr wie eine selbstständige natürliche Person handeln kann. Die juristische Person – nun – „Gruppe Food-Tritt e.V." steht mit eigener Rechtsfähigkeit neben den einzelnen Vereinsmitgliedern. Daran ändert sich, solange die Eintragung im Vereinsregister besteht, auch nichts, wenn Mitglieder austreten oder neu aufgenommen werden.

Eigentümer des Vereinsvermögens ist nicht die Summe der einzelnen Mitglieder mit Anteilen am Vermögen, sondern die juristische Person selbst.

2. Handlungsfähigkeit

89 Aufgrund ihrer Rechtsfähigkeit kann die juristische Person grundsätzlich Rechte und Pflichten aller Art haben, abgesehen von solchen natürlich, die unmittelbar an das reine Menschsein geknüpft sind. Es wird jedem einleuchten, dass eine juristische Person zB nicht in der Lage sein kann zu heiraten … Wenn die juristische Person ihre Rechte und Pflichten ausüben will, muss sie zumindest handeln können.

■ Überlegen Sie selbst, in welcher Form die juristische Person durch Handlungen am Rechtsverkehr teilnehmen kann?

▶ Da die Handlungsfähigkeit naturgemäß nur den Menschen gegeben ist, können für das künstliche Gebilde „juristische Person" auch nur Menschen handeln. Wir nennen den für die juristische Person, nicht also für sich selbst, handelnden Menschen „*Organ*". Ähnlich wie manche Organe im menschlichen Körper wichtige Funktionen erfüllen, um den Menschen am Leben zu erhalten, erfüllen die Organe der künstlichen juristischen Person Funktionen, die es ihr ermöglichen, am Rechtsleben teilzunehmen. Diese Organe haben ihrer Funktion entsprechend verschiedene Bezeichnungen.

■ Welches sind die **Organe** eines Vereins?

▶ (1) Vorstand = § 26 und
(2) Mitgliederversammlung = § 32
(also: nicht einzelne Mitglieder!).

Lesen Sie hierzu § 26 I 2!

■ Wenn Sie das getan haben, können Sie auch die Frage beantworten, wer die Miete für die vom Vereinsvorstand von Vermieter V angemieteten Vereinsräume bezahlen muss! Mit wem ist der Mietvertrag zustande gekommen?

▶ Der Mietvertrag ist mit dem Verein „Gruppe Food-Tritt e.V." und V unmittelbar zustande gekommen. Da der Vorstand als Vertreter des Vereins (§ 26 I 2) für diesen den Mietvertrag geschlossen hat, haften weder der Vorstand noch die Vereinsmitglieder selbst. Gemäß § 535 II ist die juristische Person „Gruppe Food-Tritt e.V." zur Mietzahlung verpflichtet und kann – sofern die Mietzahlung nicht erfolgen sollte – von V verklagt werden.

Die Eigenart der Rechtsfähigkeit der juristischen Person lässt sich erneut durch einen Vergleich mit der natürlichen Person verdeutlichen: Auch das Kind, das über eigene Rechtsfähigkeit verfügt, ist für bestimmte Rechtshandlungen in seiner Handlungsfähigkeit eingeschränkt und benötigt einen gesetzlichen Vertreter (wie Sie schon wissen, sind das in der Regel die Eltern – §§ 1629, 1626 – oder ein Vormund – § 1789 nF bzw. bis 31.12.2022: §§ 1773, 1793 aF). Einzelheiten über die Aufgaben des Vorstands und der Mitgliederversammlung wollen wir in diesem Rahmen nicht behandeln; Sie sollten sich zur Information die §§ 27–30 sowie §§ 32–39 durchlesen.

3. Haftung

Von besonderer Wichtigkeit ist die Frage nach der Haftung des Vereins bzw. jeder juristischen Person für Schäden, die ihre Organe in Ausführung ihrer Tätigkeit für die juristische Person verursachen. 90

Lesen Sie zur Haftung des Vereins für seine Organe nun

Übungsfall 4

Die häufig für die Lebensmittelindustrie forschende Professorin Hanna Hörnlein (H) hat sich in ihrer Vorlesung gegen Einschränkungen von Lebensmittelzutaten und für die Essensfreiheit des Einzelnen ausgesprochen. Sie bekannte sich sogar dazu, dass sie ihren Feierabend am liebsten mit Chips und Bier genieße.

Durch einen Beschluss der Mitgliederversammlung der „Gruppe Food-Tritt e.V." wird der Vorstand des Vereins aufgefordert, „gegen diese fehlende Einsichtsfähigkeit die nötigen Maßnahmen zu ergreifen". Daraufhin besprüht der Vorstandsvorsitzende Veit Vollhorst (V) alle Fenster der Wohnung der H mit wasserfester Farbe. Damit H nicht im Dunkeln bleibt, muss sie alle Fenster auswechseln lassen. Wer haftet für den Schaden?[92]

Bevor Sie weiterlesen, lassen Sie zunächst Ihr gesundes Rechtsgefühl entscheiden, und vergessen Sie einen Moment, dass wir uns mit dem „Vereinsrecht" beschäftigen! Also:

■ Wer muss vor allem für den Schaden haften?
▶ Zunächst haftet selbstverständlich V persönlich, und zwar nach einer Vorschrift, die wir schon im Fensterscheibenfall der kleinen Franzi angesprochen haben.
■ Erinnern Sie sich noch? Welche Vorschrift kommt (für H) als Anspruchsgrundlage für einen Schadensersatzanspruch (gegen V) in Betracht?
▶ § 823 I! (Lesen!)

V hat widerrechtlich und vorsätzlich das Eigentum der H verletzt und muss deshalb für diese unerlaubte Handlung persönlich Schadensersatz leisten.

■ Stellen Sie sich vor, dass V über keine Geldmittel verfügt; an wen wird sich H wenden wollen?
▶ An den Verein! Da V aufgrund eines Beschlusses der Mitgliederversammlung als Organ seines Vereins tätig wurde, um dessen satzungsmäßige Ziele zu verwirklichen, muss auch der Verein haften!

Lesen Sie hierzu § 31.

H hat gegen den Verein einen Schadensersatzanspruch gem. § 31 iVm § 823 I.

§ 823 I muss man mitzitieren, weil sich aus dieser Vorschrift die in § 31 angesprochene „zum Schadenersatz verpflichtende Handlung" ergibt, für die der Verein haften muss.

92 In Anlehnung an Nawratil/Hauptmann, BGB leicht gemacht, 33. Aufl. 2019, Fall 82.

Die Haftungsvorschrift des § 31 gilt nicht nur unmittelbar für den eingetragenen nichtwirtschaftlichen Verein und den konzessionierten wirtschaftlichen oder ausländischen Verein (§ 22) sondern auf Grund der Verweisung in § 86 S. 1 auch für rechtsfähige Stiftungen des Privatrechts und wegen § 89 I (lesen!) entsprechend auch für juristische Personen des öffentlichen Rechts, soweit ihre Organe zivilrechtlich tätig werden.

Der mit Wirkung zum 29.3.2013[93] neu gefasste und in Abs. 1 S. 1 mit Wirkung zum 7.4.2021[94] nochmals geänderte § 31a enthält für die Organmitglieder im Vorstand, die unentgeltlich tätig werden oder lediglich eine geringe Vergütung bis zu 840 EUR jährlich erhalten, eine **Haftungsbegrenzung**: Danach ist eine Haftung von Vorstandsmitgliedern, die einen Schaden bei der Wahrnehmung ihrer Pflichten verursacht haben, **gegenüber dem Verein** und gegenüber Vereinsmitgliedern bei leichter Fahrlässigkeit ausgeschlossen. Sie haften nur bei Vorsatz oder grober Fahrlässigkeit (§ 31a I 1, 2). Der geschädigte Verein oder das geschädigte Vereinsmitglied trägt die Beweislast für vorsätzliches oder grob fahrlässiges Handeln des Vorstandsmitglieds (§ 31a I 3). Diese Haftungsbeschränkung gilt allerdings **nicht gegenüber Dritten**, also im Außenverhältnis wie hier gegenüber H. Es ist auch kein Grund ersichtlich, dass ein Dritter nur deshalb schlechter gestellt wird, weil er von einem Vorstandsmitglied geschädigt worden ist. Nach § 31a II hat allerdings das dem Dritten haftende Vorstandsmitglied gegenüber dem Verein einen Freistellungsanspruch, sofern die Schädigung (nur) leicht fahrlässig erfolgt ist. Der Verein muss in diesem Fall den – vom Vorstandsmitglied geschuldeten – Schadensersatz übernehmen.

Das bisher Gelernte können wir in den beiden folgenden Übersichten 10 und 11 zusammenfassen.

93 Art. 6 Nr. 2 Gesetz zur Stärkung des Ehrenamtes v. 21.3.2013, BGBl. 2013 I 556.
94 Gesetz v. 30.3.2021, BGBl. 2021 I 607.

Übersicht 10 91

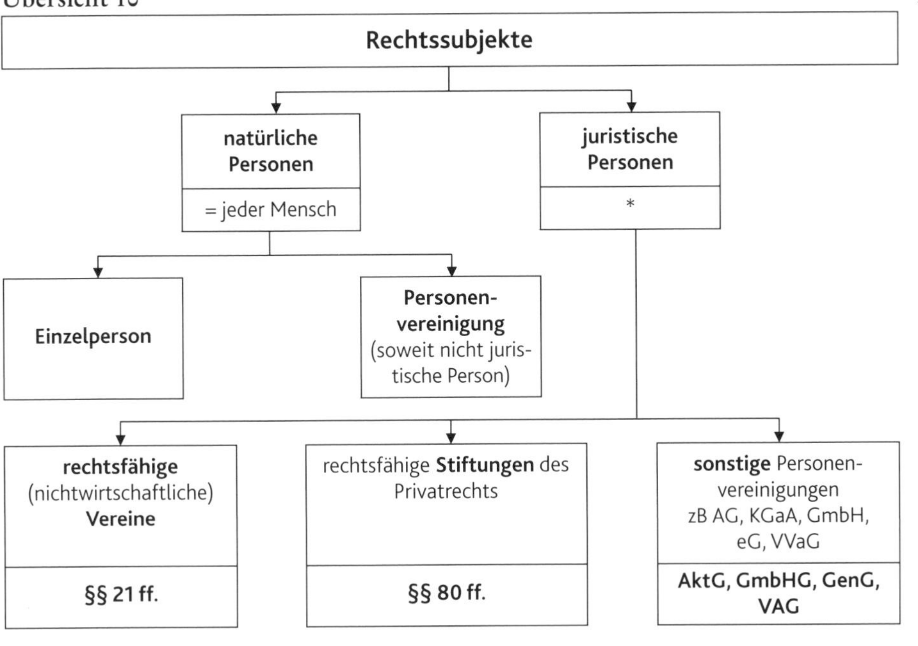

Der rechtsfähige Verein

Erlangung der Rechtsfähigkeit	**Formale Voraussetzungen für die Eintragung ins Vereinsregister**	**Organe des Vereins**	**Haftung des Vereins für Organe**
§ 21	§§ 56–59	§§ 26–30	§ 31
• durch Eintragung ins Vereinsregister bei zuständigem AG (§ 55) • Rechtsfähigkeit durch **Staatsakt** … … mit rechtsbegründender (**konstitutiver**) Wirkung • (Gegensatz § 1: rechtserklärende = **deklaratorische** Wirkung: Rechtsfähigkeit natürlicher Person durch ‚Menschsein')	• Mindestmitgliederzahl: 7 (§ 56) • Satzung: mind. Zweck, Name und Sitz des Vereins (§ 57) • weitere Erfordernisse	• Vorstand mit Vorsitzendem: Vorstand = gesetzlicher Vertreter des Vereins gem. § 26 I 2 (§§ 30–39) • Mitgliederversammlung – fasst Beschlüsse (§ 32)	• gilt nicht nur für juristische Person des Privatrechts, sondern auch für juristische Person des öffentlichen Rechts (vgl. § 89)

* = Von der Rechtsordnung zugelassene, mit eigener Rechtsfähigkeit ausgestattete Personenvereinigungen oder Vermögensmassen.

92 **Übersicht 11**

Einteilung der juristischen Personen

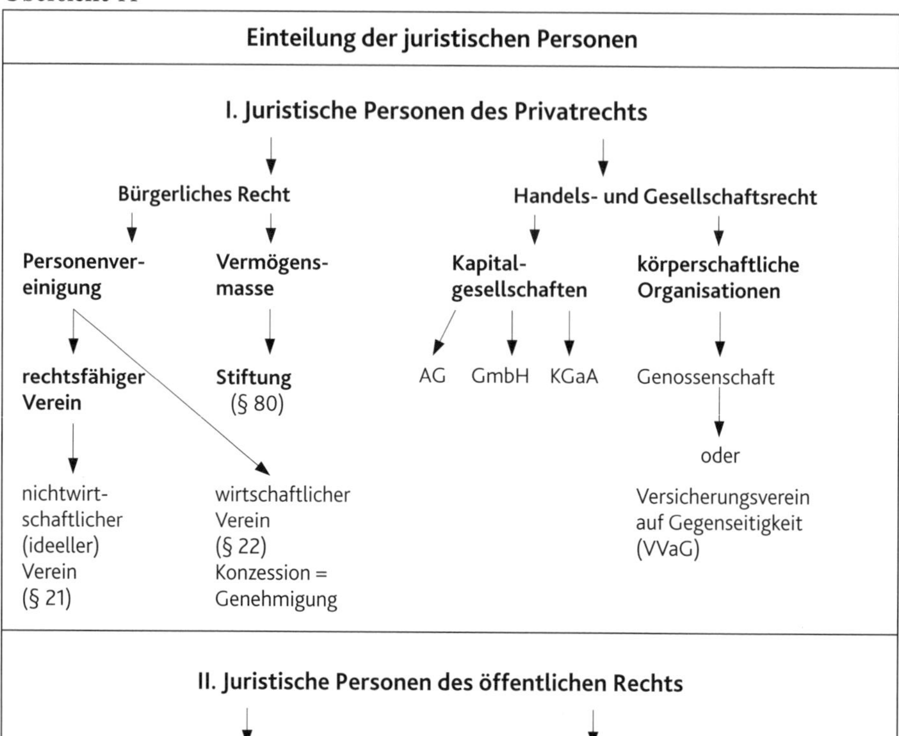

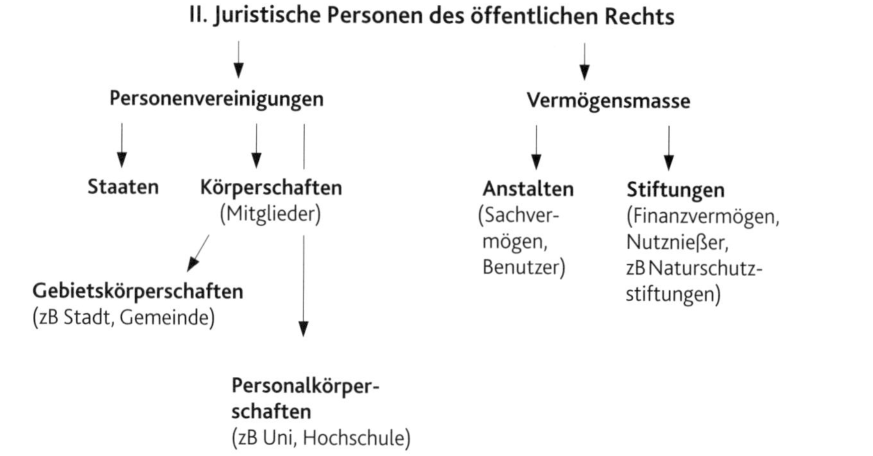

Wir merken uns schon jetzt:
Die Gesellschaft bürgerlichen Rechts (GbR; auch: BGB-Gesellschaft), die Offene Handelsgesellschaft (OHG) und die Kommanditgesellschaft (KG) sind keine juristischen Personen. OHG und KG sind aber gem. §§ 124 I, 161 II HGB weitgehend rechtlich verselbstständigt (= teilrechtsfähig): Nach der Rechtsprechung des BGH (BGHZ 146, 341[95]) gilt dies grundsätzlich auch für die GbR (§ 705). Gem. § 705 II nF ist dies ab dem 1.1.2024[96] auch ausdrücklich dem Gesetz zu entnehmen.

95 = NJW 2001, 1056; dazu K. Schmidt NJW 2001, 993 ff.

96 = Inkrafttreten des Gesetzes zur Modernisierung des Personengesellschaftsrechts (MoPeG) v. 10.8.2021, BGBl. 2021 I 3436.

4. Arten (Einteilung) der juristischen Personen

Erläuterungen zu Übersicht 11: 93

Stiftung – Bei der Stiftung wird eine bestimmte Vermögensmasse (Zweckvermögen) rechtlich verselbstständigt, um für eine gewisse Dauer einen bestimmten Zweck nach dem Willen des Stifters zu erreichen. Zur Entstehung der Stiftung bzw. zur Erlangung der Rechtsfähigkeit ist neben der Gründung, dem sog. Stiftungsgeschäft, wie es in § 80 heißt, eine staatliche Genehmigung erforderlich (letztlich handelt es sich um eine Verleihung = Konzessionssystem). Über die Anerkennung entscheidet die Behörde des Landes, in dem die Stiftung ihren Sitz haben soll; in der Regel ist hierfür der Innenminister zuständig, in einigen Ländern auch die Landesregierung oder aber der Regierungspräsident. Um das Stiftungsvermögen dem vorgesehenen Zweck zuzuführen und es zu verwalten, erhält die Stiftung Verwaltungsorgane, für die gem. § 86 einige Vorschriften des Vereinsrechts entsprechend gelten.

Mit der Stiftung brauchen Sie sich aber im Weiteren nicht näher zu befassen.

Im Rahmen dieses Grundrisses können wir nicht auf die einzelnen **handelsrechtlichen juristischen Personen** eingehen. Sie sollten anhand von Übersicht 11 (→ Rn. 92) nur erst einmal erfahren, welche es gibt. (Näheres dazu in Wörlen/Kokemoor/Lohrer „Handelsrecht“!)

Merken Sie sich bitte, dass die **OHG**, die **KG** und die **GbR keine juristischen Personen** sind. Für diese Personengesellschaften haften die einzelnen Gesellschafter grundsätzlich persönlich und unbeschränkt. Sie sind aber teilrechtsfähig (s. §§ 124 I, 161 II HGB; § 705 II nF ab 2024) und können unter dem Namen der Gesellschaft (= unter ihrer Firma) Rechte erwerben (wie zB das Eigentum an einem Grundstück) und Verbindlichkeiten eingehen (zB Kredite aufnehmen). Bezüglich der Rechtsfähigkeit sind diese Personengesellschaften damit den juristischen Personen weitgehend gleichgestellt (→ Rn. 92).[97]

Literatur zur Vertiefung (→ Rn. 76–93): Brox/Walker BGB AT §§ 33, 34; Führich WirtschaftsPrivatR Rn. 36–53 (Natürliche und juristische Personen); Hager, Die Mephisto-Entscheidung des Bundesverfassungsgerichts, JURA 2000, 186; Hirsch BGB AT § 1; Klunzinger BürgerlR § 4; Köhler BGB AT §§ 20, 21; Mohamed, Die Reform des Personengesellschaftsrechts, JuS 2021, 820; Neuefeind, Der privatrechtliche Verein: Begriff und Status – ein Überblick – Teil I, JA 2019, 337; Neuner BGB AT §§ 11–18; Pawlowski, Rechtsfähigkeit im Alter?, JZ 2004, 13; Petersen, Das Stiftungsrecht des BGB, JURA 2007, 277; Petersen, Das Vereinsrecht des BGB, JURA 2002, 683; Petersen, Namensrecht und Domainnamen, JURA 2007, 175; Petersen, Verbraucher und Unternehmer, JURA 2007, 905; Schade/Graewe WirtschaftsPrivatR § 3; Schlachter, Der Schutz der Persönlichkeit nach bürgerlichem Recht, JA 1990, 33; Stadler BGB AT §§ 14, 15; Stürner, 20 Jahre Rechtsfähigkeit der Gesellschaft bürgerlichen Rechts, JURA 2021, 463; Tychsen, Namensanmaßung bei Verwendung eines fremden Namens als Domain-Name (BGH NJW 2003, 2978), RÜ 2003, 481; Tychsen, Zeitliche Schutzdauer der vermögensrechtlichen Bestandteile des postmortalen Persönlichkeitsrechts (BGH NJW 2007, 684), RÜ 2007, 173 [„fSaE“ = → Abkürzungsverzeichnis]; Zerres BürgerlR 2.1.1.

97 Mehr dazu zB bei Wörlen/Kokemoor/Lohrer HandelsR Rn. 145–198 und insbes. bei Rn. 153a.

2. Kapitel. Gegenstände des Rechts (Rechtsobjekte)

94 Bisher haben wir uns – teilweise recht ausführlich – mit den sog. Rechtssubjekten, den Personen, beschäftigt, bei denen wir die natürlichen Personen von den juristischen Personen unterschieden haben. Andere Rechtssubjekte als diese beiden genannten gibt es nicht. Nur Rechtssubjekte können Träger von Rechten und Pflichten sein, nicht aber zB unsere Hundedame Lilly Queen, wie wir erfahren haben. Tiere sind zwar grundsätzlich keine Sachen bzw. Rechtsobjekte (vgl. § 90a S. 1), werden aber mit Einschränkungen gem. § 90a S. 3 diesen weitgehend gleichgestellt.

I. Sachen und Rechte

95 Für Rechtsobjekte wird vom Gesetz häufig der Oberbegriff „Gegenstände" verwendet (s. zB §§ 90, 260). Die Gegenstände des Rechts werden in drei große Gruppen unterteilt. Um welche beiden Gruppen es sich dabei außer Tieren noch handelt, haben Sie soeben in der Überschrift (I) gelesen.

Dass man Sachen jeder Art kaufen und verkaufen kann, kann sich sicher jeder vorstellen.

■ Überlegen Sie sich nun Beispiele für den Kauf oder Verkauf eines Rechts!
▶ Ein Patentrecht zum Beispiel! Auch Urheberrechte, Verlagsrechte oder Namensrechte.

Hinweis: Im Zusammenhang mit bestimmten Rechten und Kombinationen von Sachen mit Rechten verwendet das Gesetz neuerdings den Begriff der **„digitalen Produkte"**. Darunter zu verstehen sind gem. § 327 I *digitale Dienstleistungen* (zB soziale Netzwerke) und *digitale Inhalte* (zB Computerprogramme, Video-, Audio- und Musikdateien, E-Books), auch wenn sie auf einem körperlichen Datenträger (= Sache), wie zB einem USB-Stick, einer Speicherkarte oder einer DVD gespeichert sind (§ 327 V).[98] Ferner kennt das Gesetz *Waren*[99] *mit digitalen Elementen* (§ 327a III 1, zB Handy, Tablet, Smartwatch, Smart-TV).
Die Begriffe sind rechtlich insofern bedeutsam, als für *Verbraucherverträge* über derartige Produkte seit dem 1.1.2022 besondere Regeln gelten, s. §§ 327–327s.[100]

II. Sachen und Sachgesamtheiten

96 **Sachen** iSd BGB sind nur körperliche Gegenstände. So wörtlich § 90 (lesen!).

■ Was heißt „körperlich?"
▶ Körperlich ist eine Sache, wenn sie sinnlich wahrnehmbar und beherrschbar ist. Keine Sachen sind deshalb zB Luft, Meerwasser oder Gas.

Bei Gas und auch Wasser ändert sich das allerdings, wenn es in Flaschen abgefüllt ist; dann ist es zweifellos beherrschbar.

So betrachtet wird es jedem einleuchten, dass Tiere im rechtlichen Sinne vornehmlich als Sachen zu betrachten sind. Man kann sie kaufen und Eigentum daran erwerben.

98 Vgl. Köhler BGB AT § 24 Rn. 1.
99 Gemäß § 241a I bewegliche **Sachen**, die nicht auf Grund von Zwangsvollstreckungsmaßnahmen oder anderen gerichtlichen Maßnahmen verkauft werden.
100 S. hierzu Wörlen/Metzler-Müller/Kokemoor SchuldR BT Rn. 72, 96 f. und 103a.

Sog. **Sachgesamtheiten**, wie etwa ein Warenlager, bilden keine „Sache" im Rechtssinn, sondern bleiben eine Vielzahl von einzelnen selbstständigen Sachen – lesen Sie hierzu § 92 II. Diese Unterscheidung ist zB wichtig für die Übertragung des Eigentums an einer Sache. Dazu mehr in Wörlen/Kokemoor „Sachenrecht".

Lernhinweis: Ebenso gibt es **Rechtsgesamtheiten**! Hierzu zählt namentlich das Vermögen. Unter Vermögen versteht man im bürgerlichen Recht gemeinhin die Gesamtheit aller geldwerten Rechte bzw. „Aktiva", die einer (natürlichen oder juristischen) Person zustehen. Im Einzelnen sind dies alle Rechte (absolute Rechte wie das Eigentum, Anwartschaftsrechte, Erbrechte sowie relative Rechte wie Forderungen) und Rechtsverhältnisse, die einen in Geld schätzbaren bzw. messbaren Wert haben. Korrekter wäre es allerdings, das Vermögen als Sach- und Rechtsgesamtheit zu bezeichnen, da dazu auch viele Sachen gehören, die im Eigentum – siehe oben – der betreffenden Person stehen.

Die Überschrift von § 92 lautet „*Verbrauchbare Sachen*"; § 91 ist überschrieben mit „*Vertretbare Sachen*".

Dies führt zu der Einteilung der Sachen schlechthin, die Sie sich sofort anhand der schematischen Übersicht 12 (→ Rn. 98) über die Rechtsobjekte (Gegenstände) auf der nächsten Seite einprägen sollten, bevor Sie hier weiterlesen.

III. Einteilung der Sachen

In vorgenannter Übersicht 12 tauchen einige begriffliche Unterscheidungen der „Sachen" auf, die es noch zu erläutern gilt, währenddessen Ihnen der Unterschied zwischen absoluten und relativen Rechten noch geläufig sein müsste (falls nicht: → Rn. 51, Übersicht 6 nachlesen!).

1. Bewegliche und unbewegliche Sachen

Die wichtigste Unterscheidung bei den Sachen ist die der beweglichen Sachen von 97
den unbeweglichen Sachen.

Diese Unterscheidung ist besonders im Sachenrecht von Bedeutung, weil das BGB dort bewegliche Sachen und unbewegliche Sachen, vor allem bezüglich der Eigentumsübertragung, verschiedenen Regeln unterwirft.

Unbewegliche Sachen sind alle Grundstücke. Eine Definition des „Grundstücks" enthält das BGB ebenso wenig wie die Grundbuchordnung,[101] in der das formelle Grundstücksrecht geregelt ist. Nach Rechtsprechung und Lehre ist unter einem Grundstück im Rechtssinne ein räumlich abgegrenzter Teil der Erdoberfläche zu verstehen, der im Bestandsverzeichnis eines besonderen Grundbuchblatts aufgeführt ist.[102] Dementsprechend sind bewegliche Sachen alle Sachen, die nicht Grundstücke oder Bestandteil eines Grundstücks sind. Allerdings werden im Schiffsregister eingetragene Schiffe, obwohl sie durchaus „bewegliche" Sachen sind, in mancher Hinsicht ähnlich behandelt wie Grundstücke (vgl. zB §§ 452, 1287 S. 2, Hs. 2).

101 Dazu mehr in Wörlen/Kokemoor SachenR Rn. 196 ff.
102 Wörlen/Kokemoor SachenR Rn. 8 mwN.

98 **Übersicht 12**

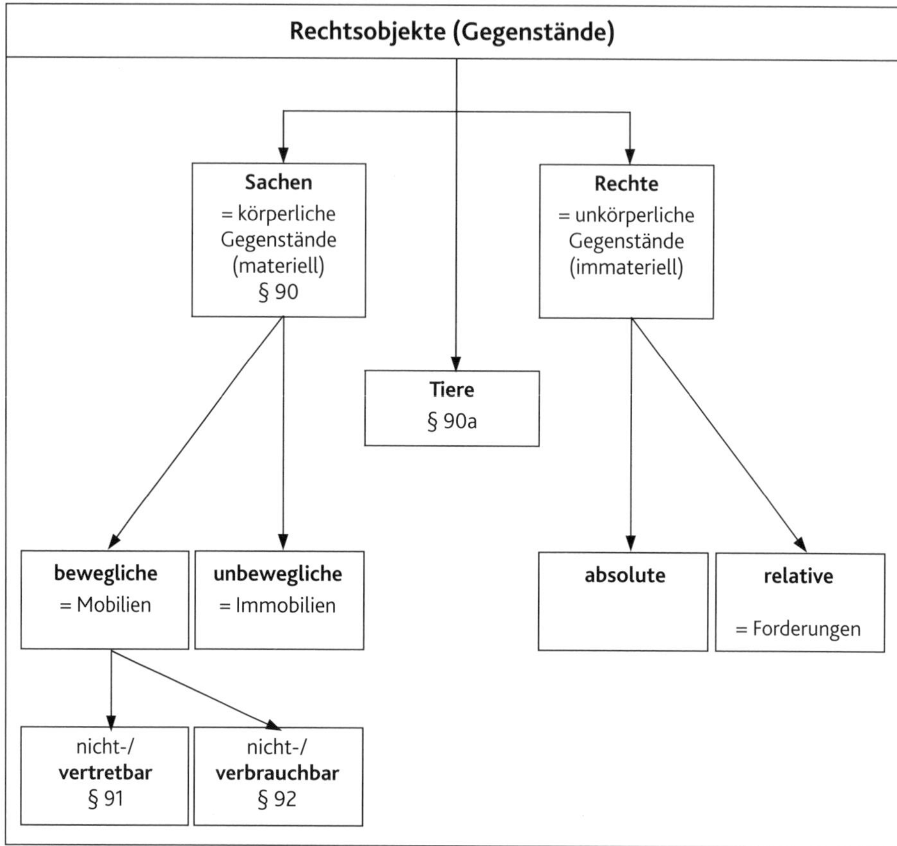

2. Vertretbare und nicht vertretbare Sachen

99 Was „vertretbare Sachen" sind, regelt § 91 (lesen!). **Vertretbare Sachen** sind demnach zugleich bewegliche Sachen, und zwar solche, „die im Verkehr nach Zahl, Maß oder Gewicht bestimmt" werden.

- ■ Versuchen Sie selbst, Beispiele für „vertretbare Sachen" zu finden!
- ▶ Die Begriffsbeschreibung in § 91 passt zB auf Geld, Wertpapiere, gewöhnliche Lebensmittel, serienmäßig hergestellte neue Kraftfahrzeuge, Kleider, Maschinen und andere serienmäßig produzierte Massenprodukte.

Nicht vertretbare Sachen sind alle Sachen, die nicht unter § 91 fallen.

> **Beispiele** für nicht vertretbare Sachen: Ein Maßanzug vom Schneider, ein bestimmter Gebrauchtwagen oder ein – individuell bestimmtes, von einer Malerin angefertigtes – Porträt.

Im Hinblick auf das „Allgemeine Schuldrecht" sollten Sie sich schon jetzt merken, dass vertretbare Sachen regelmäßig sog. „Gattungsschulden" (§ 243) darstellen!

3. Verbrauchbare und nicht verbrauchbare Sachen

Was **verbrauchbare Sachen** sind, entnehmen Sie § 92 I. 100

Was sind „Sachen, deren bestimmungsgemäßer Gebrauch in dem Verbrauch oder in der Veräußerung besteht"? Wenn wir hierfür Beispiele suchen, können wir feststellen, dass „verbrauchbare Sachen" mit den „*vertretbaren Sachen*" durchaus identisch sein können, aber nicht müssen:

- ■ Unter welchen dieser Begriffe würden Sie zB „Geld" einordnen? Wenn Sie § 91 und § 92 I nochmals genau lesen, dürfte die Antwort nicht so schwierig sein.
- ▶ Geld ist sowohl als vertretbare Sache anzusehen, da es „im Verkehr nach Zahl, Maß oder Gewicht bestimmt" wird, als auch als verbrauchbare Sache, da sein „bestimmungsgemäßer Gebrauch im Verbrauch oder in der Veräußerung besteht"! Dasselbe gilt zB für Lebensmittel.
- ■ Unter welchen Begriff würden Sie Kleider oder auch Teppiche einstufen?
- ▶ Zwar werden Kleider und Teppiche durch ihren Gebrauch abgenutzt[103] oder gar verschlissen, doch ist das nicht ihr „bestimmungsmäßiger Gebrauch"; diese Sachen werden nicht hergestellt, damit sie verschlissen (= verbraucht) werden, sondern damit sie benutzt werden, um den Benutzer bzw. seine Wohnung zu schmücken ... Kleider und Teppiche (das Gleiche gilt für neue serienmäßig hergestellte Maschinen, Autos, Bücher usw) sind keine „verbrauchbaren", wohl aber „vertretbare" Sachen, da sie im Verkehr nach Zahl, Maß oder Gewicht bestimmt werden.

4. Teilbare und nicht teilbare Sachen

Die vom Gesetz selbst nicht ausdrücklich getroffene Unterscheidung von teilbaren und nicht teilbaren Sachen ist bedeutsam, wenn mehrere Eigentümer, etwa eine Erbengemeinschaft, eine Sache besitzen. Das geerbte Geld oder die geerbten Goldbarren können sich die Erben sicher teilen; auch ein unbebautes Grundstück kann man oft aufteilen. Bei einem Fernsehgerät, einem Klavier oder einem lebenden Tier sieht das anders aus. Nicht nur theoretisch, sondern auch praktisch ließe sich das Klavier (zB mithilfe einer Säge!) in mehrere Teile zerlegen. Die einzelnen Teile wären aber völlig wertlos. 101

Unter **teilbaren Sachen** versteht man deshalb Sachen, die sich ohne Verminderung ihres Werts in gleichartige Teile zerlegen lassen. Die Teile müssen bei Zusammenrechnung der Einzelwerte objektiv dem Gesamtwert des ungeteilten Gegenstands entsprechen.

Damit ist die Einteilung der Sachen im Wesentlichen erschöpft, allerdings müssen wir uns noch mit den Sachteilen beschäftigen.

IV. Teile von Sachen (Bestandteile)

Sachen bestehen häufig aus mehreren Teilen, sog. Bestandteilen, wobei es zweifelhaft sein kann, ob es sich bei diesen Teilen tatsächlich um einen „Bestandteil" oder 102

103 Grüneberg/Ellenberger § 92 Rn. 1. Weitere Beispiele dafür, dass die allmähliche Abnutzung als Folge des Gebrauchs eine Sache nicht verbrauchbar macht, finden Sie bei MüKoBGB/Stresemann § 92 Rn. 3.

vielmehr um eine (rechtlich) selbstständige Sache handelt. Die Frage ist dann, in welchem (rechtlichen) Verhältnis die Sache und ihre Teile zueinanderstehen.

Wir wollen uns dies anhand des nächsten Übungsfalls verdeutlichen:

Übungsfall 5

a) Bauer Ernie (E) hat einen seiner beiden Trecker seinem Nachbarn Bert (B) für einige Tage ausgeliehen. Als er sich den Traktor zurückholen will, muss er feststellen, dass B den Motor ausgebaut und in seinen eigenen alten und defekten Traktor eingebaut hat. B verweigert die Herausgabe des Motors.
b) E ist auch Eigentümer eines landwirtschaftlichen Betriebs. Auf den Fundamenten einer alten Scheune baut er eine neue. Ein Gläubiger des E will die Scheune pfänden lassen.
c) Bei dem Bau der Scheune hat E versehentlich Steine der Nachbarin Natasha (N), die an der Grundstücksgrenze lagerten, verwendet. N will ihre Steine zurück.
d) Einen Teil seines Anwesens hat E an den Gärtner Grobi (G) für neun Jahre verpachtet. G errichtet auf dem gepachteten Grundstück ein Gewächshaus, in dem er exotische Pflanzen züchtet. Wem gehören das Gewächshaus und die Pflanzen?

1. Wesentliche Bestandteile

103 Wenn Sie in **Fall 5a)** gelesen haben, dass B die Herausgabe verweigert, müssen Sie sich in die Lage des E versetzen und darüber nachdenken, wie Sie rechtlich gegen B vorgehen würden!

Was bedeutet es rechtlich, wenn Sie dem B sagen: „Ich will meinen Motor wiederhaben!"? „Der Motor gehört mir!" bedeutet: „Der Motor ist mein Eigentum!" Gemäß § 985 hat der Eigentümer gegen den Besitzer einen Herausgabeanspruch (§ 985 lesen!). Da B die tatsächliche Herrschaft über den in seinen Traktor eingebauten Motor hat, ist er Besitzer des Motors iSv § 854 (Abs. 1 lesen!).

Merke: Besitz ist die **tatsächliche**, Eigentum die **rechtliche** Herrschaft über eine Sache.[104]

Lesen Sie § 93! Danach wäre E nicht mehr Eigentümer des Motors, wenn dieser ein wesentlicher Bestandteil des Traktors von B geworden wäre, da der Motor dann nicht Gegenstand besonderer Rechte (hier: kein besonderes Eigentum an dem Motor möglich) sein könnte. Die Frage ist also:

104 ■ Ist der Motor eines Kraftfahrzeugs wesentlicher Bestandteil oder nicht? (Überlegen Sie!)

▶ Da ein Traktor ohne Motor nicht fahren kann, könnte man meinen, dass durch seinen Ausbau der Traktor „in seinem Wesen verändert wird" (vgl. § 93). Aus rechtlicher Sicht ist das indessen unzutreffend: **Wesentlich (im Rechtssinne) ist ein Bestandteil** nur, wenn – bei natürlicher und wirtschaftlicher Betrachtungsweise, unter Beachtung der Verkehrsanschauung – er oder die Restsache durch eine Trennung zerstört und insofern im Wesen verändert würde.[105] Das ist aber keineswegs der Fall: Nach Einbau eines neuen bzw. anderen Motors kann der Traktor „wesensmäßig" wieder benutzt werden![106]

104 Vgl. **Übersicht 21 → Rn. 283.**
105 Vgl. Jauernig/Mansel § 93 Rn. 3.
106 Vgl. BGHZ 61, 80 (81 f.) = NJW 1973, 1454.

Als B den Motor in seinen Traktor eingebaut hat, hat sich an dem Eigentum des E nichts geändert. Sein Herausgabeanspruch nach § 985 ist daher begründet: Ebenso wie B den Motor aus dem Traktor des E aus- und in seinen Traktor eingebaut hat, kann (und muss) er dasselbe nun wieder umgekehrt tun! Auch die Räder eines Kraftfahrzeugs zB sind keine wesentlichen Bestandteile iSv § 93.

2. Wesentliche Bestandteile eines Grundstücks oder eines Gebäudes

Während § 93 von wesentlichen Bestandteilen an einer Sache handelt, womit sowohl 105
bewegliche als auch unbewegliche Sachen angesprochen sind, präzisiert § 94 den Begriff der „wesentlichen Bestandteile von Grundstücken oder Gebäuden" (= unbewegliche Sachen). Lesen Sie zunächst § 94 ganz und dann nochmals **Fall 5b**).

Um die Frage beantworten zu können, ob der Gläubiger die Scheune des B pfänden lassen kann, müssen Sie wissen, dass eine Pfändung in das bewegliche Vermögen nur an selbstständigen, körperlichen Sachen möglich ist (vgl. §§ 803, 808 ZPO).

- ■ Ist die Scheune des E eine selbstständige bewegliche Sache? (Überlegen Sie!)
- ▶ Die Antwort finden Sie, wenn Sie § 93 lesen!
  Die Scheune kann nicht Gegenstand besonderer Rechte, auch nicht Gegenstand der Pfändung, sein, wenn sie wesentlicher Bestandteil einer anderen Sache ist.
- ■ Von welcher anderen Sache könnte die Scheune wesentlicher Bestandteil sein?
- ▶ Von dem Grundstück des E.

Grundstücke sind unbewegliche Sachen. Was **wesentliche Bestandteile eines Grund-** 106
stücks sind, ist im BGB, wie gesagt, in § 94 ausdrücklich geregelt – Abs. 1 nochmals lesen!

- ■ Ist nun die Scheune wesentlicher Bestandteil oder selbstständige Sache?
- ▶ Sie ist wesentlicher Bestandteil des Grundstücks, da mit dem Grund und Boden (Fundament) fest verbunden.
- ■ Nochmals unsere Fallfrage: Kann der Gläubiger die Scheune pfänden?
- ▶ Die Scheune ist gem. § 94 I als wesentlicher Bestandteil des Grundstücks des E keine selbstständige bewegliche Sache und unterliegt somit nicht den Pfändungsvorschriften.

Wie sieht es in **Fall 5c)** aus? Welche Voraussetzung müsste erfüllt sein, damit N ihre 107
Steine zurückbekommt? Anders, nämlich juristisch, ausgedrückt:

- ■ Welche Voraussetzung muss erfüllt sein, damit N ihren Eigentumsherausgabeanspruch (vgl. § 985!) geltend machen kann?
- ▶ Die Antwort ist einfach: „Die Steine müssten im Eigentum der N stehen"; sie müssten Gegenstand des Eigentumsrechts der N sein.
- ■ Die Antwort auf die Frage, ob dies in unserem Fall noch zutrifft, müssten Sie nach dem eben Gelesenen selbst geben können:
- ▶ Da die Steine nicht ohne Beschädigung der Scheune von dieser getrennt werden können, sind sie gem. § 93 wesentlicher Bestandteil der Scheune geworden. Somit können sie nicht Gegenstand besonderer Rechte sein. Da die Scheune selbst, wie wir bereits festgestellt haben, wiederum wesentlicher Bestandteil des Grundstücks des E ist, sind auch die Steine wesentlicher Bestandteil des Grundstücks.

Die Rechtsfolgen bezüglich des Eigentums an den Steinen sind in den Vorschriften über das Eigentum im Sachenrecht geregelt. Wir wollen uns die entsprechende Vorschrift im Sachenrecht einmal kurz ansehen.

Lesen Sie § 946!

108 ■ Wer ist in unserem Fall Eigentümer der Steine geworden?

▶ E! Da er Eigentümer des Grundstücks ist, dessen wesentlicher Bestandteil die Scheune mit den eingemauerten Steinen (vgl. § 94 II) ist, erstreckt sich sein Eigentum an dem Grundstück auch auf die in die Scheunenwand eingemauerten Steine!

■ Erscheint Ihnen das „gerecht"? E nimmt – wenn auch versehentlich – die Steine der Nachbarin, und durch die Verbindung mit seinem Grundstück wird er über § 946 Eigentümer! Billiger kann man nicht bauen, oder?

▶ Dass das nicht so sein darf, hat natürlich auch der Gesetzgeber erkannt. Er hat allerdings dem Umstand Rechnung getragen, dass es unsinnig wäre, den E seine Scheune einreißen zu lassen, damit N das verlorene Eigentum an den Steinen zurückbekommt.

■ Was meinen Sie, wie der Gesetzgeber das Problem gelöst hat? (Suchen Sie selbst nach einer Lösungsmöglichkeit!)

109 ▶ Dafür, dass N ihr Eigentum an den Steinen verloren, also einen Rechtsverlust erlitten hat, muss E sie entschädigen. Lesen Sie dazu § 951 I, bevor wir das Sachenrecht wieder verlassen.
Was hier, teilweise mit Ihnen noch unbekannten Begriffen, geregelt ist, bedeutet, dass E die N entschädigen muss, indem er ihr den Wert der Steine in Geld ersetzt.

§ 946 verdeutlicht übrigens sehr anschaulich die mehrfach angesprochene Wirkung der Methode des „Vor-die-Klammer-Ziehens" der Vorschriften des Allgemeinen Teils: Diese sachenrechtliche Vorschrift verwendet den als bekannt vorausgesetzten Begriff „wesentlicher Bestandteil" und regelt die Rechtsfolgen bezüglich des Eigentums, wenn eine Sache durch Verbindung mit einem Grundstück dessen wesentlicher Bestandteil wird. Was „wesentliche Bestandteile" sind, ist in den §§ 93 bzw. 94 geregelt.

3. Scheinbestandteile

110 Wenden wir uns **Fall 5d)** (nachlesen! → Rn. 102) zu:

■ Was meinen Sie, wem das Gewächshaus und die Pflanzen gehören?

▶ Man könnte meinen, dass sowohl die Pflanzen als auch das Gewächshaus wesentliche Bestandteile des Grundstücks des E sind, da sie mit dem Grund und Boden verbunden sind. Dieser Gedanke liegt nahe, doch der Schein trügt!

Lesen Sie § 95!

Maßgeblich dafür, ob eine Sache zum wesentlichen Bestandteil eines Grundstücks wird, ist, ob diese Verbindung für „ewig" oder nur **zu** einem **vorübergehenden Zweck** gewollt war. Es kommt darauf an, ob von Anfang an beabsichtigt oder normalerweise zu erwarten war, dass die Sachen wieder getrennt werden. Denn nach der Rechtsprechung des BGH reicht es nicht aus, dass nach den Vorstellungen der Beteiligten eine Trennung nicht ausgeschlossen ist. Maßgebend ist vielmehr, ob die Sache nach dem inneren Willen des Verbindenden bei einem normalen Lauf der Dinge nicht wieder abgetrennt werden soll.[107]

Entscheidend ist also nach der Verkehrsanschauung der nach objektiven Maßstäben zu ermittelnde Wille desjenigen, der die Verbindung der Sachen vorgenommen hat.

■ Was bedeutet das für die Lösung von Fall 5d)? (Nachdenken!) 111

▶ In diesem Fall hat der Gärtner G als Pächter, da er keinen entgegenstehenden Willen zum Ausdruck gebracht hat, das Gewächshaus nur vorübergehend mit dem Grundstück verbunden. Es ist normalerweise davon auszugehen, dass ein Pächter bei Pachtende seine Sachen wieder mitnehmen will. Maßgebend für die Feststellung, ob es sich um einen Scheinbestandteil handelt, ist der Zeitpunkt der Verbindung bzw. Einfügung.[108] Gemäß § 95 ist das Gewächshaus also nur ein **Scheinbestandteil**, dh eine rechtlich selbstständige bewegliche Sache. Das Gleiche gilt auch für die Pflanzen. Eigentümer bleibt G. § 946, den wir soeben kennengelernt haben, greift hier nicht ein.

Keine nur **vorübergehende Verbindung** liegt jedoch vor, wenn vereinbart ist, dass der Eigentümer die eingefügten Sachen nach Vertragsablauf übernimmt.[109] Es soll sogar ausreichen, wenn es dem Eigentümer nur freigestellt ist, die Sache zu übernehmen.[110] Wenn also die Parteien im vorgenannten Fall ein Übernahmerecht des V vereinbart haben, ist das Gewächshaus wesentlicher Bestandteil des Grundstücks des V geworden.

Merke: Die Prüfung, ob eine Sache wesentlicher Bestandteil eines Grundstücks geworden ist, erfolgt nach der „Formel“:

§ 93 + § 94 – § 95 = wesentlicher Bestandteil

Das im BGB geltende (oben aufgezeigte) Prinzip, dass sich das Eigentum an einem Grundstück nach den §§ 93, 94 auch auf das darauf errichtete Gebäude erstreckt und auch an Teilen des Gebäudes kein Eigentum begründet werden kann, wird durch Regelungen im ErbbauRG und dem WEG durchbrochen. Das **Erbbaurecht** ist das veräußerliche und vererbliche Recht, ein Bauwerk auf fremdem Grund und Boden zu haben. Man erhält sozusagen „Eigentum auf Zeit“. Durch notariellen Vertrag vergibt der Grundstückseigentümer ein Erbbaurecht. Es entstehen dadurch zwei Grundbücher: eines für das Grundstück, das andere für das Haus.[111] Gemäß § 12 ErbbauRG ist das Gebäude wesentlicher Bestandteil des Erbbaurechts; nicht der Eigentümer des Grundstücks, sondern der Inhaber des Erbbaurechts ist Eigentümer des Gebäudes.

Nach dem WEG kann an Wohnungen **Wohnungseigentum** und an nicht zu Wohnzwecken dienenden Räumen des Gebäudes *Teileigentum* begründet werden.

Merke: Es gibt außer § 95 noch zwei weitere Ausnahmeregelungen, die dazu führen, dass trotz einer festen Verbindung mit einem Grundstück das Bauwerk nicht Eigentum des Grundstückseigentümers wird:

- Erbbaurecht nach dem ErbbauRG
- Wohnungseigentum nach dem WEG

107 BGHZ 191, 285 = NJW 2012, 778.
108 HK-BGB/Dörner § 95 Rn. 2.
109 BGHZ 8, 1 (8) = NJW 1953, 137; BGHZ 104, 301 = NJW 1988, 2789.
110 BGH DB 1964, 368.
111 Mehr dazu bei Wörlen/Kokemoor SachenR Rn. 335 ff.

V. Zubehör, Früchte, Nutzungen, Lasten

112 1. Zubehör

Der von E in **Fall 5 a)** an B verliehene Traktor (ob mit oder ohne Motor) fällt übrigens, für sich betrachtet, unter den Begriff des „Zubehörs" iSv § 97, das zum landwirtschaftlichen Betrieb des E gehört – lesen Sie § 97 ganz! Der Traktor dient dem wirtschaftlichen Zweck der Hauptsache, eben dem landwirtschaftlichen Betrieb des E. Gerade für die landwirtschaftlichen (und gewerblichen) Betriebe hat das Gesetz dies in § 98 (lesen!) ausdrücklich klargestellt: Der Traktor fällt unter Ziffer 2.

Eine Sache, die als Zubehör einzustufen ist, ist zwar eine selbstständige bewegliche Sache, doch da sie als Zubehör zur Hauptsache angesehen wird, besteht idR für Zubehör und Hauptsache die gleiche Rechtslage (zB einheitliches Eigentum).[112] Dies hat beispielsweise besondere Bedeutung beim Verkauf oder bei der Belastung der Hauptsache: Hat sich der Verkäufer gem. § 433 I 1 (nachlesen!) verpflichtet, dem Käufer ein Grundstück zu überlassen und ihm das Eigentum daran zu übertragen, so erstreckt sich diese Verpflichtung im Zweifel (= wenn nichts Gegenteiliges vereinbart wurde) auch auf das Zubehör (vgl. § 311c – lesen!). Erfolgt dann die Eigentumsübertragung an dem Grundstück nach den sachenrechtlichen Vorschriften (dazu im Einzelnen mehr im „Sachenrecht"), so wird der Erwerber des Grundstücks auch Eigentümer des Zubehörs (vgl. § 926, von dem Sie zur kurzen Information Abs. 1 lesen sollten).

2. Früchte, Nutzungen, Lasten

113 Was sich hinter diesen Begriffen verbirgt, entnehmen Sie am besten gleich den §§ 99 (Früchte), 100 (Nutzungen) und 103 (Lasten[113]) – §§ lesen! – und der zusammenfassenden Übersicht 13 (→ Rn. 114) und blättern dann hierhin zurück.

Damit haben Sie die wichtigsten Begriffe der ersten beiden Abschnitte des Allgemeinen Teils des BGB kennengelernt. Sofern Sie das in den beiden vorstehenden Kapiteln erlangte Wissen durch Lektüre zusammenhängender Darstellungen gleichen oder größeren Umfangs vertiefen wollen, sei – alternativ – folgende Literatur empfohlen:

Literatur zur Vertiefung (→ Rn. 94–113): Brox/Walker BGB AT §§ 35, 36; Führich WirtschaftsPrivatR Rn. 54–66 (Rechtsobjekte); Giesen, Scheinbestandteil – Beginn und Ende, AcP 202 (2002), 689; Klunzinger BürgerlR § 6; Köhler BGB AT §§ 22–24; Neuner BGB AT §§ 24–27; Petersen, Personen und Sachen, JURA 2007, 763; Schade/Graewe WirtschaftsPrivatR § 4; Stadler BGB AT § 11; Tychsen, Einbauküche als wesentlicher Bestandteil oder Zubehör, RÜ 2002, 289 (OLG Nürnberg Urt. v. 2.4.2002 – 3 U 4158/01) [„fSaE"]; Westermann Grundbegriffe BGB Kapitel 5; Zerres BürgerlR 2.1.2.

Einen die Übersicht 12 (→ Rn. 98) ergänzenden Überblick über die Rechtsobjekte gibt die folgende …

112 Jauernig/Mansel §§ 97, 98 Rn. 8.

113 § 103 enthält keine Definition, sondern regelt nur die Verteilung der Lasten. **Lasten** sind nach der Rechtsprechung die auf einer Sache oder einem Recht liegenden Verpflichtungen zu Leistungen, die aus der Sache oder dem Recht zu entrichten sind und den Nutzungswert mindern, vgl. Grüneberg/Ellenberger § 103 Rn. 1 mit Hinweis auf RGZ 66, 316 (318) und OLG Hamm NJW 1989, 839.

Übersicht 13

114

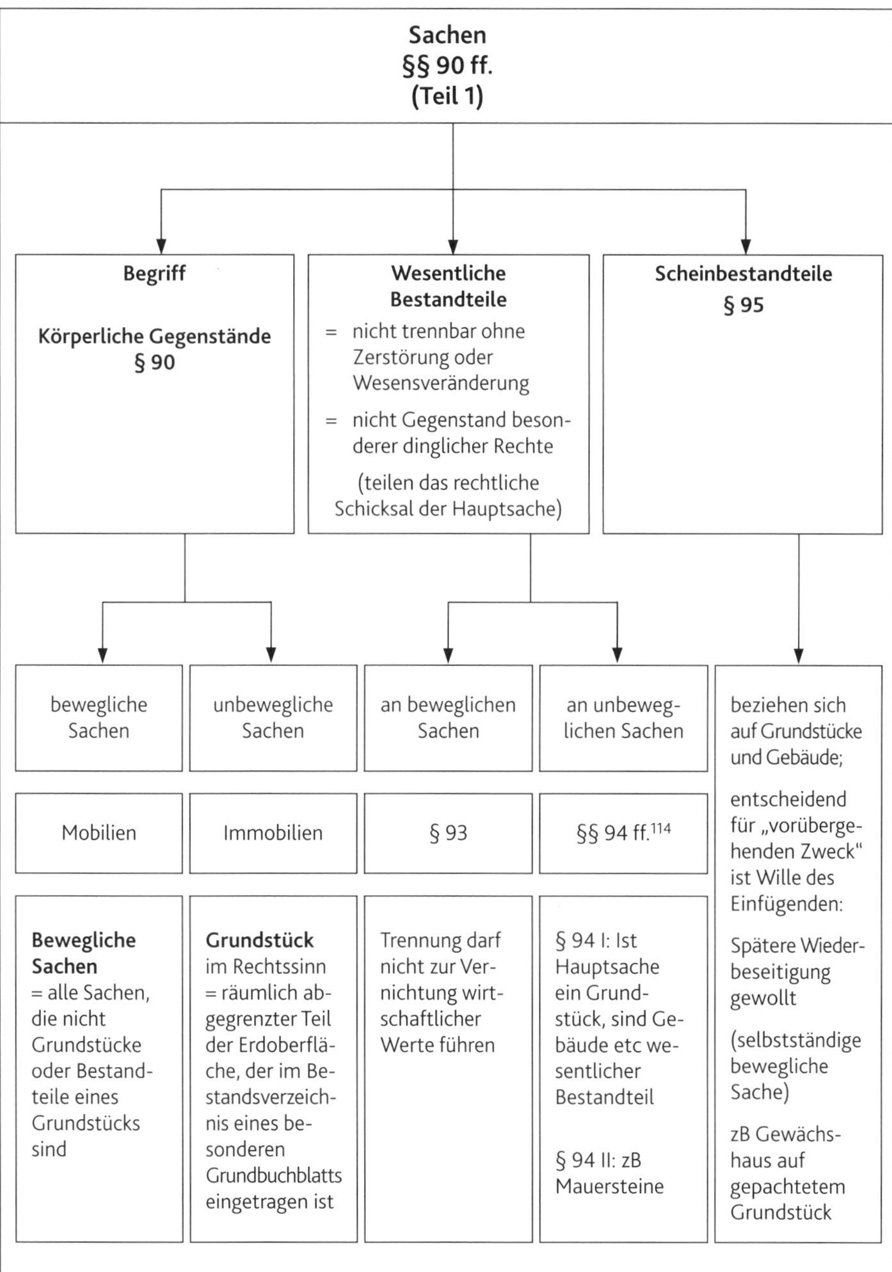

114 § 96: „Rechte" gelten als wesentlicher Bestandteil (= Fiktion).

Übersicht 13 (Fortsetzung)

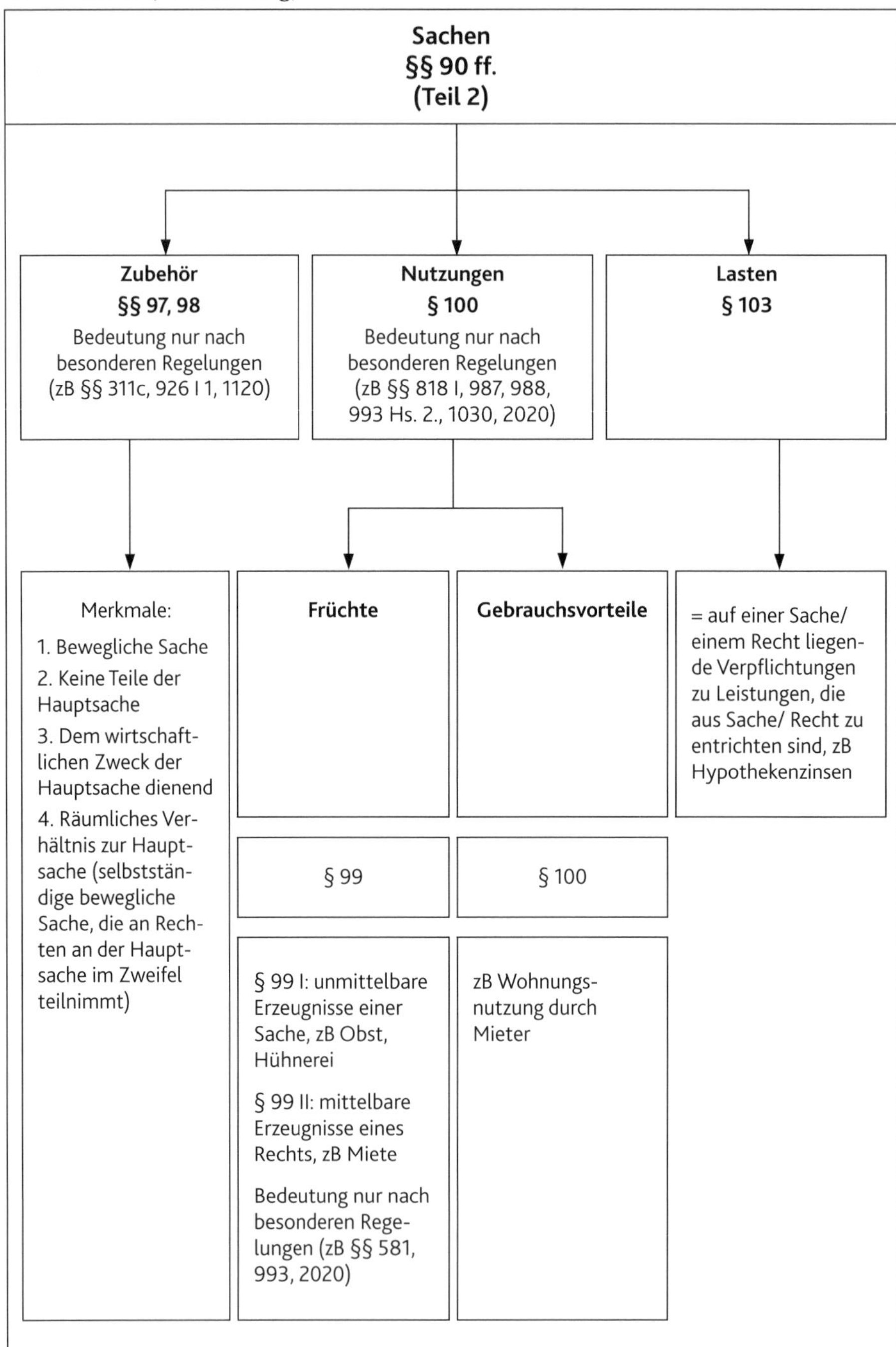

2. Abschnitt. Rechtsgeschäfte und Willenserklärungen

1. Kapitel. Voraussetzungen und Wirkungen von Willenserklärungen

Unter der Überschrift „Rechtsgeschäfte“ bildet der „Abschnitt 3“ den Schwerpunkt (= §§ 104–185) des „Allgemeinen Teils“ des BGB. Das ist leicht erklärlich, da die aktive Teilnahme von Personen am Wirtschaftsleben in Form von Rechtsgeschäften erfolgt. Rechtsgeschäfte gibt es in allen Bereichen des BGB, nicht nur in Buch 2, das in seinem Abschnitt 8 eine Vielzahl von typischen rechtsgeschäftlichen Schuldverhältnissen beschreibt, sondern auch in den Büchern 3, 4 und 5, also im Sachenrecht, Familienrecht und Erbrecht. 115

Der Begriff des „Rechtsgeschäfts“ wird vom Gesetz nicht definiert; das Gesetz enthält „nur“ Regelungen über Wirksamkeitsvoraussetzungen für Rechtsgeschäfte sowie über die Folgen wirksam abgeschlossener Rechtsgeschäfte. Diese Regelungen besitzen Gültigkeit für alle Rechtsgeschäfte des Bürgerlichen Rechts und sind daher im „Allgemeinen Teil“ des BGB angesiedelt.

■ Was versteht man unter einem „Rechtsgeschäft“?

▶ Unter einem **Rechtsgeschäft** versteht man allgemein: Jede auf Herbeiführung einer bestimmten von der Rechtsordnung gebilligten Privatrechtsfolge gerichtete Willenserklärung einer oder mehrerer Personen (→ Rn. 63).

Ein Rechtsgeschäft besteht aus einer oder mehreren Willenserklärungen sowie sonstigen Wirksamkeitsvoraussetzungen, die erforderlich sind, um den mit der Willenserklärung bezweckten rechtlichen Erfolg herbeizuführen.[115] 116

Wenn Sie diese Definition kennen, wird Ihnen zB auch der Unterschied zwischen einem *Vertrag* und einem *einseitigen Rechtsgeschäft* klarer. Ein Vertrag bedarf zu seiner Wirksamkeit immer sich entsprechende (kongruente) Willenserklärungen von mindestens zwei Personen. Das einseitige Rechtsgeschäft, wie etwa eine Kündigung oder ein Testament, ist schon wirksam, wenn nur eine Person eine gültige Willenserklärung abgibt, wobei die Kündigung allerdings empfangsbedürftig ist. Einer Mitwirkung der Person, die durch diese Willenserklärung angesprochen wird, bedarf es nicht!

Zentraler Bestandteil eines Rechtsgeschäfts, gleich welcher Form, ist stets (mindestens) eine Willenserklärung. Wie Sie bereits wissen, kann eine Willenserklärung die mit ihr beabsichtigten Rechtsfolgen nur herbeiführen, wenn die Person, die sie äußert, geschäftsfähig ist. Wir müssen uns daher nochmals mit der Geschäftsfähigkeit beschäftigen, über die Sie bereits einiges gelesen haben.

I. Geschäftsfähigkeit

Wenn im Folgenden Wiederholungen vorkommen, kann das nur von Nutzen sein! 117

■ Bevor Sie weiterlesen, überlegen Sie, wie wir die Geschäftsfähigkeit definiert hatten!?

▶ **Geschäftsfähigkeit** ist die Fähigkeit, rechtswirksame Willenserklärungen abzugeben (Übersicht 7 → Rn. 60).

115 Vgl. Creifelds Rechtswörterbuch/Fuchs „Rechtsgeschäft“.

Dazu noch einmal die Definition des Begriffs der „Willenserklärung“:

Merke: Unter einer **Willenserklärung** versteht man eine auf einen rechtlichen Erfolg gerichtete menschliche Willensäußerung.

Ein *rechtlicher Erfolg* kann zB ein Vertragsschluss sein, der, wie Sie wissen, durch Angebot (bzw. Antrag) und Annahme (vgl. § 151 S. 1) zustande kommt. Beide, sowohl das Angebot als auch die Annahme, sind Willenserklärungen, die auf einen rechtlichen Erfolg, eben den Abschluss des Vertrags, gerichtet sind. Da der Vertragsschluss in der Regel für die Beteiligten nicht nur Rechte bzw. Vorteile, sondern auch Nachteile, nämlich Verpflichtungen nach sich zieht, verlangt das Gesetz zum Schutze der Minderjährigen für die volle Wirksamkeit einer Willenserklärung grundsätzlich auch volle Geschäftsfähigkeit.

1. Einteilung (Arten) der Geschäftsfähigkeit

118 Das BGB differenziert zwischen Geschäftsunfähigkeit (= § 104), beschränkter Geschäftsfähigkeit (§§ 106–113) und voller Geschäftsfähigkeit (arg. aus § 106 iVm § 2) – lesen Sie zunächst die §§ 104, 106 und § 2!

2. Geschäftsunfähigkeit

119 Lesen Sie nochmals § 104 ganz durch!

Geschäftsunfähig sind demnach:

(1) Kinder unter sieben Jahren.
(2) Jemand, der sich in einem dauernden Zustand krankhafter Störung der Geistestätigkeit befindet und dadurch zur freien Willensbestimmung nicht in der Lage ist.

■ Was bedeutet übrigens die Einschränkung in § 104 Nr. 2 („Sofern nicht der Zustand ... nur ein vorübergehender ist“)?
▶ Geschäftsunfähigkeit liegt nur während des festzustellenden und zu beweisenden Zustands der krankhaften Geistesstörung vor, nicht aber in sog. (schwieriger zu beweisenden!) „lichten Augenblicken“!

Willenserklärungen Geschäftsunfähiger iSv § 104 Nr. 1 und Nr. 2 sind gem. § 105 I, wie gesehen, **nichtig.** Zu § 105 II (lesen!) eine weitere Verständnisfrage:

■ Worin liegt der Unterschied zwischen § 105 II und § 104 Nr. 2?
▶ Wer unter § 104 Nr. 2 fällt, ist dauernd geschäftsunfähig. § 105 II betrifft hingegen solche Situationen, bei denen die betreffende Person volljährig und geschäftsfähig ist, sich jedoch vorübergehend (zB wegen Volltrunkenheit, Drogenrausch, epileptischer Anfälle und dgl.) im Zustand der Bewusstlosigkeit oder Störung der Geistestätigkeit befindet und in diesem Zustand eine Willenserklärung abgibt.[116]

An der grundsätzlichen Nichtigkeit von Willenserklärungen von Geschäftsunfähigen ändert auch der im Juni 2002 in das BGB eingefügte § 105a (lesen!) nichts. § 105a soll die Rechtsstellung geistig behinderter Menschen (= volljährige Geschäftsunfähige) in

116 Vgl. dazu Brox/Walker BGB AT § 12 Rn. 11.

der Gesellschaft verbessern.[117] Nach § 105a S. 1 wird bei Geschäften des täglichen Lebens (zB Kauf von Lebensmitteln oder Bekleidung, Fahren mit öffentlichen Verkehrsmitteln, Besuch beim Friseur ...) ein wirksamer Vertrag in Ansehung von Leistung und Gegenleistung fingiert, sobald diese bewirkt sind.

Durch diese Fiktion soll erreicht werden, dass eine Rückforderung von bewirkter Leistung und Gegenleistung ausgeschlossen ist. Gemäß § 105a S. 2 soll diese Fiktion bei einer erheblichen Gefahr für die Person oder das Vermögen des Geschäftsunfähigen allerdings nicht gelten.[118]

3. Beschränkte Geschäftsfähigkeit

Gemäß § 106 ist ein Minderjähriger, der das siebte Lebensjahr vollendet hat (nur von 120
diesen Minderjährigen handeln die nachfolgend genannten Vorschriften!), nach Maßgabe der §§ 107–113 in der Geschäftsfähigkeit beschränkt.

Lesen Sie § 107 und beantworten Sie folgende Frage:

■ Wovon hängt es ab, ob die Willenserklärung des beschränkt Geschäftsfähigen wirksam ist oder nicht?

▶ Sofern ihm seine Willenserklärung lediglich einen rechtlichen Vorteil bringt, ist sie voll wirksam, andernfalls ist gem. § 107 die Einwilligung des gesetzlichen Vertreters notwendig, deren Fehlen, wie beim Fußballkauf der achtjährigen Franzi gelernt, gem. § 108 I noch durch die Genehmigung geheilt werden kann.

Nochmals: Wenn ein **Vertrag** von einem beschränkt Geschäftsfähigen **ohne Einwilligung** geschlossen wurde, ist er nicht sofort unwirksam. Sonst wäre die Möglichkeit der Genehmigung sinnlos. Ein solcher Vertrag befindet sich bis zum Zeitpunkt der Erteilung oder der Verweigerung der Genehmigung vielmehr in einem Schwebezustand. Man bezeichnet den Vertrag in diesem Zustand deshalb als **„schwebend unwirksam“**.

Lernhinweis: In § 107 sollten Sie sich das Wort „rechtlichen" vor „Vorteil" unterstreichen. 121

Ein häufiger Anfängerfehler ist es, „rechtlich“ mit „wirtschaftlich“ gleichzusetzen! Wenn zB in unserem „Franzi-Fußball-Fall“ (→ Rn. 52) der Verkäufer dem Mädchen aus reiner Großzügigkeit einen „Klasse-Fußball“ im Wert von 100 EUR für 10 EUR verkauft, bringt dieser Vertrag für Franzi (F) trotzdem nicht lediglich einen rechtlichen Vorteil; denn die Verpflichtung zur Zahlung des Kaufpreises von 10 EUR bleibt rechtlich gesehen immer noch ein Nachteil, auch wenn wirtschaftlich gesehen ein äußerst günstiges Geschäft für F vorliegt! Grundsätzlich müsste dieser für F so günstige Vertrag noch genehmigt werden, sofern die Genehmigung (ebenso wie eine Einwilligung) nicht ausnahmsweise aufgrund einer Sonderregelung überflüssig ist, die Sie bereits kennen: § 110 – sog. **„Taschengeldparagraf“** – lesen!

117 Czeghun, Geschäftsfähigkeit – beschränkte Geschäftsfähigkeit – Geschäftsunfähigkeit: Grundlagen – Rechtsfolgen – Sonderfragen, 2003, Rn. 50.

118 Dazu Casper NJW 2002, 3425 (vgl. Literatur zur Vertiefung → **vor Rn. 130**).

122 Danach gilt ein von dem beschränkt geschäftsfähigen Minderjährigen ohne Zustimmung[119] des gesetzlichen Vertreters geschlossener Vertrag als von Anfang an – in juristischer Fachsprache: „ex tunc" – wirksam, wenn er die vertragsgemäße Leistung mit Mitteln bewirkt, die ihm zu diesem Zweck oder zu freier Verfügung von dem gesetzlichen Vertreter oder mit dessen Zustimmung von einem Dritten (zB Oma oder Onkel) überlassen worden sind.

Lernhinweis: Leider verwendet auch der Gesetzgeber seine gut definierten Begriffe bisweilen inkonsequent: Wenn, wie in § 110 am Ende formuliert, die Mittel dem Minderjährigen mit der „Zustimmung" des gesetzlichen Vertreters von einem Dritten zur freien Verfügung **„überlassen worden sind,"** dann kann dies nur mit *Einwilligung* (= vorherige Zustimmung) geschehen sein.

§ 110 enthält keine Ausnahme zu § 107, sondern regelt den Sonderfall einer durch Überlassung bestimmter Mittel konkludent erteilten und auf Bargeschäfte beschränkten Generaleinwilligung. Das Tatbestandsmerkmal „ohne Zustimmung" ist daher als „ohne *ausdrückliche* Zustimmung" zu lesen.[120]

Die Betonung der Vorschrift liegt auf dem Wort „bewirkt", das Sie im Gesetz unterstreichen sollten: Der Vertrag wird nicht bereits mit seinem Abschluss wirksam, weil man je nach Lebenszuschnitt der Familie das „Taschengeld" als ausreichend ansieht, sondern er wird erst dann wirksam, wenn der Minderjährige tatsächlich erfüllt (= bezahlt!) hat! Zum Schutze des Minderjährigen kann ein Ratenzahlungsgeschäft, selbst wenn die Rate nur 1 EUR pro Monat beträgt und vom monatlichen Taschengeld gedeckt sein könnte, niemals ohne Zustimmung (!) des gesetzlichen Vertreters wirksam sein! Verpflichtungen für die Zukunft können nicht unter § 110 fallen, da sie noch nicht erfüllt sind, dh die Leistung noch nicht bewirkt ist – auch wenn sie mit den zur Verfügung gestellten Mitteln bewirkt werden könnten!

123 Sie müssen sich nach alledem merken:

Wenn ein **beschränkt geschäftsfähiger** Minderjähriger einen **Vertrag** schließt, bringt ihm das einen **rechtlichen Nachteil**, da er eine rechtliche Verpflichtung eingeht. Erfüllt er diesen Vertrag mit Mitteln, die sein Taschengeld ausmachen (§ 110), war der Vertrag ohne gesonderte Einwilligung wirksam. Es bedarf und bedurfte keiner ausdrücklichen Zustimmung! Hat der Minderjährige die – grundsätzlich von seinem „Taschengeld" bezahlbare – Leistung noch nicht erfüllt (bewirkt), hätte er zum Vertragsschluss der Einwilligung bedurft, und wenn diese fehlt, kann der gesetzliche Vertreter diesen „schwebend unwirksamen" Vertrag (→ Rn. 120) noch nach § 108 I (lesen!) genehmigen!

Erteilt der gesetzliche Vertreter bei einem schwebend unwirksamen Vertrag die Genehmigung, ist der Vertrag rückwirkend (vgl. § 184 I) wirksam; verweigert er sie, ist der Vertrag endgültig unwirksam.

124 Wichtig ist in diesem Zusammenhang § 108 II – lesen!

---

119 Vgl. nochmals Übersicht 7 (→ **Rn. 60**) sowie §§ 183, 184 (lesen!): Oberbegriff = Zustimmung, vorherige Zustimmung = Einwilligung (§ 183), nachträgliche Zustimmung = Genehmigung (§ 184). Das ist so klar und eindeutig im Gesetz formuliert, dass man in einer Klausur nicht von „vorheriger" Einwilligung oder „nachträglicher" Genehmigung sprechen sollte! Das sind überflüssige „Pleonasmen" wie der weiße Schimmel und der schwarze Rappe.

120 HK-BGB/Dörner § 110 Rn. 1; Grüneberg/Ellenberger § 110 Rn. 1.

Zum Schutze des Minderjährigen arbeitet das Gesetz wieder mit einer Fiktion.[121] Die Genehmigung „gilt" als verweigert, wenn der gesetzliche Vertreter sich zu der Aufforderung des Vertragspartners des Minderjährigen zwei Wochen lang nicht äußert. Die Vorschriften des BGB über die Geschäftsfähigkeit sind besonders gute Beispiele dafür, wie wichtig es ist, die Terminologie des Gesetzes einigermaßen zu beherrschen und vor allem, das Gesetz immer sehr genau zu lesen: Einwilligung ist nicht das Gleiche wie Genehmigung!

Ein weiteres Beispiel dafür, wie wichtig es ist, das Gesetz sorgfältig zu lesen, gibt folgender Fall: 125

Übungsfall 6

Der 16-jährige M hat eine verzinsliche Darlehensforderung in Höhe von 1.000 EUR gegen B. Laut Vertrag kann das Darlehen zum 1. jeden Monats mit einmonatiger Kündigungsfrist gekündigt werden. M kündigt ohne Wissen seiner Eltern am 30.10. zum nächsten Termin; am 1.12. verlangt er von B Zahlung. B verweigert die Zahlung, da sie die Kündigung für unwirksam hält.
Ist die Kündigung des Darlehens durch M
- wirksam
- schwebend unwirksam oder
- unwirksam?

Überlegen Sie einige Zeit, lesen Sie das Gesetz, notieren Sie Ihre Antworten und lesen Sie erst dann weiter!

Gefragt ist zunächst nach der Wirksamkeit der Kündigung, also:

„Die Kündigung des Darlehens durch den minderjährigen M könnte wirksam sein, wenn es sich dabei um eine Willenserklärung handeln würde, die dem M lediglich einen rechtlichen Vorteil bringt (§ 107)".[122]

■ Was meinen Sie, trifft das zu?

▶ Da es sich um ein verzinsliches Darlehen[123] handelt, bedeutet die Kündigung Verzicht auf die Zinsen. Darin liegt nicht nur ein wirtschaftlicher, sondern zugleich auch ein rechtlicher Nachteil.[124]

■ Was wäre gem. § 107 erforderlich gewesen, damit die Willenserklärung, die Kündigung, des M wirksam sein kann?

▶ Die Einwilligung des gesetzlichen Vertreters, die aber nicht vorlag.

■ Ist die Kündigung damit unwirksam oder schwebend unwirksam? – Überlegen Sie! Lesen Sie § 107 („Willenserklärung") und § 108 I („Vertrag").

▶ Unwirksam! § 108 I greift nicht ein, denn er gilt nur für Verträge (§ 108 I lesen!)! Die **Kündigung** aber ist kein Vertrag, sondern ein sog. *einseitiges* (empfangsbedürftiges) *Rechtsgeschäft*!

Ein **Vertrag** ist ein zwei- oder mehrseitiges Rechtsgeschäft; er setzt mindestens 126
zwei sich deckende (kongruente) Willenserklärungen voraus, nämlich Angebot und Annahme! Eine Kündigung ist dagegen normalerweise wirksam, wenn sie ausgesprochen und von dem, an den sie gerichtet ist, vernommen wird. Eine Annahme

121 Falls Sie nicht mehr wissen, was das bedeutet: vgl. Übersicht 6 (→ **Rn. 51**).
122 Dieser Satz in Anführungsstrichen ist im „**Gutachtenstil**" formuliert, der Ihnen wenig später in einem „Exkurs" vorgestellt wird (→ **Rn. 132**)!
123 Lesen Sie zur ersten Information § 488 I.
124 Der rechtliche Nachteil liegt in dem Verzicht auf den Zinsanspruch!

des von der Kündigung Betroffenen ist nicht erforderlich. Er muss sich damit abfinden (sofern ein Kündigungsgrund vorliegt)! Somit kann die Kündigung des M nicht schwebend unwirksam sein, da gem. § 108 nur Verträge des beschränkt Geschäftsfähigen vom gesetzlichen Vertreter genehmigt werden können. Für einseitige Rechtsgeschäfte gilt § 111 – lesen Sie § 111 S. 1! Gemäß § 111 S. 1 ist die Kündigung (einseitiges Rechtsgeschäft!) des Darlehens durch M unwirksam!

Lernhinweis: Am Beispiel der §§ 107, 108, 111 S. 1 können Sie erneut sehen, wie wichtig die sorgfältige Gesetzeslektüre ist: § 107 spricht von einer **„Willenserklärung"**, § 108 von einem **„Vertrag"**, § 111 von einem **„einseitigen Rechtsgeschäft"**!

Da häufig die Begriffe „Unwirksamkeit" und „Nichtigkeit" verwechselt werden, erscheint es hilfreich, sich diese etwas genauer anzusehen.

Exkurs: Unwirksamkeit und Nichtigkeit

127 ### Unwirksamkeit

Ein Rechtsgeschäft ist **unwirksam**, wenn es gegen zwingende Vorschriften verstößt, aber eine Heilung noch möglich ist. Also: Unwirksamkeit = Fehlen der Wirksamkeit.

Die **schwebende Unwirksamkeit** ist das „Durchgangsstadium" bis zur endgültigen Unwirksamkeit. In verschiedenen Fällen, in denen der Handelnde nicht allein vertretungs- oder verfügungsbefugt ist, bleibt die Wirksamkeit des abgeschlossenen Rechtsgeschäfts bis zur Entschließung des Berechtigten in der Schwebe.

Beispiele:
- Vertragsschluss eines nur beschränkt Geschäftsfähigen, § 108 (→ Rn. 126).
- Handeln eines vollmachtlosen Vertreters, § 177 (dazu mehr unter → Rn. 377).

Während der Schwebezeit entsteht noch keine rechtliche Bindung der Beteiligten. Wird die Genehmigung vom Berechtigten erteilt, ist der Vertrag von Anfang an (also rückwirkend) als wirksam anzusehen (§ 184). Wird die Zustimmung des Berechtigten endgültig verweigert, so ist das Rechtsgeschäft endgültig unwirksam und steht daher einem nichtigen gleich.

Der Inhalt des Rechtsgeschäfts ist also in Ordnung; es gibt lediglich Fehler bei Formalien, wie zB Zustimmung, Geschäftsfähigkeit; diese haben aber nichts mit dem Inhalt des Rechtsgeschäfts zu tun.

Lernhinweis: Es gibt auch eine sog. „schwebende Wirksamkeit" bis zum Widerruf, § 355 I: Nach fristgemäßem Widerruf eines Verbrauchervertrages ist der Verbraucher an seine ursprünglich wirksame Willenserklärung nicht mehr gebunden.

Nichtigkeit

Ein Rechtsgeschäft ist nichtig, wenn es unter so schweren Mängeln leidet, dass das Gesetz ihm von Anfang an keine Rechtswirkungen zugesteht. Die Nichtigkeit ist nicht heilbar.

Beispiele:
- Geschäftsunfähigkeit, § 105
- Scheingeschäft, § 117 I
- Scherzerklärung, § 118

- Verstoß gegen ein gesetzliches Verbot, § 134
- Verstoß gegen die guten Sitten, § 138
- Wirksame Anfechtung, § 142 I

Der Inhalt des Rechtsgeschäfts ist also ungültig.

Ab jetzt werden Sie diese beiden Begriffe hoffentlich nicht mehr verwechseln!

4. Partielle Geschäftsfähigkeit

Die partielle Geschäftsfähigkeit (auch: **Teilgeschäftsfähigkeit**) bedeutet, dass der beschränkt geschäftsfähige Minderjährige in bestimmten Bereichen des Geschäfts- und Rechtslebens aufgrund einer generellen Ermächtigung („Generalkonsens") des gesetzlichen Vertreters unbeschränkt geschäftsfähig ist. Lesen Sie § 112 ganz durch. Im Rahmen des „selbstständigen Betriebs eines Erwerbsgeschäfts" erhält der Minderjährige gem. § 112 I 1 die bisweilen sog. „Handelsmündigkeit". Für ein „Dienst- oder Arbeitsverhältnis", zu dessen Aufnahme der Minderjährige durch den gesetzlichen Vertreter ermächtigt wurde, verleiht § 113 I 1 ihm die (früher so bezeichnete) „Arbeitsmündigkeit" – § 113 ganz lesen! **128**

§§ 112, 113 sind allerdings in der Praxis seit Herabsetzung der Volljährigkeit von 21 auf 18 Jahre[125] kaum noch von Bedeutung. Das gilt insbesondere für § 113, denn nach hM fallen Berufsausbildungsverhältnisse nicht unter § 113, da bei ihnen der Ausbildungszweck überwiegt.[126]

Lernhinweis: Unterstreichen Sie im Text des § 113 den Wortteil „Arbeits" des Begriffs „Arbeitsverhältnis", damit Sie leichter erkennen, dass sich diese Teilgeschäftsfähigkeit nicht auf Ausbildungsverhältnisse bezieht.

Liegen die Voraussetzungen von § 113 vor, erstreckt sich die partielle Geschäftsfähigkeit auf den gesamten Bereich des Arbeitsverhältnisses: Sie berechtigt zum Lohnempfang und zur Errichtung eines Gehaltskontos (aber nicht zur generellen freien Verfügung darüber), weiterhin zur Kündigung sowie zum Beitritt zu einer Gewerkschaft.[127]

5. Betreuung

Zunehmende Bedeutung in unserer alternden Gesellschaft erlangt hingegen das Betreuungsrecht. Kann ein Volljähriger wegen einer Krankheit oder Behinderung seine Angelegenheiten ganz oder teilweise rechtlich nicht (mehr) besorgen, bestellt das Betreuungsgericht einen rechtlichen Betreuer[128], sofern dies erforderlich[129] ist **128a**

---

125 Durch das Gesetz zur Neuregelung des Volljährigkeitsalters v. 31.7.1974, BGBl. 1974 I, 1713.

126 S. zB MüKoBGB/Spickhoff § 113 Rn. 15; Grüneberg/Ellenberger § 113 Rn. 2.

127 Vgl. Jauernig/Mansel § 113 Rn. 5; Stadler BGB AT § 23 Rn. 39.

128 Mit einer **Betreuungsverfügung** (§ 1816 II 4 nF bzw. § 1901c S. 1 aF) kann ein Volljähriger für den Fall, dass für ihn ein Betreuer bestellt werden muss, verbindliche Wünsche zur Auswahl des Betreuers oder zur Wahrnehmung der Betreuung äußern. **Beispiel:** „Wenn ich einmal einen Betreuer brauche, soll X dazu bestellt werden" (MüKoBGB/Schneider § 1897 Rn. 25).

129 Nicht erforderlich ist dies insbesondere, soweit eine **Vorsorgevollmacht** erteilt wurde (s. § 1820 I 1 nF bzw. § 1901c S. 2 aF): Schriftstück, in dem ein Volljähriger eine andere Person mit der Wahrnehmung seiner Angelegenheiten **bevollmächtigt** (→ **Rn. 352**) hat (s. § 1814 III 2 Nr. 1 nF bzw. §§ 1896 II aF).

(§ 1814 I, III nF[130] bzw. bis 31.12.2022: § 1896 I, II aF – lesen!). In seinem Aufgabenkreis (je nach Bestellung zB Vermögens- oder Gesundheitssorge, Wohnungsangelegenheiten)[131] kann der Betreuer den Betreuten gerichtlich und außergerichtlich vertreten (vgl. § 1823 nF/§ 1902 aF). Die betreute Person wird dadurch[132] aber nicht geschäftsunfähig, sondern bleibt geschäftsfähig. Das Gericht kann aber einen **Einwilligungsvorbehalt** anordnen, soweit dies zur Abwendung einer erheblichen Gefahr für die betreute Person erforderlich ist. Der oder die Betreute bedarf dann zu einer Willenserklärung, die einen Aufgabenbereich des Betreuers betrifft, dessen Einwilligung und es finden die §§ 108 bis 113[133] entsprechende Anwendung (§ 1825 I 3 nF/§ 1903 I 2 aF).[134]

Hinweis: Notieren Sie als Merkposten § 1825 I 3 nF (bzw. § 1903 I 2 aF) neben § 108 I in Ihrem Gesetzestext!

128b Prägen Sie sich zum Thema „Geschäftsfähigkeit“ die wichtigsten Vorschriften und ihren Inhalt nochmals anhand des Prüfungsschemas sowie der Zusammenfassung in der folgenden Übersicht 14 ein.

Prüfungsschema

Prüfungsfolge der Wirksamkeit einer Willenserklärung bei Mangel der Geschäftsfähigkeit, §§ 104 ff.

I. **Geschäftsunfähigkeit, § 104** (→ Rn. 119)
WE = nichtig, § 105 I
beachte § 105 II (zB Volltrunkenheit, Drogenrausch)
Ausnahme: § 105a

II. **Beschränkte Geschäftsfähigkeit, §§ 106 ff.** (→ Rn. 120 ff.)
WE = wirksam, wenn
1. lediglich rechtlicher Vorteil, § 107
oder
2. Einwilligung (vorherige Zustimmung, § 183 S. 1) des gesetzlichen Vertreters, § 107
oder
3. § 110 „Taschengeldparagraph“
oder
4. Genehmigung (nachträgliche Zustimmung, § 184 I) des gesetzlichen Vertreters, § 108 I
   - bis Genehmigung: Vertrag = schwebend unwirksam.
   - beachte § 108 II und III, § 109
   - nach Genehmigung: Vertrag gilt als von Anfang an wirksam, § 184 I
   - beachte: ohne Einwilligung geschlossenes einseitiges Rechtsgeschäft (zB Kündigung) = unwirksam (§ 111 S. 1)

130 Neu gefasst mit Wirkung vom 1.1.2023 durch das Gesetz zur Reform des Vormundschafts- und Betreuungsrechts v. 4.5.2021, BGBl. 2021 I 882.

131 Vgl. § 1815 I nF (§ 1901 III aF).

132 Geschäftsunfähigkeit kann allerdings gem. **§ 104 Nr. 2** bestehen, s. oben → **Rn. 119**.

133 **Entsprechungen** zu **§ 107** finden sich ferner in § 1825 III 1 nF (bzw. § 1903 III 1 aF) sowie zu **§ 105a S. 1** in § 1825 III 2 nF (bzw.§ 1903 III 2 aF).

134 S. zum Ganzen zB Stadler BGB AT § 23 Rn. 42; Köhler BGB AT § 10 Rn. 6 f.

Übersicht 14

129

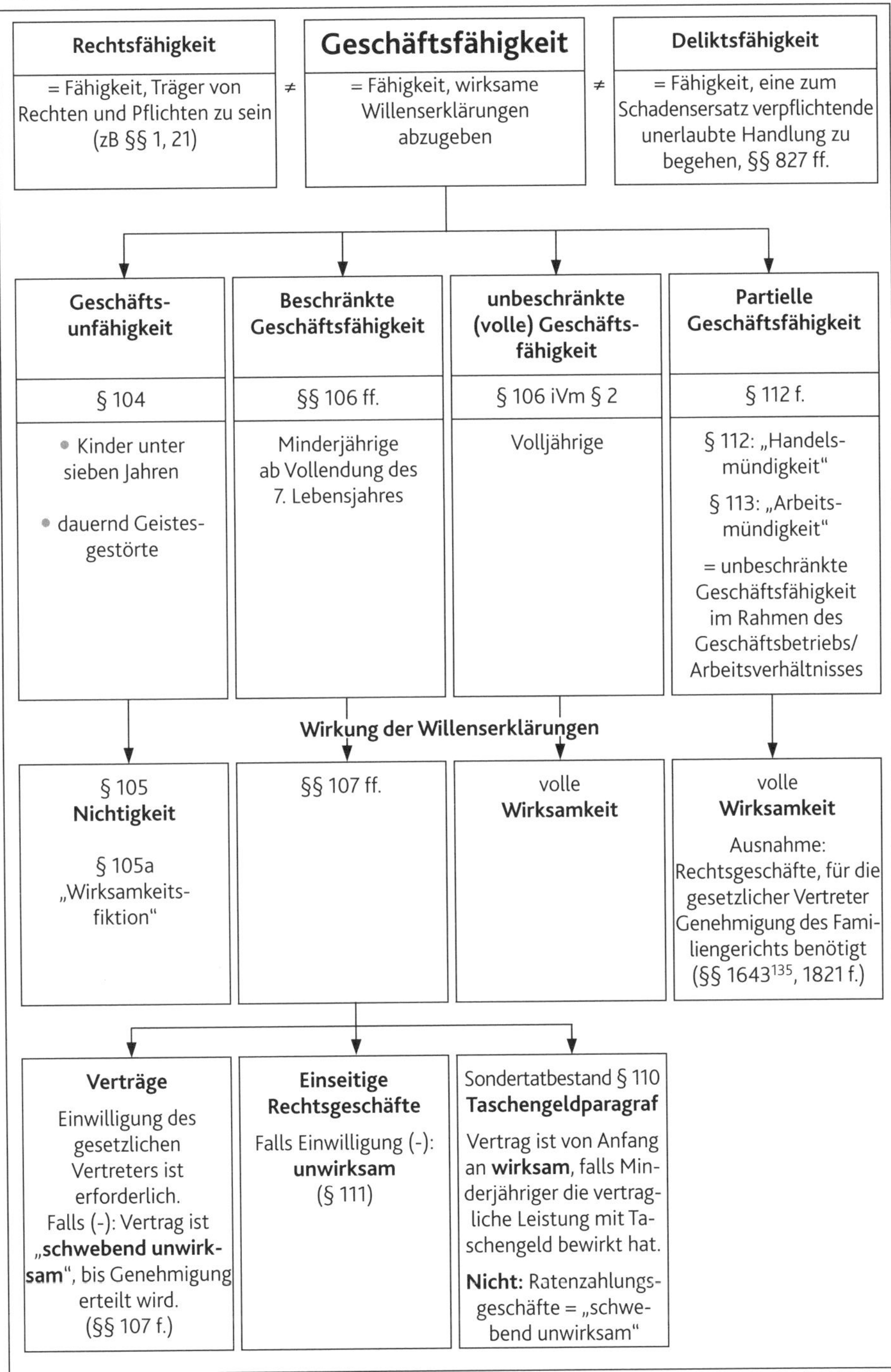

135 Beachte neue Fassung der §§ 1643–1647 ab 1.1.2023 durch das Gesetz zur Reform des Vormundschafts- und Betreuungsrechts v. 4.5.2021, BGBl. 2021 I 882.

Literatur zur Vertiefung (→ Rn. 115–129): Alpmann Schmidt BGB AT 2, Rn. 3 ff.; Bitter/Röder BGB AT § 9; Boss, § 179 III S. 2 Hs. 2 BGB und der zu schützende Minderjährige, JURA 2022 10; Brox/Walker BGB AT § 12; Casper, Geschäfte des täglichen Lebens – Kritische Anmerkungen zum neuen § 105a BGB, NJW 2002, 3425 (sehr verständliche Besprechung dieses Aufsatzes in RÜ 2003, AS 1 f.); Chiusi, Geschäftsfähigkeit im Recht der Stellvertretung, JURA 2005, 532; Fleck/Schweinfurt, Anfängerübung – Zivilrecht: Minderjährigen- und Stellvertretungsrecht – Die Playstation, JuS 2010, 885; Franzen, Rechtsgeschäfte erwachsener Geschäftsunfähiger nach § 105a BGB zwischen Rechtsgeschäftslehre und Betreuungsrecht, JR 2004, 221; Führich WirtschaftsPrivatR Rn. 181–184 (Arten der Unwirksamkeit eines Rechtsgeschäfts); Haslach, Rechtlich nachteilhafte Grundstücksübertragung an einen Minderjährigen ohne die Mitwirkung eines Ergänzungspflegers?, JA 2017, 490; Joussen, Die Rechtsgeschäfte des Geschäftsunfähigen – der neue § 105a BGB, ZGS 2003, 101; Keller/Purnhagen, Fernsehkauf einer Minderjährigen ohne Einwilligung der Eltern, JA 2006, 844; Kleinhenz, Der Widerruf der Vollmacht gegenüber dem beschränkt Geschäftsfähigen, JURA 2007, 810; Klunzinger BürgerlR § 11; Köhler BGB AT § 10; Lipp, Repetitorium ZR: Das Verbot des Selbstkontrahierens im Minderjährigenrecht, JURA 2015, 477; Lorenz, Grundwissen – Zivilrecht: Rechts- und Geschäftsfähigkeit, JuS 2010, 11; Medicus/Petersen BürgerlR § 8; Metzler-Müller/Füglein, Privatrechtsfall Fall 1, S. 51 ff.; Modrzyk, Die Dogmatik der Leistungsbewirkung gem. § 110 BGB im Lichte des Abstraktionsprinzips, JA 2012, 407; Musielak/Hau GK BGB Rn. 317 ff.; Neuner BGB AT § 12 Rn. 7 ff.; Paal/Leyendecker, Weiterführende Probleme aus dem Minderjährigenrecht, JuS 2006, 25; Petersen, Die Geschäftsfähigkeit, JURA 2003, 97; Piras/Stieglmeier, Lernbeitrag Zivilrecht – § 110 BGB im Zeichen der Zeit, JA 2014, 893; Preuß, Das für den Minderjährigen lediglich vorteilhafte Geschäft, JuS 2006, 305; Röthel/Krackhardt, Lediglich rechtlicher Vorteil und Grunderwerb, JURA 2006, 161; Schamberg, Der Ausschluss der Deliktsfähigkeit nach §§ 827, 828 BGB, JURA 2021, 758; Schneider, „Kind, hier hast du etwas Geld, kauf dir ein Eis": Von der Schwierigkeit, eine Alltagssituation unter die Regeln der Rechtsgeschäftslehre zu subsumieren, JURA 2021, 867; Scholl/Claeßens, Schenkung und Übereignung eines Tieres an einen beschränkt Geschäftsfähigen – Erwiderung auf Timme, JA 2010, 174 (765); Schrader, Verträge über digitale Produkte: „lediglich rechtlicher Vorteil" für den Minderjährigen?, JA 2021, 177; Schubmehl/Rabbe, Neunjähriger im Geschäfts- und Straßenverkehr (Übungsklausur Zivilrecht), JURA 2008, 853; Stadler BGB AT § 23; Seifert/Leipold, Anfängerklausur – BGB AT – Vertretergeschäfte unter Minderjährigen, JuS 2021, 43; Staudinger/Steinrötter, Minderjährige im Zivilrecht, JuS 2012, 97; Timme, Die Schenkung eines Tieres an einen beschränkt Geschäftsfähigen, JA 2010, 174; Timme, Die Schenkung eines Tieres an einen beschränkt Geschäftsfähigen – ein Schlusswort?, JA 2010, 848; Tümmler/Zech/Blumert, Anfängerklausur – Zivilrecht: Minderjährigenrecht und allgemeines Leistungsstörungsrecht – Fahrradkauf mit Hindernissen, JuS 2010, 514; Ulrici, Alltagsgeschäfte volljähriger Geschäftsunfähiger, JURA 2003, 520; Wedemann, Die Geschäftsunfähigkeit, JURA 2010, 587; Westermann, Grundbegriffe BGB Kap. 2, 3, 6.

II. Inhalt und Bedeutung von Willenserklärungen

130 „Eine Willenserklärung ist eine auf einen rechtlichen Erfolg gerichtete menschliche Willensäußerung" (Übersicht 7 → Rn. 60). Wirksame Willenserklärungen sind erforderlich, um Rechtsgeschäfte abzuschließen. Wirksame Willenserklärungen kann grundsätzlich[136] nur ein unbeschränkt (voll) Geschäftsfähiger abgeben. Um Rechtswirksamkeit zu entfalten, müssen Willenserklärungen bestimmte Voraussetzungen erfüllen. Ohne die Definition der Willenserklärung in Zweifel zu ziehen, müssen wir uns daher erst einmal klar machen, welchen Inhalt eine menschliche Willensäußerung hat und auf welche Art und Weise sie geäußert werden muss, um rechtserheblich als „Willenserklärung" im Sinne der Vorschriften des BGB zu gelten!

136 Wenn man in der Juristerei das Wort „grundsätzlich" gebraucht, heißt das grundsätzlich(!): „Ausnahmen bestätigen die Regel ...".

1. Bestandteile einer Willenserklärung (allgemeine Wirksamkeitsvoraussetzungen)

Dass die genaue Analyse einer Willenserklärung nicht nur graue Theorie ist – wie es bisweilen scheinen mag –, sondern auch praktische Bedeutung hat, zeigt uns unter anderem Fall 7: 131

Übungsfall 7[137]

Der Gast Gunzbert Gutedel (G) hat im Lokal ein Glas Wein bestellt und trinkt davon, während er sich in die Lektüre eines Buchs von einem Autor namens Medicus vertieft. Nachdem er das Glas geleert hat, stellt ihm der Wirt Winrich Weinelt (W) wortlos ein zweites Glas Wein hin, was G, gefesselt von seiner Lektüre, nicht bemerkt. Auch dieses Glas leert G, ohne von seinem spannenden Buch abzulassen. Als G seine Zeche bezahlen will und W den Preis für zwei Glas Wein verlangt, meint G, nach dem, was er soeben im „Medicus" gelesen habe, brauche er nur ein Glas zu bezahlen, denn das zweite Glas habe er nicht bestellt. Wer hat Recht?

Dieser Fall soll Sie nicht nur in die „Rechtsgeschäftslehre" und vor allem das Recht der Willenserklärungen einführen, sondern Ihnen auch einige Grundregeln der Methodik juristischer Fallbearbeitung vermitteln. Denn Sie sollen ganz allmählich lernen, wie man einen solchen Fall „klausurmäßig" löst.

Dazu folgender

Exkurs: Methodik der Fallbearbeitung I (Gutachten und Urteil)

In einer juristischen Klausur ist regelmäßig ein sog. Fall zu lösen. Sie haben bisher schon eine Reihe solcher „Fälle" kennengelernt, ohne dass Sie sich Gedanken darüber machen mussten, was eigentlich der Begriff „Fall" im juristischen Sprachgebrauch bedeutet. Unter einem Fall versteht man einen tatsächlichen oder erdachten Geschehensablauf, der rechtlich beurteilt werden soll. Dieser Fall heißt in der juristischen Fachsprache auch „**Sachverhalt**". 132

Für Klausuren ist ein solcher Geschehensablauf als rechtlich zu beurteilender Sachverhalt zumeist so formuliert und vereinfacht, dass nur ganz bestimmte rechtliche Fragen zu prüfen sind.

Bei der rechtlichen Prüfung und Lösung eines Falls gibt es **zwei grundlegende Arten der Darstellung**, und zwar zum einen aus der Sicht des Richters und zum anderen aus der Sicht eines Anwalts.

Die schriftliche Lösung eines Rechtsfalls durch einen Richter oder eine Richterin nennt man „Urteil". Eine Rechtsanwältin oder ein Rechtsanwalt dagegen erarbeitet die Lösung eines Falls in Form eines „Gutachtens"! Der Unterschied dieser beiden Darstellungsarten liegt einerseits im Aufbau und andererseits im Stil. 133

Das **Urteil** ist dadurch gekennzeichnet, dass es das Ergebnis der rechtlichen Prüfung eines Falls voranstellt und die Begründung nachliefert, aus der hervorgeht, warum das Ergebnis richtig ist. Das Urteil teilt grundsätzlich zwei Denkschritte mit (zweiteiliger Aufbau):

137 Ähnlich Westermann Grundbegriffe BGB vor Rn. 101.

(1) Feststellung eines Ergebnisses bzw. einer Aussage,
(2) Begründung für die Richtigkeit dieser Aussage.

Diese Denkweise findet auch ihren Niederschlag im Stil des Urteils: Jeder Satz des Urteils enthält eine definitive Aussage, die dann kurz begründet wird.

Ein Urteil könnte folgendermaßen lauten:

„V hat gegen K einen Anspruch auf Bezahlung des Kaufpreises gem. § 433 II, denn zwischen V und K ist ein Kaufvertrag iSd § 433 zustande gekommen. V hat das erforderliche Angebot abgegeben, indem er … K hat dieses Angebot dadurch angenommen, dass er … usw."

134 Im **Gutachten** ist die Denk- und Darstellungsweise anders, man könnte sagen: umgekehrt. Das Gutachten teilt nämlich das Ergebnis der rechtlichen Würdigung des Falles nicht sofort als definitive Feststellung mit, sondern stellt im ersten Denkschritt zunächst das Ergebnis, das es in dem zu prüfenden Fall für möglich hält, als „Hypothese" voran. Der erste Satz, der bei dem Urteilsbeispiel eben hieß: „V hat gegen K einen Anspruch auf Bezahlung des Kaufpreises gem. § 433 II", würde deshalb im Gutachten so formuliert: „V könnte gegen K einen Anspruch auf Bezahlung des Kaufpreises gem. § 433 II haben."

Im zweiten Denkschritt des Gutachtens, der die Begründungen für dieses Ergebnis liefern muss, werden Schritt für Schritt die rechtlichen Voraussetzungen geprüft, die erfüllt sein müssen, damit das vermutete Ergebnis zutrifft. Im Beispiel kann daher der zweite Satz des Gutachtens nicht so formuliert werden wie im Urteil. Statt: „… denn zwischen V und K ist ein Kaufvertrag iSv § 433 zustande gekommen" muss der zweite Satz lauten: „Dann müsste zwischen V und K ein Kaufvertrag zustande gekommen sein". Und weiter: „Voraussetzung dafür ist, dass einer der beiden ein wirksames Angebot gemacht hat, das der andere angenommen hat. Ein Angebot könnte hier in der Erklärung des V zu sehen sein, dass … usw. Indem K mit dem Kopf nickte, hat er dieses Angebot angenommen. Somit ist zwischen V und K ein wirksamer Kaufvertrag zustande gekommen …" usw.

135 Das **Stilmittel des Gutachtens** ist der **Konditionalsatz mit Konjunktiv** – auch als Möglichkeitsform bezeichnet. Das bedeutet indessen nicht, dass Sie jeden Satz „konjunktivieren" dürfen: Voraussetzung für einen Anspruch aus § 433 I 1 „ist" zB ein wirksamer Kaufvertrag! Das „ist" so, weil es im Gesetz steht! Schlechter Gutachtenstil ist es daher, wenn es heißt: „Voraussetzung für diesen Anspruch *wäre* ein wirksamer Kaufvertrag …". Die Voraussetzung steht fest (Indikativ!), fraglich ist nur, ob sie im Sachverhalt erfüllt ist (Konjunktiv). Es wird, wie gesagt, etwas als möglich angenommen.[138] Dann wird der Sachverhalt Schritt für Schritt den rechtlichen Voraussetzungen, welche die jeweils zu prüfende Rechtsvorschrift enthält, untergeordnet. Man nennt diese **Unterordnung des Sachverhalts unter das Gesetz** auch **Subsumtion**. Der Lebenssachverhalt wird im Gutachten unter rechtliche Voraussetzungen subsumiert. Die Formulierung sollte im Indikativ (= Wirklichkeitsform) erfolgen. Wenn man so festgestellt

138 Dabei ist der einfache Konjunktiv („könnte", „müsste") zu verwenden. Der Konjunktiv in der Form „hätte", „wäre" oder „würde" ist ungeeignet.

hat, wie in dem Beispiel eben, dass eine Voraussetzung erfüllt ist, prüft man die nächste Voraussetzung, die erfüllt sein muss, damit das vermutete Ergebnis stimmt.

Liegen alle Voraussetzungen vor, folgt als dritter Denkschritt die **Feststellung** 136 des **tatsächlichen Ergebnisses**, das in diesem Fall mit dem vermuteten (hypothetischen) vorangestellten Ergebnis übereinstimmt. Der letzte Satz des Gutachtens in unserem Beispiel müsste dann lauten: „Folglich hat V gegen K einen Anspruch auf Bezahlung des Kaufpreises gem. § 433 II“. Er ist immer im **Indikativ** formuliert!

Das Gutachten zieht aus seinen Gedanken immer eine Schlussfolgerung, die stilistisch mit sinngleichen schlussfolgernden Worten wie „somit“, „also“, „folglich“, „mithin“ usw beginnt.

Im Urteil steht an dieser Stelle immer ein „denn“. Dieses „denn“ – ebenso wie „weil“ und „da“ – ist im Gutachten fehl am Platz!

Wenn sich im Gutachten im zweiten Denkschritt, also bei der Subsumtion des 137 Sachverhalts unter die rechtlichen Voraussetzungen, ergibt, dass eine Voraussetzung nicht erfüllt ist, muss man die Prüfung abbrechen und feststellen, dass das anfangs vermutete Ergebnis nicht zutrifft. Der letzte Satz des schriftlichen Gutachtens würde in diesem Fall heißen: „Somit hat V gegen K keinen Anspruch auf Bezahlung des Kaufpreises gem. § 433 II“.

Für den Anfang soll dieser Einstieg in die juristische Fallbearbeitung genügen. Wir werden uns auch in den nächsten Kapiteln immer wieder einmal mit den Methoden der Fallbearbeitung befassen, zu der noch etwas mehr gehört als nur die Beherrschung des Gutachtenstils. Ziel dabei ist, dass Sie sich schon bei der Erarbeitung des materiellen Wissens über das Bürgerliche Recht ganz allmählich an die gutachtliche Denkweise gewöhnen. So werden Sie im Anschluss an die Lektüre dieses Buchs eine „Anleitung zur Lösung von Zivilrechtsfällen“ bzw. das Falllösungsbuch „Wie löse ich einen Privatrechtsfall“ (s. Literaturverzeichnis) gewinnbringender, weil mit größerem Verständnis, durcharbeiten können! Wiederholen Sie das hierzu bisher Gesagte anhand von Übersicht 15, → Rn. 138.

138 Übersicht 15

<table>
<tr><th colspan="3">Methodik der juristischen Fallbearbeitung</th></tr>
<tr><th colspan="3">I. Gutachten und Urteil</th></tr>
<tr><td colspan="3">Jede wissenschaftliche Untersuchung bezieht sich auf eine Fragestellung und hat ein Ergebnis, das auf einer Begründung beruht. Dabei gibt es verschiedene Methoden, Ergebnisse und Begründung einander zuzuordnen.</td></tr>
<tr><th colspan="2">Gutachten/Gutachtenstil</th><th>Urteil/Urteilsstil</th></tr>
<tr><td colspan="2">Im Gutachten wird von der Fragestellung ausgegangen und Schritt für Schritt zum Ergebnis hin gefolgert. Grobeinteilung des Gutachtens in drei Denkschritte:
1. Ein Ergebnis, das die Fragestellung des Sachverhalts („Fallfrage") beantwortet, wird als möglich vorangestellt (sog. hypothetisches Ergebnis/Arbeitshypothese).
2. Begründung dieses Ergebnisses durch Prüfung seiner einzelnen Voraussetzungen (Subsumtion).[139]
3. Feststellung des tatsächlichen Ergebnisses (Conclusio = Schlussfolgerung).</td><td>Im Urteil werden diese Denkschritte nicht schriftlich nachvollzogen. Es tauchen nur noch die Denkschritte 2 und 3 in umgekehrter Reihenfolge auf:
1. Mitteilung des tatsächlichen Ergebnisses.
2. Begründung der Richtigkeit des Ergebnisses durch Darlegung der Voraussetzungen.</td></tr>
<tr><th>Denkschritt</th><th>Beispiel zum Gutachtenstil</th><th>Beispiel zum Urteilsstil</th></tr>
<tr><td>1</td><td>„K könnte gegen V einen Anspruch auf Übereignung des Autos gegen Zahlung von 2.800 EUR gemäß § 433 I 1 haben.</td><td>„K hat keinen Anspruch gegen V gemäß § 433 I 1 auf Übereignung des Autos gegen Zahlung von 2.800 EUR.</td></tr>
<tr><td>2</td><td>Voraussetzung ist, dass zwischen K und V ein Kaufvertrag zustande gekommen ist. Dazu müssen ein wirksames Angebot und seine Annahme vorliegen. Ein Angebot könnte ... [Subsumtion Sachverhalt]</td><td>Denn zwischen K und V ist kein gültiger Kaufvertrag zustande gekommen. Keiner der beiden hat dem anderen ein Angebot gemacht, das von diesem angenommen worden ist."</td></tr>
<tr><td>3</td><td>Somit hat K keinen Anspruch gegen V auf ... gemäß ..."</td><td></td></tr>
</table>

139 Schreibweise auch: **Subsumption** (von lat. sub = unter, und sumere = nehmen, Partizip II sumptum).

Lesen Sie noch einmal Übungsfall 7 (→ Rn. 131), dessen Lösung Ihnen unter anderem die Bestandteile einer Willenserklärung verdeutlichen wird. **139**

Ordnen Sie nun das Verlangen des Wirts W rechtlich ein.

■ Was will W von dem Gast G, was verlangt er?
▶ W verlangt Bezahlung des Preises für zwei Glas Wein! Genauer ausgedrückt: W verlangt *von G* Bezahlung des *Kauf*preises für zwei Glas Wein.
■ Erinnern Sie sich, aufgrund welcher Vorschrift des BGB der Verkäufer einer Sache vom Käufer Bezahlung des Kaufpreises verlangen kann?
▶ Genau: § 433 II – noch einmal lesen!

Diese Vorschrift gibt dem W unter bestimmten Voraussetzungen einen Anspruch auf Bezahlung des Kaufpreises gegen G. Mit dem Begriff des „Anspruchs" werden wir uns noch ausführlicher befassen, wenn wir die Einführung in die Methodik der Fallbearbeitung fortsetzen.

■ Nehmen Sie an, Sie müssten Fall 7 in Form eines schriftlichen Gutachtens lösen. Wie müsste der erste Satz dieses Gutachtens lauten? (Versuchen Sie, den Satz aufzuschreiben, *bevor* Sie weiterlesen!)
▶ „W könnte gegen G einen Anspruch auf Bezahlung des zweiten Glases Wein aus § 433 II haben."
■ Welche Voraussetzungen müssen dafür erfüllt sein?
▶ Zwischen W und G müsste über dieses zweite Glas Wein ein gültiger Kaufvertrag zustande gekommen sein; mit anderen Worten: W müsste dem G ein Verkaufsangebot bezüglich des zweiten Glases Wein gemacht haben, und G müsste dieses Angebot angenommen haben.
■ Worin könnte hier das Angebot des Wirts gelegen haben?
▶ Im Servieren des zweiten Glases Wein!

Merke: Definition „Angebot" (das Gesetz spricht von „Antrag", vgl. § 145): Ein **Angebot** ist eine empfangsbedürftige Willenserklärung, die alle wesentlichen Vertragsbestandteile (Vertragspartner, Leistung, Gegenleistung) enthält und durch die der Vertragsschluss einem anderen so angetragen wird, dass das Zustandekommen des Vertrages nur noch von dem Einverständnis des Empfängers abhängt. **140**

Eine Willenserklärung erfolgt – nomen est omen (lat. Redensart: „Der Namen ist ein Zeichen" iSv „schon die Bezeichnung deutet auf etwas hin") – dadurch, dass jemand seinen Willen gegenüber einem anderen erklärt. Eine Willenserklärung hat somit zwei wichtige Bestandteile: Wille und Erklärung!

a) Wille

Derjenige, dem eine Willenserklärung zugerechnet werden soll, muss zunächst den Willen haben, eine Handlung vorzunehmen, in der eine Erklärung zum Ausdruck kommt. Man nennt diesen Willen **Handlungswillen**. Das, was geäußert wird, muss auch gewollt werden. **141**

Fehlt dieser Handlungswille, liegt überhaupt keine Willenserklärung vor, die dem Handelnden zugerechnet werden könnte.

Beispiele:
- Ungewolltes, nervöses Zucken wird als zustimmendes Nicken aufgefasst.
- Gewaltsames Handführen bei der Unterschrift.
- Jemand tut unter Hypnose bestimmte Dinge.

In allen diesen Beispielen liegt zwar äußerlich eine Handlung vor, sie wird aber in keiner Weise vom Willen des Betreffenden getragen. Es liegt also gar keine (rechtlich erhebliche) Willenserklärung vor!

142 Vom Handlungswillen ist der sog. **Geschäftswille** zu unterscheiden! Darunter versteht man den Willen, mit der Erklärung eine bestimmte Rechtsfolge herbeizuführen. Der Geschäftswille ist im Gegensatz zum Handlungswillen nicht unabdingbare Voraussetzung für eine rechtswirksame Willenserklärung. Fehlte dem Erklärenden der Geschäftswille oder hatte er einen anderen Geschäftswillen als den, den er tatsächlich geäußert hat, so ist seine Willenserklärung grundsätzlich wirksam, er kann sie aber evtl. durch Anfechtung[140] wieder beseitigen.

Beispiel: Jemand unterschreibt einen Mietvertrag im Glauben, es handele sich um einen Leihvertrag.

b) Erklärung

143 Da neben dem Willen auch die Erklärung Bestandteil der Willenserklärung ist, wird als Wirksamkeitsvoraussetzung für die Willenserklärung bisweilen das sog. Erklärungsbewusstsein gefordert. **Erklärungsbewusstsein** ist das Bewusstsein, (irgend)eine rechtsgeschäftliche Erklärung abzugeben. Was es damit auf sich hat, zeigt der berühmte Schulfall der „Trierer Weinversteigerung", der in nahezu jedem Lehrbuch zum Allgemeinen Teil des BGB zitiert wird:

Fallbeispiel: Die „Trierer Weinversteigerung" findet in einer Gastwirtschaft statt, und dabei ist es nach Absprache der Weinhändler des Orts üblich, dass das Heben der Hand die Abgabe eines Gebots bedeutet. Zu dieser Versteigerung kommt auch der ortsfremde K und winkt seinem dort sitzenden Freund zu. Der Versteigerer V sieht darin ein Kaufangebot des K und erteilt, da nach dem Winken des K kein höheres Angebot mehr abgegeben wird, ihm den Zuschlag für das gerade versteigerte Fass Wein.
Die Frage lautet: Muss K den Kaufpreis für das Fass Wein bezahlen, obwohl er beim Winken gar nicht daran gedacht hat, dass sein Verhalten als Abgabe eines Kaufangebots verstanden werden konnte?

Voraussetzung für den Kaufpreiszahlungsanspruch gem. § 433 II ist ein wirksamer Kaufvertrag zwischen K und dem Versteigerer V. Die Parteien müssen also zwei übereinstimmende Willenserklärungen, Angebot und Annahme, abgegeben haben. Wenn K mit dem Handheben zum Ausdruck gebracht hat, dass er kaufen will und ihm diese Kauferklärung zugerechnet werden kann, ist das Angebot von K ausgegangen.

■ Frage: Hat K eine rechtserhebliche Willenserklärung abgegeben, die ihn zur Abnahme des Fasses Wein verpflichtet?
Die Frage müssten Sie nach dem bisher Gelesenen selbst beantworten können. Was ist zunächst Voraussetzung, damit eine rechtlich erhebliche Willenserklärung des K vorliegt?

▶ Handlungswille! Dieser lag beim Winken, also Handheben vor.

■ Wie aber sieht es mit dem Erklärungsbewusstsein aus?

▶ Das Bewusstsein, (irgend)eine rechtsgeschäftliche Erklärung abzugeben, lag bei K nicht vor! K wollte mit seinem Winken keine rechtserhebliche Erklärung abgeben. Ihm war überhaupt nicht bewusst, dass sein Verhalten am Versteigerungsort als rechtserhebliche Erklärung, nämlich als Kaufangebot, aufgefasst werden könnte.

Die Interessen des Handelnden und des Erklärungsempfängers sind hier gegensätzlich: Denn auch wenn der Handelnde nichts erklären will und folglich auch nicht an

140 Mit der Anfechtung befassen wir uns im nächsten Kapitel unter → **Rn. 214 ff.**

seine Erklärung gebunden sein will, vertraut der Erklärungsempfänger auf die Erklärung und trifft evtl. schon im Vertrauen darauf weitere Entscheidungen.

Ob trotz fehlendem Erklärungsbewusstsein eine Willenserklärung vorliegen kann, ist **umstritten.** Ein Teil der Lehre vertritt die Ansicht, der Erklärende müsse den Erklärungstatbestand mit aktuellem Erklärungsbewusstsein gesetzt haben. Er muss also das Bewusstsein gehabt haben, eine Willenserklärung abzugeben. Wenn das Erklärungsbewusstsein fehlt, er also gar keine Willenserklärung abgeben will, fehlt der innere Erklärungstatbestand mit der Folge, dass keine Willenserklärung vorliegt.[141]

Nach **hM** ist bei **fehlendem Erklärungsbewusstsein** eine **Willenserklärung** auch dann **gegeben, wenn** der Erklärende bei Anwendung der im Verkehr erforderlichen Sorgfalt hätte erkennen können, dass seine Erklärung als Willenserklärung aufgefasst wird. Die Erklärung wird in diesem Fall dem Erklärenden als Willenserklärung zugerechnet. Diese ist dann – wie die mit einem fehlenden oder abweichenden Geschäftswillen geäußerte Erklärung – gem. § 119 I anfechtbar.[142] Dadurch soll das Vertrauen des Erklärungsempfängers darauf, dass der Erklärende mit Erklärungsbewusstsein handelt, geschützt werden. Das Erklärungsbewusstsein ist demnach kein notwendiger Bestandteil einer Willenserklärung. Zum einen ist der Erklärungsempfänger schutzwürdig. Zum anderen wird die Privatautonomie des Erklärenden nicht beeinträchtigt, denn er hat die Wahlfreiheit zwischen der Anfechtung nach § 119 I, 2. Var. und der Erfüllung nach § 362.

■ Die Lösung des Weinversteigerungsfalls lautet also?

▶ K hat eine wirksame Willenserklärung geäußert. Der Versteigerer V hat dem K den Zuschlag erteilt und damit dessen Angebot angenommen (§ 156 S. 1). Ein wirksamer Kaufvertrag ist also zustande gekommen.

K kann allerdings seine Willenserklärung gem. § 119 I, 2. Var. anfechten, weil sein geäußerter Erklärungstatbestand nicht mit der Äußerung, die er mit dem Handheben abgeben wollte (Begrüßung seines Freundes), übereinstimmt. Näheres → Rn. 220 ff.

Lesen Sie nun die folgende Übersicht 16 (Teil 1), bevor es weitergeht.

141 Canaris, Zivilrechtliche Probleme des Warenhausdiebstahls, NJW 1974, 521 (528); Thiele, Zu einem Allgemeinen Teil des Deutschen Bürgerlichen Rechts, JZ 1969, 405 (407); wN im Urt. BGHZ 91, 324 = NJW 1984, 2279, 2280. S. hierzu auch MüKoBGB/Armbrüster § 119 Rn. 101 ff., der die Argumente für diese Ansicht aufzeigt.

142 „Trotz fehlenden Erklärungsbewusstseins (Rechtsbindungswillens, Geschäftswillens) **liegt eine Willenserklärung vor,** wenn der Erklärende bei Anwendung der im Verkehr erforderlichen Sorgfalt hätte erkennen und vermeiden können, dass seine Äußerung nach Treu und Glauben und der Verkehrssitte als Willenserklärung aufgefasst werden durfte, und wenn der Empfänger sie auch tatsächlich so verstanden hat.“, BGHZ 109, 171 (= NJW 1990, 454, 456) mwN. S. dazu sowie zum Streitstand auch zB MüKoBGB/Armbrüster § 119 Rn. 99 ff., 107; Jauernig/Mansel Vor § 116 Rn. 5.

144 **Übersicht 16 (Teil 1)**

Willenserklärung

I. Bestandteile der Willenserklärung (WE)

Willenserklärung = jede auf einen rechtlichen Erfolg gerichtete menschliche Willensäußerung

Rechtsgeschäft = WEen einer oder mehrerer Personen, die auf die Herbeiführung einer bestimmten, von der Rechtsordnung gebilligten Rechtsfolge gerichtet sind (zB Vertragsschluss)

Wille = innerer Tatbestand der Willenserklärung

Handlungswille	Erklärungswille	Geschäftswille
= Bewusstsein **zu handeln**	= Bewusstsein, dass die Handlung irgendeine **rechtserhebliche** Erklärung darstellt, die auch als solche verstanden wird **Ausnahme:** Falls der Empfänger das Verhalten des anderen als Erklärung auffassen musste, gilt dies auch ohne Erklärungsbewusstsein als WE (hM, → Rn. 143).	= Wille, eine **konkrete Rechtsfolge** (zB Kaufvertragsschluss) herbeizuführen Falls (-) oder der geäußerte Geschäftswille stimmt mit dem ‚inneren Willen' des Erklärenden nicht überein: **wirksame WE** liegt vor.
Beispiele: • Ungewolltes, nervöses Zucken = keine WE, da anders als bei bewusstem Nicken kein Handlungswille • Handlungswille fehlt ebenfalls bei gewaltsamem Handführen zur Unterschrift oder bei Äußerung unter Hypnose = keine WE	**Beispiele:** • „Trierer Weinversteigerung": Winken, da Handheben Kaufgebot bedeutet … • Gast im Lokal trinkt zweites Glas Wein im Glauben, es sei das bestellte erste … (→ Rn. 150)	**Beispiel:** • Unterschrift unter Mietvertrag im Glauben, es handele sich um Leihvertrag
Bei Fehlen: **Keine WE**	Bei Fehlen: **WE**, aber **anfechtbar** (hM)	Bei Fehlen: **WE**, aber **anfechtbar**

Sofern einer **Erklärung** das Erklärungsbewusstsein und auch der Handlungswille zugrunde liegen, wird diese zur **rechtserheblichen Willenserklärung** und als solche wirksam, wenn sie nach **außen erkennbar** gemacht wird. 145

Das ist allerdings nur dann der Fall, wenn man von dem erkennbaren Verhalten des Erklärenden auch tatsächlich auf einen dadurch ausgedrückten Geschäftswillen schließen kann. Dieses Verhalten ist am einfachsten zu erkennen, wenn der Erklärende seinen Geschäftswillen durch **ausdrückliche Formulierung** unmittelbar zum Ausdruck bringt, indem er zB sagt oder schreibt, „Ich nehme Ihr Angebot an" oder auf die direkte Frage, ob er das Angebot annimmt, mit dem Kopf nickt. Möglich ist aber auch, dass jemand seinen Willen dadurch äußert, dass er einfach etwas tut, was der andere als Willenserklärung verstehen muss. Ein solches Beispiel hatten wir schon mit dem Brötchenkauf in der Bäckerei kennengelernt. Wenn Sie im Laden Ihr Kaufangebot abgeben, indem Sie sagen: „Ich möchte gerne drei Brötchen", dann ist es nicht erforderlich, dass die Bäckerin antwortet: „Ich nehme Ihr Angebot an", damit der Kaufvertrag zustande kommt. Es genügt, wenn sie Ihnen die Brötchen wortlos einpackt und auf die Theke legt. Damit hat sie Ihr Angebot durch **schlüssiges** (= **konkludentes**) **Verhalten**, wie wir das genannt haben, angenommen. Umgekehrt geben Sie zB auch eine konkludente, wirksame Willenserklärung ab, wenn Sie dem Kassierer an der Kinokasse wortlos den abgezählten Kaufpreis für eine Kinokarte hinlegen. Der Kassierer kann dies nicht anders verstehen, und darauf kommt es an, als dass Sie ihm ein Angebot machen, eine Karte zu kaufen.

Nicht verwechseln darf man dieses konkludente Verhalten, bei dem sowohl der Handlungs- als auch der Geschäftswille zum Ausdruck kommen, mit bloßem **Nichtstun** oder **Schweigen**. Nehmen Sie zB an, was durchaus vorkommen soll, dass Ihnen ein Buchversand unaufgefordert ein Buch für 50 EUR ins Haus schickt. Wenn auf dem Begleitschreiben des Versenders steht: „Wenn wir nicht innerhalb von zwei Wochen eine Antwort von Ihnen bekommen, gehen wir davon aus, dass Sie unser Angebot angenommen haben", ist dadurch keinesfalls ein Kaufvertrag zustande gekommen. Sie haben keine Willenserklärung abgegeben, die als Annahme aufgefasst werden durfte! 146

Im Zuge der Umsetzung der Fernabsatz-Richtlinie (RL 1997/93/EG) kam § 241a ins BGB,[143] der dieses Problem nunmehr mitregelt. 147

■ Lesen Sie § 241a I und formulieren Sie besser, als es der Gesetzgeber getan hat, den dort geregelten Grundsatz!

▶ § 241a I enthält den Grundsatz, dass durch Schweigen des Verbrauchers kein Vertrag zustande kommt.

Diese Vorschrift hat also eine nur klarstellende Funktion. Sie stellt die Grundregel auf, dass der Unternehmer (vgl. die Definition in § 14) durch die Lieferung unbestellter Waren oder die Erbringung sonstiger Leistungen gegen den Verbraucher (vgl. die Definition in § 13) keine Ansprüche erwerben kann. Der Begriff der „Ware" wird in § 241a I legal definiert als bewegliche Sachen, die nicht auf Grund von Zwangsvollstreckungsmaßnahmen oder anderen gerichtlichen Maßnahmen verkauft werden. Sonstige Leistungen iSd § 241a I sind alle Leistungen, die nicht in der Lieferung einer

143 Dessen Abs. 1 und Abs. 3 wurden mit Wirkung vom 13.6.2014 durch Gesetz v. 20.9.2013 (BGBl. 2013 I 3642) neu gefasst.

Ware bestehen, insbesondere Dienstleistungen. Eine Lieferung setzt voraus, dass die Ware tatsächlich in den Herrschaftsbereich des Verbrauchers gelangt, eine Erbringung sonstiger Leistungen deren tatsächliche Ausführung für den Verbraucher.[144]

Unbestellt ist die Ware oder Leistung, wenn sie dem Verbraucher vom Unternehmer ohne eine dem Verbraucher zurechenbare Aufforderung zugeht und dieser zur Bezahlung, Rücksendung oder Verwahrung aufgefordert wird.[145] Der deutsche Gesetzgeber hat sich allerdings über die Richtlinienvorgaben hinaus für eine sehr rigorose Lösung entschieden, um diese „Vertriebsmethode der unbestellten Lieferung oder Leistung" zu unterbinden.

■ Wenn Sie sich den Wortlaut von § 241a I genauer anschauen, können Sie sehen, welche „Bestrafung" der Gesetzgeber für einen Unternehmer vorsieht, der einem Verbraucher eine unbestellte bewegliche Sache liefert.
▶ Der Unternehmer verliert alle gesetzlichen Ansprüche.

Er kann folglich keine Rückgabe der beweglichen Sache nach § 985[146] und § 812[147] verlangen und hat auch keinen Schadensersatzanspruch nach § 823[148] und keinen Anspruch auf Nutzungsherausgabe nach §§ 987 ff., 818 f.

■ Was kann also der Verbraucher mit der gelieferten Ware machen?
▶ Der Verbraucher kann diese benutzen und, falls er sie nicht behalten möchte, auch wegwerfen oder (als Nichtberechtigter) weiterveräußern oder verschenken, ohne sich schadensersatzpflichtig zu machen oder den Erlös herausgeben zu müssen.

Zueignungs- und Gebrauchshandlungen bedeuten, abweichend von § 151, keine Annahme.[149] Allerdings hat der Verbraucher auch die Möglichkeit, trotz § 241a I, das Angebot, das der Unternehmer durch die Zusendung der unbestellten Ware abgegeben hat, durch eine entsprechende Willenserklärung anzunehmen.[150]

Gesetzliche Ansprüche des Unternehmers gegen den Verbraucher können laut § 241a II nur in den Fällen bestehen, in denen

- die Leistung nicht für den Empfänger bestimmt war oder
- die Leistung in der irrigen Vorstellung einer Bestellung erfolgte und der Empfänger dies erkannt hat oder bei Anwendung der im Verkehr erforderlichen Sorgfalt hätte erkennen können.

148 Schweigen gilt nur in ganz wenigen Fällen als Willenserklärung, in denen das Gesetz dies ausdrücklich bestimmt. Einen Fall davon haben wir im Zusammenhang mit der Geschäftsfähigkeit bereits kennengelernt: § 108 II 2.

Weitere **Beispiele** aus dem BGB sind: §§ 455 S. 2, 516 II 2, 545 S. 1, 625.

---

144 jurisPK-BGB/Toussaint § 241a (Stand: 1.2.2020) Rn. 7 mwN.
145 Grüneberg/Grüneberg § 241a Rn. 4 mwN.
146 Näheres hierzu erfahren Sie bei Wörlen/Kokemoor SachenR Rn. 68 ff.
147 Ausführlich hierzu Wörlen/Metzler-Müller/Kokemoor SchuldR BT Rn. 371 ff.
148 Ausführlich hierzu Wörlen/Metzler-Müller/Kokemoor SchuldR BT Rn. 398 ff.
149 S. Lorenz JuS 2000, 833 (841).
150 Vgl. Stadler BGB AT § 19 Rn. 5 und § 17 Rn. 25 mwN; § 17 Rn. 26: nötig ist eine schlüssige (im Anwendungsbereich von § 241a genügt dies nach hM nicht) oder ausdrückliche **Annahmeerklärung** – Schweigen alleine ist nicht ausreichend.

Übersicht 16 (Teil 2) 149

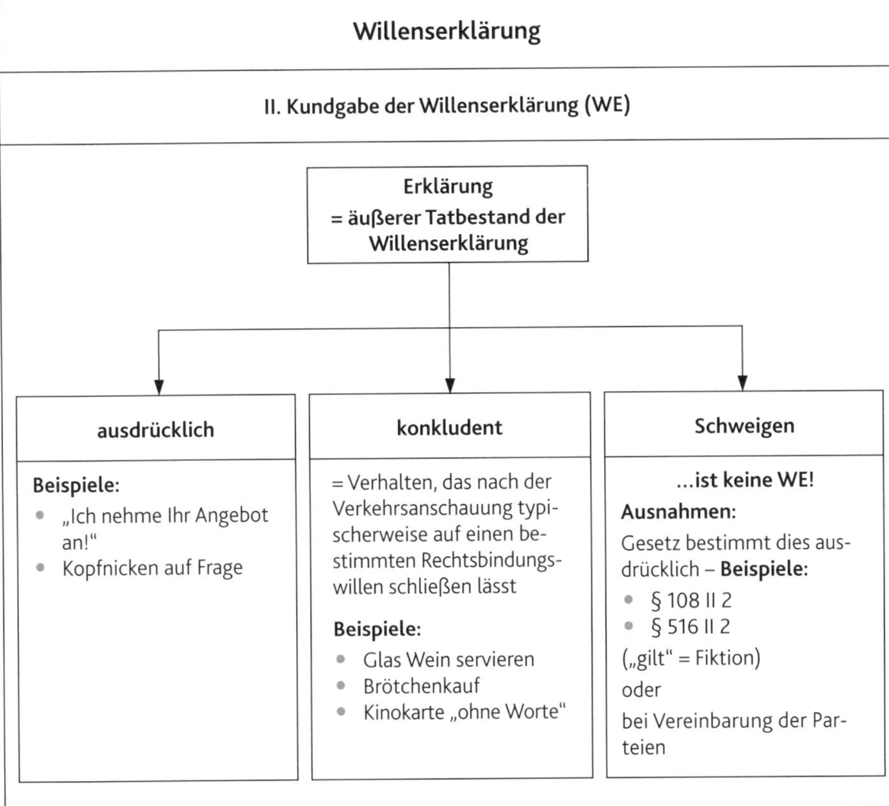

Entscheidend = „**objektiver Empfängerhorizont**":

Vom Standpunkt eines objektiven Erklärungsempfängers muss das Verhalten nach der Verkehrsanschauung als WE aufgefasst werden können. WE ist dann aber nur wirksam, dh rechtserheblich, wenn Voraussetzungen von I. (→ Rn. 144) gegeben sind!

Damit können wir wieder zu unserem **Gasthaus-Fall** (→ Rn. 131) zurückkehren. 150

Wir hatten festgestellt, dass der Wirt W dem G ein Angebot gemacht haben könnte, indem er ihm das zweite Glas Wein wortlos auf den Tisch gestellt hat.

■ Die Frage, ob W das Angebot tatsächlich gemacht hat, müssten Sie nun leicht beantworten können.

▶ Es liegt eine konkludente Willenserklärung des W, nämlich ein Angebot zum Abschluss eines Kaufvertrags über das zweite Glas Wein, vor. Durch das Servieren eines Getränks gibt ein Wirt grundsätzlich kund, dass er dieses Getränk unmittelbar verkaufen will. Entscheidend dafür, ob eine konkludente Willenserklärung vorliegt, ist allein der sog. Empfängerhorizont, und zwar der objektive Empfängerhorizont. Das heißt: vom Standpunkt eines objektiven Beobachters kann das Servieren eines Getränks im Lokal nach der Verkehrsanschauung nicht anders gedeutet werden, als dass ein – konkludentes – Angebot gemacht wird. (Dass W dabei Handlungswillen,

Erklärungsbewusstsein und auch Geschäftswillen hatte, ist so selbstverständlich, dass man darauf zB in einer Klausur mit keinem Wort eingehen muss.)

- ■ Hat G dieses Angebot angenommen?
- ▶ Da auch die Annahme eine Willenserklärung ist, kann natürlich auch die Annahme konkludent erfolgen.
- ■ Ist dies geschehen? Wie würden Sie als Wirt das Verhalten des G verstehen?
- ▶ Nach der Verkehrsanschauung wird man vom Standpunkt eines objektiven Beobachters das Austrinken eines vom Wirt servierten Glases Wein vernünftigerweise wohl so verstehen müssen, dass G das Angebot des W konkludent angenommen hat.
- ■ Was aber fehlte dem G, um eine wirksame Willenserklärung bezüglich des zweiten Glases Wein abgeben zu können?
- ▶ Das Erklärungsbewusstsein! Seine Bestellung hatte sich nur auf das erste Glas Wein gerichtet. Nur bei dieser Bestellung hatte er das Bewusstsein, rechtserheblich zu handeln. Da nach der hM das Verhalten des Gastes G (= Austrinken des zweiten Glases Wein) sich für den Wirt W (= Erklärungsempfänger) als Ausdruck eines bestimmten Rechtsfolgewillens darstellte, ist dem G dies als Willenserklärung zuzurechnen, auch wenn er ohne Erklärungsbewusstsein handelte.[151]

Merke: Die **Annahme** ist eine empfangsbedürftige Willenserklärung, die in der vorbehaltlosen Bejahung des Antrags besteht. Damit kommt der Vertrag zustande (§ 151 S. 1).

Das Ergebnis zu Übungsfall 7 lautet deshalb: W hat gegen G einen Anspruch auf Bezahlung des Kaufpreises gem. § 433 II!

151 Die Fallfrage „Wer hat Recht?" war also zugunsten des W zu beantworten. Die Frage (die im Fall nicht mehr gestellt ist, die aber nahe liegt) ist nun: Welchen rechtlichen Schutz kann der Gast beanspruchen? Er könnte seine Willenserklärung wegen Erklärungsirrtums nach § 119 I, 1. Var. anfechten und müsste dem Wirt W gem. § 122 I (lesen)[152] den Wert des Weins, der nicht mit dem vom Wirt verlangten Kaufpreis identisch sein muss, ersetzen.[153]

2. Besondere Wirksamkeitsvoraussetzungen für Willenserklärungen

a) Abgrenzung von Willenserklärungen zu ähnlichen Erklärungen

152 Die auf die Herbeiführung eines rechtlichen Erfolgs gerichtete Willenserklärung ist zunächst abzugrenzen von sog. „Realakten" und „geschäftsähnlichen Handlungen". **Realakte** sind reine Tathandlungen, die – sofern es das Gesetz vorsieht – eine Rechtsfolge herbeiführen, ohne dass es dabei auf den Willen des Handelnden ankommt.

> **Beispiel:** Begeht zB jemand eine „unerlaubte Handlung" iSv § 823 I, so ist die Rechtsfolge, dass er – ob er es will oder nicht – zum Schadensersatz verpflichtet ist.

Weitere **Beispiele** für Realakte finden Sie in den §§ 854 I (Übergabe), 946 (→ Rn. 102 – Übungsfall 5c), §§ 950, 965, 984.

153 **(Rechts)geschäftsähnliche Handlungen** sind – im Gegensatz zu Realakten – Willensäußerungen, die aber – im Gegensatz zu rechtsgeschäftlichen „Willenserklärungen" –

151 → **Rn. 143**. Nach der Rspr. des BGH gilt dies auch für schlüssiges Verhalten, BGHZ 109, 171 = NJW 1990, 454, 456.

152 Mehr dazu später (→ **Rn. 246**).

153 Das ausformulierte Gutachten können Sie nachlesen bei Wörlen/Schindler/Balleis ZivilR Fall 1 Rn. 103, 104 ff.

nicht unbedingt auf den rechtlichen Erfolg abzielen, den sie tatsächlich herbeiführen. Die Rechtsfolge kann, muss aber nicht, gewollt sein. Unabhängig vom Willen tritt sie kraft Gesetzes ein.[154]

Ein **Beispiel** dafür ist die Mahnung, die nach § 286 I 1 zum Schuldnerverzug führt.

Um geschäftsähnliche Handlungen handelt es sich auch bei der Aufforderung zur Genehmigung nach §§ 108 II 1, 177 II 1 sowie dem Abhilfeverlangen nach § 651k.

Merke: Geschäftsähnliche Handlungen lassen sich als Erklärungen (Willens*äußerungen*) definieren, bei denen eine Rechtsfolge eintritt, weil sie gesetzlich angeordnet und daher unabhängig von einem darauf gerichteten Willen ist.[155]

Gar keine „Willenserklärungen" liegen vor bei sog. **Erklärungen im gesellschaftlichen Bereich**, da der Erklärende weder irgendeine noch eine konkrete Rechtsfolge herbeiführen will. Diese Erklärungen sind rechtlich unerheblich, können also keinen Rechtsanspruch des Empfängers oder eine Rechtspflicht des Erklärenden bewirken. Man bezeichnet das, was sie bewirken, in Abgrenzung zu Rechtsgeschäften auch als „*Gefälligkeitsverhältnisse*". Der Erklärende hat allenfalls eine moralische Pflicht oder eine Anstandspflicht, das Erklärte durchzuführen. 154

Beispiel: Jemand verspricht einer anderen Person, sie am Abend zu der gemeinsamen Einladung oder morgens zur Arbeit mit dem Auto abzuholen.

Lässt der Erklärende seinen Freund oder die Arbeitskollegen dann „im Regen stehen", ist das sicherlich nicht „die feine Art", doch zieht es keine Rechtsfolgen nach sich … Das kann auch bei einer Lotto-Tippgemeinschaft der Fall sein. Denn idR übernimmt die Person, die die Lottoscheine ausfüllt und einreicht, keine rechtsgeschäftliche Verpflichtung.

Hierzu ein interessanter **Fall aus der Praxis:**

Ein Mann hatte sich mit drei Bekannten zu einer Lotto-Tippgemeinschaft zusammengeschlossen, die jede Woche die gleiche Zahlenkombination tippte. Das Ausfüllen und Abgeben des Lottozettels waren dabei seine Aufgabe. Ausgerechnet vor einer Ausspielung, im Zuge derer die allwöchentlich getippten Zahlen der Lotto-Tippgemeinschaft gezogen wurden, versäumte der Mann das Ausfüllen des Lottoscheines. Der Lotto-Tippgemeinschaft entging dadurch ein Gewinn von insgesamt 10.550 DM (≈ 5.400 EUR). Die Bekannten verlangten daraufhin von dem Mann Schadensersatz in anteiliger Höhe. Im Ergebnis verneinte der BGH einen entsprechenden Rechtsbindungswillen des Mannes.[156]

Während die Abgrenzung der Erklärung im gesellschaftlichen Bereich zu rechtsgeschäftlichen Willenserklärungen kaum Schwierigkeiten bereitet, ist es bisweilen nicht ganz leicht zu erkennen, ob die Äußerung eines potentiellen Verkäufers bereits eine rechtsgeschäftliche Willenserklärung darstellt. 155

Hiervon handelt der folgende Fall:

154 Da die geschäftsähnlichen Handlungen den Willenserklärungen nahekommen, ist jeweils zu prüfen, ob die Vorschriften über die Willenserklärungen auf sie entsprechend anzuwenden sind (Brox/Walker BGB AT § 4 Rn. 27).

155 Ulrici NJW 2003, 2053.

156 BGH NJW 1974, 1705.

Übungsfall 8

Violetta Vantani (V), Inhaberin eines Sportgeschäfts, schaltet eine eBay-Kleinanzeige, in der sie mehrere Kleidungsstücke, unter anderem auch einen Retro-Jogginganzug für 39 EUR anpreist. Kerim Kalhano (K) ruft daraufhin bei V an und erklärt dieser, dass er den Anzug kaufe. V erklärt, dass K den Anzug haben könne, allerdings koste er 69 EUR, da sich ein Fehler eingeschlichen habe. K ist empört und droht, die V zu verklagen, wenn sie nicht zu ihrem Angebot, an das sie schließlich gem. § 145 gebunden sei, stehe. Wird K mit seiner Klage Erfolg haben?

Bevor Sie die Lösung des Falls lesen, überlegen Sie zunächst selbst, zu welchem Ergebnis Sie kommen!

156 Damit K mit seiner Klage Erfolg haben kann, muss er gegen V einen Anspruch auf Lieferung des Jogginganzugs zu 39 EUR haben.

- ■ Aus welcher Vorschrift, dh, aus welcher „Anspruchsgrundlage" sich ein derartiger Anspruch ergeben könnte, müssten Sie eigentlich schon (noch) wissen …
- ▶ § 433 I 1 (lesen)!
- ■ Was ist Voraussetzung dafür, dass ein solcher Anspruch besteht?
- ▶ Ein wirksamer Kaufvertrag zwischen V und K über den Jogginganzug zum Preis von 39 EUR.
- ■ Wie kommt ein Kaufvertrag zustande?
- ▶ Wie jeder Vertrag durch Angebot und Annahme!
- ■ Liegt in unserem Falle ein Angebot der V aufgrund der eBay-Kleinanzeige vor? Überlegen Sie!
- ▶ Die Antwort ist „nein"! Ein Angebot kann sich regelmäßig nur an eine bestimmte Vertragspartei richten und setzt einen Rechtsbindungswillen des Anbietenden voraus.

157 Das ist bei einer eBay-Kleinanzeige aber angesichts der Vielzahl der möglichen Interessentinnen und Interessenten schlecht möglich. Bei einer solchen Anzeige handelt es sich lediglich um eine *Aufforderung* oder Einladung an alle Interessierten, ihrerseits demjenigen, der in der Anzeige etwas zum Verkauf anpreist, *ein Angebot zu machen*.

- ■ Wer hat hier also wem ein Angebot gemacht?
- ▶ Demnach hat in unserem Fall nicht V dem K ein Angebot gemacht, sondern K der V, als er sie anrief. K hat der V angeboten, von ihr den Jogginganzug für 39 EUR zu kaufen.
- ■ Wie hat V auf dieses Angebot reagiert?
- ▶ Sie hat es abgelehnt! Und dies steht ihr auch zu; im Bürgerlichen Recht gilt, wie Sie bereits gelesen haben, die **Vertragsfreiheit**.[157] Das heißt unter anderem: niemand kann zu einem Vertragsabschluss gezwungen werden! Somit ist zwischen V und K kein Kaufvertrag über einen Jogginganzug für 39 EUR zustande gekommen, sodass K keinen Anspruch gegen V aus § 433 I 1 hat und deshalb mit seiner Klage keinen Erfolg haben würde.
- ■ Wie ist deshalb die Erklärung der V zu werten, dass K den Anzug nur für 69 EUR kaufen kann?
- ▶ Neues Angebot (vgl. auch § 150 II – Abs. 1 und 2 lesen!)!

157 Dazu mehr in Wörlen/Metzler-Müller SchuldR AT Rn. 17 ff.

Ebenso wenig wie es sich bei der eBay-Kleinanzeige um ein Angebot handelt, handelt es sich übrigens bei Preisauszeichnungen im Schaufenster eines Ladens um rechtlich bindende Angebote. Auch wenn Sie in einem Sportbekleidungsgeschäft einen Jogginganzug für 39 EUR im Fenster sehen, können Sie nicht darauf bestehen, den Anzug zu diesem Preis zu bekommen, wenn Ihnen der Verkäufer sagt, das Preisschild sei verwechselt worden. Auch die Auslage in einem Schaufenster ist nur, und zwar an alle, die vorbeigehen, eine Aufforderung bzw. Einladung des Verkäufers, ihm ein Angebot zu machen. Man bezeichnet diese **Einladung**, ein **Angebot zu machen**, auch mit dem lateinischen Ausdruck **„invitatio ad offerendum“**[158]. Falls Ihnen dies „nicht einleuchtend“ oder „konstruiert“ oder gar „ungerecht“ erscheinen sollte, vermag Sie das folgende „Argument“ dafür, dass diese Auslegung[159] die einzig richtige ist, sicher zu überzeugen: Überlegen Sie einfach den umgekehrten Fall! Der Anzug ist versehentlich zu teuer ausgezeichnet! Sie werden kaum in den Laden gehen und behaupten, „die Auszeichnung zu 69 EUR im Schaufenster ist ein rechtlich bindendes Angebot iSv § 145. Ich bin nicht bereit, 39 EUR zu zahlen!“, sondern Sie werden sich gerne damit abfinden, dass das (wirkliche) Angebot des Verkäufers „39 EUR“ heißt! Sie haben jederzeit die Möglichkeit, das neue tatsächliche Angebot des Verkäufers abzulehnen und den Vertrag nicht zu schließen. Kennzeichen dieser „invitatio ad offerendum“ ist letztlich, dass es dem Erklärenden noch am konkreten Rechtsbindungswillen fehlt, mit einem bestimmten Partner einen Vertrag zu schließen; er richtet diese Aufforderung, die „invitatio“, an die Allgemeinheit! 158

■ Fallen Ihnen nach dem soeben Gelesenen noch weitere Beispiele für eine „invitatio ad offerendum“ ein?

▶ Beispiele für eine „invitatio“ sind auch Zeitungsanzeigen, die Anpreisung von Waren in Katalogen, Verkaufs- oder Dienstleistungsangebote auf einer Webseite, Speisekarten oder Ankündigungen von Theatervorstellungen oder Konzerten.

Ob das Auslegen von Waren im Supermarkt nur eine „invitatio“ darstellt oder bereits ein bindendes Angebot ist, ist streitig.[160] Es soll hier aber nicht weiter vertieft werden.

Würde man jedenfalls in einer eBay-Kleinanzeige, einer Schaufensterauslage oder in einem Inserat in einer Zeitung schon ein Angebot sehen, könnte eine unbestimmte Vielzahl von Personen dieses eine Angebot annehmen ... Dass dies nicht möglich ist, mag nun jedem einleuchten. Damit ein Vertrag zustande kommen kann, muss ein konkretes Angebot an einen bestimmten Vertragspartner vorliegen!

Wiederholen Sie die Abgrenzung der Willenserklärung von anderen Erklärungen anhand der folgenden Übersicht 16 (Teil 3), bevor Sie weiterlesen.

158 Woraus wir schließen können, dass dieses Rechtsinstitut bereits im römischen Recht bekannt war.

159 → **Rn. 160 ff., 168 ff.**

160 Hierzu Stadler BGB AT § 19 Rn. 5a mwN.

159 Übersicht 16 (Teil 3)

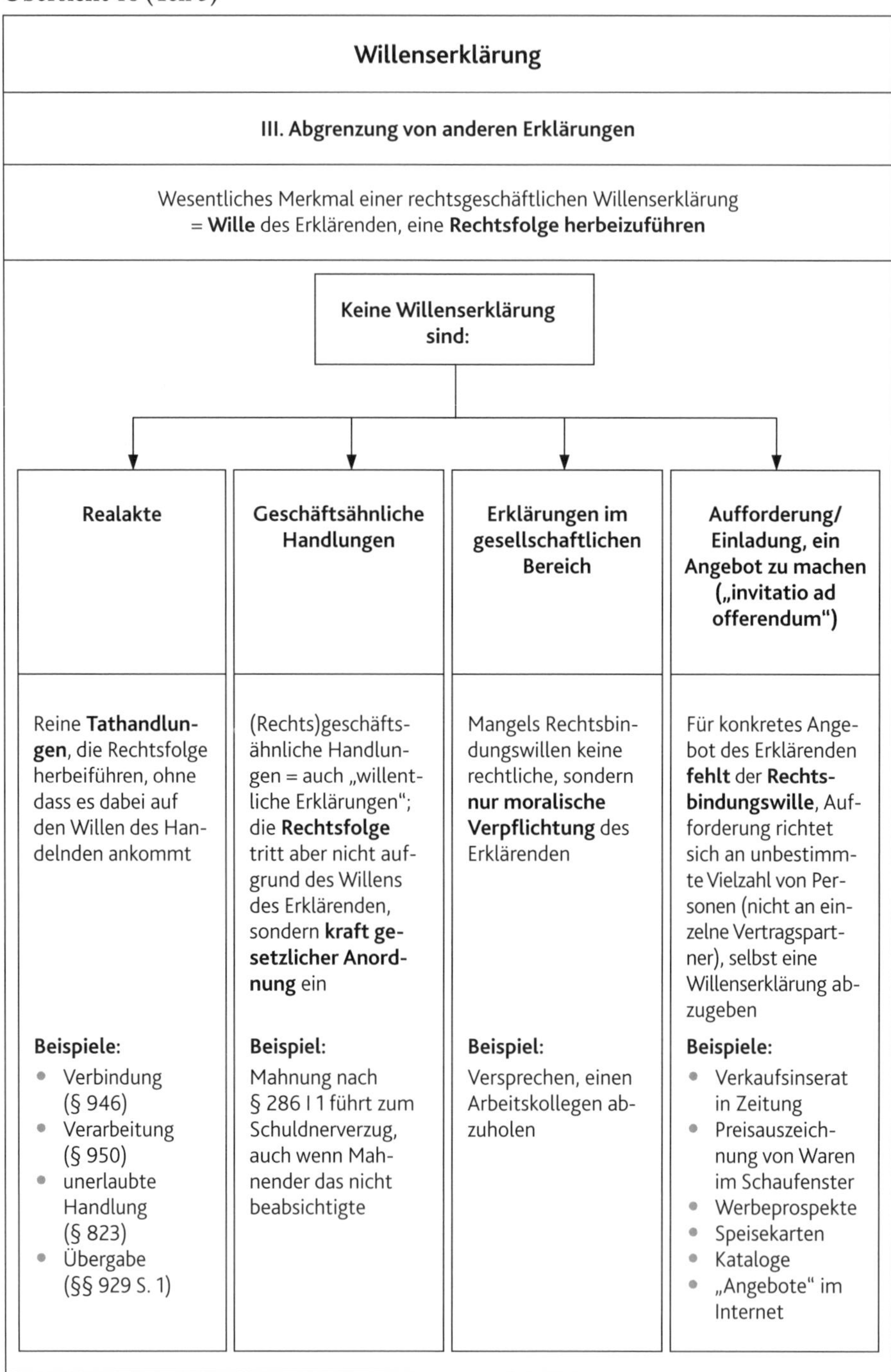

b) Inhaltliche Bedeutung von Willenserklärungen (Auslegung)

Sofern eine Äußerung nicht eindeutig erkennen lässt, ob darin nur eine rechtlich unbedeutende Erklärung oder eine rechtlich relevante Willenserklärung liegt, oder falls eine Willenserklärung missverständlich oder mehrdeutig erscheint, muss ihre Bedeutung durch Auslegung ermittelt werden. 160

Merke: Auslegung einer Erklärung bedeutet allgemein, unter Berücksichtigung bestimmter Kriterien und Regeln den Inhalt einer Äußerung durch Interpretation zu ermitteln.

Auslegungsregeln für Willenserklärungen enthält § 133 (lesen!).

Maßgebend ist danach nicht das buchstäblich Erklärte, also nicht unbedingt die gewählten Worte sind entscheidend, sondern der **wirkliche Wille** des **Erklärenden**. Dabei ist aber nicht auf seinen „inneren" Willen, sondern auf den objektiv erklärten Willen abzustellen, dh, die Erklärung gilt so, wie sie vom Standpunkt eines objektiven Beobachters aus der Sicht des Erklärungsempfängers vernünftigerweise nur verstanden werden konnte und musste. Die Auslegung einer empfangsbedürftigen Willenserklärung (→ Rn. 177) erfolgt vom **objektiven Empfängerhorizont** her. Das erscheint schwieriger als es ist. Der folgende Übungsfall macht sehr gut klar, was hiermit gemeint ist. Es handelt sich dabei um einen Schulfall, der auf einer Entscheidung des Reichsgerichts[161] basiert und den Sie nahezu in allen Lehrbüchern zum Allgemeinen Teil des BGB finden.

Übungsfall 9

V bietet K eine Dampferladung „Haakjöringsköd" an. „Haakjöringsköd" ist norwegisch und bedeutet im Deutschen: „Haifischfleisch". Sowohl V als auch K sind aber der Meinung, dass V dem K unter der Bezeichnung „Haakjöringsköd" Walfischfleisch angeboten hatte. Worüber wurde der Vertrag geschlossen?

- Würde man in diesem Fall die Willenserklärung des V „Haakjöringsköd" entgegen § 133 buchstäblich nach der richtigen Übersetzung als „Haifischfleisch" verstehen, hätte das eine eigenartige Folge – nämlich welche? Überlegen Sie! 161
- Zwischen V und K wäre ein Kaufvertrag über einen Kaufgegenstand zustande gekommen, den weder V liefern noch K bekommen möchte.

Das Angebot des V „Haakjöringsköd" ist vom Standpunkt eines objektiven Erklärungsempfängers vernünftigerweise nur so auszulegen, dass tatsächlich Walfischfleisch zum Verkauf angeboten wurde und K dieses Angebot auch angenommen hat. Damit ist ein Kaufvertrag über Walfischfleisch zustande gekommen. Der wirkliche Wille des Erklärenden war auf Walfischfleisch gerichtet, und seine Erklärung wurde vom Empfänger auch so verstanden. Dass der wirkliche Wille von V und K in der buchstäblichen Erklärung „Haakjöringsköd" gar nicht zum Ausdruck kam und deshalb von einem mit den Verhältnissen nicht vertrauten Dritten nicht erkannt werden konnte, ist unschädlich. Maßgeblich ist nur, was beide Parteien in Wahrheit übereinstimmend gewollt haben. Entscheidend ist der objektive Maßstab. Eine falsche Bezeichnung des Vertragsgegenstands schadet nicht, wenn beide Parteien die Erklärung nicht in ihrer wahren Bedeutung verstehen, sondern übereinstimmend in einem anderen Sinn begreifen. Auch für diese Konstellation wird in Lehrbüchern zumeist ein latei-

161 RGZ 99, 148 ff. abzurufen unter https://opinioiuris.de/entscheidung/1124 (Abruf am 23.11.2022).

nischer Rechtsbegriff verwendet, nämlich „**falsa demonstratio non nocet**“ (lat. sinngemäß: „**eine falsche Bezeichnung schadet nicht**“; kurz: „falsa demonstratio“).[162]

Entscheidend ist allein, dass der Empfänger der Willenserklärung erkennt oder nach objektiven Gesichtspunkten erkennen kann, was der Erklärende will.[163]

162 Das wird aber nicht immer so einfach und eindeutig feststellbar sein wie in dem „Haakjöringsköd“-Fall.

Möglich ist auch, dass der Erklärungsempfänger zwar nicht erkennt, was mit der Erklärung gewollt ist, er dies aber bei Anwendung der ihm zumutbaren Sorgfalt hätte erkennen können. Anwendung der zumutbaren Sorgfalt bedeutet, dass der Empfänger der Erklärung diese nach den Regeln des § 133 objektiv auslegen muss und sich nicht das für ihn Günstigste heraussuchen darf. Entscheidend ist, wie wir nun wissen, der objektiv zu ermittelnde wirkliche Wille des Erklärenden.

Zur Verdeutlichung noch weitere **Beispiele:**

163 (1) Bietet V unter Übersendung einer Preisliste dem K an, von K bestimmte Waren zum Listenpreis zu „**kaufen**“, obwohl V **in Wirklichkeit „verkaufen**“ will, dann kann und darf K nicht aus dem Wortlaut der Erklärung schließen, dass V kaufen will; wenn ihm zuvor von V eine Preisliste übersandt wurde, geht daraus klar hervor, dass V diese Waren verkaufen wollte. Wenn in diesem Fall der K dem V schreibt, dass er dessen Angebot annehme, dann ergibt die Auslegung, dass ein Kaufvertrag zwischen V als Verkäufer und K als Käufer zustande gekommen ist!

164 (2) Der Däne V macht dem Tschechen K brieflich ein Angebot über den Verkauf eines Reitpferdes zum Preis von „**80.000 Kronen**“. K nimmt das Angebot an. Hinterher behauptet K, er habe tschechische Kronen gemeint, während V von dänischen Kronen ausging.
Voraussetzung für das Zustandekommen eines wirksamen Vertrags zwischen V und K sind wiederum zwei sich deckende Willenserklärungen (Angebot und Annahme). Da das Angebot des V „Reitpferd zu 80.000 Kronen“ mehrdeutig ist (dänische oder tschechische Kronen?), muss die Bedeutung durch Auslegung (§§ 133, 157) ermittelt werden (→ Rn. 160 ff., 168 ff.). Vom Standpunkt eines vernünftigen objektiven Erklärungsempfängers kann das Angebot nur „dänische Kronen, also DKK“ lauten. Zum einen spricht dafür die Nationalität des Anbietenden V, der als Däne regelmäßig ein Verkaufsangebot in seiner eigenen Währung machen wird, zum anderen der Preis von 80.000 Kronen (80.000 dänische Kronen = ca. 10.758 EUR). Da 80.000 tschechische Kronen (CZK) ca. 3.267 EUR entsprechen, hätte das Pferd schon lahmen müssen, damit man dieses Angebot als realistisch ansehen könnte ...! Wenn K aber von tschechischen Kronen ausging, irrte er sich über den Inhalt seiner Erklärung „Kronen“. Rechtsfolge ist, dass der Vertrag zunächst zu 80.000 dänischen Kronen zustande gekommen ist und dass K seine Willenserklärung gem. § 119 I anfechten kann.

165 (3) Der Reisende R aus Sachsen bucht bei einem Reiseunternehmen telefonisch einen Flug nach „**Porto**“ in Portugal. Die Mitarbeiterin des Reisebüros (Empfängerhorizont!) verstand dialektbedingt jedoch „**Bordeaux**“, was bekanntlich in Frankreich liegt. Es ist ein wirksamer Reisevermittlungsvertrag mit dem Flugziel Bordeaux zustande gekommen.[164]

(4) Schreibt aber V an den K, dass er ihm Ware für **450 EUR** verkaufen will, während er tatsächlich für **540 EUR** verkaufen wollte, muss und kann K mangels weiterer Anhaltspunkte aus der Erklärung des V nur auf dessen (in Wirklichkeit nicht vorhandenen) Willen schließen, für 450 EUR verkaufen zu wollen. Der Vertrag kommt zunächst jedenfalls zu 450 EUR zustande. Allerdings hätte V die Möglichkeit, seine Willenserklärung wegen Irrtums anzufechten. Doch dazu erst später!

---

162 Bei Interesse lesen: „Falsa demonstratio“ beim Seegrundstückskauf (OLG Schleswig NJW-RR 2011, 1233).

163 Weiteres Bsp. hierfür: → **Rn. 341, 347.**

164 AG Stuttgart-Bad Cannstatt BeckRS 2012, 17508.

Merke: 166
1. Ist der Inhalt einer Willenserklärung mehrdeutig oder weicht die konkret geäußerte Erklärung vom Willen des Erklärenden ab, so ist durch Auslegung zu klären, ob der wahre Geschäftswille beider Parteien übereinstimmt. In diesem Fall gilt das von beiden Parteien **übereinstimmend Gewollte**, unabhängig davon, was die Erklärung tatsächlich bedeutete.
2. Fehlt es an einer Willensübereinstimmung der Parteien, so ist die Erklärung unter Berücksichtigung der Begleitumstände und der Verkehrssitte sowie unter Abwägung der Interessen des Erklärenden und des Erklärungsempfängers aus der **Sicht** eines **objektiven Erklärungsempfängers** auszulegen.

Wiederholen Sie die „Auslegung von Willenserklärungen" nun anhand der nachstehenden…

Übersicht 16 (Teil 4) 167

Willenserklärung

IV. Auslegung von Willenserklärungen

§ 133

Ermittlung des Inhalts einer WE durch Interpretation unter Beachtung nachfolgender Kriterien:

Wirklicher Wille ist maßgebend

- nicht subjektiver „innerer Wille", sondern objektiv erklärter Wille
- aus Sicht eines neutralen Empfängers der WE (objektiver Empfängerhorizont)

Geschäftswille beider Parteien **stimmt überein:** Trotz „falscher" WE gilt das Gewollte!	**Geschäftswille** beider Parteien **stimmt nicht überein:** WE ist (objektiv) auszulegen
Beispiel: „Haakjöringsköd"-Fall (→ Rn. 161) „falsa demonstratio non nocet"	**Beispiele:** • Übersendung von Verkaufspreisliste und „Kaufangebot" = Verkaufsangebot (→ Rn. 163) • Verkaufsangebot von Dänemark nach Tschechien – im Zweifel dänische Kronen, nicht tschechische Kronen (→ Rn. 164) • aber: Schreibt Verkäufer versehentlich 450 EUR statt 540 EUR, gilt WE über 450 EUR, da „innerer Wille" nicht maßgeblich ist; aber Anfechtung wegen Irrtums möglich (→ Rn. 165)

Exkurs: Auslegung und Analogie; teleologische und geltungserhaltende Reduktion

Auslegung

168 Die Auslegung ist nicht nur im Zusammenhang mit Willenserklärungen, Verträgen oder Vertragsbedingungen von Bedeutung, sondern vor allem auch für **Rechtsnormen** (Gesetze, Satzungen). Wahrscheinlich werden Sie in Ihrem Berufsalltag eher selten Rechtsnormen auslegen müssen; doch sollten Sie im Rahmen einer Einführung in das Recht zumindest erfahren, was sich hinter dem Begriff „Auslegung" verbirgt und wie man bei der Auslegung vorgeht. In der Wirtschaftspraxis kann es durchaus vorkommen, dass Sie schwierige oder mehrdeutige Vertragsklausel erklären und dann auch in der Lage sein müssen, scheinbar – für den juristischen Laien – missverständliche Formulierungen zu interpretieren.

Wie bei Willenserklärungen die Auslegung erforderlich wird, wenn der in der Erklärung ausgedrückte Wille missverständlich oder mehrdeutig ist, so wird auch bei der Auslegung (Interpretation) von scheinbar klaren Begriffen und Ausdrücken, die das Gesetz verwendet, der Wille des Gesetzgebers erforscht.

Die Rechtswissenschaft kennt bei der Auslegung von Rechtsvorschriften vier Methoden:

Grammatische oder **wörtliche Auslegung**

169 Hierbei wird von der im Gesetz verwendeten Ausdrucksweise, vom reinen Wortsinn, ausgegangen; dh man versucht, den Inhalt einer Norm an der sprachlichen Fassung zu erkennen. So verwendet das Gesetz zB häufig die Worte: „muss", „soll" oder „kann". Kennt man die juristische Fachsprache, weiß man, dass eine sog. „Muss-Vorschrift" ein zwingendes Gebot enthält und dass ein Verstoß zB gegen § 57 I im Falle einer Vereinssatzung ein Eintragungshindernis ist, oder im Falle einer gegen ein zwingendes Gebot verstoßenden Vertragsklausel zu deren Nichtigkeit führt. Eine „Soll-Vorschrift" ist zwar verbindlich, weil sie beachtet werden soll, doch führt ein Verstoß dagegen nicht zur Nichtigkeit. Wird zB die Ordnungsvorschrift des § 56 verletzt und der Verein eingetragen, ist das wirksam, selbst wenn das Amtsgericht getäuscht wurde. Eine „Kann-Vorschrift" (vgl. § 78) schließlich drückt aus, dass etwas zulässig ist oder getan werden darf.

Die grammatische Auslegung kann vor allem helfen, sog. Redaktionsversehen[165] aufzuklären. Hierzu ein recht amüsantes **Beispiel**, nämlich § 919 I – ganz genau lesen!

■ Was fällt Ihnen hieran auf? (Haben Sie genau gelesen?)

▶ Die Vorschrift handelt davon, dass „ein Grenzzeichen verrückt oder unkenntlich geworden ist". Gemeint war natürlich: „verrückt worden oder

165 Sofern Sie sich fragen, warum der Gesetzgeber, der das BGB seit 1900 schon vielfach geändert hat, solche Redaktionsversehen nicht anlässlich einer Gesetzesänderung ausbessert – wir wissen es auch nicht …

unkenntlich geworden ist". Die grammatische Auslegung ergibt unschwer, dass der Gesetzgeber nicht ein „wahnsinniges" Grenzzeichen, sondern ein verschobenes Grenzzeichen meint!

Systematische Auslegung

Man versucht, eine Unklarheit der Formulierung durch die systematische Stellung der einzelnen Vorschrift im gesamten Gesetzeswerk zu klären, indem man den Zusammenhang dieser Vorschrift mit vorstehenden und/oder nachstehenden Vorschriften vergleicht. Lesen Sie hierzu noch einmal § 133. Dass mit dem Begriff „wirklicher Wille" nicht der subjektive, innere Wille des Erklärenden gemeint ist, sondern der durch die Erklärung ausgedrückte und objektiv zu beurteilende Geschäftswille, ergibt ein Vergleich mit der Vorschrift des § 119 I, die wir demnächst noch ausführlich untersuchen werden. 170

In § 119 I Hs. 1 (lesen!) heißt es, dass jemand eine Willenserklärung, die er eigentlich gar nicht abgeben wollte, unter bestimmten Voraussetzungen anfechten kann. Wir hatten dazu das **Beispiel** mit dem Kaufpreis von 450 EUR statt 540 EUR gebildet. § 119 I Hs. 1 wäre überflüssig, wenn schon die Interpretation des Begriffs „wirklicher Wille" in § 133 ergäbe, dass hiermit der innere Wille des Erklärenden gemeint ist und nicht der objektiv ausgedrückte Geschäftswille; dann bräuchte der Erklärende seine Willenserklärung gar nicht mehr gem. § 119 anzufechten. Im genannten Beispiel würde der Vertrag, wie vom Anbietenden beabsichtigt, zunächst einmal zu 540 EUR zustande kommen.

Historische Auslegung

Die Entstehungsgeschichte des Gesetzes kann helfen, den Sinn eines nicht ganz eindeutigen Begriffs zu ermitteln. Beim BGB kann man auf die Begründungen zu dem ersten und zweiten Entwurf zurückgreifen, die sog. „Motive" und „Protokolle", die, wie Sie wissen, mit den Entwürfen zum BGB erarbeitet wurden.[166] 171

Bei nachträglich eingefügten oder geänderten Vorschriften zieht man die Drucksachen des Bundestages (BT-Drs.) und die des Bundesrates (BR-Drs.) zu Rate. Bedeutsam für die historische Auslegung kann auch die Entwicklung, die eine Gesetzesbestimmung im Laufe der Zeit – zB durch Gesetzesänderungen – genommen hat, sein.

Ein **Beispiel**[167] hierfür ist der Rücktritt einer Partei vom Kaufvertrag für den Fall, dass die Kaufsache einen Mangel hat. Das Recht des Käufers ergibt sich aus §§ 437 Nr. 2, 323 und die Rechtsfolge aus § 346.[168] Es sind danach die empfangenen Leistungen, zB Kaufsache und Kaufpreis, zurückzugewähren.

■ Was gilt wohl für den Käufer, wenn er den Kaufpreis noch nicht gezahlt hat? Die Antwort bitte geben, ohne einen Blick ins Gesetz zu werfen!

▶ Der Käufer muss den Kaufpreis selbstverständlich nicht entrichten, wird also von seiner Zahlungspflicht befreit.

166 Falls nicht mehr gewusst: Bei → **Rn. 40** nachlesen.
167 Nach Brox/Walker BGB AT § 3 Rn. 12.
168 Hierzu Wörlen/Metzler-Müller/Kokemoor SchuldR BT Rn. 33 ff.

- Wenn Sie § 346 I lesen: Ergibt sich diese Rechtsfolge aus dem Gesetzeswortlaut?
- ▶ Ihre Antwort muss eindeutig „nein" lauten!

Den Gesetzesmaterialien[169] kann man entnehmen, dass in einem solchen Fall die Leistungspflichten erlöschen sollen. Diese Folge hat der Gesetzgeber als so selbstverständlich angesehen, dass eine ausdrückliche Regelung in § 346 nicht erfolgte.

Teleologische Auslegung

172 Bei dieser, wohl schwierigsten Auslegungsmethode versucht man zu ermitteln, welchen **Sinn und Zweck** der Gesetzgeber mit der jeweiligen Vorschrift verfolgte. Auf diese Weise kann zB festgestellt werden, ob ein Begriff eng oder weit auszulegen ist.

> Dazu folgendes **Beispiel:**[170]
> Ein Bienenschwarm eines berufsmäßigen Imkers hatte ein Pferdefuhrwerk überfallen und die Pferde getötet.
> Da Bienen zweifellos Tiere sind, ist der Imker unter den Voraussetzungen von § 833 S. 1 zum Schadensersatz für die Beschädigung einer Sache durch die Bienen verpflichtet. Gemäß § 90a S. 3 sind auf die Pferde die Vorschriften über Sachen entsprechend anzuwenden (Vorschriften lesen!).
> Wenn der Tierhalter schon für die Beschädigung einer Sache haften muss, gilt dies erst recht, wenn die Sache zerstört ist (die Pferde sind tot!).
> Allerdings kann der Tierhalter sich nach § 833 S. 2 (lesen!) von dieser Haftung nach S. 1, die auf vermutetem Verschulden beruht, entlasten (exkulpieren), wenn er beweisen kann, dass er ein Haustier, das den Schaden verursacht hat, sorgfältig beaufsichtigt hat.
> Die Frage ist also zunächst, ob Bienen Haustiere iSv § 833 S. 2 sind. Zur Beantwortung dieser Frage ist bei der teleologischen Auslegung von § 833 S. 2 mit dem Sinn und Zweck dieser Vorschrift zu argumentieren.
> Sinn und Zweck der Exkulpationsmöglichkeit nach § 833 S. 2 ist es letztlich, dass der Halter eines Haustieres sich von der Verschuldensvermutung des § 833 S. 1 entlasten kann, wenn er das Haustier ordnungsgemäß beaufsichtigt hat.
> Eine Biene bzw. ein Bienenschwarm kann aber von dem Halter gar nicht beaufsichtigt werden! Bienen sollen ja gerade frei herumfliegen. Da der Halter eines Bienenschwarms diesen folglich nicht überwachen kann, sind Bienen nicht als Haustiere iSv § 833 S. 2 anzusehen.
> Somit konnte die Exkulpationsmöglichkeit nicht zugunsten des Imkers eingreifen, dh, er musste den Schaden an dem Pferdefuhrwerk ersetzen.

Analogie

173 Analogie bedeutet, schlägt man das Wort im Fremdwörterlexikon nach, „Entsprechung, Ähnlichkeit" oder „Übereinstimmung". In der Rechtswissenschaft versteht man unter Analogie die entsprechende („analoge") Anwendung eines für einen bestimmten Tatbestand erlassenen Gesetzes auf einen anderen ähnlichen, gesetzlich aber nicht geregelten Tatbestand. Dadurch wird eine Geset-

169 BT-Drs. 14/6040, 194.
170 Nach RGZ 158, 388, abzurufen unter https://rgz.staatsbibliothek-berlin.de/judgments/158%2Frgre158062388 (Abruf am 23.11.2022).

zeslücke gefüllt; in diesem Fall spricht man von „**Gesetzesanalogie**". Ein **Beispiel** dafür ist § 12 – lesen! Danach ist der Name von natürlichen Personen geschützt, und der Berechtigte kann sich gegen den unbefugten Gebrauch seines Namens mit einer Unterlassungsklage wehren. Dagegen enthält das Vereinsrecht des BGB, das Sie auszugsweise kennengelernt haben, in den §§ 21–79 keine Vorschrift über den Schutz des Vereinsnamens.

Da aber Vereine als juristische Personen ebenso Rechtssubjekte sind wie die natürlichen Personen, hat das Reichsgericht entschieden, dass sich ein Verein gegen den unbefugten Gebrauch seines Namens ebenfalls mit der Unterlassungsklage wehren kann, und zwar „gem. § 12 analog".[171]

Möglich ist auch, einen aus mehreren Vorschriften hergeleiteten Rechtsgedanken auf ähnliche vom Gesetz nicht geregelte Fälle zu erstrecken. Dabei werden gleich mehrere Gesetzesbestimmungen analog angewandt. Man bezeichnet dies als „**Rechtsanalogie**".

Ein **Beispiel**[172] hierfür ist der in Rechtsanalogie zu den §§ 1004, 12, 862 entwickelte vorbeugende Unterlassungsanspruch. Nach § 1004 I 2 steht dem Eigentümer ein Unterlassungsanspruch zu, wenn eine Beeinträchtigung des Eigentums in anderer Weise als durch Entziehung oder Vorenthaltung des Besitzes (zB beim Überbau vom Nachbargrundstück auf das eigene Grundstück) droht. § 12 S. 2 gewährt diesen Schutz bei einer drohenden Beeinträchtigung des Namensrechts und § 862 I 2 bei einer drohenden Besitzstörung. Eine ausdrückliche Regelung fehlt allerdings für den Fall, dass ein anderes Rechtsgut oder absolutes Recht verletzt zu werden droht – so zB bei unzutreffenden Tatsachenbehauptungen in der Presse, die eine Verletzung des allgemeinen Persönlichkeitsrechts zur Folge haben können. Sachwidrig wäre, wenn der Rechtsinhaber hier erst eine Verletzung abwarten müsste, um nach § 823 I Schadensersatz verlangen zu können. Über den Wortlaut von § 1004 I 2 hinaus wird ihm deshalb in Rechtsanalogie zu den §§ 1004, 12, 862 ein vorbeugender Unterlassungsanspruch gewährt.

Teleologische und geltungserhaltende Reduktion

Die **teleologische Reduktion** schränkt den Anwendungsbereich einer Norm gegenüber dem Wortlaut ein. Dabei findet logisch gesehen genau das Gegenteil wie bei der Analogie statt: Obwohl der Anwendungsbereich der Norm nach ihrem Wortlaut den Problemfall umfasst, ist sie nur beschränkt anzuwenden, weil sie auf den Fall eigentlich nicht passt.[173] **174**

> Dazu ein **Beispiel** aus dem Strafrecht, das Möllers[174] anschaulich als „Zopfabschneidefall" anführt:
> Der Täter (T) schneidet dem Opfer mit einem scharfen Messer gegen dessen Willen den Zopf ab.

171 RGZ 74, 114 ff. abzurufen unter https://rgz.staatsbibliothek-berlin.de/judgments/74%2Frgre074029114 (Abruf am 23.11.2022).
172 Nach Brox/Walker BGB AT § 3 Rn. 17 mwN.
173 Vgl. Möllers Arbeitstechnik § 3 Rn. 21.
174 Möllers Arbeitstechnik § 3 Rn. 22 f. mwN.

Muss T wegen gefährlicher Körperverletzung gem. § 224 I Nr. 2, 2. Var. StGB[175] bestraft werden?
Die teleologische Reduktion führt zu folgendem Ergebnis:

1. Nach dem Wortlaut dieser Strafvorschrift ist der Tatbestand der gefährlichen Körperverletzung erfüllt, weil T ein Messer benutzte und durch das Abschneiden des Zopfes die körperliche Unversehrtheit des Opfers beeinträchtigte.
2. Der Zweck der Vorschrift verlangt aber, nur solche Angriffe unter die Norm zu subsumieren, die nach der objektiven Beschaffenheit und der Art der Verwendung im Einzelfall geeignet sind, erhebliche Verletzungen herbeizuführen.
3. Beim Abschneiden von Haaren ist das nicht der Fall, denn das Haareschneiden verursacht keine erhebliche Körperverletzung. Würde man den Täter wegen der Verwendung eines Messers besonders schwer bestrafen, wäre das lebensfremd.
4. Deshalb kann die Norm auf den konkreten Fall nicht angewendet werden.

175 Von **geltungserhaltender Reduktion** spricht man, wenn eine mit diesem Inhalt ungültige Norm (zB Vertragsklausel) mit gemindertem Bedeutungsinhalt Bestand haben kann.[176] Die Norm wird insofern in ihrer Wirkung eingeengt, als sie bei einer weiteren Auslegung unwirksam wäre. Sie wird auf ihren „Kern“ reduziert, der noch rechtlich zulässig ist, sodass wenigstens dem Grunde nach ihre Geltung erhalten bleibt. Dies gilt allerdings nur für individuell vereinbarte Klauseln. AGB-Klauseln unterliegen einem generellen Verbot der geltungserhaltenden Reduktion.[177]

Mit der Lektüre der folgenden Übersicht 17 wollen wir diesen Exkurs in die Rechtstheorie beenden und uns wieder dem Recht der Willenserklärungen zuwenden.

175 § 224 StGB lautet:
(1) Wer die Körperverletzung
1. […],
2. mittels einer Waffe oder eines anderen gefährlichen Werkzeugs,
[…]
begeht, wird mit Freiheitsstrafe von sechs Monaten bis zu zehn Jahren, in minder schweren Fällen mit Freiheitsstrafe von drei Monaten bis zu fünf Jahren bestraft.
(2) Der Versuch ist strafbar.

176 Vgl. Creifelds Rechtswörterbuch/Groh „Auslegung (Interpretation)“ (1c).

177 Grüneberg/Grüneberg§ 306 Rn. 6; HK-BGB/Schulte-Nölke § 306 Rn. 4 ff.

Übersicht 17 176

Exkurs: Methoden der Rechtswissenschaft

I. Auslegung von Gesetzen

„Auslegung" = Interpretation von mehrdeutigen Begriffen oder Formulierungen

Zur Auslegung von Gesetzen gibt es vier Methoden:

Grammatische (wörtliche) Auslegung	Systematische Auslegung	Historische Auslegung	Teleologische Auslegung
Inhalt einer Norm wird aus der sprachlichen Fassung gedeutet	Deutung der Norm anhand ihrer systematischen Stellung im Gesetz Vergleich mit vor- und nachstehenden Vorschriften	Inhalt eines nicht ganz eindeutigen Begriffs wird mithilfe der Entstehungsgeschichte des Gesetzes unter Berücksichtigung der Gesetzesbegründungen interpretiert	Ermittlung von Sinn und Zweck, den der Gesetzgeber mit der Norm verfolgte
Beispiele: „**Muss**" = zwingendes Gebot Bei Verstoß: idR Nichtigkeit „**Soll**" = Gebot, aber nicht zwingend Bei Verstoß: keine Nichtigkeit „**Kann**" = Zulässigkeit, Erlaubnis Bei Verstoß: keine Nichtigkeit § 919 I: Das „verrückt … gewordene Grenzzeichen" ist nicht „wahnsinnig geworden", sondern „verschoben worden"!	**Beispiel**: Wirklicher Wille" in § 133 bedeutet nicht „innerer Wille", sondern äußerer, objektiver Wille; andernfalls wäre § 119 I überflüssig!	**Beispiel**: Ausdrückliche Regelung für Rückzahlung des Kaufpreises bei Rücktritt vom Kaufvertrag fehlt in § 346, ergibt sich aber aus den Gesetzesmaterialien	**Beispiel**: § 833 – Bienen sind zwar „Tiere" iSv S. 1, aber keine „Haustiere" iSv S. 2 dieser Vorschrift Sinn und Zweck von § 833 S. 2 ist es, dass der Tierhalter eines Haustieres sich von der Haftung für Schäden, die dieses verursacht hat, entlasten kann, wenn er es sorgfältig beaufsichtigt hat; frei herumfliegende Bienen können jedoch nicht beaufsichtigt werden

Übersicht 17 (Fortsetzung)

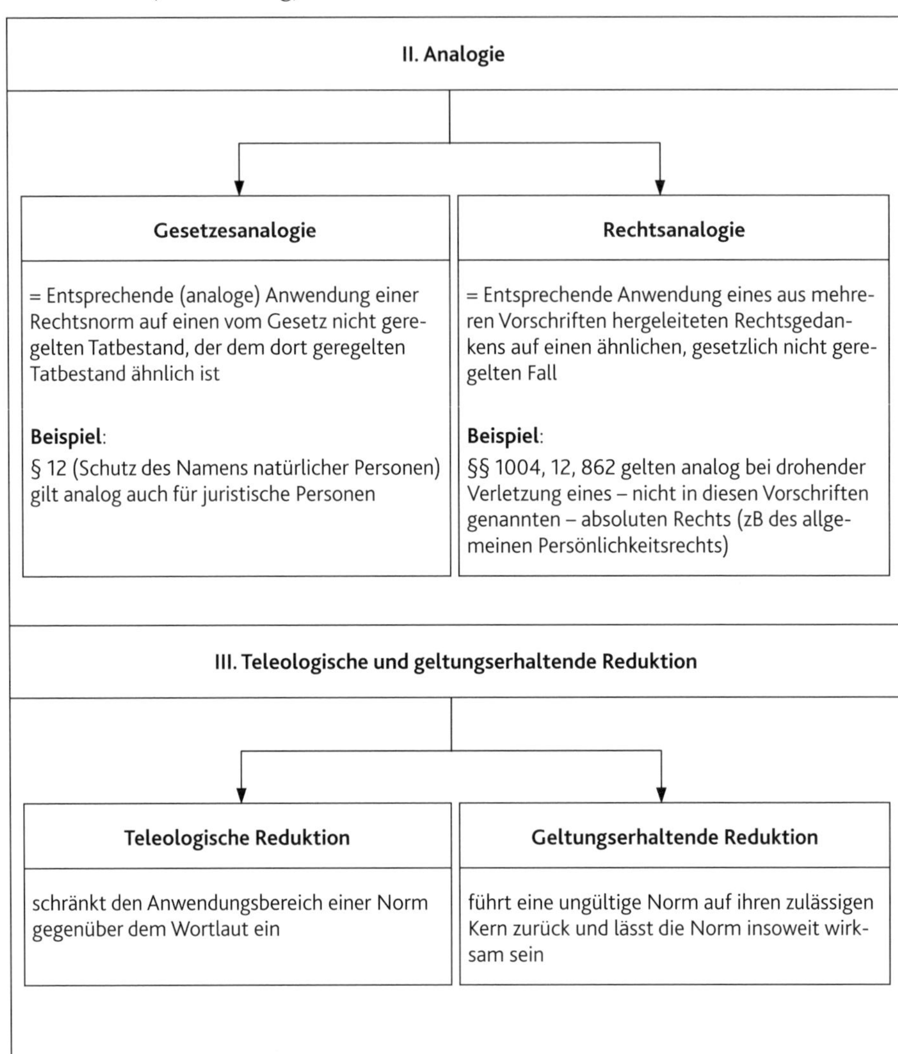

II. Analogie

Gesetzesanalogie	**Rechtsanalogie**
= Entsprechende (analoge) Anwendung einer Rechtsnorm auf einen vom Gesetz nicht geregelten Tatbestand, der dem dort geregelten Tatbestand ähnlich ist **Beispiel**: § 12 (Schutz des Namens natürlicher Personen) gilt analog auch für juristische Personen	= Entsprechende Anwendung eines aus mehreren Vorschriften hergeleiteten Rechtsgedankens auf einen ähnlichen, gesetzlich nicht geregelten Fall **Beispiel**: §§ 1004, 12, 862 gelten analog bei drohender Verletzung eines – nicht in diesen Vorschriften genannten – absoluten Rechts (zB des allgemeinen Persönlichkeitsrechts)

III. Teleologische und geltungserhaltende Reduktion

Teleologische Reduktion	**Geltungserhaltende Reduktion**
schränkt den Anwendungsbereich einer Norm gegenüber dem Wortlaut ein	führt eine ungültige Norm auf ihren zulässigen Kern zurück und lässt die Norm insoweit wirksam sein

c) Empfangsbedürftige und nicht empfangsbedürftige Willenserklärungen

Ausgangspunkt für unseren Exkurs war die Auslegung von Willenserklärungen nach § 133. Zweck der Auslegung ist es, den nach objektiven Maßstäben zu beurteilenden wirklichen Willen des Erklärenden zu erforschen, um den Inhalt einer (scheinbar) mehrdeutigen Willenserklärung zu ermitteln. Hat man dies getan, oder ist der Inhalt einer Willenserklärung von vornherein eindeutig gewesen, so kann dennoch zweifelhaft sein, ob die Willenserklärung auch *wirksam*, dh vor allem: für den Erklärenden und/oder den Erklärungsempfänger *bindend* ist. Ob und wann dies der Fall ist, hängt unter anderem davon ab, ob es sich um eine empfangsbedürftige oder eine nicht empfangsbedürftige Willenserklärung handelt. 177

Merke: Empfangsbedürftige Willenserklärungen sind solche, die an eine andere Person, den Erklärungsempfänger, gerichtet sein müssen, damit sie wirksam werden können.

Empfangsbedürftige Willenserklärungen sind, mit anderen Worten, Willenserklärungen, die „einem anderen gegenüber abzugeben" sind, wie der Gesetzgeber es in § 130 I 1 formuliert, den Sie jetzt lesen sollten!

Typische **Beispiele** für empfangsbedürftige Willenserklärungen sind das Angebot zu einem Vertragsschluss und dessen Annahme.

Merke: Nicht empfangsbedürftige Willenserklärungen sind dementsprechend solche, die nicht an eine andere Person gerichtet sein müssen.

Beispiel für eine nicht empfangsbedürftige Willenserklärung ist das Testament (§ 1937).

Derjenige, der ein Testament aufsetzt (= Erblasser), hat keine Pflicht, die von ihm Bedachten schon zu seinen Lebzeiten darüber zu informieren. Das Testament wird wirksam, wenn es in rechtsgültiger Form errichtet wurde, ohne dass der dort niedergelegte (erklärte) Wille gegenüber einer anderen Person geäußert worden sein muss. Weitere Beispiele für nicht empfangsbedürftige Willenserklärungen: §§ 657, 959. Die nicht empfangsbedürftige Willenserklärung ist demnach wirksam zu dem Zeitpunkt, in dem sie **abgegeben** wird.

■ Wenn Sie § 130 I 1 eben aufmerksam gelesen haben (wenn nicht, lesen Sie ihn jetzt!), konnten Sie feststellen, dass dort für empfangsbedürftige Willenserklärungen ein *weiteres Wirksamkeitserfordernis* enthalten ist. Welches?

▶ Sie müssen auch noch dem Erklärungsempfänger *zugegangen* sein!

d) Abgabe und Zugang von empfangsbedürftigen Willenserklärungen

Für das Wirksamwerden einer empfangsbedürftigen Willenserklärung müssen gem. § 130 I 1 also zwei Voraussetzungen erfüllt sein: 178

Zum einen die *Abgabe* und zum anderen der *Zugang*.

Lernhinweis: Unterstreichen Sie in § 130 I 1 die Worte „abgegeben" und „zugeht"!

Rechtlich bedeutsam wird eine Willenserklärung zunächst mit ihrer **Abgabe**. Wenn jemand nur die Absicht hat, einen Kaufvertrag zu schließen, dies aber noch nicht geäußert hat, liegt selbstverständlich noch keine Willenserklärung vor, da es an der **Kundgebung** seines Willens fehlt. Absichten und Pläne sind, juristisch gesehen, ohne Bedeutung.

Merke: Unter **Abgabe einer Willenserklärung** versteht man die willentliche Entäußerung einer Erklärung in den Rechtsverkehr. Sie ist erfolgt, wenn der Erklärende von sich aus alles unternommen hat, damit die Erklärung erkennbar nach außen dringen kann.[178]

An der rechtswirksamen Abgabe einer Willenserklärung kann es auch fehlen, wenn diese Willenserklärung tatsächlich schon existiert, zB, wenn jemand einen Bestellschein ausfüllt und unterschreibt, diesen aber noch nicht absendet, sondern liegen lässt. Wird dieser Bestellschein versehentlich durch einen Dritten, etwa eine Reinigungskraft, abgesandt, so hat der Erklärende diese Willenserklärung tatsächlich nicht abgegeben. Es handelt sich um eine **„abhanden gekommene Willenserklärung"** (s. auch → Rn. 180). Grundsätzlich ist diese Willenserklärung nicht wirksam, da der Erklärende ihre Kundgabe nicht veranlasst hat.

Entscheidend ist in diesen Fällen, ob das **In-den-Verkehr-Gelangen** der Erklärung dem Urheber **zurechenbar** ist oder nicht. So, wie der innere Tatbestand einer Willenserklärung nicht unbedingt ein Erklärungsbewusstsein voraussetzt, sondern es auch genügt, wenn der Erklärende bei Anwendung der verkehrsüblichen Sorgfalt die Einordnung als Willenserklärung durch den Empfänger hätte erkennen und verhindern können (erinnern Sie sich? Ansonsten → Rn. 143, 150 nochmals lesen!), ist nach hM[179] auch die Abgabe einer Willenserklärung zu beurteilen.

Merke: Auch wenn es an einem auf das In-den-Verkehr-Bringen gerichteten tatsächlichen Willen fehlt, ist eine Abgabe zu bejahen, wenn der Erklärende bei Anwendung der gebotenen Sorgfalt das Gelangen auf den Übermittlungsweg zum Adressaten hätte erkennen und vermeiden können.

Bei unserem **Bestellschein-Beispiel** kommt es also darauf an, ob es vorhersehbar war, dass die Reinigungskraft davon ausgehen würde, dass der ausgefüllte und unterschriebene Bestellschein abgeschickt werden sollte. Dies wird bei Reinigungspersonal (anders als zB bei einem Privatsekretär) regelmäßig nicht der Fall sein, so dass keine Abgabe der Willenserklärung vorliegt.[180]

Lesen Sie zur Einübung das nächste Fallbeispiel:

179 **Übungsfall 10**

Der Kaufmann C. U. Later (V) in Köln beauftragt seinen Auszubildenden B. Havior (B), zwei Geschäftsbriefe zur Post zu bringen. Vom Fenster ruft er dem B nach, er solle nur den Brief nach Köln einwerfen, den Brief nach Münster solle er wieder mitbringen. B versteht den V falsch und wirft den Brief nach Münster ein. Als V am nächsten Tag den Irrtum entdeckt, widerruft er sogleich per E-Mail das in dem Brief enthaltene Verkaufsangebot über zwölf seltene Flaschen Wein an Herrn Al. E. Gator (K). Die E-Mail kommt jedoch bei diesem (K) später an als das Angebot. K verlangt von V Lieferung des Weins. Zu Recht?

178 Die Abgabe einer **elektronischen Willenserklärung** (→ **Rn. 212**) erfolgt im Zeitpunkt der Eingabe des Sendebefehls, MüKoBGB/Einsele § 130 Rn. 13.

179 S. zB Wertenbruch JuS 2020, 481, 482 f.; Medicus/Petersen, Allgemeiner Teil des BGB, 11. Aufl. 2016, Rn. 266; Stadler BGB AT § 17 Rn. 37; Jauernig/Mansel § 130 Rn. 1, jeweils mwN; aA BGHZ 65, 13 = NJW 1975, 2101; BGH NJW-RR 2006, 847, Rn. 29 f.; Köhler BGB AT § 6 Rn. 12: keine Abgabe der WE, aber Haftung bei Verschulden gem. §§ 311 II, 241 II („culpa in contrahendo").

180 Wäre die Abgabe der Willenserklärung hingegen zurechenbar, käme eine **Irrtumsanfechtung analog § 119 I** (mit Pflicht zum Ersatz des Vertrauensschadens nach § 122) in Betracht, Wertenbruch JuS 2020, 481, 483; Staudinger/Singer Vorb. zu §§ 116 ff. (2021) Rn. 49.

■ Aus welcher Vorschrift ein Anspruch des K gegen V auf Lieferung des Weins folgen könnte, müssten Sie eigentlich beantworten können, da wir diese Vorschrift aus dem ‚Besonderen Schuldrecht' schon mehrfach angesprochen haben?
► § 433 I 1 – lesen!

§ 433 I 1 ist in unserem Fall die mögliche Anspruchsgrundlage für K.

■ Welche Voraussetzung muss zunächst erfüllt sein, damit dieser Anspruch gegeben ist?
► Zwischen K und V muss ein wirksamer Kaufvertrag iSd § 433 zustande gekommen sein!
■ Was ist wiederum Voraussetzung für einen wirksamen Kaufvertrag?
► Ein wirksames Angebot und dessen Annahme.
■ Wer hat in unserem Fall ein solches Angebot gemacht?
► Der V: in dem Brief an K befand sich ein Verkaufsangebot über zwölf Flaschen Wein. Dieses Angebot ist dem K offensichtlich auch zugegangen. Am fehlenden Zugang scheitert die Wirksamkeit der Willenserklärung des V (Verkaufsangebot) schon einmal nicht.
■ Um welche Art von Willenserklärung handelt es sich bei einem Vertragsangebot?
► Um eine empfangsbedürftige Willenserklärung!
■ Was ist zur Wirksamkeit einer empfangsbedürftigen Willenserklärung außer dem Zugang noch erforderlich?
► Ihre wirksame Abgabe! Die wirksame Abgabe einer Willenserklärung liegt trotz Zugangs beim Empfänger, wie Sie gelernt haben, dann nicht vor, wenn es sich um eine abhanden gekommene Willenserklärung handelt.

Merke: Abhanden gekommene Willenserklärungen sind solche, die ohne Veranlassung des Erklärenden nach außen, insbesondere an den Empfänger gelangen (→ Rn. 178). 180

■ Hat V veranlasst, dass das Angebot an den K gelangt ist?
► Man könnte meinen, dass dies nicht so ist, da V seinem Azubi ausdrücklich zugerufen hat, den Brief nach Münster nicht einzuwerfen.

Dabei ist jedoch zu berücksichtigen, dass der Azubi B als sog. „Bote" eingeschaltet **181**
wurde. Wird ein Bote zur Übermittlung einer Willenserklärung eingeschaltet, ist die Willenserklärung grundsätzlich abgegeben, wenn sie dem Boten mit dem Auftrag, sie zu überbringen, übergeben und der Bote abgesandt worden ist. Darin liegt die Veranlassung, also das zielgerichtete Inverkehrbringen der Erklärung! Erst dann bestehen keine Zweifel mehr an der Endgültigkeit des Willens des Erklärenden. „Abgesandt" ist ein Bote, wenn er sich zur Ausführung des Auftrags aus den Geschäftsräumen seines Geschäftsherrn entfernt hat. Maßgeblich ist der Zeitpunkt, zu dem der Geschäftsherr erkennbar zum Ausdruck gebracht hat, dass er sich endgültig entschieden hat. Solange sich der Bote und damit die ihm übergebene Willenserklärung noch im eigenen Bereich – im sog. „Herrschaftsbereich" – des Erklärenden befinden, kann dieser sich noch anders entscheiden. Solange sich der Bote also noch im räumlichen Herrschaftsbereich des Geschäftsherrn befindet, ist dessen Willenserklärung noch nicht nach außen gedrungen und nicht abgegeben.

■ Wie sieht das in unserem Fall aus?
► Da B sich mit dem Willen des V außerhalb der Geschäftsräume auf dem Weg zur Post befand, war die Willenserklärung zu diesem Zeitpunkt tatsächlich bereits ab-

gegeben. Daran kann auch die durch das Fenster gerufene Mitteilung des V, B solle den Brief nach Münster nicht absenden, nichts ändern; das Risiko, dass B den V falsch versteht, liegt allein bei V.

- ■ Erscheint Ihnen das gerecht oder nicht? (Meistens lautet die spontane Antwort: „Nein"!)
- ▶ Wem das nicht richtig oder gerecht erscheint, der möge sich vorstellen, dass V selbst versehentlich den Brief nach Münster statt den nach Köln in den Briefkasten gesteckt hätte ... Damit wäre die Abgabe des Verkaufsangebots erfolgt.

182 ■ Konnte durch den Widerruf des V die Abgabe verhindert bzw. wieder rückgängig gemacht werden?

- ▶ Nein! Der Widerruf einer Willenserklärung kann deren Wirksamwerden nur dadurch verhindern, dass er ihr zweites Wirksamkeitserfordernis, den Zugang, verhindert.
- ■ Wann ist dies der Fall? Welche Vorschrift ist maßgebend?
- ▶ § 130, und zwar Abs. 1 S. 2 – lesen!

Danach wird die Willenserklärung nur dann nicht wirksam, wenn dem Empfänger ein Widerruf vorher oder gleichzeitig zugeht.

- ■ Ist diese Voraussetzung in unserem Fall erfüllt?
- ▶ Die E-Mail des V, die den Widerruf enthielt, ging dem K erst nach dem Angebot des V zu! Somit war das Angebot des V wirksam und V war daran gebunden.
- ■ Aus welcher Vorschrift ergibt sich die Bindung an ein Angebot?
- ▶ Aus § 145 – lesen!
  K konnte deshalb dieses wirksame Angebot annehmen. Dies hat er – und zwar konkludent (= durch schlüssiges Verhalten) – getan.
- ■ Worin ist die konkludente Annahme durch K zu sehen?
- ▶ In dem Lieferungsverlangen!
- ■ Wie lautet das Endergebnis unseres Falls?
- ▶ Zwischen K und V ist ein Kaufvertrag über zwölf Flaschen Wein zustande gekommen, sodass K gem. § 433 I 1 einen Anspruch auf Lieferung des Weins hat und diese zu Recht verlangt!

183 Die empfangsbedürftige Willenserklärung bedarf zur Wirksamkeit außer der Abgabe gem. § 130 I 1 (nochmals lesen!), wie gesagt, noch des Zugangs. Dass in § 130 nur die Willenserklärung unter **Abwesenden** erwähnt wird, bedeutet übrigens nicht, dass bei einer Willenserklärung unter Anwesenden kein Zugang erforderlich ist!

- ■ Warum wurde das im Gesetz wohl nicht erwähnt?
- ▶ Weil der Zugang einer Willenserklärung unter Anwesenden normalerweise keine Probleme macht: Um den Zugang zu verhindern, müsste sich der anwesende Erklärungsempfänger schon die Ohren oder Augen zuhalten ... Unter **Anwesenden** ist eine mündliche Willenserklärung zugegangen, wenn sie vom Empfänger (akustisch) vernommen wurde. Grundsätzlich trägt damit der Erklärende das Risiko, dass die Erklärung den Adressaten – etwa wegen Schwerhörigkeit – nicht erreicht. Eine mündliche Willenserklärung hat also keine Wirksamkeit zB gegenüber Bewusstlosen oder Gehörlosen. Liegt aber keine solche Ausnahme beim anwesenden Erklärungsempfänger vor und durfte der Erklärende damit rechnen, dass er inhaltlich richtig verstanden wurde, so ist es das Risiko des Erklärungsempfängers, dass er die Willenserklärung tatsächlich auch (inhaltlich) richtig versteht. Gegebenenfalls muss er rückfragen! Er kann sich jedenfalls später nicht darauf be-

rufen, dass er die Willenserklärung wegen Verhörens oder dergleichen nicht richtig verstanden habe (sog. abgeschwächte „**Vernehmungstheorie**").[181]

■ Zwischenfrage: Ist eine Willenserklärung am Telefon eine Willenserklärung unter Anwesenden oder Abwesenden? 184

▶ Eine Willenserklärung unter Anwesenden!

Lesen Sie hierzu § 147 I 1 und § 147 I 2: Das Gesetz stellt mit Satz 2 den telefonischen Antrag ausdrücklich einem solchen unter Anwesenden gleich. Der **Fernsprechpartner** wird also wie ein **Anwesender** behandelt (Fiktion! = erkennbar am Wort „gilt", dh Anwesenheit des Telefonpartners wird fingiert!). Das gleiche gilt wegen der Möglichkeit der Nachfrage und Interaktion für **sonstige elektronische Dialog-Kommunikation**, zB die Video- oder Telefonkonferenz sowie den sog. Chat zwischen zwei Personen in einem Internet-Chatroom (Echtzeit-Chat).[182]

Was bedeutet „Zugang" iSv § 130? Da das Gesetz den Begriff des „Zugangs" nicht 185
näher definiert, muss dieser Begriff ausgelegt werden. Obwohl wir uns inzwischen alle Methoden der Gesetzesauslegung angeeignet haben, wollen wir uns mit der Auslegung nicht aufhalten; dies wurde uns schon von Rechtsprechung und Lehre abgenommen. **Zugang** liegt danach vor, wenn die Erklärung so in den Machtbereich des Empfängers gelangt ist, dass unter normalen Umständen damit zu rechnen ist, er könne davon Kenntnis nehmen[183] (sog. „**Empfangstheorie**"). Abzustellen ist nicht auf die tatsächliche Kenntnisnahme durch den Empfänger (oder seinen Beauftragten), sondern auf die vom Absender zu veranlassende abstrakte Möglichkeit der Kenntnisnahme, wie sie unter normalen Umständen gegeben ist und mit deren Vorliegen der Empfänger rechnen konnte.

■ Die Überlegungen, die zu diesem Ergebnis der Auslegung des Zugangsbegriffs geführt haben, sind einleuchtend; was würde zB passieren können, wenn der „Zugang" nur die tatsächliche Kenntnisnahme voraussetzen würde?

▶ Der Empfänger hätte es in der Hand, durch bloße Nichtkenntnisnahme das Wirksamwerden der Willenserklärung zu verhindern, zB in dem er seinen Briefkasten oder seine Mailbox nicht mehr leert.

■ Und was wäre, wenn man für den Zugang nur das tatsächliche Ankommen der Willenserklärung im Machtbereich des Empfängers ausreichen lassen würde?

▶ Dann hätte der Erklärende die Möglichkeit, dem Empfänger eine Willenserklärung zukommen zu lassen, ohne dass dieser unter normalen Umständen davon Kenntnis nehmen kann.

Die hM berücksichtigt mit der Empfangstheorie zum Zugang der Willenserklärung unter Abwesenden gleichermaßen die Interessen des Erklärenden und des Erklärungsempfängers. Praktisch bedeutsam wird diese Theorie insbesondere, wenn es um das Wirksamwerden einer schriftlichen Willenserklärung unter Abwesenden geht, die meist durch Zusendung eines Briefs oder zunehmend auch per E-Mail vorgenommen wird.

181 S. zB Köhler BGB AT § 6 Rn. 19; Stadler BGB AT, § 17 Rn. 56; MüKoBGB/Einsele § 130 Rn 28.
182 Im Live-Chat würde es sich um verkörperte WE handeln, in der Video-Telefonie um nicht verkörperte WE, s. dazu Spindler/Schuster § 130 Rn. 22.
183 Vgl. BGHZ 67, 271 (275) = NJW 1977, 194 sowie MüKoBGB/Einsele § 130 Rn. 16.

Merke: Zugegangen ist eine empfangsbedürftige Willenserklärung **unter Abwesenden** (zB Brief, WhatsApp-Nachricht,[184] E-Mail[185]) nach § 130 I 1 dann, wenn sie
- in den **Herrschaftsbereich** des Empfängers gelangt ist

und
- dieser unter normalen Umständen die **Möglichkeit** hat, von ihrem Inhalt **Kenntnis zu nehmen**.

Eine tatsächliche Kenntnisnahme ist nicht erforderlich.

Merke: Unter Anwesenden ist eine empfangsbedürftige Willenserklärung dann **zugegangen**, wenn
- die **mündliche** Willenserklärung akustisch **vernommen** wurde (inhaltliches Verstehen ist nicht erforderlich)

oder
- bei einer **verkörperten** Willenserklärung (zB persönlich übergebener Brief, elektronischer oder optischer Datenträger, Nachricht im Echtzeit-Chat[186]) die **Möglichkeit zur Kenntnisnahme** gegeben ist (analog § 130 I 1); idR genügt die bloße Übergabe.

Achtung! Nach § 151 kann das Zugangserfordernis bei der Annahme entfallen (→ Rn. 328).

186 ■ Zwischendurch eine nicht ganz einfache Verständnisfrage:
Bei schriftlichen Willenserklärungen spricht man ebenso wie zB bei Datenträgern von „verkörperten Willenserklärungen". Möglich ist durchaus, dass der Erklärende, ohne eine verkörperte Willenserklärung mündlich zu äußern, das Schriftstück oder den Datenträger selbst beim Empfänger abgibt, sodass es sich eigentlich um eine Willenserklärung unter Anwesenden handelt. Die Frage dazu ist: Wovon hängt das Wirksamwerden dieser Willenserklärung unter Anwesenden ab, die von § 130 nicht direkt angesprochen wird?

▶ Ebenfalls von ihrem Zugang! § 130 I wird analog angewendet!

■ Warum?

▶ Der Fall ist im Gesetz nicht ausdrücklich geregelt, aber einem im Gesetz geregelten Fall sehr ähnlich. Und das ist, wie Sie erfahren haben, ein typischer Fall für die Gesetzesanalogie.

■ Zu welchem Zeitpunkt erfolgt, wenn der Erklärende dem Empfänger den Brief oder den Datenträger mit einer Willenserklärung selbst übergibt, wohl der Zugang?

▶ Zum Zeitpunkt der Übergabe; von diesem Zeitpunkt an ist die Willenserklärung im Machtbereich des Empfängers und er hat auch die Möglichkeit der Kenntnisnahme.

187 Auf den **Vertragsschluss** im **Internet** (→ Rn. 329) sind grundsätzlich[187] die gesetzlichen Regelungen über **Erklärungen unter Abwesenden** anzuwenden, insbesondere § 130 I 1. Danach wird eine Willenserklärung, die einem anderen gegenüber abzugeben ist und die in dessen Abwesenheit abgegeben wird, in dem Zeitpunkt wirksam, in dem sie ihm abrufbar zugeht und unter normalen Umständen mit einer Kenntnisnahme zu rechnen ist.[188]

---

184 LG Bonn BeckRS 2020, 2835.

185 Empfänger muss aber zu erkennen gegeben haben, über diesen Messenger-Dienst oder diese E-Mail-Adresse am Rechtsverkehr teilnehmen zu wollen, vgl. Jauernig/Mansel § 130 Rn. 5; MüKoBGB/Einsele § 130 Rn. 18. Wenn nicht (sonstige, rein private E-Mail-Adresse): Zugang ggf. erst mit tatsächlicher Kenntnisnahme. → **Rn. 332.**

186 Auch bei elektronischen Willenserklärungen ist idR das Kriterium der Verkörperung erfüllt, weil sie meist beim Empfänger als Datei gespeichert werden, vgl. MüKoBGB/Einsele § 130 Rn. 2, 18.

187 Anders bei Chat-Verträgen, also beim Austausch von elektronischen Willenserklärungen in einem Echtzeit-Chat, im Rahmen einer Videokonferenz oder Internettelefonie, s. → **Rn. 185** mN.

188 MüKoBGB/Einsele § 130 Rn. 19.

Dass die Diskussion um den Zugang als Wirksamkeitsvoraussetzung einer Willenserklärung nicht nur theoretische oder akademische Bedeutung hat, zeigt sich vor allem, wenn man berücksichtigt, welche wichtigen Folgen eine wirksame Willenserklärung haben kann: **188**

(1) Gemäß § 145 ist der Erklärende an seine Willenserklärung (hier das Vertragsangebot) gebunden, sofern er die Gebundenheit nicht ausdrücklich ausgeschlossen hat (§ 145 nochmals lesen).

Lernhinweis: Unterstreichen Sie sich in § 145 die Worte „Gebundenheit ausgeschlossen" und notieren Sie sich am Rand „§ 130 I 2".

Aus letztgenannter Vorschrift hatten wir entnommen, dass ein Widerruf möglich ist, und wenn er rechtzeitig erfolgt, die Bindung des Erklärenden an die Willenserklärung ausschließt.

(2) Mit dem wirksamen Zugang der Willenserklärung geht das Risiko, dass die Willenserklärung noch verloren geht (zB Verlust des Briefs, obwohl er nachweisbar in den Briefkasten des Empfängers geworfen wurde), auf den Empfänger über. Der Empfänger (der zB den Brief, der zwischen Werbung gerutscht ist, versehentlich wegschmeißt) muss in diesem Fall die Willenserklärung, zB eine Kündigung, gegen sich gelten lassen.

(3) Muss eine Willenserklärung innerhalb einer bestimmten Frist erfolgen, wie das gerade bei Kündigungen häufig der Fall ist, entscheidet der Zugang darüber, ob die Frist eingehalten ist.

Das Problem des Zugangs von Willenserklärungen soll abschließend noch folgender Fall verdeutlichen: **189**

Übungsfall 11

Kaufmann C. U. Later (K) handelt nicht nur mit Wein, er ist auch ein leidenschaftlicher Sammler antiker Möbel. Al. E. Gator (V), seinerseits Antiquitätenhändler, weiß dies und teilt dem K „unverbindlich" mit, er habe einen seltenen englischen Schreibsekretär zu 3.000 EUR in seinem Laden in Münster stehen. Dieser könne dort gerne auch während der üblichen Geschäftszeiten des V von Montag bis Freitag zwischen 9.00 Uhr und 18.00 Uhr besichtigt werden.

Obwohl K unlängst bei dem Weinverkauf an V dessen hartes Geschäftsgebaren zu spüren bekam, trägt er sich mit dem Gedanken, erneut mit V zu verhandeln, da er 3.000 EUR für einen besonders günstigen Preis hält. Am Freitagabend teilt er dem V brieflich mit, er wolle den Sekretär kaufen und wirft den Brief noch gegen 20.30 Uhr anlässlich eines Besuchs in Münster in den Geschäftsbriefkasten des V. Als er später am Abend im Bekanntenkreis von seinem „tollen Fang" berichtet, meint seine Freundin, Miss B. Havior (Schwester des Auszubildenden ...), Expertin in antiken englischen Möbeln, der Preis sei viel zu hoch.

Daraufhin verfasst K eine Widerrufserklärung und steckt diese am Samstagmorgen um 9.00 Uhr in den Briefkasten an der Tür von Vs Privatvilla. Dort fiel der Brief auf den Boden im Flur und wurde nie mehr gesehen ... V, der davon deshalb nichts weiß, liest am Montagmorgen das Angebot des K, nimmt es an und verlangt von K Abnahme und Bezahlung des Sekretärs. K meint, V könne ihn nicht – schon wieder – „festnageln" und weigert sich zu zahlen. V droht mit gerichtlichen Schritten. Wird eine Klage des V gegen K auf Erfüllung des Kaufvertrags Erfolg haben?

■ Welche spontane Antwort gibt Ihnen Ihr Rechtsgefühl? (Überlegen Sie und notieren Sie sich Ihre Antwort, um sie dann mit den folgenden Ausführungen zu vergleichen.)
▶ Eine Klage des V wird Erfolg haben, wenn V gegen K einen Anspruch auf Erfüllung des Kaufvertrags hat.
■ Welche Anspruchsgrundlage kommt in Betracht? Was verlangt V?
▶ Bezahlung des Kaufpreises sowie Abnahme der Kaufsache, beides gem. § 433 II.
■ Was müssen wir wieder prüfen, um festzustellen, ob V diesen Anspruch geltend machen kann?
▶ Ob zwischen V und K ein wirksamer Kaufvertrag zustande gekommen ist.
■ Welche Voraussetzungen müssen dafür erfüllt sein?
▶ Wirksames Angebot und dessen Annahme!

190 ■ Worin könnte das Angebot liegen?
▶ Nicht in der „unverbindlichen" Mitteilung des V, dass er einen wertvollen Sekretär in seinem Laden habe!
■ Wie ist diese Mitteilung vielmehr rechtlich zu qualifizieren? Sie wissen das schon, denken Sie nach!
▶ Richtig: Als „invitatio ad offerendum", da – obwohl direkt an K gerichtet – aus dieser Mitteilung des V noch kein konkreter Rechtsbindungswille ersichtlich ist!
■ Worin also liegt ein Angebot?
▶ In dem Schreiben des K, welches er am Freitagabend in den Geschäftsbriefkasten des V warf.
■ Was ist Voraussetzung, damit dieses Angebot wirksam wird?
▶ Abgabe und Zugang des Angebots!

Die **Abgabe** erfolgte dadurch, dass K den Brief bei V eingeworfen hat.

Fraglich aber ist, ob die Willenserklärung dem V wirksam zugegangen ist!

191 Da K und V weder persönlich noch telefonisch Kontakt aufnahmen, handelt es sich bei dem Angebot des K um eine Willenserklärung **unter Abwesenden**. Für deren Wirksamwerden gilt wiederum **§ 130 I**, dh, das Angebot müsste dem V **zugegangen** sein.

■ Wann ist eine Willenserklärung unter Abwesenden dem Empfänger zugegangen?
▶ Nach der Empfangstheorie (→ Rn. 185) ist eine Willenserklärung zugegangen, wenn sie derart in den **Machtbereich** des Empfängers gelangt ist, dass er unter **normalen Umständen** von ihr Kenntnis nehmen konnte, und die Kenntnisnahme nach den von ihm getroffenen zumutbaren Vorkehrungen oder nach den Gepflogenheiten des Verkehrs auch erwartet werden konnte.
■ Wann wird dies bei einer Willenserklärung, die den Empfänger in seinen Geschäftsräumen erreicht, in der Regel der Fall sein?
▶ Wenn der Empfänger unter normalen Umständen dort verweilt und mit dem Empfang solcher Willenserklärungen rechnen muss; also während der üblichen Arbeits- bzw. Geschäftszeit. Im Regelfall ist dies nicht das Wochenende, also weder der Samstag noch der Sonntag. Viele Ladengeschäfte haben allerdings auch samstags geöffnet, sodass dort auch an Samstagen mit der Entgegennahme von Post zu rechnen ist.
■ Zu welchem Zeitpunkt könnte das Angebot des K dem V also zugegangen und somit wirksam geworden sein? Bedenken Sie, dass mit einer Leerung des Geschäftsbriefkastens außerhalb der üblichen Geschäftszeit unter normalen Umständen nicht zu rechnen ist!

▶ Da der Laden des V am Freitag regelmäßig ab 18.00 Uhr geschlossen ist und auch am Samstag oder Sonntag nicht geöffnet hat, war eine Leerung des Geschäftsbriefkastens erst wieder am Montagmorgen zu erwarten. Das Angebot des K ist dem V also erst am Montagmorgen zugegangen und damit erst dann wirksam geworden!

■ Was könnte der Wirksamkeit aber entgegenstehen?

▶ Die Widerrufserklärung des K.

■ Was ist gem. § 130 I 2 Voraussetzung, damit ein Widerruf eine abgegebene Willenserklärung rückgängig machen kann?

▶ Der vorherige oder gleichzeitige Zugang des Widerrufs!

Zu prüfen ist, ob der von K am Samstagmorgen in den Privatbriefkasten des V eingeworfene Widerrufsbrief dem V zu diesem Zeitpunkt auch zugegangen ist.

■ Was meinen Sie? (Erst überlegen, dann weiterlesen!)

▶ Durch den Einwurf in den Briefschlitz an der Haustür des V gelangte der Brief in **192**
den privaten Herrschaftsbereich des V, sodass dieser grundsätzlich die Möglichkeit zur Kenntnisnahme hatte. Fraglich könnte sein, ob die Kenntnisnahme nach den Gepflogenheiten des Verkehrs objektiv auch erwartet werden konnte. Da samstags regelmäßig Post zugestellt wird, ist dies für einen Privathaushalt zu bejahen. Unerheblich ist, dass und auf welche Weise der vom K eingeworfene Brief verschwand;[189] denn dies fällt allein in die Risikosphäre des V, in dessen Herrschaftsbereich der Brief sich bereits befand. Somit ist der Widerruf dem V zugegangen, und zwar vor dem Angebot des K, sodass das Angebot gem. § 130 I 2 nicht wirksam war. Ein Kaufvertrag zwischen V und K kam nicht zustande.

■ Was ist das Endergebnis dieses Falls?

▶ K weigert sich zu Recht, den Sekretär abzunehmen und zu bezahlen. V hat keinen Anspruch auf Abnahme und Bezahlung des Sekretärs gegen K.

Anhand der beiden letzten Fälle haben Sie sicher gemerkt, wie wichtig es sein kann, genau zwischen Abgabe und Zugang von Willenserklärungen zu unterscheiden.

Klausurtipp: In einer Klausur darf man dazu nur Stellung nehmen, wenn der Sachverhalt an der Wirksamkeit von Abgabe oder Zugang Zweifel lässt.

Das Wichtigste hierzu ist in der folgenden Übersicht 18 zusammengefasst:

189 Dass der Brief von K eingeworfen wurde und dann verschwunden ist, ist eine Tatsache, die Sie als bewiesen hinnehmen müssen und keineswegs in Zweifel ziehen dürfen – auch wenn das noch so unwahrscheinlich klingen mag! Vielleicht hatte V einen Hund, der den Brief aufgefressen hat?

193 **Übersicht 18**

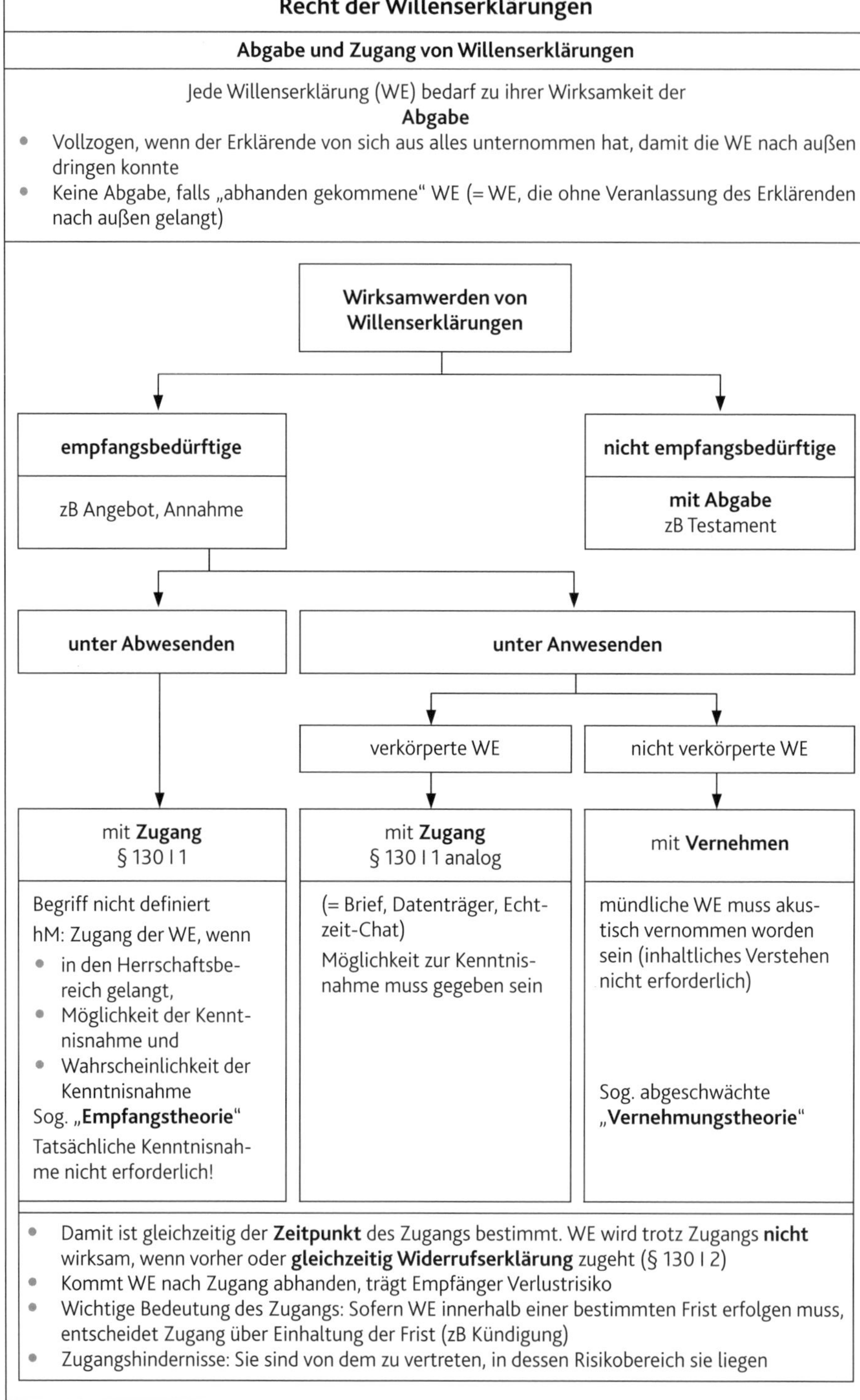

Möglicherweise haben Sie festgestellt, dass wir die letzten beiden Übungsfälle, wenn auch im Frage- und Antwort-Verfahren, gutachtenähnlich gelöst haben, indem wir Schritt für Schritt den Sachverhalt unter die rechtlichen Voraussetzungen (= Vorschriften und dazu entwickelte Rechtstheorien – zB § 130: Zugang/Empfangstheorie) eingeordnet (subsumiert) haben. 194

Sie werden hoffentlich bald merken, dass Ihnen das immer leichter fällt, je öfter Sie solche Gutachten hören, lesen oder selbst erarbeiten. Wir wollen deshalb, bevor wir uns unserem nächsten Thema, dem Anfechtungsrecht, zuwenden, in einem weiteren Exkurs mit der Fortsetzung der „Einführung in die Methodik der Fallbearbeitung" fortfahren, nachdem wir bereits den Unterschied zwischen „Gutachten und Urteil" kennengelernt haben. (Lesen Sie dazu noch einmal Übersicht 15 → Rn. 138!)

Literatur zur Vertiefung (→ Rn. 130–194): Alpmann Schmidt BGB AT 1 2. Teil, 2. Abschn. (Willenserklärung); Bastians/Noszka/Rosenkranz: Semesterabschlussklausur – Juristische Methodenlehre, JuS 2022, 731; Bitter/Röder BGB AT § 5 Rn. 40 ff., § 7 Rn. 1 ff.; Boemke/Schönfelder, Wirksamwerden von Willenserklärungen gegenüber nicht voll Geschäftsfähigen (§ 131 BGB), JuS 2013, 7; Brox/Walker BGB AT §§ 4, 6, 7 und 8; Conrad/Bisenius, Besondere Konstellationen des Kaufvertragsschlusses – Schaufenster, Automaten, Online-Handel und Selbstbedienungsläden, JA 2011, 740; Cordes, Der Haakjöringsköd-Fall, JURA 1991, 352; Duden, Verbraucherschutz und Vertragsschluss im Internet der Dinge, ZRP 2020, 102; Fritz, Click & Collect und Call & Collect – Vertragsschluss und AGB, NJW 2021, 1697; Führich WirtschaftsPrivatR Rn. 109–123 (Willenserklärung); Greiner/Kalle, Ungeklärte Fragen des Wirksamwerdens empfangsbedürftiger Willenserklärungen – im Grundsatz und bei Verwendung digitaler Kommunikationswege, JZ 2018, 535; Hackenbroich, Das Wirksamwerden von Willenserklärungen im System des Schutzes nicht voll Geschäftsfähiger, JURA 2019, 136; Henke, „Berühren verpflichtet zum Kauf" – ein Sonderfall des Vertragsschlusses im Selbstbedienungsladen, JA 2017, 339; Herbert/Oberrath, Beherrschung und Verwendung der deutschen Sprache bei der Begründung des Arbeitsverhältnisses, DB 2009, 2434–2438; Hirsch BGB AT §§ 3, 4; Joussen, Abgabe und Zugang von Willenserklärungen, JURA 2003, 577; Hoeren, in Graf von Westphalen/Thüsing, Vertragsrecht und AGB-Klauselwerke, 47. EL. 2021, Rn. 54–58 (E-Commerce-Verträge); Köhler BGB AT § 6; Kötz, Dispositives Recht und ergänzende Vertragsauslegung, JuS 2013, 289; Kretschmann/Putz, Der Rechtsbindungswille – Annäherungen an eine Unbekannte, JURA 2022, 294; Kuhn, Argumentation bei Analogie und teleologischer Reduktion in der zivilrechtlichen Klausurpraxis, JuS 2016, 104; Leenen, Willenserklärung und Rechtsgeschäft – Dogmatik und Methodik der Fallbearbeitung, JURA 2007, 721; Leenen, Willenserklärung und Rechtsgeschäft in der Regelungstechnik des BGB, FS Canaris 2007, 699; Linke, Vertrauensschutz im Zivilrecht, JURA 2022, 787; Luther, Die juristische Analogie, JURA 2013, 449; Meyer, Die abhandengekommene Willenserklärung, JuS 2017, 960; Musielak/Hau GK BGB Rn. 50 ff.; Muthorst, Auslegung: Eine Einführung, JA 2013, 721; Neuefeind, Gefälligkeit und Rechtsbindung – ein Überblick – Teil I, II, JA 2022, 624, 717; Neuner BGB AT §§ 30–35; Noack/Uhlig, Der Zugang von Willenserklärungen, JA 2012, 740; Paulus, Die Abgrenzung zwischen Rechtsgeschäft und Gefälligkeit am Beispiel der Tischreservierung, JuS 2015, 496; Petersen, Der Tatbestand der Willenserklärung, JURA 2006, 178; Petersen, Der Widerruf im Bürgerlichen Recht, JURA 2009, 276; Petersen, Die Anspruchsgrundlagen des Allgemeinen Teils, JURA 2002, 743; Petersen, Die Auslegung von Rechtsgeschäften, JURA 2004, 536; Petersen, Die Wirksamkeit der Willenserklärung, JURA 2006, 426; Petersen, Einseitige Rechtsgeschäfte, JURA 2005, 248; Petersen, Schweigen im Rechtsverkehr, JURA 2003, 687; Petersen, Verbraucher und Unternehmer, JURA 2007, 905; Regenfus, Die „doppelte Analogie" – Erscheinungsformen und Voraussetzungen, JA 2009, 579; Schade/Graewe WirtschaftsPrivatR § 5; Schäfers, Einführung in die Methodik der Gesetzesauslegung, JuS 2015, 875; Schapp, Einführung in das Bürgerliche Recht: Auslegung und Anwendung der Rechtssätze, JA 2002, 769; Schimmel, Zur Auslegung von Willenserklärungen, JA 1998, 979; Schreiber, Abgabe und Zugang von Willenserklärungen, JURA 2002, 249; Schreiber, Grundbegriffe des BGB – Allgemeiner Teil: Willenserklärung, Vertrag,

Rechtsgeschäft, JURA 1999, 275; Stadler BGB AT §§ 17, 18; Strobel, Die Annahmefähigkeit des Antrags nach § 147 BGB bei der Einschaltung von Hilfspersonen, JuS 2021, 626; Temming, Verstehen Sie Deutsch? Sprachenunkenntnis beim Vertragsschluss und bei der AGB-Kontrolle, GPR 2016, 38; Wank, Die Auslegung von Gesetzen, 6. Aufl. 2015; Weiler, Der Zugang von Willenserklärungen, JuS 2005, 788; Weller/Petersen/Weiner, Claus-Wilhelm Canaris: Die Vertrauenshaftung im deutschen Privatrecht – Eine Würdigung zum „50. Jubiläum", JURA 2022, 893; Wertenbruch, Abgabe und Zugang von Willenserklärungen, JuS 2020, 481; Westermann Grundbegriffe BGB Kap. 2, 3, 6; Wieling, Falsa demonstratio non nocet, JURA 1979, 524; Würdinger, Das Ziel der Gesetzesauslegung – ein juristischer Klassiker und Kernstreit der Methodenlehre, JuS 2016, 1.

Exkurs: Methodik der Fallbearbeitung II (Allgemeine Vorüberlegungen zum Gutachten)

195 Ziel eines juristischen Gutachtens ist es (→ Rn. 132), einen bestimmten, tatsächlichen oder erdachten Lebensvorgang, einen sog. **Sachverhalt**, rechtlich einzuordnen, zu beurteilen und seine rechtlichen Probleme zu erkennen sowie zu lösen. Solche Lebensvorgänge nennt die Rechtswissenschaft, wie Sie inzwischen wissen, auch „Fälle". Fälle, so hatten wir festgestellt, sind nichts anderes, als erdachte oder tatsächlich vorgekommene Geschehnisse des täglichen Lebens. Kommt es in einem Fall zu Streitigkeiten, wird daraus ein Rechtsfall. Ein solcher Fall ist auch der folgende

Übungsfall 12

[1]K sieht auf dem Gelände des Gebrauchtwagenhändlers V einen VW Golf, Baujahr 2011, ausgestellt, der mit „300 EUR" ausgezeichnet ist, was K ungeheuer günstig erscheint. [2]Er geht sofort zu V und sagt, er wolle den Wagen zum angegebenen Preis kaufen. [3]V ist erstaunt und erklärt, es handele sich um einen Schreibfehler. [4]Der Wagen koste in Wirklichkeit 3.000 EUR! [5]K bietet daraufhin 2.500 EUR. V will jedoch nur für 2.800 EUR verkaufen, was K sich aber erst überlegen möchte. [6]Zwei Tage später ruft K V an und erklärt, er sei mit 2.800 EUR einverstanden. [7]V erwidert jedoch, er habe es sich anders überlegt und verlange wieder 3.000 EUR. [8]K ist empört und verlangt den „Golf" für 2.800 EUR. Zu Recht?

Anmerkung: Die Satzzählziffern dienen der im Folgenden unter → Rn. 201 besprochenen Falllösung.

Sie werden beim Lesen sicher gemerkt haben, dass dieser Fall nur rechtliche Probleme anspricht, die wir bereits behandelt haben. Das Lesen und Verstehen des Sachverhalts bilden die erste Stufe der methodischen Vorbereitung eines juristischen Fallgutachtens, die wir deshalb

(I.) Erfassen des Sachverhalts

196 nennen. Zum Erfassen des Sachverhalts gehört zunächst das Verständnis des tatsächlichen Geschehens. Auch wenn der Sachverhalt beim ersten Lesen noch so einfach erscheint, sollten Sie sich für jede Klausurbearbeitung zum Grundsatz machen, den **Sachverhalt** erst **einmal ganz** und am besten **zweimal (mindestens!)** zu **lesen**, bevor Sie sich Gedanken darüber machen, was rechtlich erheblich sein könnte. Wenn man juristisch schon etwas vorgebildet ist, besteht beim Lesen des Sachverhalts häufig die Gefahr, dass man etwas hinzudichtet oder hineininterpretiert und so versucht ist, rechtlich etwas zu prüfen, das für die Lösung des Falls ohne Bedeutung bzw. falsch ist.

Dazu einige **Negativ-Beispiele** aus Klausuren:

(1) Wenn es wörtlich in einem Sachverhalt heißt, „A leiht sich am 27.10. von B ein Buch“ und dieses Buch wird dann bei A durch eine Nachlässigkeit des A zerstört (usw), wäre es in einer Klausur **überflüssig** und deshalb falsch, zu prüfen, ob ein wirksamer Leihvertrag zustande gekommen ist und dann sein Wissen darüber auszubreiten, dass ein Vertrag durch **Angebot** und **Annahme** zustande kommt, dass Angebot und Annahme sich decken müssen, dass ein Angebot, wie überhaupt jede Willenserklärung, zur Wirksamkeit Abgabe und Zugang voraussetzt usw ... Denn in diesem angedeuteten Fallbeispiel kann das Wirksamwerden der Willenserklärung und das Zustandekommen des Leihvertrags (der am 27.10. geschlossen wurde) kein Problem der Klausur sein! Das Problem liegt vielmehr bei der Frage, welche Folgen die Zerstörung des Buchs bei A für dessen aus dem Leihvertrag folgende Rückgabepflicht[190] hatte. An der Wirksamkeit des Leihvertrags lässt dieser Sachverhalt keine Zweifel! 197

(2) „Schlimm“ wird es, wenn man bei einer Klausur gar den **Sachverhalt „verbessert“!** Dann ist derjenige, der den Sachverhalt zur Bearbeitung gestellt hat, möglicherweise „verschnupft“. Der Geschehensablauf in einem Klausursachverhalt ist in der Regel so formuliert und vereinfacht, dass nur ganz bestimmte rechtliche Fragen angesprochen und zu prüfen sind. Beispiel für einen Sachverhalt, der von einem besonders spitzfindigen Bearbeiter einmal „verbessert“ wurde, ist Folgendes: Im Sachverhalt hieß es „K bestellt beim Porschehändler V im Januar einen Porsche Cayenne. Die Lieferung wird im Februar desselben Jahres vereinbart. V liefert aber erst im April. K musste sich deshalb einen Mietwagen nehmen usw ...“ 198

Das rechtliche Problem, das angesprochen werden sollte, war die Frage, ob V mit der verspäteten Lieferung des Autos „in Verzug“ gekommen war, wie der Jurist das nennt, und ob K eventuell Ersatz eines Verzugsschadens verlangen konnte. Ein Bearbeiter hatte sich vor der Lösung dieser Rechtsfrage etwa mit folgenden „lebensnahen“ Ausführungen gedrückt: „Dass V erst im April lieferte, ist unerheblich! Da ein Porsche Cayenne normalerweise Lieferfristen von einem Jahr und mehr hat, konnte K noch froh sein, sein Auto so früh zu erhalten.“

Als Klausursteller möchte man bei der Korrektur am liebsten den Griffel hinlegen ...! Wenn der Bearbeiter schon auf die normalen Lieferfristen von Porsche, die der Sachverhalt gar nicht erwähnt, zu sprechen kommt, hätte er zumindest merken müssen, dass die Vertragsfreiheit es den Parteien gestattet, frühere Lieferungen als normalerweise üblich zu vereinbaren. Und wenn so etwas vertraglich vereinbart wird, muss der Verkäufer auch pünktlich liefern, denn „pacta sunt servanda“ (zu Deutsch: „Verträge müssen eingehalten werden“ = römischer Rechtsgrundsatz, der auch heute noch im Bürgerlichen Recht gilt[191]).

(3) Weiteres Beispiel: Im Sachverhalt heißt es „A schickt dem B einen Brief“. Wenn weiter nichts dazu im Sachverhalt steht, dürfen Sie vom **Normalfall** ausgehen, dh davon, dass der Brief auch angekommen ist. **Überflüssig** und deswe- 199

190 Lesen Sie zur ersten Information § 604!

191 Vgl. Liebs, Lateinische Rechtsregeln und Rechtssprichwörter, 7. Aufl. 2007, P, Nr. 3.

gen wiederum falsch wäre es zu schreiben: „Da der Sachverhalt nichts darüber aussagt, ob der Brief auch bei B angekommen ist, ist nicht sicher, ob der Brief dem B auch tatsächlich zugegangen ist. Nach der sog. Empfangstheorie liegt der Zugang einer Willenserklärung vor, wenn diese dergestalt in den Machtbereich des Empfängers gelangt ist, dass er die Möglichkeit der Kenntnisnahme hatte ... usw."

Wenn der Verfasser dieser Worte dem Korrektor zeigen möchte, dass er die Empfangstheorie über den Zugang von Willenserklärungen beherrscht, bringt das keine zusätzlichen Pluspunkte; diese Ausführungen haben mit der Lösung des konkreten Falls nichts zu tun.

200 (4) Das letzte Beispiel für eine **Überinterpretation** des Sachverhalts, die gleichzeitig mit einem Missverständnis des Gesetzestexts verbunden ist, stammt aus einer Strafrechtsübungsklausur für das erste juristische Staatsexamen:

Es ging darum, dass jemand mit einem Nachschlüssel ein fremdes Schließfach auf dem Bahnhof öffnete und einen Koffer stahl. Der Bearbeiter der Klausur prüfte ernsthaft, ob der Dieb D, der „mittels eines Nachschlüssels in das Schließfach eingedrungen war", einen Hausfriedensbruch gem. § 123 StGB begangen habe! In § 123 StGB heißt es: „Wer in die Wohnung, in die Geschäftsräume oder in das befriedete Besitztum eines anderen oder in abgeschlossene Räume, welche zum öffentlichen Dienst oder Verkehr bestimmt sind, widerrechtlich eindringt, wird ... (wegen Hausfriedensbruchs) ... bestraft".

Als Korrekturbemerkung stand in der Klausur am Rand: „Meinen Sie, D sei so klein, dass er wirklich in das Schließfach eindringen konnte?"

201 **Fazit dieser Beispiele** soll sein: Der Sachverhalt muss auf jeden Fall immer sehr genau gelesen werden, und zwar, wie gesagt, mindestens zweimal. Keinesfalls darf man ihn aber überinterpretieren oder sogar noch etwas hinzufügen. Beim zweiten Lesen empfiehlt sich übrigens, gleich einige Stichworte bzw. Rechtsbegriffe, die einem spontan dazu einfallen, auf einem „Schmierzettel" zu notieren. Bei kompliziert erscheinenden Sachverhalten, vor allem, wenn mehrere Personen beteiligt oder viele Zeitangaben enthalten sind, kann es hilfreich sein, sich eine (grafische) Skizze anzufertigen und Zeitangaben auszusondern.

Lesen Sie noch einmal **Fall 12:** Wenn Sie ihn beim ersten Mal aufmerksam gelesen haben, haben Sie vielleicht schon gemerkt, um welches rechtliche Problem es sich hauptsächlich dreht.

■ Worin sehen Sie in diesem Fall das Hauptproblem?

▶ In der Frage, in welcher Äußerung von K oder V ein Vertragsangebot und eine Annahme gelegen haben kann.

Wenn man dieses Problem erkannt hat, dann könnte man sich beim zweiten Lesen auf dem „**Schmierzettel**" (Konzeptblatt)[192] etwa folgende Notizen machen, um den Sachverhalt zu komprimieren:

192 Das sollte nicht mit der Klausur abgegeben werden!

Sachverhalt	Konzeptblatt
Erster Satz	VW Golf für 300 EUR = Angebot V oder „invitatio ad …"?
Zweiter Satz	Annahme durch K?
Dritter und vierter Satz	3.000 EUR = Angebot V?
Fünfter Satz	2.500 EUR = Angebot K? 2.800 EUR = Angebot V?
Sechster Satz	Zwei Tage später Annahme durch K?
Siebter Satz	Ablehnung durch V, neues Angebot V: 3.000 EUR?
Achter Satz	K verlangt Golf für 2.800 EUR → Frage: Angebot V 2.800 EUR verbindlich? = §§ 145 ff. prüfen!

Wenn wir das tatsächliche Geschehen auf diese Weise im Hinblick auf das zu erstellende Rechtsgutachten schon etwas geordnet haben, sind unsere „Vorüberlegungen", die wir anstellen müssen, bevor wir mit der eigentlichen Ausarbeitung, der Formulierung des Gutachtens, beginnen, noch nicht beendet.

Nach der Erfassung des Sachverhalts müssen wir uns noch etwas bei seinem letzten Satz aufhalten, aus dem regelmäßig die Fallfrage folgt. Der nächste Schritt der Vorüberlegungen ist daher:

(II.) Qualifizierung der Fallfrage

■ Wie lautet diese Frage in unserem Fall? Versuchen Sie, aus den letzten beiden Sätzen des Sachverhalts eine Frage zu formulieren! 202

▶ „Verlangt K von V den VW Golf zu Recht für 2.800 EUR?"

Anders ausgedrückt heißt das: „Hat K gegen V einen Anspruch auf Übereignung des VW Golfs zum Preis von 2.800 EUR?"

Dass es bei Streitigkeiten im Bürgerlichen Recht regelmäßig um **Ansprüche** geht, wurde bereits angedeutet. Allerdings haben wir uns noch nicht näher damit befasst, was eigentlich der Begriff „Anspruch" genau umschreibt. Versuchen Sie, mit eigenen Worten den Inhalt eines Anspruchs zu formulieren!

■ Was tut jemand, der gegenüber einem anderen einen Anspruch geltend macht?

▶ Er „verlangt" etwas von dem anderen! K verlangt ausdrücklich den VW Golf für 2.800 EUR von V. Wenn ein solcher Anspruch begründet ist, hat derjenige, der etwas verlangt, – das ist der „Anspruchsteller", im Gegensatz zum „Anspruchsgegner" – ein **Recht, „etwas" zu verlangen.**

Da dieses Recht, besser: dieses „etwas", nicht bei jedem Anspruch dasselbe ist, hat der Gesetzgeber eine ganz allgemeine Definition des Anspruches gegeben.

■ Wenn Sie einen Blick in das Sachverzeichnis (Index) Ihres Gesetzestexts werfen, können Sie selbst herausfinden, in welcher Vorschrift sich die Definition des Anspruchs befindet. Suchen Sie im Index!

▶ Im Index der BGB-Gesetzessammlung Beck-Texte im dtv finden Sie hinter den Stichwörtern „Anspruch, Ansprüche" die Worte „Begriff, Verjährung", danach die fettgedruckte Ziffer 1 (für das Gesetz Nr. 1 in dieser Sammlung) und dann die magere Ziffer 194, die den Paragraphen bezeichnet. Lesen Sie also **§ 194**, der in **Abs. 1** die **Legaldefinition des Anspruchs** enthält. Da § 194 im Buch 1. Allgemeinen Teil des BGB angesiedelt ist, gilt diese Definition für sämtliche Ansprüche aller vier nachfolgenden Bücher des BGB!

Nach einem Anspruch, dem **Recht**, von einem anderen **ein Tun oder Unterlassen zu verlangen**, wird in den meisten Fallfragen gefragt.

203 Allerdings sind diese Fragen nicht immer so zielgerichtet formuliert wie in dem vorliegenden Sachverhalt. Man unterscheidet deshalb **konkrete** und **abstrakte Fallfragen**.

Noch konkreter als unsere Fallfrage wäre etwa die Frage: „Kann K von V Erfüllung des Kaufvertrags verlangen?" oder: „Kann V von K den Kaufpreis verlangen?", da schon direkt der Vertrag angesprochen wird, aus dem der Anspruch folgen könnte!

Manchmal werden zu einem Fall auch zwei oder mehrere konkrete Fragen gestellt. Dann sollte bei der Beantwortung die Reihenfolge eingehalten werden, da diese Fragen idR logisch aufeinander aufbauen und man bei der Beantwortung der nächsten Frage oft auf die Beantwortung der vorhergehenden Frage zurückverweisen kann (= die Aufgabenstellerin oder der Aufgabensteller versuchen Ihnen damit bei der Lösung des Falles zu helfen!).

■ Wie lautet eine abstrakte Fallfrage?
▶ „Welche Ansprüche hat K gegen V?" oder: „Wie ist die Rechtslage?"

Diese Fragen sind noch konkretisierungsbedürftig, dh, je nach Sachverhalt gegebenenfalls in mehrere konkrete Einzelfragen umzuformulieren. Je nach Sachverhalt könnten diese heißen „Hat V gegen K einen Anspruch auf …

… Kaufpreiszahlung?"
… Schadensersatz?"
… Herausgabe?" usw.

204 Wenn wir auf diese Weise ermittelt haben, wonach konkret gefragt ist, kommen wir der Falllösung immer näher; denn dann haben wir meist schon festgestellt, wer Anspruchsteller, wer Anspruchsgegner und welches das „Anspruchsbegehren" ist.

Vereinfacht ausgedrückt haben wir uns gefragt:

„**Wer** will von **wem was**?"

■ Versuchen Sie einmal, die Antwort auf diese einfache Frage für unseren Fall umzuformulieren, ohne dass Sie dabei schon rechtliche Begriffe verwenden:
▶ „K will von V den VW Golf zum Preis von 2.800 EUR".

Aus dem Sachverhalt ergibt sich regelmäßig eine Begründung, die dieses Verlangen, also diesen Anspruch, stützen könnte.

Die nächste Frage, die man sich in den Vorüberlegungen zur Falllösung zu stellen hat, lautet deshalb: „**Warum** macht der Anspruchsteller diesen Anspruch geltend?". Um diese Frage richtig beantworten zu können, muss man sich selbst in die Situation des Anspruchstellers hineindenken!

Die „Warum-Frage" wird in einschlägigen Anleitungen zur Falllösungstechnik teils weggelassen. Man begnügt sich mit nur vier „W". Wir bleiben bei fünf, denn gerade die Frage nach dem „warum?" stellt für den vernünftigen (= rational denkenden) Anspruchsteller die Weiche zur richtigen Anspruchsgrundlage!

■ Warum glaubt K in unserem Fall, dass er den VW Golf zum Preis von 2.800 EUR verlangen kann?
▶ Weil seiner Meinung nach zwischen V und ihm ein Kaufvertrag über den VW Golf zum Preis von 2.800 EUR geschlossen wurde!

Um seinen Anspruch rechtlich begründen zu können, braucht K eine gesetzliche Vorschrift, aus deren Formulierung sich ein solcher Anspruch ergeben könnte. K braucht eine **Anspruchsgrundlage.** Eine Anspruchsgrundlage ist eine Vorschrift, aus deren Formulierung sich schließen lässt, dass jemand das „Recht hat, von einem anderen etwas zu verlangen" (das ist die Definition für den Anspruch)! Sind die Tatbestandsvoraussetzungen der Vorschrift erfüllt, ist die Rechtsfolge ein bestehender Anspruch.[193] **205**

Hierzu einige **Beispiele**:

(1) **§ 535** – Abs. 1 S. 1 lesen!

■ Wer hat nach dieser Vorschrift ein Recht, etwas von dem anderen zu verlangen, und was?
▶ Der Mieter hat das Recht, vom Vermieter den Gebrauch der Mietsache während der Mietzeit zu verlangen. § 535 I 1 ist eine typische Anspruchsgrundlage für den Mieter (die Verpflichtung des Vermieters entspricht dem Recht des Mieters).
■ Welchen Anspruch hat nach § 535 II (lesen!) der Vermieter gegen den Mieter?
▶ Anspruch auf Bezahlung der vereinbarten Miete!
§ 535 II ist also die entsprechende Anspruchsgrundlage für den Vermieter!

(2) Lesen Sie noch einmal **§ 145**!

■ Wer kann nach dieser Vorschrift von wem etwas verlangen?
▶ Niemand! Was denn?
In § 145 wird lediglich geregelt, dass jemand, der ein Vertragsangebot macht, normalerweise daran gebunden ist. Aus dieser Formulierung geht nicht hervor, dass der andere von dem Anbietenden etwas Bestimmtes verlangen kann. § 145 kann also **keine** Anspruchsgrundlage sein! Es handelt sich vielmehr um eine **einfache Rechtsfolgenregelung**.

(3) Wie sieht das zB mit **§ 130 I 1** aus (lesen!)?

193 Damit haben wir es mit einer *besonderen* Rechtsfolgenregelung zu tun, bei der Rechtsfolge der Norm ein Anspruch ist. Vorschriften, die keine Anspruchsgrundlagen sind, enthalten in der Regel – wenn die Tatbestandsmerkmale (Voraussetzungen) erfüllt sind – ebenfalls eine Rechtsfolge, aber eben keinen Anspruch; das sind dann *einfache* Rechtsfolgenregelungen.

■ Ist das eine Anspruchsgrundlage oder nicht? Überlegen Sie!

▶ Daraus folgt ebenfalls keine Verpflichtung bzw. umgekehrt kein Recht einer Person gegenüber einer anderen. Also: **keine** Anspruchsgrundlage!

(4) Lesen Sie nun **§ 823 I** – den wir schon kennengelernt haben!

■ Anspruchsgrundlage oder nicht?

▶ Aus der Formulierung, dass jemand aufgrund einer Rechtsgutverletzung (durch Tun oder Unterlassen) einem anderen zum Schadensersatz verpflichtet ist, folgt, dass der andere das Recht hat, Schadensersatz zu „verlangen", dh, er hat einen Schadensersatzanspruch! § 823 I ist eine typische **Anspruchsgrundlage**.

(5) Letztes Beispiel: **§ 249 I** – lesen!

■ Anspruchsgrundlage oder nicht?

▶ Aus dem Wortlaut von § 249 I können Sie – anders als bei § 823 I – nicht herauslesen, dass jemand von einem anderen etwas verlangen kann! § 249 I setzt dies bereits voraus: „wer" – aufgrund einer Anspruchsgrundlage wie zB § 823 I oder § 280 I – bereits „zum Schadensersatz verpflichtet ist", muss im in § 249 I bestimmten Umfang Schadensersatz leisten! Wenn in einer Klausurlösung steht „K könnte gegen V einen Anspruch auf Schadensersatz gem. § 249 I haben" ist das schlichtweg falsch! § 249 I ist keine Anspruchsgrundlage, sondern ergänzt diese (in dem Fall die Normen, die einen Schadensersatz vorsehen). Auch diese Vorschrift ist nur eine **einfache Rechtsfolgenregelung**[194]!

(III.) Suche nach der Anspruchsgrundlage[195]

Die Suche nach der Anspruchsgrundlage ist nach

(1.) dem Erfassen des Sachverhalts und

(2.) der Qualifizierung der Fallfrage

die dritte und wichtigste Stufe in den Vorüberlegungen zur Falllösung; denn die Anspruchsgrundlage enthält regelmäßig das mögliche (hypothetische) Ergebnis, das dem schriftlichen Gutachten vorangestellt wird.

206 Um die richtige Anspruchsgrundlage für den jeweiligen Fall zu finden, fragt man sich deshalb, **woraus** – nämlich aus welcher Vorschrift – kann der Anspruchsteller seinen Anspruch herleiten?

Um das mögliche Ergebnis eines Falls herauszuarbeiten, muss man sich also in den Vorüberlegungen Schritt für Schritt fragen:

Wer will von **wem was, warum, woraus**?

194 Rechtsfolge ist hier nicht die Haftungsbegründung (= Begründung eines Anspruchs), sondern die Haftungsausfüllung.

195 Wenn Sie nun verstanden haben, was eine Anspruchsgrundlage ist, könnten Sie einmal den ganzen BGB AT, also die §§ 1–240a durchlesen und alle Anspruchsgrundlagen notieren. Die Lösung dieses „Rätsels" finden Sie bei Petersen, Examinatorium Allgemeiner Teil des BGB und Handelsrecht, 2013, § 8.

Für unseren Fall hatten wir die Frage einschließlich des „warum?" bereits beantwortet.

■ Versuchen Sie selbst, die Antwort zu formulieren!
▶ K will von V den VW Golf, genauer: die Übereignung des VW Golf zum Preis von 2.800 EUR, weil er glaubt, dass V dazu aufgrund eines Kaufvertrags verpflichtet ist.

Die Teilfrage „woraus?", die unmittelbar auf die Anspruchsgrundlage gerichtet ist, lässt sich regelmäßig (das nötige Wissen vorausgesetzt) ohne große Schwierigkeiten beantworten, wenn man die vorangegangenen Teilfragen sorgfältig beantwortet hat.

■ Woraus, aus welcher Vorschrift also, könnte K sein Verlangen herleiten? Diese Vorschrift ist Ihnen schon bekannt:
▶ § 433 I 1 – nochmals lesen!

Bei den Vorüberlegungen zur gutachtlichen Lösung eines Falls notiert man sich dieses Schema unbedingt auf dem Konzeptblatt und schreibt dann die einzelnen Antworten dazu. Das könnte in diesem Fall in etwa so aussehen:

Wer	will von	**wem**	**was**	**warum**	**woraus?**[196]
K	will von	V	Übergabe und Übereignung des VW Golf	weil K glaubt, dass V dazu aufgrund eines Kaufvertrags verpflichtet ist	§ 433 I 1

■ Wie müsste deshalb der erste Satz des schriftlichen Gutachtens lauten, den wir als mögliches Ergebnis („(Arbeits-) Hypothese") an den Anfang des Gutachtens stellen?
▶ „K könnte gegen V einen Anspruch auf Übergabe und Übereignung des VW Golf (zum Preis von 2.800 EUR) gem. § 433 I 1 haben".

Erst dieser Satz dürfte von alledem, was wir bis hierhin erwogen haben, in dem **schriftlichen Gutachten** stehen. Alles andere waren gedankliche Vorüberlegungen, die allenfalls auf dem Konzeptblatt, nicht aber in der endgültigen Klausurbearbeitung erscheinen dürfen! **207**

Bevor wir mit der gutachtlichen Lösung von Fall 12 beginnen, schauen Sie sich diese methodischen Vorüberlegungen noch einmal in einer Zusammenfassung an (Übersicht 19 → Rn. 209) und lesen Sie dann hier weiter.

■ Wenn Sie sich noch an Übersicht 15 (→ Rn. 138) über den Aufbau eines Gutachtens erinnern und den letzten Satz auf Übersicht 19 (→ Rn. 209) betrachten, müssten Sie eigentlich beantworten können, welches der nächste Schritt im Gutachten ist, nachdem wir das mögliche Ergebnis mit der entsprechenden Anspruchsgrundlage vorangestellt haben.
▶ Systematische und schrittweise Überprüfung der rechtlichen Voraussetzungen für den möglichen Anspruch durch Subsumtion (Unterordnen) des Sachverhalts unter diese Voraussetzungen!

196 Vgl. auch Wörlen/Schindler/Balleis ZivilR Rn. 42; Metzler-Müller/Füglein Privatrechtsfall 29 f.

■ Was ist zunächst Voraussetzung, damit K gegen V einen Anspruch auf Übereignung des VW Golfs gem. § 433 I 1 hat?
▶ Ein Kaufvertrag! Zwischen K und V muss also ein wirksamer Kaufvertrag zustande gekommen sein.
■ Welche Voraussetzungen müssen dafür wiederum erfüllt sein?
▶ Für einen wirksamen Kaufvertrag müssen ein wirksames Angebot und dessen wirksame Annahme iSd §§ 145 ff. vorliegen.

Da bei diesem Punkt das Problem unseres Falls liegt, müssen wir jede Erklärung der Beteiligten daraufhin überprüfen.

■ Welches ist die erste Erklärung, die in unserem Sachverhalt geäußert wird?
▶ Das Ausstellen des VW Golf auf dem Gelände des V zu 300 EUR. Dies könnte ein solches Angebot sein (oder: Fraglich ist, ob dieses ein solches Angebot ist).

Da wir ein Gutachten anfertigen wollen, wäre es stilistisch falsch, wenn man nach der Feststellung „Voraussetzung für diesen Anspruch ist ein wirksamer Kaufvertrag, der wiederum ein wirksames Angebot (§ 145) und dessen wirksame Annahme (§§ 146 ff.) verlangt" etwa Folgendes schreiben würde: „Kein Angebot liegt in der Preisauszeichnung von 300 EUR, denn das ist nur eine sog. „invitatio ad offerendum", die keine Rechtsbindung nach sich zieht."

■ Was hätte man nämlich mit dieser Formulierung geschrieben?
▶ Ein Urteil! (Sie erinnern sich? Stichwort „denn"). Und das gerade muss man in Anfängerklausuren vermeiden!

208 Im Gutachten müsste man die Erklärung des V etwa folgendermaßen prüfen:

„Ein Angebot iSv § 145 des V könnte in der auf dem Preisschild enthaltenen Auszeichnung des VW Golf für 300 EUR liegen. Dann müsste diese Erklärung so gefasst sein, dass sie sich direkt an K richtete und dieser daraus auf einen Willen des V schließen konnte, sich ihm – K – gegenüber rechtlich zu binden. Gerade dies ist aber bei einer solchen Preisauszeichnung nicht der Fall. Vielmehr will V mit der Ausstellung des Pkw auf seinem Gelände allen vorbeigehenden Interessenten zeigen, dass er bereit ist, mit irgendeinem von ihnen einen Kaufvertrag über den VW Golf zu schließen. In der Preisauszeichnung liegt daher eine Aufforderung des V an diese Interessenten, ihm ein Angebot zu machen. Das ist eine sog. „invitatio ad offerendum". Diese richtet sich an eine unbestimmte Vielzahl von Personen, sodass V dem K kein Angebot über 300 EUR gemacht hat."

Übersicht 19 209

Methodik der juristischen Fallbearbeitung

II. Allgemeine Vorüberlegungen zur Ausarbeitung einer Klausur (Gutachten)

1. Erfassen des Sachverhalts

- Sachverhalt (SV) = „Fall" = tatsächlicher oder erdachter Geschehensablauf, der rechtlich beurteilt werden soll
- SV mehrmals (mindestens zweimal) durchlesen!
- Ggf. grafische Skizze anfertigen und Zeitangaben aussondern
- Sorgfältig lesen, aber nichts zum SV „hinzudichten" oder gar SV verbessern (**Beispiel** „Lieferfristen Porsche Cayenne", „A schickt Brief an B" = Brief ist im Normalfall angekommen!)

2. Qualifizierung der Fallfrage

- Im Bürgerlichen Recht ist regelmäßig nach „Ansprüchen" gefragt
- Legaldefinition „Anspruch": § 194 I
- Mögliche Fallfragen:
  a) konkrete Fallfragen, zB „Kann V von K den Kaufpreis verlangen?"
  b) abstrakte Fallfragen, zB „Welche Ansprüche hat V gegen K?"
  = Frage ist noch konkretisierungsbedürftig, etwa: „Hat V gegen K einen Anspruch auf Kaufpreiszahlung?" oder „… auf Schadensersatz?" oder „… auf Herausgabe der Sache?" etc
  zB „Wie ist die Rechtslage?"
  = Alle für den speziellen Fall in Betracht kommenden Ansprüche sind zu prüfen!
- Bei mehreren konkret gestellten Fallfragen: Reihenfolge einhalten!
- Bei abstrakter Fragestellung, aus der sich mehrere konkrete Fragen ergeben: möglichst logische Reihenfolge bilden!

3. Suche nach der Anspruchsgrundlage

- Anspruchsgrundlage = gesetzliche Vorschrift, aus der sich ergibt, dass jemand von einem anderen etwas (Tun oder Unterlassen, vgl. § 194 I!) verlangen kann!
- Mit der Suche nach der Anspruchsgrundlage beginnt die eigentliche juristische Arbeit = Gesetzesanwendung!
- Die Anspruchsgrundlage wird dem schriftlichen Gutachten (Klausur) als mögliches („hypothetisches") Ergebnis vorangestellt.
- Nächster Schritt: Voraussetzungen der Anspruchsgrundlage systematisch prüfen (= vgl. Übersicht 15 → Rn. 138: „Gutachten/Urteil") = Subsumtion.

■ Worin lag in unserem Fall das erste Angebot?

▶ Erklärung des K, er wolle zu 300 EUR kaufen.

■ Hat V dieses Angebot angenommen?

▶ Nein!

■ Sondern?

▶ V hat ein neues Angebot zu 3.000 EUR abgegeben (§ 150 II).

■ Hat K dieses neue Angebot angenommen?

▶ Nein! K äußert zwar seinen Kaufwillen, aber nur zum Preis von 2.500 EUR.

■ Was bedeutet dies?

▶ Dieser Vorschlag des K ist gem. § 150 II als Ablehnung von Vs Angebot und zugleich als neues Angebot des K anzusehen (§ 150 II lesen!). Auch die Erklärung des V, nur für 2.800 EUR verkaufen zu wollen, bildet nach § 150 II ein neues Angebot.

- Hat K dieses neue Angebot des V (2.800 EUR) angenommen?
- ▶ Zunächst nicht; er wollte sich das ja erst einmal überlegen!

210 Eine wirksame Annahme des K könnte aber zwei Tage später telefonisch erfolgt sein. Dann müsste V gem. § 145 zu diesem Zeitpunkt noch an das Angebot gebunden gewesen sein. Ob das der Fall war, ergibt sich aus den §§ 146–149, die Sie nun durchlesen sollten. Nach § 146 muss die Annahme rechtzeitig erfolgt sein. Wann eine Annahme „rechtzeitig" ist, entnehmen wir den §§ 147–149. Prüfen wir die Voraussetzungen dieser Vorschriften, indem wir von unten mit § 149 beginnen:

- Passt § 149 auf unseren Fall?
- ▶ § 149 bezieht sich auf zugesandte Willenserklärungen unter Abwesenden! Es liegt aber eine telefonische Willenserklärung, dh eine Willenserklärung unter Anwesenden vor!
- Passt § 148?
- ▶ Nein. Es wurde keine Annahmefrist vereinbart!
- Passt § 147 I?
- ▶ Gemäß § 147 I 1 konnte K das Angebot des V über 2.800 EUR, das dieser ihm machte, als K bei ihm anwesend war, nur sofort annehmen.
- Ist das geschehen?
- ▶ Zwei Tage später bedeutet nicht „sofort"!
- Was ist demnach mit dem Angebot des V über 2.800 EUR geschehen?
- ▶ Mangels rechtzeitiger Annahme durch K ist es gem. § 146 erloschen!
- Wie ist die verspätete Annahme durch K rechtlich zu werten?
- ▶ Wiederum als neues Angebot, und zwar folgt dies aus § 150 I – lesen!

Somit haben wir schließlich ein Angebot des K, den VW Golf für 2.800 EUR kaufen zu wollen, das V erneut ablehnt, indem er wieder den Verkauf zu 3.000 EUR anbietet. Dieses letzte Angebot hat K nicht angenommen.

- Wie lautet daher das Ergebnis zu Fall 12?
- ▶ Da es an der Annahme des Verkaufsangebots durch K fehlte, kam kein wirksamer Kaufvertrag zustande: „Somit hat K gegen V keinen Anspruch auf Übereignung des VW Golf zum Preis von 2.800 EUR gem. § 433 I 1!"

Das müsste auch der letzte Satz des schriftlichen Gutachtens sein, in welchem ausdrücklich festgestellt wird, ob das im ersten Satz vermutete Ergebnis („Hypothese") zutrifft oder nicht.[197]

Eine Checkliste für die Prüfung von Ansprüchen aus Vertrag enthält das folgende Prüfungsschema.

197 Das ausformulierte Gutachten können Sie nachlesen bei Wörlen/Schindler/Balleis ZivilR Fall 2 Rn. 111, 115 ff.

Prüfungsschema 211

Prüfungsfolge eines Anspruchs aus Vertrag

I. Anspruch entstanden?

1. **Einigung** iSd §§ 145 ff. **über** die **wesentlichen Vertragsbestandteile/**Zustandekommen des Vertrags
   a) **Angebot** eines Vertragspartners (→ Rn. 139)
      aa) eigene WE (→ Rn. 140 ff.) oder Zurechnung der WE eines Vertreters nach § 164 I (→ Rn. 353 ff.)
      bb) Wirksamwerden der WE durch Abgabe und Zugang nach den §§ 130 ff. (→ Rn. 178 ff.)
   b) **Annahme** des anderen Vertragspartners
      aa) eigene WE (→ Rn. 140 ff.) oder Zurechnung der WE eines Vertreters nach § 164 I (→ Rn. 353 ff.)
      bb) Wirksamwerden der Willenserklärung durch Abgabe und Zugang nach §§ 130 ff. (→ Rn. 178 ff.)
      cc) Rechtzeitigkeit der Annahme, §§ 147 ff. (→ Rn. 210); ggf. Annahmefrist (§ 148); ansonsten:
         (1) Antrag unter Anwesenden, § 147 I „sofort", wenn nicht, dann §§ 146, 150 I
         (2) Antrag unter Abwesenden, § 147 II, wenn nicht, dann §§ 146, 150 I. Beachte § 149!
      dd) inhaltliche Deckung von Angebot und Annahme, §§ 154 f. (offener oder versteckter Dissens (→ Rn. 337 ff.); ansonsten: § 150 II (→ Rn. 157)
2. **Wirksamkeit** der Einigung / des Vertrages?
   a) Geschäftsunfähigkeit, §§ 104, 105 (→ Rn. 119 ff.)
   b) Formmangel, § 125 (→ Rn. 291 ff.)
   c) Gesetzesverstoß, § 134 (→ Rn. 310 ff.)
   d) Sittenwidrigkeit, § 138 (→ Rn. 318)
   e) Nichteintritt einer aufschiebenden Bedingung, § 158 I (→ Rn. 405)
   f) Anfechtung nach §§ 119 ff.[198] (→ Rn. 216 ff.)

II. Anspruch übergegangen?
zB Abtretung nach §§ 398 ff.[199]

III. Anspruch erloschen (rechtsvernichtende Einwendungen)?
zB Anfechtung nach §§ 119 ff. (→ Rn. 216 ff.)[200]
Erfüllung nach §§ 362 ff.[201]
Aufrechnung nach §§ 387 ff.[202]

IV. Anspruch durchsetzbar (rechtshemmende Leistungsverweigerungsrechte, dh Einreden)?
zB Verjährung nach § 214 I (→ Rn. 415 ff.)
Zurückbehaltungsrechte nach §§ 273, 320[203]

---

198 Die Anfechtung kann auch unter Punkt III. geprüft werden.
199 Hierzu Wörlen/Metzler-Müller SchuldR AT Rn. 431 ff.
200 Die Anfechtung kann auch unter Punkt I.2. geprüft werden.
201 Hierzu Wörlen/Metzler-Müller SchuldR AT Rn. 173 f.
202 Hierzu Wörlen/Metzler-Müller SchuldR AT Rn. 176 f.
203 Hierzu Wörlen/Metzler-Müller SchuldR AT Rn. 169 ff.

Literatur zur Vertiefung (→ Rn. 195–210): Bitter/Röder BGB AT §§ 3, 4; Brox/Walker BGB AT § 38; Früh, Juristisch auslegen, argumentieren und überzeugen, JuS 2021, 905; Lange, Jurastudium erfolgreich, 8. Aufl. 2015, 9. Kap.; Medicus/Petersen BürgerlR §§ 1, 2 (Anspruchsaufbau); Metzler-Müller/Füglein Privatrechtsfall 25 ff.; Möllers, Juristische Arbeitstechnik und wissenschaftliches Arbeiten, 10. Aufl. 2021, § 2; Musielak/Hau GK BGB Rn. 11 ff.; Noltensmeier/Schuhr, Hinweise zum Abfassen von (Pro-)Seminararbeiten, JA 2008, 576; Petersen, Die Entstehung und Prüfung von Ansprüchen, JURA 2008, 180; Regenfus, Die „Geltendmachung" eines Anspruchs, JURA 2022, 527; Rosenkranz/Bastians/Noszka, Grundlagenfächer-Open-Book-Anfängerklausur zur Juristischen Methodenlehre To party or not to party?, JURA 2022 83; Spitzlei, Die Gesetzesbegründung und ihre Bedeutung für die Gesetzesauslegung, JuS 2022, 315; Wörlen/Schindler/Balleis ZivilR Rn. 1–102.

3. Elektronische Willenserklärungen

212 Nach allem, was Sie bisher über Willenserklärungen unter An- und Abwesenden, über ihre Abgabe, Kundgebung, Empfangsbedürftigkeit und ihren Zugang gelesen haben und womöglich öfter im „Internet surfen" (als Lehrbücher zu lesen?), werden Sie sich vielleicht die Frage nach der rechtlichen Einordnung von *Willenserklärungen über das Internet* gestellt haben.

Eine Willenserklärung ist, wie wir wissen, regelmäßig auf den Abschluss eines Rechtsgeschäfts, sei es einseitig oder mehrseitig, gerichtet. Die von einem Rechtssubjekt abgegebene Willenserklärung setzt die **Erklärung** eines **menschlichen Willens** voraus, der auf die Herbeiführung einer bestimmten Rechtsfolge gerichtet ist. Daher sind zwangsläufig auch **elektronisch übermittelte** Willenserklärungen, also zB Willenserklärungen per E-Mail oder per Mausklick im Internet als Erklärungen eines menschlichen Willens anerkannt. Solche Willenserklärungen sind ebenso wirksam wie andere Willenserklärungen, die über „Fernkommunikationsmittel" abgegeben werden. **Fernkommunikationsmittel** sind solche Kommunikationsmittel, die zur Anbahnung oder zum Abschluss eines Vertrags ohne gleichzeitige körperliche Anwesenheit der Vertragsparteien eingesetzt werden können, insbesondere Briefe, Kataloge, Telefonanrufe, Telekopien (= Fax), **E-Mails**, über den Mobilfunkdienst versendete Nachrichten (**SMS**, WhatsApp-Nachricht[204]) sowie Rundfunk und Telemedien (vgl. die nicht abschließende Aufzählung in § 312c II).

213 Ist der Computer mehr als nur Werkzeug für die Übermittlung des menschlichen Willens, liegt eine **automatisierte Willenserklärung** vor. Nimmt der Grad der Automation zu, wird zB die vom Computerprogramm aufgrund vorheriger manueller Dateneingabe automatisch erzeugte Willenserklärung zudem auch noch elektronisch übermittelt – ohne aktuellen menschlichen Beitrag –, spricht man von einer Computererklärung. Auch automatisierte Willenserklärungen sind als echte Willenserklärung anerkannt.[205]

Wenn elektronische Willensklärungen ebenso wirksam sind wie andere Willensklärungen, dann gelten für sie entsprechend auch die bisher gelernten Grundsätze über die invitatio ad offerendum, die Abgabe und den Zugang, über Angebot und Annahme und – die im folgenden Kapitel dargestellte – Anfechtung von Willensklärungen.[206]

---

204 Vgl. LG Bonn BeckRS 2020, 2835.

205 S. Köhler BGB AT § 6 Rn. 8; Spindler/Schuster Vorbem. zu §§ 116 ff. Rn. 5 sowie Rn. 6 ff. zu Besonderheiten der Computererklärung.

206 → **Übungsfall 16, Rn. 260.**

Probleme, die sich angesichts von Fehlleistungen der Soft- und Hardware ergeben können,[207] können Sie in der Spezialliteratur (vgl. „Literatur zur Vertiefung“) nachlesen.

Literatur zur Vertiefung (→ Rn. 212-213): Borges, Das Widerrufsrecht in der Internetauktion, DB 2005, 319; Brox/Walker BGB AT §§ 8, 9; Dethloff, Vertragsschluss, Widerrufs- und Rückgaberecht im E-Commerce, JURA 2003, 730; Effer-Uhe, Erklärungen autonomer Softwareagenten in der Rechtsgeschäftslehre, RDi 2021, 169; Greiner/Kalle, Ungeklärte Fragen des Wirksamwerdens empfangsbedürftiger Willenserklärungen – im Grundsatz und bei Verwendung digitaler Kommunikationswege, JZ 2018, 535; Hoeren, Internetrecht, 4. Aufl. 2021; Köhler/Fetzer, Recht des Internet, 8. Aufl. 2016; Malorny, Auswahlentscheidungen durch künstlich intelligente Systeme, JuS 2022, 289; Mankowski, Zum Nachweis des Zugangs bei elektronischen Erklärungen, NJW 2004, 1901; Mankowski, Online-Auktionen, Versteigerungsbegriff und fernabsatzrechtliches Widerrufsrecht, JZ 2005, 444; Metzler-Müller/Füglein Privatrechtsfall Fall 1, S. 51 ff.; Petersen, Allgemeiner Teil des BGB und Internet, JURA 2002, 387; Staudinger/Schmidt-Bendun, Kein Ausschluss des Widerrufsrechts des Verbrauchers im Rahmen einer Internetauktion – eBay, BB 2005, 732; Steckler, Grundzüge des IT-Rechts, 3. Aufl. 2011; Paal, Internetrecht – Zivilrechtliche Grundlagen, JURA 2010, 377; Paulus, Die automatisierte Willenserklärung, JuS 2019, 960; Paulus/Matzke, Smart Contracts und das BGB – Viel Lärm um nichts?, ZfPW 2018, 431; Stiegler, Der Online-Verbrauchsgüterkauf, JA 2021, 624; Sutschet, Anforderungen an die Rechtsgeschäftslehre im Internet, NJW 2014, 1041; Specht/Herold, Roboter als Vertragspartner?, MMR 2018, 40; Wertenbruch, Abgabe und Zugang von Willenserklärungen, JuS 2020, 481.

207 Vgl. Grüneberg/Ellenberger Einf. v. § 116 Rn. 1 sowie § 130 Rn. 4.

2. Kapitel. Anfechtung von Willenserklärungen und Rechtsgeschäften

I. Grundgedanken

214 Bei irrtümlichem Auseinanderfallen von Wille und Erklärung kann dem Erklärenden ein Recht zur Anfechtung zustehen. Das ist nur von Bedeutung, wenn der Erklärende ohne Anfechtungsrecht an eine Willenserklärung gebunden wäre, die seinem wahren Willen nicht entspricht. Eine Willenserklärung ist also stets zuerst auszulegen (→ Rn. 160 ff.), um festzustellen, mit welchem Inhalt sie gilt: **„Auslegung geht vor Anfechtung!“** (→ Rn. 342).

Das allgemeine Anfechtungsrecht des BGB ist in den §§ 119–124 sowie in den §§ 142–144 geregelt. Es kommt zur Anwendung, wenn eine Willenserklärung nach ihrer Auslegung Mängel des mit ihr erklärten Willens aufweist, ohne dass die zunächst existente Willenserklärung bereits nach anderen Vorschriften nichtig ist. Solche **Nichtigkeit** anordnenden Vorschriften sind (zB)

- § 116 S. 2 („Geheimer Vorbehalt“ – „geheim“ ist der Vorbehalt, wenn er demjenigen verheimlicht wird, für den die Willenserklärung bestimmt ist)[208],
- § 117 („Scheingeschäft“) und
- § 118 („Mangel der Ernstlichkeit“, „Scherzgeschäft“),

die Sie zur kurzen Information durchlesen sollten! Das Anfechtungsrecht will die Interessen sowohl des Erklärenden als auch des Erklärungsempfängers berücksichtigen, dh, es regelt den Interessenwiderstreit dieser beiden an einem Rechtsgeschäft Beteiligten für den Fall, dass die Willenserklärung irrtumsbedingt ist.

215 Begrifflich setzt die Anfechtung notwendigerweise voraus, dass die Willenserklärung nicht nur rechtlich existent ist, sondern dass sie auch wirksam nach außen getreten ist. Das wurde bereits mehrfach angedeutet, als wir uns mit der Auslegung und vor allem mit der Abgabe und dem Zugang von Willenserklärungen beschäftigt haben: Wenn sich ergibt, dass eine Willenserklärung wegen Fehlens der Abgabe oder des Zugangs gar nicht wirksam geworden ist, kann sich logischerweise die Frage der Anfechtbarkeit gar nicht erst stellen! Wenn sich allerdings herausstellt, dass eine wirksame Willenserklärung anfechtbar ist, weil tatsächlich ein „Anfechtungsgrund“ – was das ist, werden Sie sogleich lesen – gegeben ist, dann hat das zur Folge, dass diese **Willenserklärung durch** die **Anfechtung von Anfang an** („ex tunc“) **nichtig** wird. Diese Rechtsfolge, die Wirkung der Anfechtung, wird vom Gesetz in § 142 I ausdrücklich angeordnet – lesen!

Lernhinweis: Unterstreichen Sie sich im Gesetzestext die Worte „von Anfang an"!

Wie Sie sehen, ist in § 142 I nicht ausdrücklich von einer Willenserklärung, die angefochten wird, sondern von einem Rechtsgeschäft die Rede. Diese Formulierung ist nicht ganz korrekt. Es muss die für das Zustandekommen des Vertrags (zwei oder mehrere sich deckende Willenserklärungen) bzw. des einseitigen Rechtsgeschäfts (zB Kündigung) abgegebene Willenserklärung angefochten werden. Aufgrund der wirksamen Anfechtung wird eine der für den Vertrag erforderlichen Willenserklä-

208 Jauernig/Mansel § 116 Rn. 2.

rungen beseitigt und damit auch der Vertrag hinfällig, der auf dieser Willenserklärung beruht. Es ist also der Vertrag bzw. das Rechtsgeschäft nichtig.[209] Bevor wir die Wirkungen einer wirksamen Anfechtung genauer betrachten, müssen wir uns zunächst mit den Voraussetzungen dafür beschäftigen, dass eine Willenserklärung (bzw. das damit verbundene Rechtsgeschäft) wirksam angefochten werden kann!

II. Voraussetzungen der wirksamen Anfechtung

Voraussetzung jeder wirksamen Anfechtung ist zunächst ein „Anfechtungsgrund"! **216**

1. Anfechtungsgründe

Zwei Anfechtungsgründe enthält § 119 I, den Sie jetzt lesen müssen! Anfechten kann danach jemand, der sich bei der Abgabe seiner Willenserklärung über ihre Bedeutung geirrt hat, und zwar spricht § 119 I von zwei Arten des Irrtums. **217**

- ■ Wie würden Sie diese Irrtumsarten jeweils mit einem Begriff kennzeichnen? (Lesen Sie die Vorschrift nochmals und denken Sie erst nach!)
- ▶ Man nennt die beiden Irrtumsarten, die § 119 I regelt, *„Inhaltsirrtum"* und *„Erklärungsirrtum"*. Die Abgrenzung beider Irrtumsarten ist nicht immer ganz einfach, für das praktische Ergebnis eines Falls letztlich aber ohne große Bedeutung!
- ■ Warum ist diese Unterscheidung zwischen Inhaltsirrtum und Erklärungsirrtum für die Praxis ohne große Bedeutung?
- ▶ Weil die Rechtsfolge die gleiche ist: Wenn einer dieser Irrtümer vorliegt, kann der Erklärende anfechten, und damit wird die Willenserklärung und das darauf beruhende Rechtsgeschäft jedenfalls gem. § 142 I von Anfang an nichtig!

Da aber das Gesetz die Unterscheidung zwischen Inhaltsirrtum und Erklärungsirrtum trifft, müssen wir uns den Unterschied kurz verdeutlichen:

a) Inhaltsirrtum

Bei der ersten Variante des § 119 I, dem Inhaltsirrtum, benutzt der Erklärende zwar das richtige Erklärungszeichen (also die richtige Bezeichnung für einen Gegenstand), doch bedeutet diese Bezeichnung etwas anderes, als er sich darunter vorgestellt hat (= wirklich gemeint hat); der Erklärungsempfänger versteht allerdings die andere, richtige Bedeutung. **218**

Ein typisches Beispiel hierzu haben Sie bei der Untersuchung der rechtlichen Erheblichkeit von Willenserklärungen bezüglich ihres Bestandteils „Geschäftswillen" bereits kennengelernt (→ Rn 142 f.): **219**

A unterschreibt einen Mietvertrag im Glauben, es sei ein Leihvertrag. A hat, wie wir damals festgestellt haben, eine rechtlich erhebliche Willenserklärung mit allen ihren Bestandteilen, nämlich Handlungswillen, Erklärungsbewusstsein und Geschäftswillen abgegeben. Auch die Auslegung kann nur ergeben, dass sich die Willenserklärung des A vom Standpunkt eines objektiven Erklärungsempfängers auf einen Mietvertrag bezog. Da A aber, als er tatsächlich mit seiner Unterschrift erklärte „Ich nehme den Mietvertrag an", glaubte, seine Erklärung bedeute: „Ich nehme den Leihvertrag an",

209 S. Staudinger/Roth § 142 (2020) Rn. 15 mwN.

irrte er sich über die Bedeutung des Inhalts seiner Willenserklärung. Somit kann er diese Willenserklärung gem. § 119 I, 1. Var. wegen Inhaltsirrtums anfechten.

Weitere **Beispiele:**

Irrtum über die Person des Geschäftspartners
B will den ihm bekannten Maurer U beauftragen, schickt aber das Auftragsschreiben versehentlich an einen anderen Maurer mit dem gleichen Namen.

Irrtum über den Geschäftsgegenstand
Irrtum über die Identität des gekauften Grundstücks (Kauf des Grundstücks mit der Flurbezeichnung X in der Annahme, Vertragsgegenstand sei das Nachbargrundstück Y), die Identität eines Fahrzeugs oder Tiers.
Bestellung von 25 Gros Rollen WC-Papier (= 3.600 Rollen, 1 Gros = 144 Stück) in der Annahme, es handele sich um 25 große Rollen.[210]

Irrtum über die Rechtsfolgen der Erklärung
Ausschlagung einer Erbschaft in der Annahme, sie verschaffe dem Ausschlagenden einen unbeschränkten Pflichtteilsanspruch.[211]
Annahme einer Erbschaft durch Stillschweigen in Unkenntnis des Ausschlagungsrechts.[212]

b) Erklärungsirrtum

220 Die zweite Variante des § 119 I ist der **Erklärungsirrtum.** Der Erklärende irrt im Moment der Abgabe nicht über die Bedeutung des Inhalts des benutzten Erklärungszeichens, sondern er benutzt versehentlich ein falsches Erklärungszeichen. Erklärungszeichen können Buchstaben, Zahlen oder Sonderzeichen sein. Auch hierzu hatten wir schon ein Beispiel gebildet (→ Rn 145, 170):

A will zu 540 EUR verkaufen und schreibt versehentlich 450 EUR. Wir hatten durch Auslegung festgestellt, dass A tatsächlich 450 EUR erklärt hat. Er wollte aber 540 EUR erklären! In diesem Fall kann er seine Willenserklärung gem. § 119 I, 2. Var. wegen Erklärungsirrtums anfechten.

Merke: Erklärungsirrtum heißt, der Erklärende weiß nicht, was er sagt/tut.

Lernhinweis: Wenn Sie sich vor die Vorsilbe „Er" ein „V" denken, erhalten Sie die typischen Erklärungsirrtümer: Versprechen, Vergreifen, Verschreiben.

Merke: Inhaltsirrtum heißt, der Erklärende weiß zwar, was er sagt, er weiß aber nicht, was er damit sagt.

Sollte man sich in einer Klausur bei der Abgrenzung zwischen Inhalts- und Erklärungsirrtums nicht ganz sicher sein, ist es ratsam, nicht allzu viel Zeit damit zu verschwenden, sondern sich mit kurzer Begründung für einen dieser Irrtümer zu entscheiden; denn die Rechtsfolge bleibt gleich: A kann „so oder so" anfechten!

221 Wichtig ist vor allem, dass es sich um einen Irrtum handelt, der nur die **Willensäußerung** betrifft! Kein Irrtum iSv § 119 I liegt vor, wenn sich der Irrtum im Bereich der Willensbildung befindet. Bis auf einen Ausnahmefall, den wir gleich kennenlernen werden, ist der Irrtum im Bereich der **Willensbildung**, der dann zur Äußerung einer bestimmten Willenserklärung führt, **als „Motivirrtum" unbeachtlich**![213]

210 LG Hanau NJW 1979, 721.
211 OLG Hamm OLGZ 82, 49.
212 BayObLGZ 83, 16.
213 Grüneberg/Ellenberger § 119 Rn. 29, mit Beispielen zu solchen unbeachtlichen (= nicht anfechtbaren) Irrtümern im Beweggrund.

Beispiele für unbeachtliche, dh nicht anfechtbare Motivirrtümer: 222

(1) K kauft ein wertvolles Buch mit der Absicht, es R und J zu deren geplanter Hochzeit zu schenken. Da R und J sich zerstreiten, kommt diese Hochzeit nicht zustande.[214] K hat sich bezüglich des Motivs, des Beweggrunds, der ihn veranlasste, eine Willenserklärung in Form eines Kaufangebots abzugeben, „geirrt" (sein Motiv ist weggefallen). Es wird jedem einleuchten, dass K nicht wegen Irrtums nach § 119 I gegenüber dem Verkäufer anfechten kann: Er hat sich weder über den Inhalt seiner Willenserklärung geirrt, noch hat er gegenüber dem Verkäufer etwas anderes erklärt, als er eigentlich meinte …

(2) Sie kaufen Reiseproviant für die geplante Urlaubsreise, und diese findet unvorhergesehen nicht statt, weil Ihr Reisebegleiter oder Sie selbst plötzlich krank werden. Sie haben sich über das Stattfinden der Reise „geirrt". Die geplante Reise war das Motiv für Ihren Irrtum. Es sollte klar sein, dass dieser Irrtum nicht zu einer Anfechtung des Kaufvertrags über den Reiseproviant führen kann.

(3) Eine Raumausstatterin (R) bekommt den Auftrag, für einen Kunden (K) einen Vorhang anzufertigen und diesen in der Wohnung des Kunden anzubringen. Nachdem R die Vorhangfläche ausgemessen und der Kunde sich einen Stoff ausgesucht hat, macht R dem K ein schriftliches Gesamtangebot in Höhe von 1.500 EUR, ohne Einzelposten (wie Arbeitslohn, Materialkosten etc) auszuweisen. K ist mit dem Preis einverstanden. Nach Fertigstellung legt R dem K eine Rechnung über 2.000 EUR vor. Ihr Angebot über 1.500 EUR müsse sie leider anfechten, da sie sich damals bei der Berechnung der Arbeitslohn- und Materialkosten vertan habe. Hier handelt es sich um einen sog. „Kalkulationsirrtum", der offenbar im Bereich der Willensbildung bei R, aber nicht bei der Willensäußerung stattgefunden hat. Ein solcher **Kalkulationsirrtum** fällt daher in die Risikosphäre des (hier: der) Erklärenden und ist ebenfalls ein unbeachtlicher, nicht anfechtbarer Motivirrtum.

Der Motivirrtum ist leider nicht immer so leicht zu erkennen, wie in diesen Beispielen, doch wollen und können wir nicht allzu sehr ins Detail gehen.[215] 223

Sie müssen in diesem Zusammenhang allerdings wissen, dass das Gesetz eine Art des Irrtums, der eigentlich ein Motivirrtum ist, in § 119 II für anfechtbar erklärt („Fiktion") – lesen!

c) Eigenschaftsirrtum

In § 119 II wird der „Eigenschaftsirrtum" dem Inhaltsirrtum durch eine Fiktion, die 224
Sie inzwischen kennen, mit dem Wort „gilt" gleichgesetzt. Dieser Eigenschaftsirrtum gem. § 119 II ist damit ebenso ein „Anfechtungsgrund" wie der Inhalts- oder Erklärungsirrtum nach § 119 I. Worin ist nun ein solcher Eigenschaftsirrtum zu sehen? Zur Erklärung gleich einige Beispiele.

Lernhinweis: Unterstreichen Sie zuvor in § 119 II das Wort „Sache" und setzen es in Anführungszeichen.

■ Warum wohl unterstreichen und ergänzen?

▶ Seitens des Gesetzgebers liegt ein Redaktionsversehen[216] vor; denn selbstverständlich berechtigt auch der Irrtum über die Eigenschaft eines Tieres oder eines Rechts zur Anfechtung! In § 119 II müsste es daher richtigerweise „Gegenstand" statt „Sache" heißen.

Beispiel zum Eigenschaftsirrtum: 225

Wenn Sie jemandem einen Kredit gewähren wollen, geschieht dies normalerweise nur, wenn Sie davon ausgehen, dass Sie Ihr Geld nach Ende der Kreditlaufzeit auch wieder zurückbekommen werden. Die Kreditwürdigkeit des Kreditnehmers ist eine so wesentliche Eigenschaft, dass man

---

214 Ähnliches Beispiel bei Westermann Grundbegriffe BGB Rn. 124.

215 Dazu können Sie bei Interesse auf die folgende „Literatur zur Vertiefung" zurückgreifen.

216 Ein weiteres Redaktionsversehen haben Sie unter → **Rn. 169** kennengelernt.

ohne deren Vorliegen einen Darlehensvertrag nicht schließen würde. Ein Irrtum über das Vorhandensein der Kreditwürdigkeit, obwohl man darin in gewisser Weise auch einen Motivirrtum sehen könnte, berechtigt gem. § 119 II zur Anfechtung!
Dies gilt allerdings nicht bei *Bargeschäften des täglichen Lebens*; denn über die Kreditunwürdigkeit bzw. die Zahlungsunfähigkeit des Käufers macht man sich hier in der Regel keine Gedanken; „Hauptsache, er zahlt sofort"!

Eine **verkehrswesentliche Eigenschaft einer Person** liegt nur vor, wenn sie in unmittelbarer spezifischer Beziehung zum jeweiligen Inhalt des Rechtsgeschäfts steht.

■ Welche anderen Eigenschaften könnten dies sein? (Überlegen Sie!)

▶ Solche Eigenschaften können zB sein: Alter, Geschlecht, Konfession, politische Einstellung, Vorstrafen, berufliche Qualifikationen, aber eben nur, wenn sie in engem Zusammenhang mit dem jeweiligen Rechtsgeschäft stehen.

Die spezifische berufliche Qualifikation, die zB der Arbeitgeber beim künftigen Arbeitnehmer irrtümlich annimmt, ist eine verkehrswesentliche Eigenschaft im Hinblick auf den Arbeitsvertrag.

Beispiel für verkehrswesentliche Eigenschaft einer Person:
Krankenhausbetreiberin schließt einen Arbeitsvertrag mit einer Assistenzärztin und nimmt dabei irrtümlich an, die Bewerberin verfüge über ein abgeschlossenes Medizinstudium.

Für einen Kaufvertrag dagegen wäre ein Irrtum über den Beruf der Vertragspartnerin in der Regel ein unbeachtlicher Motivirrtum.

226 **Beispiel** für nicht-verkehrswesentliche Eigenschaft einer Person:
Autoverkäufer schließt einen Kaufvertrag mit einer wohlhabenden selbständigen Physiotherapeutin, die er irrtümlich für eine Ärztin hält.

Bei einer **Sache** bzw. besser: bei einem Gegenstand (!), ist nicht schon der „Wert" eine verkehrswesentliche Eigenschaft. Verkehrswesentliche Eigenschaften sind nur die **sog. „wertbildenden Faktoren"**.

Beispiele: Die Echtheit eines Bilds oder die Bebaubarkeit eines Grundstücks. Kauft man für einen hohen Preis ein gefälschtes Bild als Original, kann man den Kaufvertrag wegen Irrtums über eine verkehrswesentliche Eigenschaft des Bilds, nämlich die Echtheit, anfechten.

Dies soll zu den drei Anfechtungsgründen des § 119 I und II genügen. Bevor Sie weitere Anfechtungsgründe kennenlernen, werden Sie im Rahmen eines weiteren Exkurses Ihr bisher erworbenes Wissen zum „Anfechtungsrecht" und zur „Methodik der Fallbearbeitung" anhand eines Übungsfalls vertiefen:

227

Übungsfall 13

Mateusz (M) will im Mai Ferien machen, wobei er auf einen besonders ruhigen Ferienort Wert legt. Ende März fuhr er an einem Wochenende in den Schwarzwald und sah sich dort in Todtnau mehrere Pensionen an. Er begann bei den Häusern am Glotterweg mit der „Villa Schwarzwaldblick", deren Lage ihm aber viel zu unruhig erschien. Am besten gefiel ihm schließlich das „Haus Schwarzwaldglück" am Lotterpfad und auf der Heimfahrt beschloss er, dort ein Zimmer zu mieten. Einige Tage später schrieb er eine E-Mail an „Villa Schwarzwaldblick, Glotterweg" und teilte mit, dass er dort ein Zimmer mieten wolle. Alsbald erhielt er von der Besitzerin Vilja (V) eine zustimmende Antwort. Als M am 1. Mai in Todtnau eintrifft, stellt er seinen Irrtum fest. Da im „Haus Schwarzwaldglück" am Lotterpfad zufällig noch ein Zimmer frei ist, mietet er dieses und teilt der V mit, dass er sich „vertan" habe und nie die Absicht gehabt habe, in deren Villa zu wohnen. V will sich darauf nicht einlassen, da sie mit M einen gültigen Mietvertrag geschlossen habe. Ob M einziehe, sei ihr gleichgültig; jedenfalls müsse M zahlen. M weigert sich. Zu Recht?

Exkurs: Methodik der Fallbearbeitung III (Wiederholung – Fallbeispiel Anfechtungsrecht)

Lesen Sie den Sachverhalt noch ein zweites Mal, ordnen Sie die dort enthaltenen Mitteilungen auf Ihrem Konzeptblatt und vergleichen Sie Ihre Aufzeichnungen mit nachfolgender

Sachverhaltserfassung

- Besichtigung mehrerer Pensionen durch M
- Entschluss, Schwarzwald*glück* zu mieten
- Verwechslung des Namens mit Schwarzwald*blick* und falsche Adressierung
- Dadurch falsche Vertragspartnerin V angesprochen; V nimmt an = Mietvertrag (§ 535)?
- Verwechslung = Irrtum am 1.5. erkannt, sofort der V mitgeteilt = Anfechtung (§§ 119 I, 2. Var., 121 I, 142 I, 143 I und II)?
- V besteht auf Zahlung!

Daraus ergibt sich die

Fallfrage,

■ nämlich welche?
▶ „Hat V gegen M einen Anspruch auf Bezahlung des Zimmers"?

Um die Frage beantworten zu können, brauchen wir eine Anspruchsgrundlage. Bei der

Suche nach der Anspruchsgrundlage

benutzen wir wieder unsere schematische Hilfsfrage mit den „5 W":

Wer	will von	wem	was	warum	woraus?
V	will von	M	Bezahlung des Zimmerpreises	weil V glaubt, dass M aufgrund eines wirksamen Mietvertrags zur Zahlung verpflichtet sei	(Suchen Sie selbst im Gesetz/Index unter „Mietvertrag", bevor Sie Fn.[217] lesen!)

■ Wie könnte der erste Satz eines Gutachtens zu Fall 13 lauten? **228**
▶ „V könnte gegen M einen Anspruch auf Bezahlung der Miete für das Zimmer gem. § 535 II haben".
■ Was ist Voraussetzung für diesen Anspruch?
▶ Zwischen M und V müsste ein wirksamer Mietvertrag zustande gekommen sein.
■ Was ist Voraussetzung dafür?
▶ Angebot und Annahme!
■ Wer könnte ein Angebot gemacht haben?
▶ M, indem er sich per E-Mail an die V wendete. Damit hat M objektiv ganz konkret erklärt, dass er bei V ein Zimmer mieten wolle.

217 **Anspruchsgrundlage ist § 535 II!**

■ Würden Sie in einem Gutachten prüfen, ob die Willenserklärung (Angebot) des M auch das subjektive Element einer Willenserklärung, den Handlungswillen, enthielt?

▶ Der Handlungswille des M ist so wenig zweifelhaft, dass man sich in einem Gutachten darüber überhaupt nicht auszulassen braucht. Auch das Vorliegen von Erklärungsbewusstsein und Geschäftswillen macht keine Schwierigkeiten und man schreibt dazu nichts.

■ Zwischenergebnis?

▶ Zwischen M und V ist ein wirksamer Mietvertrag zustande gekommen.

■ Was ist nun zu prüfen, da die Zahlungsverweigerung durch M dazu offensichtlich Anlass gibt?

▶ Ob M sein Angebot gegebenenfalls anfechten konnte – mit der Folge, dass der Vertrag gem. § 142 I von Anfang an nichtig war!

■ Welche Voraussetzung muss für eine wirksame Anfechtung zunächst erfüllt sein?

▶ M müsste einen **Anfechtungsgrund** haben.

■ Welcher Anfechtungsgrund kommt hier in Betracht?

▶ Ein Irrtum nach § 119 I (lesen!) – entweder ein Inhalts- oder ein Erklärungsirrtum.

Gemeinsam ist diesen beiden Irrtumsarten das unbewusste Auseinanderfallen des inneren Willens des Erklärenden und der tatsächlich geäußerten Erklärung. Der in der Erklärung objektiv zum Ausdruck gekommene Geschäftswille stimmt dabei mit dem inneren Willen nicht überein!

M hat unbewusst ein anderes Zimmer (= Zimmer in „Schwarzwald*blick*) als Mietsache bezeichnet, als er eigentlich beabsichtigt hatte (= Zimmer in „Schwarzwald*glück*").

■ Um welche Art des Irrtums handelt es sich hier? Erklärungsirrtum oder Inhaltsirrtum?

229 ▶ Um einen Erklärungsirrtum: M wollte erklären „Ich miete ein Zimmer in der Pension Schwarzwald*glück*" und verwechselte diese Bezeichnung mit „Schwarzwald*blick*": Er benutzte also für die Erklärung, die er abzugeben glaubte, das falsche Erklärungszeichen! Der Inhalt des Geschäfts, das M wollte, ist derselbe: Mietvertrag!

Erinnerung: Hätte M geglaubt, er schließe einen Leihvertrag, obwohl er in Wirklichkeit einen Mietvertrag abgeschlossen hat, läge ein typischer Inhaltsirrtum vor. – Nochmals: Wir brauchen letztlich nicht darüber zu „streiten", ob man vielleicht auch einen Inhaltsirrtum annehmen kann, da sowohl der Erklärungsirrtum als auch der Inhaltsirrtum zur Anfechtung berechtigen. Ein Anfechtungsgrund liegt in unserem Fall jedenfalls vor; denn es ist auch davon auszugehen, dass M, wie § 119 I es verlangt, sein Angebot bei Kenntnis der Sachlage und verständiger Würdigung des Falls so nicht abgegeben hätte. Darin besteht angesichts der ähnlich klingenden Straßen- und Pensionsnamen kein Zweifel.

230 Die zweite und dritte Voraussetzung für eine rechtswirksame Anfechtung betreffen ihre Durchführung (→ Rn. 243 f.).

Es sind dies:

(1) **Anfechtungserklärung** gem. § 143 I gegenüber dem richtigen **Anfechtungsgegner** (§ 143 II)!

Dabei ist es nicht erforderlich, dass die Erklärung ausdrücklich als Anfechtungserklärung bezeichnet wird. Wie jede Willenserklärung kann selbstverständlich auch die Anfechtung konkludent erklärt werden. Es genügt deshalb, wenn der Erklärende dem Anfechtungsgegner deutlich zu erkennen gibt, dass er an seiner Willenserklärung, die zum Vertragsschluss geführt hat, wegen Irrtums nicht festhalten will.

■ Hat M dies in unserem Fall getan?
▶ Ja. Er hat der V mitgeteilt, dass er sich „vertan" habe und niemals die Absicht hatte, bei V zu wohnen. V ist als Vertragspartnerin gem. § 143 II auch die richtige Anfechtungsgegnerin gewesen (§ 143 I und II lesen!).

(2) Einhaltung der **Anfechtungsfrist** gem. § 121 (Abs. 1 lesen!).

■ Hat M diese Frist eingehalten?
▶ M hat unverzüglich nach Kenntnisnahme von dem Anfechtungsgrund, dh, sofort nach Erkennen seines Irrtums der V mitgeteilt, dass er sich vertan habe. Somit sind alle Voraussetzungen für eine wirksame Anfechtung gegeben.
■ Was sind die **Rechtsfolgen** der Anfechtung (→ Rn. 245 ff.)? **231**
▶ Gemäß § 142 I ist der Mietvertrag zwischen M und V als von Anfang an nichtig anzusehen, sodass V keinen Anspruch gegen M gem. § 535 II auf Zahlung der Miete hat.
■ Erscheint Ihnen dieses Ergebnis „gerecht"?
▶ Nur, wenn V, die das Zimmer für M freigehalten hatte, dadurch keine Verluste erleidet!

Denkbar ist indessen, dass V im Vertrauen darauf, dass M bei ihr einziehen werde, andere Interessenten abgewiesen hat und nun so schnell keinen neuen Mieter mehr bekommt. **232**

Sofern V dadurch nachweisbar einen Schaden erlitten hat – man spricht von einem „**Vertrauensschaden**" –, kann sie diesen von M ersetzt verlangen.

Dass dies so ist, folgt aus § 122 I, den Sie nochmals lesen müssen.

Da der vorliegende Sachverhalt keine Angaben darüber enthält, ob V Mieter abweisen musste, können wir über einen Anspruch nach § 122 keine definitive Entscheidung treffen.

Allerdings dürfte V es sich auch nicht zu einfach machen: Sie kann nicht einfach das Zimmer leer stehen lassen und dann als „Vertrauensschaden" die ganze Miete kassieren.

V muss nachweisen, dass sie sich um andere Mieter bemüht hat!

Juristisch heißt das:

Wenn jemandem durch einen anderen ein Schaden entstanden ist, ist der Geschädigte verpflichtet, den Schaden im Rahmen des Zumutbaren so gering wie möglich zu halten. Andernfalls trifft ihn an dem Schaden ein „Mitverschulden"! **233**

Auch dafür hat das Gesetz eine Vorschrift, nämlich § 254 – lesen Sie von dieser Vorschrift in diesem Zusammenhang nur Abs. 2 S. 1. Die „Schadensminderungspflicht" ergibt sich aus dem letzten Satzteil.

d) Irrtum wegen falscher Übermittlung

234 Als Sie eben die §§ 121 und 122 gelesen haben, haben Sie – hoffentlich – gesehen, dass dort außer auf die Anfechtung nach § 119 auch noch auf § 120 Bezug genommen wird, den Sie nun ebenfalls lesen müssen!

> **Beispiel:** K gibt dem Boten B die Anweisung, der V (mündlich) auszurichten, er wolle das Grundstück „Flurstück Nr. 3" kaufen. Der Bote richtet der V versehentlich aus, K wolle das Grundstück „Flurstück Nr. 2" kaufen. Die so übermittelte Willenserklärung ist zunächst zwar gültig, doch K kann die falsch übermittelte Willenserklärung ebenso nach § 120 iVm § 119 I, 2. Var. anfechten, als habe er sich selbst gegenüber V versprochen!

§ 120 ist immer dann anzuwenden, wenn ein Dritter (im Verhältnis Erklärender und Erklärungsempfänger) zur Übermittlung einer (aus der Sicht dieses Dritten) fremden Willenserklärung eingeschaltet wird und eine andere Willenserklärung äußert, als ihm aufgetragen wurde.[218] Gibt dieser Dritte dagegen als „Vertreter" eine eigene Willenserklärung „im Namen" eines anderen (des „Vertretenen")[219] ab, gilt § 120 nicht!

e) Irrtum durch arglistige Täuschung

235 Die dritte Vorschrift des Anfechtungsrechts, die neben § 119 und § 120 Anfechtungsgründe enthält, ist § 123.

Lesen Sie davon Abs. 1.

■ Unter welchen beiden alternativen Voraussetzungen kann der Erklärende seine Willenserklärung anfechten?

▶ Wenn er durch den Erklärungsempfänger, das ist in der Regel sein Vertragspartner, durch „arglistige Täuschung" oder durch „widerrechtliche Drohung" bestimmt bzw. veranlasst wurde.

236 ■ Was ist als Täuschung anzusehen?

▶ Unter **Täuschung** versteht man jedes Verhalten des Erklärungsempfängers, das beim Erklärenden einen Irrtum (= unrichtige Vorstellung) hervorruft, bestärkt oder aufrechterhält.

Eine Täuschung setzt also immer eine Irrtumserregung voraus, und der Irrtum muss für die Abgabe der Willenserklärung *ursächlich* (kausal) gewesen sein. Dabei kann die Täuschungshandlung in einem *positiven Tun* (Vorspiegelung falscher Tatsachen) oder einem *Unterlassen* (Verschweigen wahrer Tatsachen) bestehen.

> **Beispiel:**[220] V bietet online ein gebrauchtes Kraftfahrzeug als „scheckheftgepflegt" zum Kauf an. Damit sichert sie ein wesentliches wertbildendes Merkmal zu. Ist die Zusicherung unwahr, berechtigt dies den Käufer zur Vertragsanfechtung wegen arglistiger Täuschung.

Ein Unterlassen ist allerdings nur dann als Täuschung zu werten, wenn eine *Rechtspflicht zum Handeln* bestanden hat. Das ist der Fall, wenn die Offenbarung von Tatsachen nach Treu und Glauben geboten ist. So müssen etwa Fragen, die eine Vertragspartei stellt, vollständig und richtig beantwortet werden.[221] Besonders wichtige

---

218 In Fall 10 (→ **Rn. 179 ff.**) konnte V sich nicht auf § 120 berufen, da B die Erklärung des V richtig übermittelte!

219 „Recht der Stellvertretung" → **Rn. 349 ff.**

220 Nach AG München BeckRS 2018, 17909; LG Paderborn LSK 2000, 320574.

221 Ausnahmen gibt es im Arbeitsrecht: Der Arbeitnehmer bzw. der Bewerber muss nur **zulässige** Fragen des Arbeitgebers wahrheitsgemäß beantworten (Notwehrgedanke – § 227: „Recht zur Lüge"). Ausführlich hierzu Wörlen/Kokemoor ArbR Rn. 66 ff., 73

Umstände, die für die Willensbildung notwendig und erkennbar von ausschlaggebender Bedeutung sind, müssen sogar ungefragt offenbart werden.

Beispiel: V verkauft dem K einen Gebrauchtwagen, der nur 5.000 km „gelaufen" ist und eine leichte Beschädigung am Heck erkennen lässt. Auf Befragen erklärt V wider besseres Wissen, diese Beschädigung sei bei etwas unvorsichtigem Zurücksetzen des Autos erfolgt. In Wirklichkeit war der Wagen bei einem Unfall eine steile Böschung hinabgerutscht und in einen Fluss gefallen. Als K davon erfährt, erklärt er die Anfechtung.

■ Worin liegt die Täuschung?

▶ Im Verschweigen des schweren Unfalls, also in einem Unterlassen. V hatte als Verkäufer eine rechtliche Aufklärungspflicht. Da das Auto, abgesehen von der kleinen Beschädigung, noch relativ neuwertig war, wusste V, dass K davon ausging, der Wagen habe noch keinen erheblichen Unfall gehabt. Diese Täuschungshandlung durch V war im Übrigen auch „arglistig": **Arglist** liegt vor, wenn der Täuschende das Bewusstsein gehabt hat, dass der Erklärende die Willenserklärung ohne die Täuschung möglicherweise gar nicht, oder jedenfalls nicht mit dem entsprechenden Inhalt abgegeben hätte.

Für dieses Bewusstsein reicht bedingter Vorsatz aus. **237**

■ Wann liegt bedingter Vorsatz vor bzw. wann liegt überhaupt Vorsatz vor?

▶ Wenn jemand vorsätzlich handelt, weiß er, welche Folgen sein Verhalten haben kann und will diese Folgen. Handelt er „bedingt" vorsätzlich, dann weiß er zwar auch, welche Folgen eintreten können, aber er will sie nicht „unbedingt", sondern nimmt das eventuelle Eintreten dieser Folgen billigend in Kauf!

f) Willenserklärung aufgrund widerrechtlicher Drohung

Die zweite Tatbestandsvariante des § 123 I, die zur Anfechtung berechtigt (= Anfechtungsgrund), ist die widerrechtliche „Drohung". **238**

■ Wie würden Sie diesen Begriff definieren, wenn man Sie fragt „Was verstehen Sie unter einer Drohung"? (Überlegen Sie!)

▶ **Drohung** ist das Inaussichtstellen eines künftigen empfindlichen Übels,[222] dessen Eintritt der Drohende aus der Sicht des Adressaten beeinflussen kann. Die Drohung enthält stets einen mittelbaren Zwang, durch den jemand in Furcht versetzt und dadurch bewogen wird, durch Abgabe einer Willenserklärung ein Rechtsgeschäft abzuschließen (= Ursächlichkeit der Drohung für die Willenserklärung).

Merke: Trotz dieses Zwangs liegt dem Rechtsgeschäft immer noch eine *eigene Willenserklärung* zugrunde! Nur bei der unmittelbaren Anwendung von Gewalt ist dies nicht der Fall, weil kein Handlungswille vorliegt (zB gewaltsames Führen der Hand zur Unterschrift oder auf den Fingerabdruckscanner auf dem Handy zur Bestätigung).

Bei der durch unmittelbare Gewaltanwendung erzwungenen Willenserklärung liegt mangels Handlungswillens gar keine echte Willenserklärung vor, sodass sie auch keiner Anfechtung bedarf.

Widerrechtlich ist eine Drohung, wenn das angewandte Mittel der Drohung verwerflich ist. **239**

222 Nach BGHZ 2, 287 (295) = NJW 1951, 643.

> Krasses **Beispiel:** A droht seinem Gläubiger B damit, ihn niederzuschießen, wenn er ihm nicht ein Darlehen gewähre!

Widerrechtlich ist die Drohung auch, wenn der erstrebte Erfolg, der Zweck der Drohung, verwerflich ist.

> **Beispiel:**[223] A droht dem B mit der Anzeige einer früheren Straftat des B, wenn dieser ihm nicht bei der Begehung eines Versicherungsbetrugs helfe.

Die Anzeige einer Straftat, also das Mittel, ist rechtmäßig. Wenn damit aber gedroht wird, um einen strafbaren Betrug zu ermöglichen, ist zwar nicht das Mittel, wohl aber der Zweck der Drohung widerrechtlich.

Widerrechtlich ist eine Drohung letztlich auch, wenn zwar das Mittel allein und auch der Zweck für sich rechtmäßig wären, die „Mittel-Zweck-Relation" aber anstößig ist.

> **Beispiel:** A droht dem B, dass er dessen frühere Unfallflucht anzeigen werde, wenn B ihm nicht ein Darlehen über 100.000 EUR gewähre.

Das Mittel, Anzeige wegen Unfallflucht, ist für sich betrachtet sicher rechtmäßig. Auch der Zweck, nämlich der Abschluss eines Darlehensvertrags, ist an sich rechtmäßig. Widerrechtlich aber ist es, das Mittel und den Zweck derart zu verbinden bzw. derartig in „Relation" zu setzen, dass der andere durch mittelbaren Zwang (aus Angst vor der Anzeige) zu einem Rechtsgeschäft veranlasst wird, das er sonst nicht abgeschlossen hätte. Die Vertragsfreiheit, die im „Allgemeinen Schuldrecht" noch ausführlicher behandelt wird, bedeutet unter anderem, dass niemand zu einem Vertragsschluss gezwungen werden kann.[224]

240 Schließlich müssen wir uns noch § 123 II ansehen. Lesen Sie davon S. 1. § 123 II 1 trifft eine Sonderregelung für den Fall, dass ein Dritter[225] eine Täuschung begeht. Am besten verdeutlicht man sich das an einer kleinen Skizze:

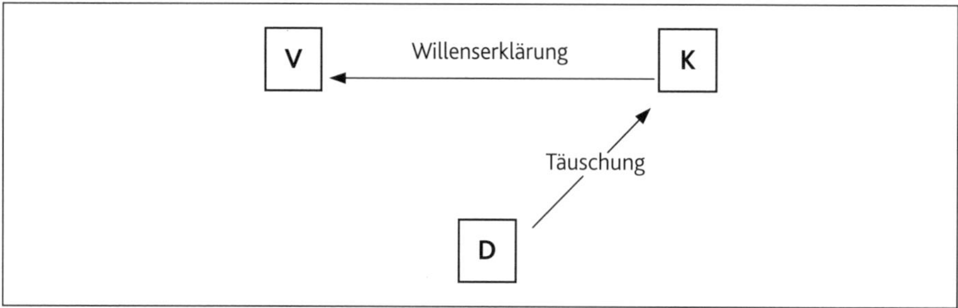

K kann nicht anfechten, wenn V von der Täuschung durch D nichts wusste oder nichts hätte wissen müssen.

> **Beispiel:** Der Rentner D vertreibt sich seine alten Tage damit, anderen Leuten einen Streich zu spielen. So beschwatzt er Straßenpassanten, die vor der Schaufensterauslage eines Juweliers stehen, die dort zu niedrigen Preisen ausgezeichneten Schmuckstücke zu kaufen, weil er ihnen einredet, der Juwelier V habe versehentlich diese echten Schmuckstücke mit den niedrigen Preisen der Imitationen ausgezeichnet. In Wirklichkeit sind es nur Imitationen!

223 Nach Brox/Walker BGB AT § 19 Fall f vor Rn. 1, Rn. 26.
224 Vgl. Wörlen/Metzler-Müller SchuldR AT Rn. 17 ff.
225 Vgl. dazu zur Vertiefung Petersen JURA 2004, 306.

Wenn der Passant K daraufhin mit dem Juwelier V einen Kaufvertrag abschließt, kann er diesen nicht anfechten; nach dem „Vertrauensschutzprinzip" ist es dem Juwelier, der die Täuschung nicht kannte oder kennen musste, nicht anzulasten, dass K von D getäuscht wurde.

Anders natürlich, wenn V, um seinen Umsatz zu steigern, den Rentner hiermit beauftragt hätte! In diesem Fall hätte er Kenntnis von der Täuschung, sodass sie ihm zuzurechnen wäre; eine Anfechtung wäre möglich. **241**

- ■ Wie aber sähe es aus, wenn statt des Rentners D der Angestellte A des Juweliers V – ohne dessen Wissen – diese Täuschung der Passanten vornimmt? (Überlegen Sie!)
- ▶ Der Juwelier V muss sich das Handeln des A zurechnen lassen.
- ■ Warum wohl?
- ▶ A ist in diesem Fall nicht „Dritter" iSv § 123 II. A ist als Angestellter des V vielmehr dessen „Erfüllungsgehilfe". V hat gem. § 278 S. 1 das Verhalten des A genauso zu vertreten wie sein eigenes. (§ 278 S. 1 lesen!)[226]

Der Grund für diese Haftung des Geschäftsherrn für seinen Erfüllungsgehilfen ist einleuchtend: Wer einen anderen für sich im Rechtsverkehr auftreten lässt, muss auch die Verantwortung dafür übernehmen, dass der andere sich gegenüber seinen Vertragspartnern redlich verhält. Hier gilt das Vertrauensschutzprinzip zugunsten des Getäuschten!

Dritter" iSv § 123 II ist ebenso wenig der Stellvertreter iSd §§ 164 ff. Lesen Sie hierzu schon einmal § 164 I 1, mit dem wir uns demnächst noch ausführlich beschäftigen werden.[227]

Wenn zB Kamila (K) den Ubeyd (U) bevollmächtigt, für sie, K, mit Vitali (V) ein Geschäft abzuschließen, gilt die Willenserklärung des U gegenüber V so, als habe K selbst mit V verhandelt. K müsste sich auch eine Täuschung des V durch U anrechnen lassen, dh, trotz § 123 II könnte V anfechten!

Vergleichen Sie abschließend noch § 123 II 1 mit § 123 I! **242**

- ■ Was fällt Ihnen dabei auf? Vergleichen Sie die Absätze und überlegen Sie!
- ▶ In § 123 II 1 wird nur die Täuschung genannt, während sich § 123 I auf Täuschung und Drohung bezieht!
- ■ Was folgern Sie daraus? Nachdenken!
- ▶ Dass es bei einer Drohung durch einen Dritten nicht darauf ankommt, ob der Erklärungsempfänger davon wusste oder nicht. Da es sich bei einer Willenserklärung auf eine Drohung hin um eine Erklärung handelt, die unter unerlaubtem, mittelbarem Zwang abgegeben wurde, kann sie immer angefochten werden!

Um eine Anfechtung bei Vorliegen eines der sechs genannten Anfechtungsgründe wirksam werden zu lassen, müssen noch zwei weitere Voraussetzungen erfüllt sein:

2. Anfechtungserklärung

Die Anfechtung erfolgt gem. § 143 I gegenüber dem Anfechtungsgegner, dh, die Anfechtungserklärung ist eine empfangsbedürftige Willenserklärung. Wer der richtige Anfechtungsgegner ist, richtet sich nach § 143 II–IV. Wird eine Willenserklärung **243**

226 Auch dazu mehr in Wörlen/Metzler-Müller SchuldR AT Rn. 397 ff.
227 → **Rn. 349 ff.**

angefochten, die auf den Abschluss eines Vertrags gerichtet war, so ist Anfechtungsgegner der Vertragspartner des Anfechtenden (§ 143 II). Lesen Sie § 143 nun ganz durch!

Merke: Die Anfechtungserklärung muss nicht unbedingt als solche bezeichnet werden. In Klausursachverhalten sind häufig Formulierungen zu finden wie zB „will von dem Vertrag nichts mehr wissen", „fragt, wie er sich von dem Vertrag schnellstmöglich lösen kann".
Sie müssen dann bei der Falllösung selbst darauf kommen, dass eine Anfechtung gewollt ist, und die Erklärung der Partei nach §§ 133, 157 auslegen.[228]

3. Anfechtungsfrist

244 Um wirksam sein zu können, muss die Anfechtungserklärung innerhalb einer bestimmten Frist erfolgen. Je nach Anfechtungsgrund ist diese Frist unterschiedlich. Für die Anfechtung aufgrund eines Irrtums gem. § 119 oder wegen falscher Übermittlung gem. § 120 gilt § 121 (lesen!), der uns in Abs. 1 die Legaldefinition des Begriffs **„unverzüglich"** gibt: Die Anfechtung muss danach *„ohne schuldhaftes Zögern"* erklärt werden, sobald der Anfechtungsberechtigte von dem Anfechtungsgrund Kenntnis erlangt hat. Zehn Jahre nach Abgabe der Willenserklärung ist die Anfechtung gem. § 121 II allerdings ausgeschlossen.

Lernhinweis: Unterstreichen Sie **„ausgeschlossen"** im Text des Gesetzes! = **Ausschlussfrist**!
Niemals verwechseln mit **Verjährungsfrist**! (→ Rn. 415 ff.)

Wird wegen arglistiger Täuschung oder widerrechtlicher Drohung gem. § 123 angefochten, kann dies gem. § 124 I nur **binnen Jahresfrist** geschehen. Die Frist beginnt dabei (§ 124 II) entweder zum Zeitpunkt der Entdeckung der Täuschung durch den Anfechtungsberechtigten oder zu dem Zeitpunkt, in welchem die durch die Drohung hervorgerufene Zwangslage aufhört. Auch in diesem Fall ist die Anfechtung nach zehn Jahren ausgeschlossen, (vgl. § 124 III; § 124 ganz lesen!).

III. Wirkungen der Anfechtung

1. Nichtigkeit des Rechtsgeschäfts

245 Wird eine Willenserklärung unter den bisher genannten Voraussetzungen, also

1. Anfechtungsgrund,
2. Anfechtungserklärung gegenüber richtigem Anfechtungsgegner und
3. Anfechtungsfrist

wirksam angefochten, ist sie bzw. das mit ihr beabsichtigte **Rechtsgeschäft**, wie bereits erwähnt, gem. § 142 I als **von Anfang an nichtig** anzusehen.

Lernhinweis: Im Gesetz **„von Anfang an"** unterstreichen![229]

---

228 → **Rn. 167, 342 ff.**

229 Besonderheiten gelten im Arbeitsrecht: Wegen der besonderen Interessenlage beim Arbeitsvertrag wirkt die Anfechtung, falls das Arbeitsverhältnis durch Arbeitsaufnahme bereits vollzogen wurde, entgegen § 142 I nicht ex tunc, sondern analog einer Kündigung ex nunc (Wörlen/Kokemoor ArbR Rn. 82 ff.).

Wenn der Anfechtungsberechtigte von der möglichen Anfechtung Gebrauch macht, setzt er seinen wahren Willen nur in negativer Art und Weise durch, indem er die ungewollte Willenserklärung mithilfe von § 142 I wieder vernichtet.[230] Dafür muss aber in den Fällen der §§ 119 und 120 der Anfechtungsgegner, dem der Irrtum des Anfechtenden nicht anzulasten ist, unter Umständen für sein Vertrauen auf die nicht eingetretene (= rückwirkend beseitigte) Wirksamkeit der Willenserklärung entschädigt werden.

2. Schadensersatzpflicht des Anfechtenden

Gemäß § 122 I ist derjenige, der eine Willenserklärung aufgrund von § 119 oder § 120 246
angefochten hat – und übrigens auch derjenige, dessen Willenserklärung nach § 118 nichtig ist (lies § 122 I genau) – zum Ersatz des Schadens verpflichtet, der dem Erklärungsempfänger im Vertrauen auf die Gültigkeit der Erklärung entstanden ist. Er muss also den anderen so stellen, wie dieser stehen würde, wenn vom Vertrag nie die Rede gewesen wäre. Dieses sog. „**Vertrauensinteresse**" ist allerdings durch die Höhe des Betrags begrenzt, der dem Erklärungsempfänger im Fall der Gültigkeit der Erklärung zugutegekommen wäre; der andere darf also nicht bessergestellt werden, als er stehen würde, wenn der Vertrag ordnungsgemäß erfüllt worden wäre (= „**Erfüllungsinteresse**" bzw. „**positives Interesse**"). Das Vertrauensinteresse bezeichnet man auch als „**negatives Interesse**"; denn durch den Schadensersatz ist der Erklärungsempfänger so zu stellen, wie er stehen würde, wenn er nicht auf die Gültigkeit der angefochtenen Willenserklärung vertraut hätte (§ 122 I lesen!).

Beispiel: [231] M will in der Ferienwohnung des V auf der Insel Sylt im Juli ihren Sommerurlaub verbringen und mietet diese für einen Monat zu 1.000 EUR. Sie verschreibt sich und nennt gegenüber V den Juni. Unmittelbar nachdem sie Ende Mai ihren Irrtum bemerkt hat, ficht M ihre Erklärung gegenüber V an. V verlangt allerdings von M Ersatz seiner Portokosten in Höhe von 3 EUR sowie weitere 900 EUR. Er hatte einem anderen Interessenten abgesagt, der die Ferienwohnung im Juni für 900 EUR mieten wollte; die Wohnung war im Juni nicht belegt.

■ Nach dem soeben Gelesenen können Sie sicher beantworten, welche der vorgenannten Beträge zum Vertrauensschaden des V nach § 122 I zählen?

▶ Hätte V nicht auf die Gültigkeit der angefochtenen Willenserklärung der M vertraut, hätte er die Wohnung im Juni an den anderen Interessenten vermietet. Daher gehören zum Vertrauensschaden des V die Portokosten in Höhe von 3 EUR und die 900 EUR, die ihm dadurch entgangen sind, dass er mit Rücksicht auf seinen Vertrag mit M das Mietangebot eines anderen Mieters für Juni abgelehnt hat.

■ Welche Schadensposition würde den Erfüllungsschaden, den M dem V nicht nach § 122 I ersetzen muss, darstellen?

▶ Da der Geschädigte V beim Ersatz des Erfüllungsschadens so gestellt werden muss, wie er stünde, wenn der Mietvertrag durch M erfüllt worden wäre, sind dies im obigen Fall 1.000 EUR. V bekommt hier die 903 EUR, also den vollen Vertrauensschaden, denn er bleibt damit hinter dem Erfüllungsschaden zurück.

Wenn Sie den letzten Halbsatz von § 122 I (nochmals) lesen, wissen Sie, dass der **Vertrauensschaden** nur **bis zur Höhe** des **Erfüllungsschadens** zu ersetzen ist.

Abwandlung des vorgenannten Beispiels: Der andere Mietinteressent des V wollte dessen Ferienwohnung im Juni für 1.100 EUR mieten.

230 Jauernig/Mansel § 119 Rn. 3.
231 Nach Brox/Walker BGB AT § 18 Fall g vor Rn. 1, Rn. 46 f.

- Handelt es sich bei den 1.100 EUR um den Vertrauensschaden oder den Erfüllungsschaden des V?
- ▶ Da V im Vertrauen auf die Gültigkeit des Mietvertrags mit M diesen anderen Mietinteressenten, der 1.100 EUR für die Ferienwohnung zahlen wollte, abgelehnt hat, ist vorgenannter Betrag der Vertrauensschaden des V.
- Erhält V diesen Betrag in voller Höhe von M? (Vorsorglich noch einmal den letzten Halbsatz von § 122 I lesen!)
- ▶ Der Vertrauensschaden (1.100 EUR) übersteigt das Erfüllungsinteresse des V. Denn bei Gültigkeit des Mietvertrags mit M hätte V dieser gegenüber nur einen Anspruch auf Zahlung von 1.000 EUR gehabt. Folglich ist der Vertrauensschaden des V durch M nur bis zur Höhe von 1.000 EUR zu ersetzen.

Durch die Begrenzung des Ersatzes des Vertrauensschadens auf den Betrag des Erfüllungsinteresses soll der Anfechtungsgegner/Anspruchsberechtigte aufgrund der angefochtenen Willenserklärung nicht bessergestellt werden, als er bei Gültigkeit der Erklärung gestanden hätte. Der Anfechtende hätte ansonsten durch die Anfechtung mehr Schaden als Nutzen, wenn er den über das Erfüllungsinteresse hinausgehenden Vertrauensschaden ersetzen müsste.

246a Die Schadensersatzpflicht tritt gem. § 122 II (lesen!) nicht ein, wenn der Geschädigte den Grund der Nichtigkeit oder der Anfechtung kannte oder infolge von Fahrlässigkeit nicht kannte (= Legaldefinition des Begriffs „Kennenmüssen"; die Legaldefinition der Fahrlässigkeit enthält § 276 II – lesen).

> **Beispiel:**[232] V, der sein erst ein Jahr altes Fahrzeug, das einen Wert von 21.000 EUR hat, verkaufen will, vertippt sich und sagt einem Kaufinteressenten mittels WhatsApp-Nachricht zu, dass dieser das Fahrzeug für 2,10 EUR haben könne. Hier ergibt sich aus den Umständen des Falles eindeutig, dass der Käufer den Grund der Anfechtung kannte oder zumindest hätte kennen müssen.

Hingegen hat der Anfechtungsgegner einer Anfechtung aufgrund von § 123 I (der in § 122 nicht genannt wird) diesen Schadensersatzanspruch nicht: Der Anfechtungsgegner, der den Erklärenden getäuscht oder bedroht hat, soll dafür natürlich nicht noch mit einem Schadensersatzanspruch belohnt werden.

Lernhinweis: Der Anspruch aus § 122 setzt kein Verschulden voraus. Vielmehr beruht er auf dem **Veranlassungsprinzip**: Derjenige soll den Schaden ersetzen, der ihn durch sein Verhalten veranlasst hat.

246b

Prüfungsschema

Schadensersatzpflicht des Anfechtenden gem. § 122

I. Voraussetzungen:
1. Wirksame Anfechtung einer WE (§§ 119, 120, 143)
2. Geschädigter hat auf die Gültigkeit der angefochtenen WE vertraut (§ 122 I)
3. Geschädigter hatte weder Kenntnis noch fahrlässig Unkenntnis vom Anfechtungsgrund (§ 122 II)

II. Rechtsfolgen:
Ersatz des Vertrauensschadens (= negatives Interesse), begrenzt durch den Erfüllungsschaden (= positives Interesse), § 122 I

232 Nach OLG Frankfurt am Main BeckRS 2017, 113917 (betrifft eine Scherzerklärung nach § 118).

3. Herausgabe bereits ausgetauschter Leistungen

Nehmen Sie an, V und K haben einen Kaufvertrag über ein wertvolles Gemälde geschlossen und diesen Vertrag durch Übergabe des Bildes und Bezahlung des Kaufpreises bereits erfüllt. **247**

Nun stellt sich heraus, dass das Bild eine Fälschung ist und K deshalb gem. § 119 anfechten kann.

■ Zwischenfrage: Welcher Anfechtungsgrund des § 119 liegt hier vor?
▶ Ein Eigenschaftsirrtum iSv § 119 II!

K erklärt daraufhin eine wirksame Anfechtung.

■ Welche Rechtsfolge tritt ein?
▶ Die (rückwirkende) Nichtigkeit des Kaufvertrags gem. § 142 I!

Der Kaufvertrag, der Grund für die Übereignung des Bildes und Bezahlung des Kaufpreises war, ist so anzusehen, als sei er nie geschlossen worden.

■ Was geschieht in diesem Fall mit dem bereits übergebenen Bild und dem bereits gezahlten Kaufpreis?
▶ Beides ist jeweils an den anderen zurückzugeben. Mit anderen Worten: K hat gegen V einen Anspruch auf Herausgabe des Kaufpreises (des Gelds) und V kann von K Herausgabe des Bildes verlangen.

Natürlich brauchen wir für diesen Anspruch eine Anspruchsgrundlage. Die Vorschrift, die als Anspruchsgrundlage für dieses Herausgabeverlangen in Betracht kommt, ist § 812 I 1, 1. Var. – lesen! **248**

Lernhinweis: Wegen der Rückwirkung der Anfechtung gem. § 142 I ist auch § 812 I 2, 1. Var. als Anspruchsgrundlage möglich.[233]

Obwohl diese Vorschrift zum Besonderen Schuldrecht gehört, müssen wir uns die Voraussetzungen für den Anspruch aus § 812 I 1 schon jetzt kurz ansehen. Dieser Anspruch ist unter anderem von Bedeutung, wenn ein Vertrag, der bereits erfüllt worden ist, durch Anfechtung (oder aus anderen Gründen) nichtig war oder (rückwirkend!) geworden ist.

Wenn K in unserem Fallbeispiel von V gem. § 812 I 1, 1. Var. den gezahlten Kaufpreis herausverlangt, müssen folgende Voraussetzungen erfüllt sein:

(a) V müsste „etwas erlangt" haben.

  ■ Was hat V erlangt?
  ▶ Den Kaufpreis, dh juristisch genau ausgedrückt: Besitz (§ 854) und Eigentum[234] an dem Geld.

(b) Dieses „Etwas" müsste V durch eine „Leistung" erlangt haben. Da K den Kaufpreis in Erfüllung des später angefochtenen Kaufvertrags an V leistete, indem er

233 Jauernig/Stadler § 812 Rn. 14 f.; ausführlich hierzu HK-BGB/Wiese § 812 Rn. 7 mwN.

234 Diese Begriffe werden ausführlich in Wörlen/Kokemoor SachenR, 2. und 3. Kapitel erklärt. Den „Leistungsbegriff" des Bereicherungsrechts der §§ 812 ff. finden Sie in Wörlen/Metzler-Müller/Kokemoor SchuldR BT (Rn. 374) erläutert.

nämlich bewusst und zweckgerichtet dessen Vermögen vermehrte, liegt eine solche Leistung durch K vor.

(c) Schließlich müsste V den Kaufpreis „ohne rechtlichen Grund" erlangt haben!

- ■ Welcher rechtliche Grund lag vor, aufgrund dessen K den Kaufpreis bezahlte?
- ▶ Der Kaufvertrag!
- ■ Was aber ist mit dem Kaufvertrag passiert?
- ▶ Der Kaufvertrag ist wirksam angefochten worden!
- ■ Rechtsfolge?
- ▶ Gemäß § 142 I ist der Kaufvertrag als von Anfang an nichtig anzusehen! Somit hat K den Kaufpreis ohne rechtlichen Grund geleistet und kann ihn gem. § 812 I 1, 1. Var. von V herausverlangen.

IV. Falllösungen zum Anfechtungsrecht

Anhand der beiden nächsten Übungsfälle können Sie Ihr Wissen über das Anfechtungsrecht und die Methodik der Fallbearbeitung überprüfen und vertiefen.

249

Übungsfall 14

Der bislang mittellose Student Klaus Klamm (K) ist auf unerklärliche Weise zu Geld gekommen und beschließt, sich einen Porsche zu kaufen. Beim Gebrauchtwagenhändler Vinzenz Vauweh (V) zeigt ihm dessen Angestellte Alberta Aalglatt (A) ein entsprechendes Modell, „Boxster Baujahr 2012, km-Stand 120.000, unfallfrei", zum Preis von 18.000 EUR. K kauft den Wagen, bezahlt bar und fährt stolz davon. Wenige Wochen später stellt sich bei einer Inspektion heraus, dass der Wagen in Wahrheit Baujahr 2002 und 220.000 km gelaufen ist. Außerdem handelt es sich um einen Unfallwagen. Das hat wohl A, nicht aber V gewusst. K, der Medizin studiert, will sein Geld zurück, weiß aber nicht, auf welchem Weg. Welchen Anspruch hat K gegen V?

Wenn K „sein Geld zurück" will, so bedeutet das, dass er von V „Herausgabe" des Geldes (des Kaufpreises) verlangt.

250 ■ Aus welcher Anspruchsgrundlage (haben Sie soeben kennengelernt!) könnte K sein Begehren herleiten?

▶ § 812 I 1, 1. Var. (nochmals lesen!)

■ Sind die beiden ersten Voraussetzungen für diesen Anspruch, dass V „etwas erlangt" hat, und dieses auch durch „Leistung des K" geschehen ist, erfüllt?

▶ V hat Besitz und Eigentum an dem Geld (Kaufpreis) erlangt und dies geschah auch durch Leistung des K, der ja mit der Zahlung seine vertragliche Leistungspflicht aus § 433 II erfüllen wollte.[235]

■ Wie sieht es mit dem rechtlichen Grund für diese Leistung aus? Was kommt als Rechtsgrund in Betracht?

▶ Der Kaufvertrag!

■ Was könnte K tun, damit sein Anspruch aus § 812 I begründet ist?

251 ▶ K könnte seine auf Abschluss des Kaufvertrags gerichtete Willenserklärung anfechten, damit dieser gem. § 142 I von Anfang an nichtig ist.

■ Was ist die erste Voraussetzung, damit eine Anfechtung durch K Erfolg haben kann?

235 In einer Klausur müsste man dazu allerdings etwas ausführlicher Stellung nehmen!

- ▶ K müsste einen Anfechtungsgrund haben.
- ■ Passt § 119 I? Liegt ein Inhaltsirrtum oder ein Erklärungsirrtum des K vor?
- ▶ Es sind keine Anhaltspunkte ersichtlich, dass K sich bei Vertragsschluss über den Inhalt seiner Willenserklärung irrte oder ein falsches Erklärungszeichen benutzte.
- ■ Wie steht es mit dem Anfechtungsgrund gem. § 119 II, dem sog. Eigenschaftsirrtum? Welche Vorstellung hatte K bei Abschluss des Kaufvertrags?
- ▶ K hat den Kaufvertrag mit V geschlossen, da er davon ausging, dass der Porsche erst zehn Jahre alt war, 120.000 km gelaufen ist und keinen Unfall hatte. Da dies alles nicht stimmte, irrte K über Baujahr, Kilometerstand und Unfallfreiheit des Autos.
- ■ Würden Sie darin einen Irrtum über verkehrswesentliche Eigenschaften iSd § 119 II (einen Irrtum über wertbildende Faktoren!) sehen?
- ▶ Ja! Dennoch kann K nicht gem. § 119 II anfechten.

Das falsche Baujahr, der falsche Kilometerstand und die nicht vorhandene Unfallfreiheit sind nämlich zugleich „Mangel" der Kaufsache. Liegt bei einer Kaufsache ein solcher Fehler vor, so hat der Käufer gegen den Verkäufer „Gewährleistungsansprüche" nach §§ 437 ff., die Sie jetzt allerdings nicht lesen sollen. Diese Vorschriften sind Spezialvorschriften des Kaufrechts und gehören zum Besonderen Teil des Schuldrechts, während § 119 zum Allgemeinen Teil des BGB gehört. 252

Wenn Sie sich an das erinnern, was Sie über den Aufbau und die Systematik des BGB gelernt haben, erinnern Sie sich vielleicht auch daran, dass **Spezialvorschriften vor Vorschriften des Allgemeinen Teils** immer **Vorrang** haben, wenn sie die gleiche Materie regeln und sich sogar widersprechen. Ein solcher Widerspruch ergibt sich aus § 438 I Nr. 3, II (ausnahmsweise – noch – nicht lesen), wonach die Gewährleistungsansprüche der §§ 437 ff. wegen eines Mangels der Kaufsache in zwei Jahren nach Ablieferung der (beweglichen) Sache beim Käufer verjähren, ohne dass es darauf ankommt, ob der Käufer von dem Mangel Kenntnis hatte. Da die Anfechtungsfrist des § 121, wie wir wissen, erst zu laufen beginnt, wenn der Anfechtungsberechtigte von dem Anfechtungsgrund nach § 119 II Kenntnis erlangt, könnte er theoretisch auch noch später als zwei Jahre nach Ablieferung der Kaufsache wegen Irrtums über das Nichtvorhandensein dieses Mangels anfechten. Dann aber wäre die Regelung des § 438 I Nr. 3 bezüglich der zweijährigen Verjährungsfrist sinnlos! 253

Wir kommen auf dieses **Konkurrenzverhältnis** im Kaufrecht noch einmal zu sprechen.[236] Merken Sie sich aber schon jetzt, dass die Anfechtung wegen Irrtums nach § 119 II ausgeschlossen ist, wenn zugleich ein Irrtum über das Vorhandensein oder Nichtvorhandensein eines Fehlers der Kaufsache vorliegt!

Niemals ausgeschlossen ist dagegen die Anfechtung gem. § 123 I wegen arglistiger Täuschung, sofern ihre Voraussetzungen vorliegen. Wenn der Verkäufer den Käufer bezüglich eines Mangels der Kaufsache arglistig täuscht, dh den Mangel arglistig verschwiegen hat, greift gem. § 438 III 1 auch die kurze Verjährungsfrist des § 438 I Nr. 3 nicht ein! 254

In unserem Fall müssen wir deshalb prüfen, ob K den Kaufvertrag wegen arglistiger Täuschung durch V gem. § 123 I (lesen!) anfechten kann.

236 Vgl. Wörlen/Metzler-Müller/Kokemoor SchuldR BT Rn. 71.

■ Liegt ein Anfechtungsgrund gem. § 123 I vor? Worin könnte eine arglistige Täuschung gelegen haben?
▶ Sowohl in der Angabe des falschen Baujahrs und Kilometerstands als auch im Verschweigen des Unfalls!
■ Wer hat diese Täuschung dem K gegenüber vorgenommen?
▶ Nicht V selbst, sondern seine Angestellte A. Die Anfechtung nach § 123 I könnte deshalb gem. § 123 II 1 (lesen!) ausgeschlossen sein, wenn A Dritte im Sinne dieser Vorschrift wäre.
■ Trifft das für unseren Fall zu?

255 ▶ Nein! A ist als Angestellte des V dessen Vertreterin und auch Erfüllungsgehilfin.[237] Als solche ist sie nicht „Dritte“ iSv § 123 II 1. V muss sich deshalb die Täuschung des K durch A zurechnen lassen, sodass K einen Anfechtungsgrund gem. § 123 I hat. Wenn K deshalb gem. § 143 I (lesen!) die Anfechtung des Kaufvertrags gegenüber seinem Vertragspartner erklärt, wird die Anfechtung wirksam, sofern K auch die Anfechtungsfrist einhält!
■ Welche Anfechtungsfrist gilt hier?
▶ Die Frist des § 124 I; gem. § 124 II beginnt diese Frist mit Entdeckung der Täuschung und dauert ein Jahr (§ 124 lesen!). Bei rechtzeitiger Anfechtung wäre der Kaufvertrag gem. § 142 I (lesen!) von Anfang an nichtig.
■ Welche Folge hat das für den Anspruch des K gegen V aus § 812 I 1, 1. Var.?
▶ Da K den Kaufpreis aufgrund eines nichtigen Kaufvertrags geleistet hat, hat V Besitz und Eigentum an dem Geld „ohne rechtlichen Grund“ erlangt und muss es gem. § 812 I 1, 1. Var. an K herausgeben!

256

Übungsfall 15

Die Kaufverhandlungen zwischen Kilian Kiel (K) und Volker Vorschot (V) über dessen Segelboot sind bisher stets am hohen Preis gescheitert. Eines Tages beobachtete K den V bei einer Unfallflucht. K teilt dem V mit, dass er dies gesehen habe und droht ihm mit Strafanzeige wegen unerlaubtem Entfernen vom Unfallort (§ 142 I StGB), wenn V das Boot nicht billigst verkaufe. V willigt notgedrungen ein. Nun ist seine Tat nach drei Jahren (gem. § 78 III Nr. 5 StGB) strafrechtlich verjährt. Kann V noch zivilrechtliche Schritte gegen K unternehmen?

Ausnahmsweise ist einmal nicht nach einem Anspruch gefragt, sondern danach, welche rechtlichen Möglichkeiten V hat, um den billigen Notverkauf an K rückgängig zu machen.

■ Welche Möglichkeit könnte V haben?
257 ▶ Anfechtung gem. § 123 I wegen widerrechtlicher Drohung!
■ Worin könnte die Drohung liegen?
▶ In der Anzeige wegen Unfallflucht!
■ Ist das eine Drohung?
▶ Da die Anzeige eine Bestrafung des V wegen Unfallflucht nach sich ziehen würde, ist in der Anzeige das Inaussichtstellen eines empfindlichen Übels zu sehen. V befindet sich in einer Zwangslage. Er muss sich entscheiden: Entweder Bestrafung oder billig verkauftes Segelboot.
■ Ist diese Drohung durch K auch widerrechtlich? Was ist dafür Voraussetzung?

237 → **Rn. 241.**

▶ Entweder ist der Zweck oder das Mittel oder die Zweck-Mittel-Relation der Drohung verwerflich bzw. rechtswidrig.

■ Ist der Zweck rechtswidrig?

▶ Der Zweck, Abschluss eines Kaufvertrags, ist für sich gesehen völlig legitim.

■ Und das Mittel?

▶ Die Anzeige wegen einer Straftat ist ebenfalls nicht rechtswidrig.

■ Wie steht es mit der Zweck-Mittel-Relation?

▶ Da zwischen dem Kaufvertrag und der Straftat kein innerer Zusammenhang besteht, durfte K mit der Drohung der Anzeige keinen Zwang ausüben. Die Zweck-Mittel-Relation führt also zur Widerrechtlichkeit der Drohung. Somit liegt ein Anfechtungsgrund gem. § 123 I vor.

■ Welche Voraussetzungen müssen neben dem Vorliegen eines Anfechtungsgrunds weiterhin erfüllt sein, damit eine Anfechtung durch V wirksam ist?

▶ Anfechtungserklärung gegenüber dem richtigen Anfechtungsgegner gem. § 143 I sowie Einhaltung der Anfechtungsfrist, für die § 124 gilt. Gemäß § 124 II beginnt die Jahresfrist von Abs. 1 (§ 124 nochmals ganz lesen!) im Falle der Drohung mit dem Zeitpunkt, in welchem die Zwangslage aufhört.

■ Kann V die Frist noch einhalten?

▶ Die Zwangslage hört erst auf, nachdem die Straftat verjährt ist. Somit kann V auch nach drei Jahren den Kaufvertrag noch anfechten …

Übungsfall 16 258

Frau M buchte bei Herrn V Anfang Februar über das Internet für die Zeit vom 18.8.–8.9. (im selben Jahr) eine Ferienwohnung in der Toskana. Nach den Angaben auf der Website des V soll die wöchentliche Miete 600 EUR betragen. Direkt nach der Buchung erhielt M von V am 21.2. eine computergenerierte Buchungsbestätigung per E-Mail zum Preis von der Website, und zwar 600 EUR. Die Buchungsbestätigung wurde im automatisierten Verfahren erstellt, wonach der Computer anhand der eingegebenen Nummer des gebuchten Objekts, der dafür hinterlegten Wochenmiete und des Mietzeitraums den jeweiligen Gesamtmietpreis selbstständig berechnet und an den Kunden übermittelt. V hatte allerdings vergessen, seine neuen Preise auf der Website anzugeben und sie in das Computerprogramm einzugeben. Am 28.2. übersandte V an M deshalb eine neue Buchungsbestätigung per E-Mail, in der der Mietpreis auf 1.200 EUR pro Woche angehoben wurde. Bei der Bestätigung vom 21.2. habe es sich um einen „Erklärungsirrtum" gehandelt, weshalb der Mietvertrag nunmehr mit der neuen Bestätigung vom 28.2. wirksam angefochten worden sei. M will nur den ursprünglichen Mietpreis von 600 EUR bezahlen. Hat V einen Anspruch auf Bezahlung der „berichtigten" Miete in Höhe von 1.200 EUR oder ist der Vertrag für 600 EUR Miete zustande gekommen?

■ Bevor Sie die folgende Lösung des Falles lesen, sollten Sie sich die Mühe machen, den Fall selbst klausurmäßig zu lösen. Nehmen Sie dazu die Lösung von Fall 13, der ähnlich gelagert ist, zu Hilfe (→ Rn. 227 ff.)! Beginnen Sie mit der Anspruchsgrundlage!

▶ Klausurmäßige Lösung:

(I) Ein Anspruch des V gegen M auf Zahlung der Miete in Höhe von 1.200 EUR 259
könnte sich aus § 535 II ergeben.

(1) Voraussetzung dafür ist, dass zwischen V und M ein Mietvertrag über die Ferienwohnung zu 1.200 EUR Miete zustande gekommen ist. Dies wiederum setzt ein entsprechendes Angebot und dessen Annahme durch die Vertragspartner, also zwei übereinstimmende Willenserklärungen, voraus.

(a) Dadurch, dass V den wöchentlichen Mietpreis im Internet mit 600 EUR angab, hat er noch keine rechtlich bindende Willensklärung abgegeben. Hier liegt vielmehr eine **invitatio ad offerendum** vor, also eine unverbindliche Aufforderung an die gesamte Leserschaft der Ferienwohnungs-Website des V, ihm ein Angebot zu machen. Ein Angebot, die Wohnung für 600 EUR zu mieten, hat somit M mit ihrer Buchung Anfang Februar abgegeben.

260 (b) Als der Computer des V der M am 21.2. die maschinelle Buchungsbestätigung über 600 EUR übermittelte, könnte V dadurch das Angebot der M angenommen haben. Dabei ist zu berücksichtigen, dass diese Bestätigung vom 21.2. im automatisierten Verfahren erstellt wurde, weil der Computer anhand der eingegebenen Nummer des Mietobjekts, der Wochenmiete und des Mietzeitraums die jeweilige Miete selbstständig ermittelt. Es handelt sich somit um eine automatisierte Willenserklärung in Form einer **Computererklärung.** Das ist eine Willenserklärung, die aufgrund vorheriger Programmierung selbsttätig erstellt und übermittelt wird. Da der Computer dabei aber nur die Befehle ausführt, die ein Mensch (hier: V) im Voraus eingegeben hat, handelt es sich auch bei solchen automatisierten Willenserklärungen um rechtsverbindliche Erklärungen eines menschlichen Willens.[238] Somit liegt eine Willenserklärung des V und damit eine wirksame Annahme des Angebots der M iHv 600 EUR vor.

(II) Zwischenergebnis: Ein Mietvertrag über 1.200 EUR ist nicht zustande gekommen, sodass der Anspruch des V nicht begründet ist. Der Mietvertrag zwischen V und M ist indessen über 600 EUR Miete zustande gekommen.

261 (III) Zu prüfen ist jedoch, ob V seine elektronische Willenserklärung mit Übersendung der „berichtigten" Buchungsbestätigung am 28.2. wirksam angefochten hat mit der Folge, dass der Mietvertrag gem. § 142 I als von Anfang an nichtig anzusehen ist.

(1) Dann muss V einen Anfechtungsgrund haben. Indem V sich auf einen Erklärungsirrtum beruft, macht er einen Anfechtungsgrund iSv § 119 I, 2. Var. geltend. Ein Erklärungsirrtum liegt vor, wenn der Erklärende bei Abgabe seiner Willenserklärung versehentlich ein falsches Erklärungszeichen benutzt.

(a) Dabei ist es unerheblich, dass die zunächst wirksame Willenserklärung von einer Datenverarbeitungsanlage stammt. Erkennt man die Wirksamkeit automatisierter Willenserklärungen an, muss auch ihre Anfechtung möglich sein.

262 (b) Der Computer des V hat aufgrund des seinem eingegebenen Berechnungsprogramm zugrunde liegenden Datenmaterials die Miete selbstständig errechnet und der M per E-Mail mitgeteilt. Die Mitteilung der wöchentlichen Miete von 600 EUR beruht also weder auf einer Fehlbedienung des Computers (zB einer Verwechslung der Erklärungszeichen „600 EUR" und „1.200 EUR") noch auf einem Fehler der Computersoftware (die den Mietpreis falsch berechnete),[239] sondern auf der Verwendung fehlerhaften Datenmaterials. Werden aber internen Berechnungen des Computers

238 S. Spindler/Schuster Vorbem. zu §§ 116ff. Rn. 6 mwN.

239 Kommt es hingegen bei richtiger Dateneingabe aufgrund eines **Fehlers im Computerprogramm** zu falschen Preisen, kann ein anfechtbarer Erklärungsirrtum vorliegen, s. BGH NJW 2005, 976.

falsche Preise zugrunde gelegt – weil zuvor von V so eingegeben und nicht aktualisiert –, stellt die auf dieser Grundlage durchgeführte Berechnung lediglich einen Kalkulationsirrtum dar, der als **unbeachtlicher Motivirrtum**[240] nicht zur Anfechtung berechtigt.[241]

(2) Somit hat V keinen Anfechtungsgrund.

(IV) Ergebnis: Der Anspruch des V gegen M gem. § 535 II auf Zahlung der Miete in Höhe von 1.200 EUR ist unbegründet. Der Mietvertrag zwischen V und M ist zu einer Miete von 600 EUR zustande gekommen.

Lesen Sie nun das folgende Prüfungsschema und die Übersicht 20 und dann gegebenenfalls etwas aus der „Literatur zur Vertiefung".

262a

Prüfungsschema

Prüfungsfolge bei der Anfechtung, §§ 119 ff., 142 f.

I. Anfechtungsgrund (→ Rn. 217 ff.)
1. Inhaltsirrtum, § 119 I, 1. Var.
2. Erklärungsirrtum, § 119 I, 2. Var.
3. Eigenschaftsirrtum, § 119 II
4. Irrtum wegen falscher Übermittlung, § 120
5. Irrtum durch arglistige Täuschung, § 123 I, 1. Var.
   Beachte § 123 II (Täuschung durch Dritten)
6. WE aufgrund widerrechtlicher Drohung nach § 123 I, 2. Var.

II. Anfechtungserklärung, § 143 (→ Rn. 243)
= empfangsbedürftige WE (dh Abgabe und Zugang erforderlich)
Erklärung gegenüber richtigem Anfechtungsgegner, § 143 II und III

III. Anfechtungsfrist (→ Rn. 244)
1. bei §§ 119, 120: § 121 (unverzüglich)
2. bei § 123: § 124 (binnen Jahresfrist)

240 **Beispiele** für nicht anfechtbare **Motivirrtümer** → **Rn. 222.**

241 S. BeckOK BGB/Wendtland § 119 Rn. 29 mwN; Spindler/Schuster § 120 Rn.11.

263 **Übersicht 20**

Anfechtungsrecht

1. Allgemeines

- Rechtsgeschäfte bestehen regelmäßig aus Willenserklärungen (WEen). Diese bestehen aus einem objektiven Teil (der äußeren Erklärung) und einem subjektiven Teil (Erklärungsbewusstsein + dem die Erklärung tragenden Handlungs- und Geschäftswillen).
- Aus **Vertrauensschutzgründen** werden die Rechtsfolgen einer WE vornehmlich nach dem äußeren Teil, der Erklärung, bestimmt: **Eine WE gilt grundsätzlich so, wie sie erklärt wurde**. Bei Mehrdeutigkeit ist sie auszulegen, um den Inhalt zu ermitteln.
- Weicht die objektive Erklärung (die ggf. durch Auslegung gem. § 133 ermittelt wurde) vom „inneren Willen" ab, so ist sie zunächst **gültig**!
- In einem solchen Fall des Willensmangels gibt das BGB dem Erklärenden die **Möglichkeit**, die WE durch Anfechtung zu beseitigen. **Ob** er anficht, ist seine freie Entscheidung.

264

2. Anfechtungsgründe

a) Irrtumstatbestände gem. §§ 119 f.

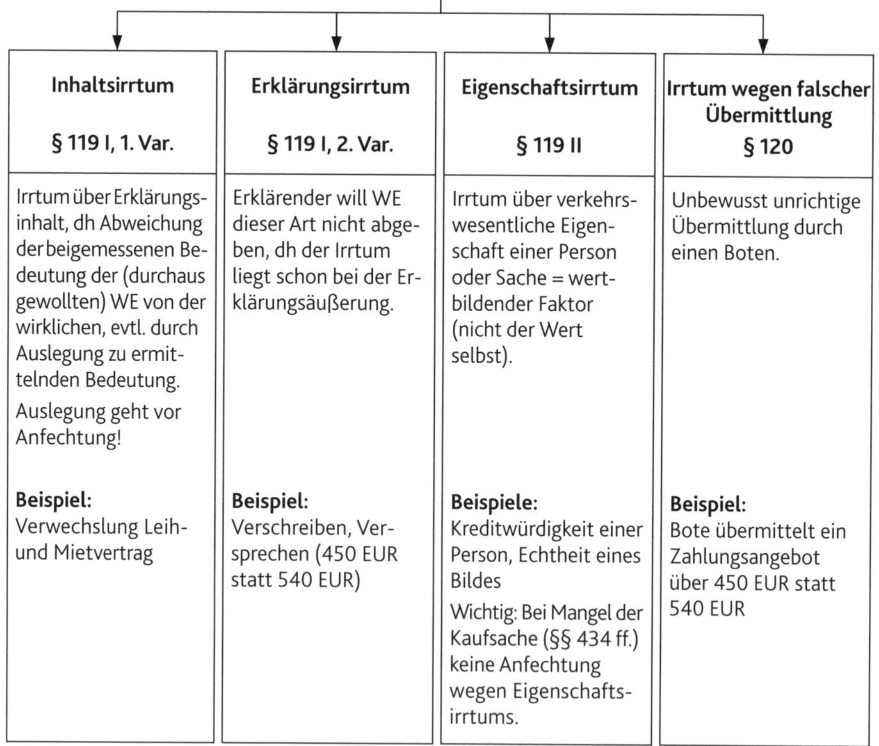

= Irrtümer bei Willens**äußerung**

Irrtum bei Willens**bildung** = unbeachtlicher Motivirrtum

Beispiele: Kauf von Hochzeitsgeschenk und Hochzeit findet nicht statt; Kalkulationsirrtum

b) Irrtumstatbestände
gem. § 123

Anfechtung wegen arglistiger Täuschung **§ 123 I, 1. Var.**	**Anfechtung wegen widerrechtlicher Drohung** **§ 123 I, 2. Var.**
Täuschung setzt Irrtumserregung voraus (durch Tun oder Unterlassen) und muss für WE *ursächlich* (kausal) sein *Arglist*: Bewusstsein, dass Erklärender ohne Täuschung WE nicht abgegeben hätte. Bedingter Vorsatz reicht aus. **Beispiel:** Zusicherung von Unfallfreiheit bei Kfz; Verschweigen von Unfall.	*Drohung* = Inaussichtstellen eines empfindlichen Übels = mittelbarer Zwang. *Widerrechtlich*: Mittel verwerflich (zB Gewaltanwendung, wenn WE nicht abgegeben wird) oder Zweck verwerflich (zB Begehung von Betrug) oder Zweck-Mittel-Relation verwerflich (zB Abschluss von Darlehensvertrag, andernfalls Anzeige wegen Straftat).

Anfechtung wegen arglistiger Täuschung durch einen Dritten
§ 123 II

Dritter ist der an dem Geschäft völlig Unbeteiligte.
Dritter ist nicht Vertreter oder Erfüllungsgehilfe des Anfechtungsgegners!
§ 123 II gilt nicht bei Drohung, dh durch Drohung erzwungene WE ist immer anfechtbar!

3. Wirksame Durchführung der Anfechtung 265

Anfechtungserklärung **§ 143**	und	**Anfechtungsfrist** **§ 121 oder § 124**
• gegenüber richtigem Anfechtungsgegner (= idR Vertragspartner) • muss nicht wörtlich erklärt werden = auch „konkludent" → es genügt, wenn deutlich wird, dass der Anfechtende sich nicht mehr an seine WE binden lassen will		• bei §§ 119, 120 → § 121: „unverzüglich" nach Kenntnis vom Anfechtungsgrund • bei § 123 I → § 124: 1 Jahr nach Entdeckung der Täuschung oder nach Beendigung der durch Drohung bewirkten Zwangslage

266

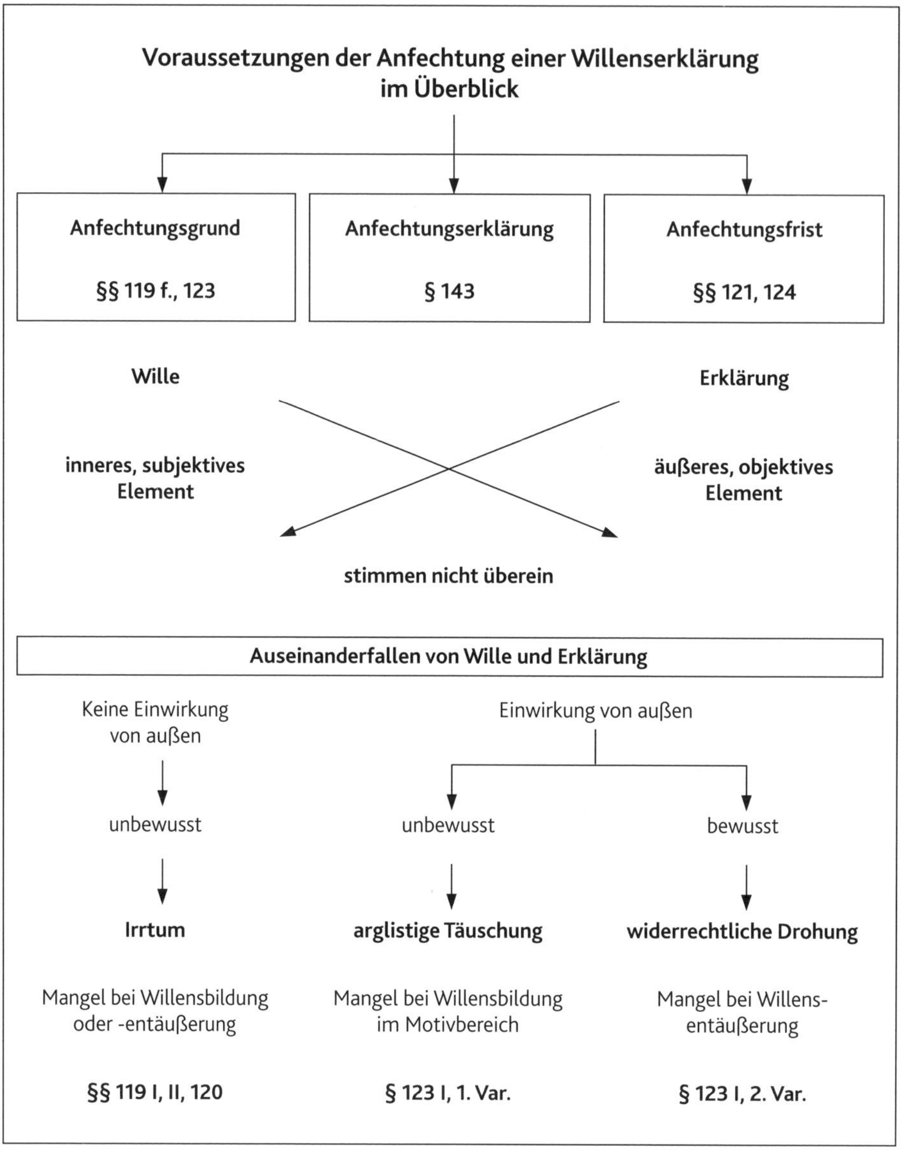

Voraussetzungen der Anfechtung einer Willenserklärung im Überblick

Anfechtungsgrund	**Anfechtungserklärung**	**Anfechtungsfrist**
§§ 119 f., 123	**§ 143**	**§§ 121, 124**

Wille

inneres, subjektives Element

Erklärung

äußeres, objektives Element

stimmen nicht überein

Auseinanderfallen von Wille und Erklärung

Keine Einwirkung von außen	Einwirkung von außen	
unbewusst	unbewusst	bewusst
Irrtum	**arglistige Täuschung**	**widerrechtliche Drohung**
Mangel bei Willensbildung oder -entäußerung	Mangel bei Willensbildung im Motivbereich	Mangel bei Willensentäußerung
§§ 119 I, II, 120	**§ 123 I, 1. Var.**	**§ 123 I, 2. Var.**

4. Wirkung der Anfechtung 267

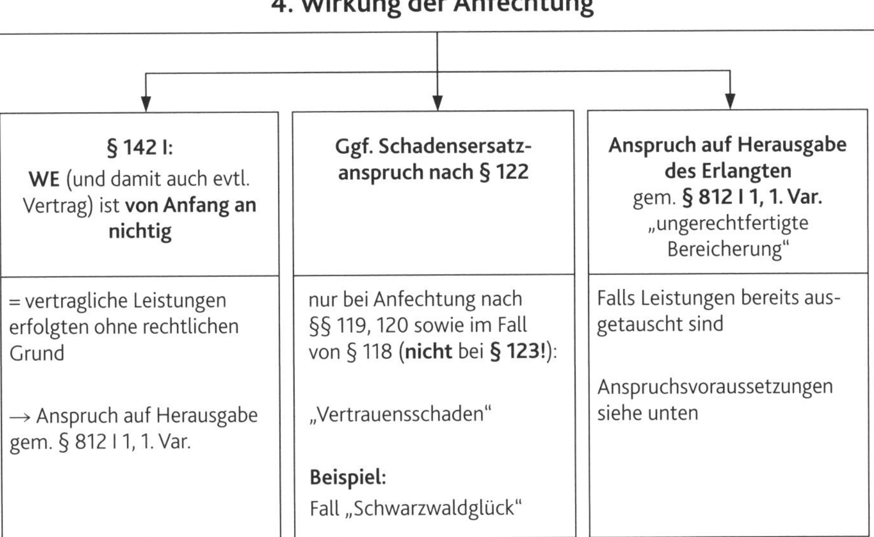

Voraussetzungen des § 812 I 1, 1. Var.:

- Jemand (Anspruchsgegner) hat **„etwas erlangt"** (= Vermehrung des Vermögens), zB Besitz und Eigentum an einer Sache (auch Geld ist eine Sache)
- durch die Leistung eines anderen (Anspruchsteller)
  „Leistung" = jede bewusste und zweckgerichtete Vermehrung fremden Vermögens
- **ohne rechtlichen Grund**
  Rechtsgrund für eine berechtigte Vermögensvermehrung ist idR ein schuldrechtlicher Verpflichtungsvertrag (Kausalgeschäft), zB Kaufvertrag.
  Vertrag kann durch Anfechtung zB gem. § 142 I von Anfang an nichtig werden: dann kein Rechtsgrund für Leistung vorhanden!

Rechtsfolge: Herausgabe des ohne Rechtsgrund Geleisteten nach § 812 I 1, 1. Var.

Literatur zur Vertiefung (→ Rn. 214–266): Alpmann Schmidt BGB AT 2, 1. Teil, 4. Abschn.; Arnold, Die arglistige Täuschung im BGB, JuS 2013, 865; Bitter/Röder BGB AT § 7; Boecken/Hackenbroich, ZR-Anfängerklausur zum Allgemeinen Teil: Wallach ist nicht gleich Wallach – zum Irrtum beim Pferdekauf, JURA 2021, 687; Brox/Walker BGB AT §§ 18–20; Brüderlin/Abold, Die Kenntnis der Anfechtbarkeit in § 142 II BGB, JA 2021, 6; Büchler, Die Anfechtungsgründe des § 123 BGB, JuS 2009, 976; Coester-Waltjen, Die Anfechtung von Willenserklärungen, JURA 2006, 348; Conrad, Die bereicherungsrechtliche Rückabwicklung nach Anfechtung wegen arglistiger Täuschung (§ 123 I Var. 1 BGB), JuS 2009, 397; Cziupka, Die Irrtumsgründe des § 119 BGB, JuS 2009, 887; Führich WirtschaftsPrivatR Rn. 196-208 (Anfechtung einer Willenserklärung); Hirsch BGB AT §§ 19–24; Keller/Purnhagen, Klausur Zivilrecht: Anfechtung eines Computerkaufs im Internet, JA 2011, 894; Kellermann, Problemfelder des Anfechtungsrechts, JA 2004, 405; Kocher, Anfechtung bei falscher Preisauszeichnung im Internet, JuS 2006, 223; Köhler BGB AT § 7 Rn. 15 ff.; Löhnig, Irrtumsrecht nach der Schuldrechtsmodernisierung, JA 2003, 516; Löhnig, Vertragsaufhebung wegen fahrlässiger Täuschung, JA 2003, 553; Mankowski, Arglistige Täuschung durch vorsätzlich falsche oder unvollständige Antworten auf konkrete Fragen, JZ 2004, 121; Martens, Wer ist „Dritter"? – Zur Abgrenzung von § 123 I und II 1 BGB, JuS 2005, 887; Medicus/Petersen BürgerlR § 6; Metzler-Müller/Füglein Privatrechtsfall Fall 2, S. 57 ff., Fall 3, 81 ff.; Musielak, Die Anfechtung einer Willenserklärung wegen Irrtums, JuS 2014, 491, 583; Musielak/

Hau GK BGB Rn. 364 ff.; Neuner BGB AT § 41; Petersen, Der Dritte in der Rechtsgeschäftslehre, JURA 2004, 306 (dazu RÜ 2004, AS-aktuell, 73); Petersen, Der Irrtum im Bürgerlichen Recht, JURA 2006, 660; Petersen, Die Bestätigung des nichtigen und anfechtbaren Rechtsgeschäfts, JURA 2008, 666; Petersen, Täuschung und Drohung im Bürgerlichen Recht, JURA 2006, 904; Preuß, Geheimer Vorbehalt, Scherzerklärung und Scheingeschäft, JURA 2002, 815; Prütting, Repetitorium ZR: Vertragsnahe gesetzliche Schuldverhältnisse: § 122 BGB, JURA 2016, 511; Rennig, Ausgewählte Sonderprobleme der Anfechtung von Willenserklärungen, JURA 2021, 619; Schade/Graewe WirtschaftsPrivatR § 6 Rn. 86 ff.; Schnorr, Die rechtliche Behandlung irrtümlich angenommener Formerfordernisse, JuS 2006, 115; Stadler BGB AT § 25 III.; Staudinger/Ewert, Täuschung durch den Verkäufer, JA 2010, 241; Süß, Geld oder Leben! – Zum Verhältnis von Auslegung, Anfechtung und Mentalreservation, JURA 2011, 759; Tychsen, Anfechtungsrecht bei einem über das Internet „online" geschlossenen Kaufvertrag, RÜ 2003, 148 (OLG Frankfurt a.M., Urt. v. 20.11.2002 – 9 U 94/02) [„fSaE" = vgl. Abkürzungsverzeichnis]; Tychsen, Anfechtungsrecht des Vertreters ohne Vertretungsmacht, RÜ 2002, 243 (BGH Urt. v. 22.2.2002 – V ZR 113/01) [„fSaE"]; Tychsen, Arglistige Täuschung durch einen von mehreren Verkäufern, RÜ 2003, 103 (OLG Koblenz NJW-RR 2003, 119) [„fSaE"]; Westermann Grundbegriffe BGB Kap. 6 I, II; Wieling, Der Motivirrtum ist unbeachtlich! Entwicklung und Dogmatik des Irrtums im Beweggrund, JURA 2001, 577.

3. Kapitel. Trennungs- und Abstraktionsprinzip

Das Trennungs- und Abstraktionsprinzip haben wir im vorherigen Kapitel im Zusammenhang mit der Anfechtung, die gem. § 142 I zur Nichtigkeit eines schuldrechtlichen Vertrags führen kann, bereits kennengelernt, ohne es als solches zu bezeichnen. Das Trennungs- und Abstraktionsprinzip wird regelmäßig dem Sachenrecht zugeordnet, doch richtiger- und notwendigerweise häufig schon bei der Darstellung des Allgemeinen Teils des BGB angesprochen.[242] Dies muss so sein,[243] da im Allgemeinen Teil Regelungen – wie eben § 142, aber auch zB die §§ 125, 134, 138[244] – enthalten sind, die zur Nichtigkeit eines schuldrechtlichen Rechtsgeschäfts führen, während das (sachenrechtliche) Erfüllungs- bzw. Verfügungsgeschäft für sich wirksam bleibt. Die dadurch erfolgte ungerechtfertigte Vermögensverschiebung wird durch § 812 wieder rückgängig gemacht. Dies ist nur möglich und nötig, weil das deutsche[245] Bürgerliche Recht das von Friedrich Carl von Savigny[246] entwickelte Trennungs- und Abstraktionsprinzip aufgenommen hat. Das Prinzip beruht auf der strengen **rechtlichen Trennung** eines wirtschaftlich einheitlichen Vorgangs, was sich am besten am Beispiel „Kaufvertrag" verdeutlichen lässt: 268

Wenn Sie sich an unsere Einführung erinnern, fällt Ihnen sicher auch noch der morgendliche Brötchenkauf ein. Wir hatten gesagt, dass dort gleich mehrere Rechtsgeschäfte vorgenommen werden. 269

■ Erinnern Sie sich noch, wie viele Verträge bei diesem wirtschaftlich einheitlichen Vorgang des Brötchenkaufs geschlossen werden?

▶ Drei! Überlegen Sie, welche drei Verträge dies sind!

(1) Der Kaufvertrag gem. § 433 – lesen Sie (nochmals) Abs. 1 S. 1 und Abs. 2! Danach ist also der Verkäufer **verpflichtet**, dem Käufer die Sache zu übergeben und ihm das Eigentum daran zu verschaffen, und nach Abs. 2 ist der Käufer **verpflichtet**, dem Verkäufer den Kaufpreis zu zahlen. Man nennt einen solchen schuldrechtlichen Vertrag (aus dem die Parteien zu etwas verpflichtet sind) deshalb auch **Verpflichtungsgeschäft**. Rechtsfolge dieses **schuldrechtlichen Vertrags** ist vor allem die Begrün-

---

242 ZB Neuner BGB AT § 29 Rn. 66 ff. sowie die in der Literatur zur Vertiefung (→ **Rn. 284**) genannten Lehrbücher.

243 Wegen seiner fundamentalen Bedeutung wird dem Trennungs- nebst dem Abstraktionsprinzip hier ein eigenes Kapitel gewidmet.

244 Dazu später mehr.

245 Wichtig ist, sich bewusst zu machen, dass das Trennungs- und Abstraktionsprinzip eine Eigenart des deutschen BGB ist, an das sich zB das Schweizer Obligationenrecht und auch das Österreichische ABGB zumindest hinsichtlich der Trennung der Geschäfte anlehnen. In vielen anderen Ländern kennt man keine Trennung der Geschäfte, zB im französischen Zivilrecht (vgl. Sonnenberger/Classen, Einführung in das französische Recht, 4. Aufl. 2012, Kap. 87 und 93), nach dem der wirksame Abschluss des Kaufvertrags zum sofortigen Eigentumserwerb an der Kaufsache führt. Ähnlich Italien, Art. 1376 Codice civile, sowie Belgien, Luxemburg, Spanien und Portugal. Auch im englischen Recht geht im Regelfall das Eigentum an beweglichen Sachen schon mit Abschluss des Kaufvertrags über.
Wenn Sie Lust und Interesse haben, über den deutschen Rechtshorizont zu blicken: Im englischen Recht gibt es nur wenig Gesetze („Statutes, Acts"), denn es beruht vornehmlich auf „Case law" (Fall-Recht), was Sie in Wörlen/Balleis/Angress „Introduction to English Civil Law – for German Speaking Lawyers and Law Students" (in englischer Sprache mit Übersetzungshilfen, Vol. 1, 5. Aufl. 2012) nachlesen können …

246 → **Rn. 40**.

dung von Leistungspflichten. Der Verpflichtete, der Schuldner, schuldet dem anderen Vertragspartner, dem Gläubiger, eine bestimmte Leistung („Schuldverhältnis"). Umgekehrt hat der Gläubiger eines Schuldverhältnisses das Recht bzw. den Anspruch, diese Leistung zu verlangen.

Bleiben wir beim Kaufvertrag über eine bewegliche Sache und wiederholen wir nochmals:

270 ■ Was sind die konkreten Rechtsfolgen dieses Vertrags, wenn er (durch Angebot und Annahme iSd §§ 145 ff.) wirksam zustande gekommen ist?

▶ Die Verpflichtung des Verkäufers zur Übergabe der Sache und zur Verschaffung des Eigentums an dieser Sache (§ 433 I 1) sowie die Verpflichtung des Käufers zur Zahlung des Kaufpreises und Abnahme der Kaufsache (§ 433 II).

■ Kann der Käufer somit schon durch Abschluss des wirksamen Kaufvertrags Eigentümer der Kaufsache werden? (Überlegen Sie!)

▶ Nein! Durch Abschluss des wirksamen Kaufvertrags erlangt er nur das Recht auf die Eigentumsverschaffung! Damit der Käufer Eigentümer wird, muss der Verkäufer erst den Vertrag erfüllen, der Verkäufer muss dem Käufer das Eigentum an der Sache noch verschaffen, anders ausgedrückt: Um den wirksamen Kaufvertrag zu erfüllen, muss der Verkäufer erst noch über sein Eigentum **verfügen**, indem er es dem Käufer überträgt.
Eine rechtsgeschäftliche **Verfügung** wirkt unmittelbar auf den Bestand eines Rechts ein, sei es durch Übertragung, Belastung, inhaltliche Änderung oder Aufhebung.

271 Die sachenrechtliche Eigentumsübertragung ist daher ein **Verfügungsgeschäft.**

(2) Ein solches Verfügungsgeschäft muss der Verkäufer tätigen, um seine aus § 433 I 1 folgende Verpflichtung zu erfüllen. In welcher sachenrechtlichen Vorschrift das Verfügungsgeschäft „Übertragung des Eigentums an beweglichen Sachen" bzw. der „Eigentumserwerb an beweglichen Sachen" geregelt ist, könnten Sie bereits wissen. Wenn Sie sich an diese oben[247] bereits erwähnte Vorschrift nicht mehr erinnern, üben Sie die Handhabung des Gesetzestexts, indem Sie dort im Index unter dem Stichwort „Eigentumserwerb" nachsehen!

Unter dem Stichwort „Eigentumserwerb" finden Sie darunter in der Sammlung „BGB – Beck-Texte im dtv" die Worte „– an beweglichen Sachen" und daneben die Zahlen **1** (für BGB) und „926, 929 ff." (für die Paragrafen). Spätestens jetzt wissen Sie wieder, dass § 929 die Vorschrift ist, die wir suchen (§ 929 S. 1 lesen)!

272 Danach muss der Eigentümer, im Kaufvertragsbeispiel der Verkäufer, dem Erwerber die Sache übergeben und sich mit ihm darüber einigen, dass das Eigentum auf ihn übergehen soll.

■ Was setzt eine solche „Einigung" zwischen zwei Personen begrifflich voraus?

▶ Zwei sich deckende (kongruente) Willenserklärungen, nämlich die Erklärung des Eigentümers: „Ich übertrage dir mein Eigentum" und die Erklärung des Erwerbers: „Ich nehme diese Eigentumsübertragung an".

247 → **Rn. 43.**

Die Einigung über den Eigentumsübergang ist somit ebenfalls ein Vertrag, und zwar ein **sachenrechtlicher** oder **dinglicher Vertrag**.

Die zu dieser Einigung erforderlichen beiden Willenserklärungen werden in der Praxis häufig, wie wir beim Brötchenkauf (→ Rn. 43) gesehen haben, konkludent abgegeben:

Wenn die Bäckerin Ihnen die Brötchentüte auf die Theke legt und Sie packen die Tüte in Ihre Einkaufstasche, haben Sie die nach § 929 S. 1 erforderliche Einigung mit der Bäckerin wortlos durch konkludentes Verhalten vollzogen. Damit ist im „Brötchenfall" das zweite Rechtsgeschäft vollzogen.

Das erste Rechtsgeschäft war, um daran zu erinnern, der schuldrechtliche Kaufvertrag, **273** das Verpflichtungsgeschäft; das zweite Rechtsgeschäft ist das sachenrechtliche Verfügungsgeschäft bezüglich der Kaufsache, die Eigentumsübertragung an den Brötchen.

■ (3) Worin besteht nun das dritte Rechtsgeschäft, das sich in der Bäckerei vollzieht?
▶ In der Kaufpreiszahlung, dh genauer: In der Verfügung über das Eigentum an dem Geld.

Indem Sie der Bäckerin 1 EUR für zwei Brötchen hinlegen und diese das Geld nimmt, haben Sie sich – ebenfalls konkludent – gem. § 929 S. 1 darüber geeinigt, dass die Bäckerin Eigentümerin des Geldes werden soll. Denn: Auch „das Geld" ist – sofern es sich um sog. „Geldzeichen" (= Scheine, Münzen) handelt – eine Sache im Sinne des BGB (vgl. §§ 90, 91)!

An diesem Beispiel haben wir gesehen, dass das schuldrechtliche Verpflichtungsge- **274** schäft (im Beispiel der Kaufvertrag) und die beiden sachenrechtlichen Verfügungsgeschäfte (die Eigentumsübertragungen von Brötchen und Geld) jeweils **rechtlich** voneinander **getrennt** zu beurteilen sind, während sie wirtschaftlich gesehen einen einheitlichen Vorgang bilden. Wenn Sie das verstanden haben, dann haben Sie schon das **Trennungsprinzip** verstanden.

Hinter diesem Namen verbirgt sich nämlich nichts anderes, als das, was eben analysiert wurde: Die **rechtliche Trennung** von **schuldrechtlichem Verpflichtungsgeschäft** (zB Kaufvertrag, § 433) **und sachenrechtlichem Verfügungsgeschäft** (zB Übereignung nach § 929 S. 1).

Merke: Das Trennungsprinzip besagt, dass (auch bei einem einheitlichen wirtschaftlichen Vorgang wie dem in der Bäckerei) zwischen dem Verpflichtungsgeschäft und dem Verfügungsgeschäft unterschieden werden muss.

Das **Abstraktionsprinzip** bedeutet zusätzlich, dass die Wirksamkeit des sachenrechtlichen Verfügungsgeschäfts grundsätzlich **abstrakt**, also losgelöst, vom schuldrechtlichen Verpflichtungsgeschäft – und umgekehrt – zu beurteilen ist.

Merke: Das Abstraktionsprinzip besagt, dass das Verpflichtungsgeschäft und das Verfügungsgeschäft in ihrer Wirksamkeit voneinander unabhängig zu betrachten sind.

Dass das BGB die Zerlegung eines einheitlichen wirtschaftlichen Vorgangs vornimmt, hat dogmatisch[248] Vor- und Nachteile, auf die wir nur kurz eingehen können:

248 Rechtsdogmatik = Lehre vom geltenden Recht, Creifelds Rechtswörterbuch/Groh „Rechtsdogmatik".

275 Der Gesetzgeber wollte auf diese Weise das dingliche, absolut wirkende Verfügungsgeschäft von den Gefahren des zugrunde liegenden Verpflichtungsgeschäfts (zB zunächst nicht erkannte fehlende Geschäftsfähigkeit des Käufers) freihalten. Das Verpflichtungsgeschäft bezeichnet man auch als Grund- oder Kausalgeschäft (lat. „causa" = Grund, Ursache).

Der **wesentliche Vorteil** des Abstraktionsprinzips liegt darin, dass sich die Eigentumslage (die für den Wirtschaftsverkehr eine große Rolle spielt!) relativ leicht und sicher feststellen lässt und dabei das für Fehler und Nichtigkeitsgründe anfällige Verpflichtungsgeschäft außer Acht gelassen werden kann.[249]

276 Die wichtigste Folge der Trennung von Verpflichtungs- und Verfügungsgeschäft und ihrer abstrakten Betrachtung, auf die wir noch etwas ausführlicher eingehen müssen, ist also, dass die Wirksamkeit dieser Geschäfte unabhängig voneinander beurteilt werden muss. Das heißt: Auch wenn (zB) ein Kaufvertrag aus irgendeinem Grunde nichtig ist – etwa weil er angefochten oder von einem Geschäftsunfähigen abgeschlossen wurde –, kann die sachenrechtliche Eigentumsübertragung für sich betrachtet wirksam sein.

Zusammenfassung:
Trennungsprinzip: Das Verpflichtungs- und Verfügungsgeschäft bilden keine Einheit, sondern sind rechtlich voneinander zu trennen.
Abstraktionsprinzip: Verpflichtungs- und Verfügungsgeschäft sind außerdem auch in ihrem rechtlichen Bestand voneinander unabhängig.

Dazu

277 **Übungsfall 17**

„Krank und gesund"
V und K schließen am 11.11. einen Kaufvertrag über ein Buch. Die Übereignung des Buchs und die des Kaufpreises finden am 13.11. statt. Bis zum 12.11. war V geisteskrank, am 13.11. ist er wieder gesund. Am 14.11. verlangt V sein Buch heraus. Zu Recht?

Abwandlung 17a:
Wie Ausgangsfall 17, nur war V am 11.11. voll geschäftsfähig und ist ab 13.11. geisteskrank.

Abwandlung 17b:
Wie Ausgangsfall 17, nur ist V an beiden Tagen geisteskrank.[250]

Lesen Sie den Ausgangsfall 17 noch einmal und verdeutlichen Sie sich die Vorgänge, die hier mitgeteilt werden, am besten mit einer **Skizze**.[251]

Dieser Lehrbuchfall erscheint ein wenig konstruiert und lebensfern;[252] zur Verdeutlichung der Wirkungen des Abstraktionsprinzips ist er aber gut geeignet!

249 Stadler BGB AT § 16 Rn. 22.

250 Wir nehmen die Mitteilungen des Sachverhalts – wie immer – als Tatsachen hin! Dass der schnelle Wechsel von Geisteskrankheit zur Gesundheit medizinisch ungewöhnlich sein mag, wollen wir nicht diskutieren. Im Recht jedenfalls liegt Geschäftsfähigkeit vor, wenn eine dauerhaft erkrankte Person in einem **lichten Moment** (lat. lucidum intervallum) eine Willenserklärung abgibt, s. zB Beck OK BGB/Wendtland § 104 Rn. 8; HK-BGB/Dörner § 104 Rn. 5.

251 Dass eine grafische Skizze stets anzuraten und hilfreich ist, wenn ein Sachverhalt zB viele Beteiligte nennt oder zahlreiche Daten mitteilt, wurde im Exkurs „Methodik der Fallbearbeitung II" (→ **Rn. 195 ff., 201**) erörtert.

252 Im Zusammenhang mit **Demenz** ist das Thema ausgesprochen praxisrelevant, s. dazu zB Schmoeckel, Die Geschäfts- und Testierfähigkeit von Demenzerkrankten, NJW 2016, 433 ff.

11.11. V geisteskrank	V ◄—— § 433 ——► K		Kaufvertrag Buch
....			(**Trennungs- und Abstraktionsprinzip**)
13.11. V gesund	V —— § 929 S. 1 ——► K		Eigentumsübertragung Buch
13.11.	V ◄—— § 929 S. 1 —— K		Eigentumsübertragung Geld für Kaufpreis
14.11.	V ————► K		verlangt Herausgabe des Buchs

Die Rechtsfolge „Herausgabe", die V erstrebt, ist vor allem in den bereits erwähnten Anspruchsgrundlagen § 985 und § 812 geregelt. Sinnvollerweise beginnt man mit der Prüfung von § 985, da das Eigentum als absolutes, gegen jedermann wirkendes Recht grundsätzlich den „stärkeren" Anspruch gibt als ein schuldrechtlicher Anspruch, wie ihn § 812 enthält. V könnte sein Herausgabeverlangen also möglicherweise auf § 985 stützen (§ 985 lesen!).

■ Was ist zunächst Voraussetzung für diesen Anspruch? 278
▶ V müsste Eigentümer des Buchs sein!

Das wäre der Fall, wenn die Eigentumsübertragung, die V am 13.11. an K vorgenommen hat, unwirksam war.

■ Nach welcher Vorschrift erfolgt die Eigentumsübertragung?
▶ Nach § 929 S. 1 – nochmals lesen!
■ Was ist danach neben der Übergabe des Buchs erforderlich?
▶ Die Einigung zwischen dem Veräußerer und dem Erwerber. Voraussetzung für die Einigung wiederum sind zwei wirksame sich deckende Willenserklärungen!
■ War die Willenserklärung, die V am 13.11. abgegeben hat, wirksam?
▶ Ja! V war an diesem Tage völlig gesund, dh voll geschäftsfähig.

Klausurtipp: Sofern ein Sachverhalt über das Alter einer Person keine Angaben enthält, müssen Sie von ihrer Volljährigkeit ausgehen!

Damit hat er sein Eigentum wirksam auf K übertragen. Unerheblich für den Eigentumsübergang ist, ob auch das zugrunde liegende Verpflichtungsgeschäft, der Kaufvertrag, wirksam war; denn dieses ist aufgrund des Abstraktionsprinzips neben dem Verfügungsgeschäft rechtlich völlig selbstständig zu beurteilen. Da V sein Eigentum an K verloren hat, kann er auch keinen Herausgabeanspruch gem. § 985 geltend machen.

■ Welche Anspruchsgrundlage könnte dem V möglicherweise wieder zu seinem Buch verhelfen? 279
▶ § 812 I 1, 1. Var. – lesen!
■ Welche Voraussetzungen müssen dafür erfüllt sein?
▶ (1) K müsste „etwas erlangt" haben. Darunter ist jeder Vermögensvorteil zu verstehen.
■ Was hat K erlangt?
▶ Besitz und Eigentum an dem Buch. Dies ist durch Einigung und Übergabe gem. § 929 S. 1 geschehen.
(2) K müsste dies durch „Leistung" des V erlangt haben. Leistung iSv § 812 ist „jede bewusste und zweckgerichtete Mehrung fremden Vermögens".

- ■ Ist eine solche Leistung V an K erfolgt?
- ▶ Ja! V hat das Buch an K geleistet: Er hat in Erfüllung des Kaufvertrags das Vermögen der K um das Buch vermehrt, indem er ihr das Eigentum an dem Buch übertragen hat.
  (3) Diese Leistung müsste „ohne rechtlichen Grund" erfolgt sein.
- ■ Welcher Rechtsgrund (= schuldrechtliches Kausalgeschäft) lag der Verfügung über das Eigentum zugrunde?
- ▶ Der Kaufvertrag vom 11.11.!
- ■ War dieser Kaufvertrag wirksam?
- ▶ Nein! Da V an diesem Tag geisteskrank war, war er gem. § 104 Nr. 2 geschäftsunfähig, sodass seine Willenserklärung gem. § 105 I nichtig war (§§ 104 Nr. 2 und 105 I lesen!).

280 Somit hat V der K das Eigentum an dem Buch ohne Rechtsgrund verschafft, sodass V das Buch gem. § 812 I 1, 1. Var. wieder herausverlangen kann.

Umgekehrt kann K (was in Fall 17 aber nicht gefragt war) selbstverständlich auch ihr Geld (Kaufpreis) gem. § 812 I 1, 1. Var. von V herausverlangen! Prüfen Sie den Anspruch K gegen V selbst gutachtlich nach!

Lesen Sie Fall 17 nochmals und dazu die **Abwandlung 17a** und fertigen Sie selbst eine Lösungsskizze an.

- ■ Welche Anspruchsgrundlage könnte zunächst wieder zugunsten des V eingreifen?
- ▶ „V könnte gegen K einen Anspruch auf Herausgabe des Buchs gem. § 985 haben."
- ■ Welche Voraussetzung müsste hierfür erfüllt sein?
- ▶ V müsste Eigentümer des Buchs sein.
- ■ Wodurch könnte V aber das Eigentum verloren haben?
- ▶ Durch Übergabe des Buchs und Einigung über den Eigentumsübergang gem. § 929 S. 1 am 13.11.
- ■ Am 13.11. war V geisteskrank. Was hat das zur Folge?
- ▶ Seine im Rahmen der Einigung nach § 929 S. 1 abgegebene Willenserklärung war gem. § 105 I iVm § 104 Nr. 2 nichtig!
- ■ Welche Rechtsfolge zieht das nach sich?
- ▶ Die Eigentumsübertragung V an K war unwirksam. V ist Eigentümer des Buchs geblieben und kann gem. § 985 grundsätzlich[253] Herausgabe des Buchs verlangen.
- ■ Wie steht es in dieser Fallabwandlung mit einem Anspruch V gegen K aus § 812 I 1, 1. Var.?
- ■ Diese Frage müssten Sie mit einem Satz beantworten können:
- ▶ Da V am 11.11. voll geschäftsfähig war, war der Kaufvertrag wirksam, sodass K das Buch, genauer: den Besitz an dem Buch, mit Rechtsgrund erhalten hat. Somit sind die Voraussetzungen für einen Anspruch aus § 812 I 1, 1. Var. nicht erfüllt.

Prüfen Sie selbst auch den (im Fall nicht gefragten) Anspruch der K gegen V bezüglich des Geldes gem. § 985!

Verlassen wir das Abstraktionsprinzip, mit dem wir zukünftig immer wieder konfrontiert werden, vorerst, indem wir abschließend die **Fallabwandlung 17b** lösen.

253 Anderes Ergebnis in Wörlen/Schindler/Balleis ZivilR Fall 14 Rn. 321 ff. (329), die ein relatives Besitzrecht (§ 986) der K annehmen und den Anspruch aus § 985 verneinen; folgerichtig dann auch den Bereicherungsanspruch.

Ändern Sie zuerst Ihre zu 17a angefertigte Skizze entsprechend um und überlegen Sie wieder selbst, welche Ansprüche V gegen K in dieser Abwandlung haben könnte.

Beide Ansprüche, der Eigentumsherausgabeanspruch aus § 985 sowie der Herausgabeanspruch aus ungerechtfertigter Bereicherung gem. § 812 I 1, 1. Var. sind begründet!

■ Warum?

▶ Wegen der Geisteskrankheit und der damit verbundenen Geschäftsunfähigkeit des V an beiden Tagen waren sowohl der Kaufvertrag als auch die Eigentumsübertragung nichtig.
Somit kann V seinen Herausgabeanspruch sowohl auf § 985 stützen, da er Eigentümer geblieben ist, als auch auf § 812, da K den Besitz an dem Buch ohne Rechtsgrund (= ohne wirksames Verpflichtungs-/Grund-/Kausalgeschäft = Kaufvertrag) erlangt hat.[254]

Wenn Sie das Trennungs- und Abstraktionsprinzip nun wirklich verstanden haben, werden Sie in einer Klausur hoffentlich nie (mehr) den Fehler machen, der manchen sogar noch in höheren Semestern der Rechtswissenschaften unterläuft: **281**

„**Durch** den Kaufvertrag mit V hat K das Eigentum (zB an dem Flachbildschirm) erworben."

■ Wie muss es richtig heißen?

▶ „**Aufgrund** des Kaufvertrags mit V hat K **durch** Einigung und Übergabe nach § 929 S. 1 das Eigentum (am Flachbildschirm) erworben"!

In diesem Zusammenhang sollten Sie sich kurz[255] den Unterschied zwischen Besitz und Eigentum klar machen. **282**

■ Lesen Sie dazu erneut § 929 S. 1 und § 854 I und versuchen Sie, den Unterschied selbst zu formulieren, bevor Sie weiterlesen.

▶ Unter **Besitz** versteht man die **tatsächliche Herrschaft** über eine Sache, wie sich fast wörtlich aus § 854 I ergibt.
Eigentum wird gemeinhin als die **rechtliche Herrschaft** über eine Sache definiert. Diese Definition steht zwar nicht wörtlich in § 903 (den Sie kennen, → Rn. 11), wird aber aus der dort geregelten Freiheit des Eigentums hergeleitet.

Verdeutlichen Sie sich den Unterschied anhand von Übersicht 21 (→ Rn. 283), aus der Sie auch entnehmen können, dass Besitz und Eigentum nicht immer in einer Hand liegen müssen, sondern auch auf verschiedene Personen verteilt sein können, sodass Besitz und Eigentum auseinanderfallen. Mit dem umgangssprachlich so bezeichneten „Hausbesitzer" wird in den meisten Fällen der Hauseigentümer gemeint sein: Der Mieter eines Hauses ist sein Besitzer, die Vermieterin (die oft ganz woanders wohnt) ist Eigentümerin.

Lesen Sie nun die folgenden Übersichten 21 und 22 und dann etwas aus der Literatur zur Vertiefung.

254 Ein ausformuliertes Gutachten zu einem sehr ähnlichen Fall können Sie nachlesen in Wörlen/Schindler/Balleis ZivilR Fall 14 Rn. 321, 322 ff.

255 Ausführlicher Wörlen/Kokemoor SachenR Rn. 2–6.

Übersicht 21

283

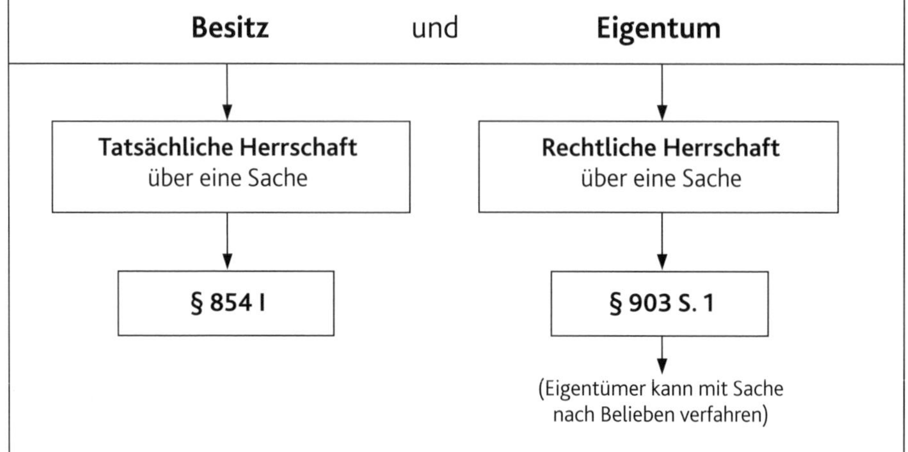

Besitz und Eigentum können bei einer Person (auch: Personenmehrheit) liegen oder sich auf verschiedene Personen verteilen.

Beispiele:

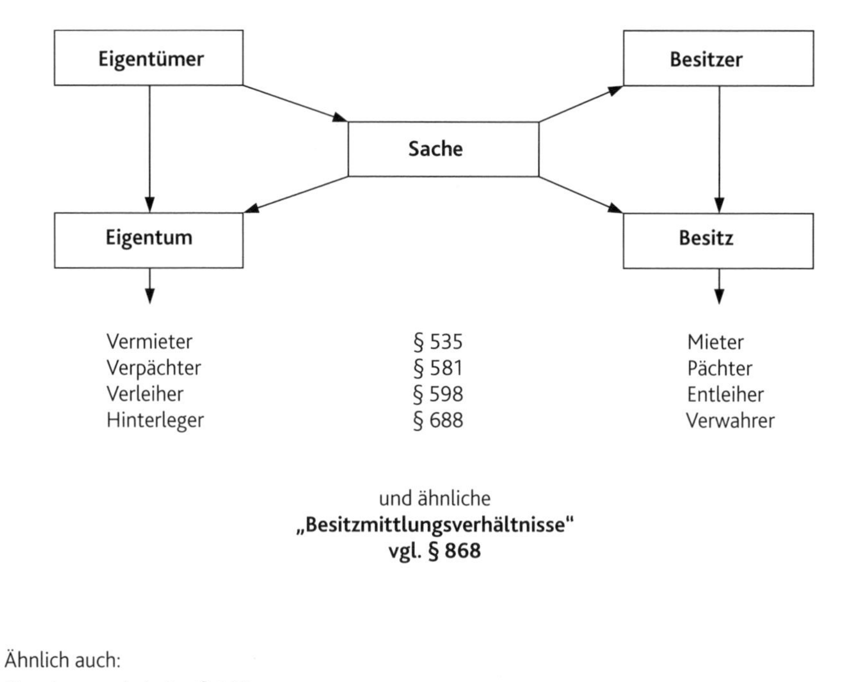

Ähnlich auch:
Eigentumsvorbehalt – § 449

Übersicht 22

284

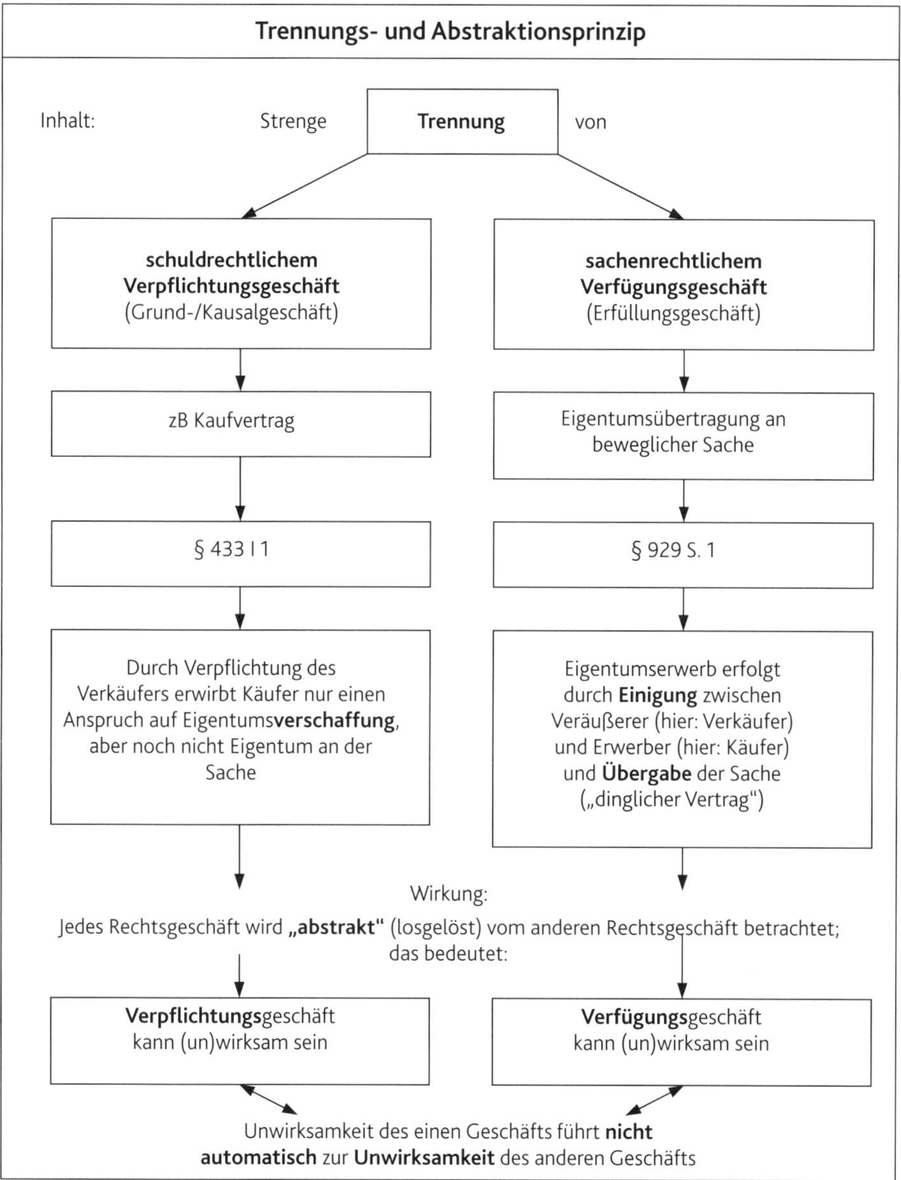

Literatur zur Vertiefung (→ Rn. 268–284): Alpmann Schmidt BGB AT 1, 1. Teil, Rn. 25, 26 ff.; Baur/Stürner, Sachenrecht, 18. Aufl. 2009, §§ 2–4; Bayerle, Trennungs- und Abstraktionsprinzip in der Fallbearbeitung, JuS 2009, 1079; Berneith/Lieder, Echte und unechte Ausnahmen vom Abstraktionsprinzip, JuS 2016, 673; Bitter/Röder BGB AT § 5 Rn. 87 ff.; Brox/Walker BGB AT § 5 III; Drygala/Grobe, „Zum Verwechseln ähnlich ..." (Anfängerklausur zum Trennungs- und Abstraktionsprinzip), JuS 2022, 1030; Haedicke, Der bürgerlich-rechtliche Verfügungsbegriff, JuS 2001, 966; Hirsch BGB AT § 13; Jauernig, Trennungsprinzip und Abstraktionsprinzip, JuS 1994, 721; Klunzinger BürgerlR § 9 II 4; Köhler BGB AT § 5 Rn. 12–17; Meier/Jocham, Die Fehleridentität als Verwirklichung des Abstraktionsprinzips,

JuS 2021, 494; Neuner BGB AT § 29 Rn. 66 ff.; Peters, Kauf und Übereignung, JURA 1986, 449; Petersen, Das Abstraktionsprinzip, JURA 2004, 98 (dazu auch RÜ 2004, AS-aktuell, 25); Schmoeckel, Die Geschäfts- und Testierfähigkeit von Demenzerkrankten, NJW 2016, 433; Stadler BGB AT § 16 IV; Strack, Hintergründe des Abstraktionsprinzips, JURA 2011, 5; Westermann Grundbegriffe BGB Kap. 8; Zimmermann, „Fasels Freund" (Grundprobleme des Abstraktionsprinzips), JuS 1982, 283 ff.

4. Kapitel. Form und Nichtigkeit von Rechtsgeschäften

285 Unter Titel 2 von Abschnitt 3 des „Allgemeinen Teils“ enthält das BGB im Anschluss an die Darstellung der Voraussetzungen für eine wirksame Anfechtung (§§ 119–124) allgemeine Vorschriften (§§ 125–129) über die Formbedürftigkeit von Rechtsgeschäften sowie über die verschiedenen Arten der Form.

I. Grundsatz

286 Grundsätzlich können Rechtsgeschäfte formlos bzw. in jeder beliebigen Form abgeschlossen werden. Dieser Grundsatz der Formfreiheit, der eine Folge der sog. „Privatautonomie“ ist, dient der Erleichterung des Rechtsverkehrs. Privatautonomie bedeutet „Vertragsfreiheit“. Der insbesondere für die Begründung von Schuldverhältnissen durch Vertrag bedeutsame **„Grundsatz der Vertragsfreiheit“** (der für das Schuldrecht aus § 311 I hergeleitet wird) bedeutet zum einen die Abschlussfreiheit und die Gestaltungsfreiheit, sofern das Gesetz keine Einschränkungen enthält. Zu der Gestaltungsfreiheit gehört die Formfreiheit, die es im Interesse der Erleichterung des Rechtsverkehrs ermöglicht, Verträge und andere Rechtsgeschäfte durch einfache, mündliche Vereinbarungen abzuschließen.

II. Zweck der Formbedürftigkeit

287 Da ein Wort erfahrungsgemäß schneller und bisweilen auch unüberlegter gesagt[256] als geschrieben wird und auch für mündliche Verträge die lateinische Rechtsregel „pacta sunt servanda“ (zu Deutsch: „Verträge müssen eingehalten werden“) gilt, verlangt der Gesetzgeber aus Gründen der Rechtssicherheit für bestimmte Rechtsgeschäfte die Einhaltung einer besonderen Form.

„Aus Gründen der Rechtssicherheit“ bedeutet, dass die Formbedürftigkeit verschiedene Funktionen erfüllen kann und soll.

1. Beweisfunktion

288 Wie gesagt ist ein Wort mündlich sehr rasch geäußert und hinterher wird das Gegenteil behauptet, ohne dass jemand etwas beweisen kann. „Mit Worten lässt sich trefflich streiten, mit Worten ein System bereiten, an Worte lässt sich trefflich glauben …“[257] – ein Streit lässt sich indessen verhindern, wenn man an gesprochene Worte nicht nur glaubt, sondern sie auch beweisen kann, wozu zB schon die einfache Schriftform[258] geeignet ist. Durch die Einhaltung der Schriftform können der Zeitpunkt des Abschlusses des Rechtsgeschäfts sowie dessen Inhalt klar und eindeutig festgelegt werden, was der Beweiserleichterung bei Streitigkeiten dient.

256 Vgl. Schiller (Dichter und studierter – wenn auch nicht „examinierter“ – Jurist übrigens!) „Wallensteins Tod“ (II, 2): „Schnell fertig ist die Jugend mit dem Wort, das schwer sich handhabt, wie des Messers Schneide“ …

257 Wir bleiben, nun mit Goethe (er war übrigens „Voll“-Jurist!), bei unserem klassischen Zitierkurs: „Faust“ (I, Studierzimmer, Schülerszene). Die hier zitierten Worte des Mephistopheles schließen mit dem Satz „von einem Wort lässt sich kein Jota“ (= nicht das Geringste) „rauben“, was in diesem Zusammenhang nur für das schriftliche Wort gilt!

258 Dazu sogleich → **Rn. 292**.

„Denn was schwarz auf weiß geschrieben steht, kann man (nicht nur) getrost nach Hause tragen".[259]

2. Beratungsfunktion

289 Da sich die am Rechtsverkehr beteiligten juristischen Laien häufig der rechtlichen Bedeutung, insbesondere der Rechtsfolgen eines Rechtsgeschäfts nicht bewusst sind, sollen diese durch Hinzuziehung juristisch fachkundiger Personen, zB durch Notare, beraten, aufgeklärt und belehrt werden (daher identisch: „Aufklärungsfunktion", „Belehrungsfunktion").

3. Warn- und Schutzfunktion

290 Schließlich dienen die Formvorschriften dazu, die Beteiligten vor dem Aussprechen unbedachter, übereilter Worte zu warnen und sie vor dem Eintritt der damit verbundenen, unter Umständen schwerwiegenden Rechtsfolgen zu schützen. Da es sich zB bei einer Grundstücksübereignung meist um die Verfügung über erhebliche Werte handelt, ist nach § 311b I die notarielle Beurkundung des Kaufvertrages und gem. § 925 die Einigungserklärung der Vertragsparteien über die Eigentumsübertragung vor einer zuständigen Stelle, in der Regel vor einem Notar oder einer Notarin, erforderlich.

III. Arten der Form

291 Die verschiedenen Formtypen sind im BGB abschließend geregelt. Aufgrund der Privatautonomie können die rechtsgeschäftlich vereinbarten Formen frei bestimmt werden; allerdings wird in der Regel eine der gesetzlichen Formen vereinbart. Das BGB enthält im Allgemeinen Teil **fünf Formen**: Die **Schriftform**, die **elektronische Form**, die **Textform**, die **notarielle Beurkundung** und die **öffentliche Beglaubigung**. Es handelt sich hierbei um Regelungen, die aufzeigen, welche Anforderungen an die einzelnen Formtypen gestellt werden. Im Schuld-, Sachen-, Familien- und Erbrecht gibt es hingegen die Vorschriften, die vorschreiben, in welchen Fällen die betreffende Form eingehalten werden muss. Beispiele hierfür finden Sie unter → Rn. 299 ff.

1. Gesetzliche Schriftform

292 Lesen Sie hierzu § 126 ganz durch!

■ Welche Voraussetzungen nennt das Gesetz, damit die Schriftform eingehalten wird?

▶ Die rechtsgeschäftliche Erklärung muss in einer **Urkunde** dargestellt, also **schriftlich verkörpert**, aber nicht unbedingt handschriftlich, sein; der Text kann also auch getippt, gedruckt oder fotokopiert sein. Hierbei ist es gleichgültig, wer diesen Text verfasst hat. Wichtig ist, dass der „**Aussteller**" (= der Erklärende) die Urkunde **eigenhändig unterschreibt** (= mit Namensunterschrift unterzeichnet), so § 126 I Alt. 1; damit gibt er zu erkennen, dass er die Erklärung für vollständig und rechtswirksam hält. Diese Unterschrift genügt für die gesetzliche Schriftform.

259 In Anlehnung an Goethe, soeben Fn. 257, wo dieser den Schüler gegenüber Mephistopheles antworten lässt: „Denn was man schwarz auf weiß besitzt, kann man getrost nach Hause tragen."

Anders ist dies beim eigenhändigen Testament – lesen Sie zunächst § 2247 I und erkennen Sie den Unterschied! Genau: hier muss die ganze Erklärung eigenhändig *ge-* und *unter*schrieben sein.

Merke: Die „**Schriftform**" ist also eine „**Unterschriftsform**".

- Nicht gleichgesetzt werden darf die Eigenhändigkeit mit der *Höchstpersönlichkeit*. Diese gilt zB für das Testament, was in § 2064 ausdrücklich geregelt ist.
- ▶ Höchstpersönlichkeit schließt Stellvertretung aus. Sie ist nur erforderlich, wenn der Gesetzgeber dies anordnet und gilt nicht für „normale“ Rechtsgeschäfte.

Also kann zur Erfüllung der gesetzlichen Schriftform auch der Stellvertreter (→ Rn. 352 ff.) mit Wirkung für den Vertretenen die Urkunde unterschreiben, sofern er dies eigenhändig macht; der Stellvertreter ist dann selbst der Aussteller der Urkunde. Dabei muss er mit seinem Namen und einem die Vertretung kennzeichnenden Zusatz, wie zB „in Vertretung“ oder „im Auftrag“ unterschreiben.

Die Anbringung der Unterschrift durch Namensstempel reicht für § 126 I nicht aus, **292a**
ebenso wenig eine Übermittlung der Unterschrift durch Telefax; auch genügen nicht der Computerausdruck eines eingescannten oder eines auf andere Weise reproduzierten Namenszugs. Hier fehlt die Handschriftlichkeit und damit die Eigenhändigkeit. Der Text der Urkunde muss durch die Unterzeichnung außerdem räumlich abgeschlossen werden. Damit wird die Verantwortung für den gesamten Urkundeninhalt zum Ausdruck gebracht, denn nur das vor der Unterschrift Stehende wird durch diese gedeckt. Die Unterzeichnung hat also eine **Abschluss-** und **Deckungsfunktion**.[260]

Die eigenhändige Namensunterschrift kann auch durch ein eigenhändig angefertigtes und **notariell beglaubigtes Handzeichen** des Erklärenden (zB Kreuze, Striche, Initialen oder sonstiges Namenskürzel) ersetzt werden, was § 126 I Alt. 2 ausdrücklich zulässt. Das ist insbesondere von Bedeutung für Menschen mit körperlichen Behinderungen oder Analphabeten.

Da § 126 nicht regelt, wann zeitlich zu unterschreiben ist, genügt auch eine **Blankounterschrift** des Ausstellers, die geleistet wird, bevor der davon erfasste Text existiert und später vom Aussteller oder einem Dritten oberhalb der Unterschrift in die Urkunde eingefügt wird.[261]

Bei einem **Vertrag** ist die **Unterzeichnung der Parteien auf derselben Urkunde** nach § 126 II 1 erforderlich.

2. Elektronische Form

Gemäß § 126 III kann – wie Sie soeben gelesen haben (?) – die schriftliche Form **293**
durch eine „**erleichterte Unterform der Schriftform**“[262], die elektronische Form – näheres regelt § 126a –, ersetzt werden, soweit das Gesetz dies nicht ausdrücklich ausschließt.

260 So auch HK-BGB/Dörner § 126 Rn. 4 oder Brox/Walker BGB AT § 13 Rn. 9.
261 MüKoBGB/Einsele § 126 Rn. 12; Neuner BGB AT § 44 Rn. 30 mwN.
262 So Kallwass/Abels/Müller-Michaels PrivatR S. 48.

Ausdrücklich durch Gesetz ausgeschlossen ist dies unter anderem bei folgenden Rechtsgeschäften:

- § 623 (Beendigung von Arbeitsverhältnissen),
- § 492 I 2 (Verbraucherdarlehen),
- § 484 I 2 (Teilzeitwohnrechte-Vertrag),
- § 766 S. 2 (Bürgschaftsversprechen),
- § 780 S. 2 (Schuldversprechen),
- § 781 S. 2 (Schuldanerkenntnis),

da die Warnfunktion nicht mehr gewährleistet erscheint, oder aber wenn die elektronische Form aus praktischen Gründen nicht in Betracht kommt (vgl. § 630 S. 3 und § 109 III GewO wegen der hohen Anforderungen an die äußere Form eines Arbeitszeugnisses)[263].

Der Aussteller der Erklärung muss bei der elektronischen Form dieser seinen **Namen** hinzufügen und das **elektronische Dokument** mit einer **qualifizierten elektronischen Signatur** versehen (§ 126a I). Bis 28.7.2017 waren Einzelheiten zu dieser elektronischen Identifizierung im Signaturgesetz[264] geregelt. Nunmehr sind sie normiert in der eIDAS-VO[265] und im Vertrauensdienstegesetz (VDG)[266], das zur Ausführung der eIDAS-VO erlassen worden und am 29.7.2017 in Kraft getreten ist.

293a **Elektronische Dokumente** sind alle in elektronischer Form, insbesondere als Text-, Ton-, Bild- oder audiovisuelle Aufzeichnung gespeicherten Inhalte (vgl. Definition in Art. 3 Nr. 35 eIDAS-VO), welche am Bildschirm oder durch Ausdruck in Schriftzeichen umgewandelt und somit lesbar gemacht werden können. Unter **elektronischen Signaturen** versteht man Daten in elektronischer Form, die anderen elektronischen Daten beigefügt oder logisch mit ihnen verbunden werden und die zur Authentifizierung dienen (vgl. Definition in Art. 3 Nr. 10 eIDAS-VO). Eine **qualifizierte elektronische Signatur** ist nach der Definition in Art. 3 Nr. 12 eIDAS-VO eine fortgeschrittene elektronische Signatur, die von einer qualifizierten elektronischen Signaturerstellungseinheit erstellt wurde und auf einem qualifizierten Zertifikat für elektronische Signaturen beruht.

Nach Art. 25 II eIDAS-VO hat eine qualifizierte elektronische Signatur die gleiche Rechtswirkung wie eine handschriftliche Unterschrift. Um mit einer qualifizierten elektronischen Signatur am Rechtsverkehr teilnehmen zu können, muss die für die Speicherung und Anwendung des Signaturschlüssels geeignete Soft- und Hardware vorhanden sein (Anhang II eIDAS-VO), und es muss bei einem Zertifizierungsdiensteanbieter ein qualifiziertes Zertifikat (Anhang I eIDAS-VO) beantragt werden.[267]

Wie § 126 II 1 für die Schriftform bei einem Vertrag die Unterzeichnung der Parteien auf derselben Urkunde verlangt, müssen die Parteien zur Einhaltung der elektronischen Form bei einem **Vertrag** gem. § 126a II **jeweils** ein **gleich lautendes Dokument** in der eben beschriebenen Weise nach § 126a **I elektronisch signieren**.

263 Dazu näher BeckOK BGB/Plum § 630 Rn. 9.

264 Signaturgesetz (SigG) v. 16.5.2001, BGBl. 2001 I 876.

265 Verordnung (EU) Nr. 910/2014 des Europäischen Parlaments und des Rates vom 23.7.2014 über elektronische Identifizierung und Vertrauensdienste für elektronische Transaktionen im Binnenmarkt und zur Aufhebung der Richtlinie 1999/93/EG, ABl. 2014 L 257, 73 v. 28.8.2014.

266 V. 18.7.2017, BGBl. 2017 I 2745.

267 Weitere Informationen bei Grüneberg/Ellenberger § 126a Rn. 4 ff.

3. Textform

Mit dem „Gesetz zur Anpassung der Formvorschriften des Privatrechts und anderer Vorschriften an den modernen Rechtsverkehr"[268] hat der Gesetzgeber zum 1.8.2001 in § 126b mit der Textform eine neue Form für rechtsgeschäftliche Erklärungen geschaffen, die in ihren Anforderungen sowohl hinter der Schriftform als auch hinter der elektronischen Form zurückbleibt – eine **„lesbare,** aber **unterschriftslose" Willenserklärung**[269]. Diese Vorschrift wurde durch das Gesetz zur Umsetzung der Verbraucherrechterichtlinie[270] mit Wirkung zum 13.6.2014 geändert und der Terminologie der Verbraucherrechterichtlinie RL 2011/83/EU angepasst. 294

Nach § 126b S. 1 muss

- die **Erklärung lesbar** sein - das ist der Fall, wenn die auf einem dauerhaften Datenträger abgegebene Erklärung unmittelbar gelesen werden kann – und
- in der Erklärung die **Person** des Erklärenden **genannt** werden – hierbei ist der Begriff des „Erklärenden" mit dem des Ausstellers in §§ 126, 126a identisch.[271]

Die Erklärung muss auf einem **dauerhaften Datenträger** abgegeben werden, der in § 126b S. 2 definiert wird. Ein dauerhafter Datenträger ist danach jedes Medium, das es dem Empfänger ermöglicht, eine auf dem Datenträger befindliche, an ihn persönlich gerichtete Erklärung so aufzubewahren (betrifft die Erklärung auf einem Papier) oder zu speichern (betrifft die elektronische Erklärung), dass sie ihm während eines für ihren Zweck angemessenen Zeitraums, also für die Zeit, in der der Empfänger aus der Erklärung Rechte herleiten kann, zugänglich ist, vgl. § 126b S. 2 Nr. 1. Der Datenträger muss auch geeignet sein, die Erklärung unverändert wiederzugeben (§ 126b S. 2 Nr. 2). Bei elektronischen Erklärungen genügt also die *Möglichkeit* der Speicherung und des Ausdrucks, der Ausdruck selbst ist nicht erforderlich. 294a

Beispiele: Kopie, Fax, Telegramm, Fernschreiben (Papierdokumente) oder Diskette, CD-ROM, DVD, USB-Stick, Speicherkarte, Niederlegung im Festplattenspeicher eines Rechners (elektronische Dokumente, zB E-Mails oder PDF-Dokumente, SMS, WhatsApp-Nachrichten).[272]

Es genügt allerdings nicht, wenn die Erklärung auf einer herkömmlichen Internetseite (Homepage) zur Verfügung gestellt wird. Der Empfänger hat es hier nicht in der Hand, die Erklärung aufzubewahren oder zu speichern. Außerdem ist nicht sichergestellt, dass die Erklärung für einen bestimmten Zeitraum unverändert zugänglich ist. § 126b ist in diesem Fall nur gewahrt, wenn es tatsächlich zum Download durch den Empfänger kommt.[273]

Nach der bis zum 12.6.2014 geltenden Fassung des § 126b musste der Abschluss der Erklärung durch Nachbildung der Namensunterschrift oder anders erkennbar gemacht werden. Diese Voraussetzung wird in der Neufassung nicht mehr ausdrücklich verlangt. Da der Gesetzgeber mit der Novellierung nach der Gesetzesbegründung

268 BGBl. 2001 I 1542.
269 So Klunzinger BürgerlR 152.
270 BGBl. 2013 I 3642.
271 Vgl. MüKoBGB/Einsele § 126b Rn. 7.
272 HK-BGB/Dörner § 126b Rn. 4.
273 BT-Drs. 17/12637, 44; HK-BGB/Dörner § 126b Rn. 4; Grüneberg/Ellenberger § 126 b Rn. 3.

keine inhaltliche Änderung beabsichtigt hat,[274] muss der **Abschluss der Erklärung** weiterhin **erkennbar sein.** Es bedarf keiner Unterschrift; diese ist allerdings zweckmäßig und braucht nicht eigenhändig zu sein. So genügt ein Faksimilestempel, eine eingescannte Unterschrift oder der Abschluss durch eine Datierung, eine Grußformel (zB „Mit freundlichen Grüßen, Ihre Versicherung") oder in sonstiger Weise,[275] etwa die Formulierung „Ende der Erklärung".

294b Die Textform hat alles in allem nur eine geringe Beweis- und Warnfunktion. Sie ist aber in zahlreichen Vorschriften im und außerhalb des BGB als Mindestform vorgeschrieben.[276] Der Gesetzgeber ordnet die Textform an

- bei rechtsgeschäftsähnlichen Handlungen

> **Beispiele:** Mieterhöhungsverlangen nach § 558a I und § 559b I, Unterrichtung der von einem Betriebsübergang betroffenen Arbeitnehmer über Zeitpunkt, Grund und Folgen des Betriebsübergangs gem. § 613a V, Mitteilung des Vertragsinhaltes eines Darlehensvermittlungsvertrages durch den Darlehensvermittler an den Verbraucher gem. § 655b I 3, Widerrufsbelehrung beim Verbrauchervertrag gem. Art. 246 III 1 EGBGB.

oder

- Rechtsgeschäften von geringerer Bedeutung

> **Beispiele:** Vereinbarung hinsichtlich Abrechnungsmaßstab für Betriebskosten nach § 556a II, Erhöhung der Betriebskostenpauschale gem. § 560 I.

Merke: Die Textform wird, da sie das „geringste" Formerfordernis darstellt, auch durch jede andere „höhere" Form, wie zB Schriftform, notarielle Beglaubigung oder notarielle Beurkundung, gewahrt.[277]

4. Vereinbarte Form

295 Aufgrund der Gestaltungsfreiheit beim Abschluss von Rechtsgeschäften können die Parteien für ein nach dem Willen des Gesetzgebers an sich formfreies (also mündlich gültiges) Rechtsgeschäft selbst die Einhaltung einer Form vereinbaren und einvernehmlich diese Formvereinbarung wieder aufheben bzw. auf die anfangs vereinbarte Form verzichten, zB durch formlosen Abschluss des Vertrages in Kenntnis der Formabrede und Erfüllung der übernommenen Verpflichtungen. Es liegt hier der Gedanke der **Beweissicherung** zugrunde: Abschließend wollen die Parteien – zB bei umfangreichen Vertragswerken – idR feststellen, was endgültig verbindlich sein soll. Meist wird auch noch die Formulierung aufgenommen, dass mündliche Nebenabreden nur gültig sein sollen, wenn sie schriftlich bestätigt werden. Bei der rechtsgeschäftlich vereinbarten Form gibt es Erleichterungen, wie zum Beispiel die telekommunikative Übermittlung per Fax; hier weist die Urkunde keine eigenhändige Namensunterschrift auf – im Gegensatz zu § 126 I. Lesen Sie auch § 127 II und III!

Sollte nach Vereinbarung einer Form keine Einvernehmlichkeit über die Gültigkeit der Form bzw. des Rechtsgeschäfts bestehen, gelten gem. § 127 I (lesen!) die Regelungen

274 BT-Drs. 17/12637, 44.
275 BGH NJW 2011, 295.
276 S. Aufzählung bei MüKoBGB/Einsele § 126b Rn. 2
277 So auch Brox/Walker BGB AT § 13 Rn. 7.

von § 126 oder § 126a oder 126b im Zweifel – dh also, wenn die Parteien über die vereinbarte Form Meinungsverschiedenheiten haben – auch für die durch Rechtsgeschäft bestimmte Form.

> Ein **Beispiel** für die vereinbarte, „gewillkürte" Schriftform ist der Mietvertrag, der grundsätzlich mündlich gültig ist (vgl. aber §§ 550, 578 I, wonach nicht schriftliche Mietverträge als für unbestimmte Zeit geschlossen gelten).

In der Praxis wird aber überwiegend die Schriftform vereinbart.[278]

5. Notarielle Beurkundung

Die notarielle Beurkundung ist die strengste Form, die der Allgemeine Teil des BGB für Rechtsgeschäfte vorsieht. Wenn Sie dazu § 128 lesen (!), erfahren Sie nur, dass ein Rechtsgeschäft, für das die notarielle Beurkundung vorgeschrieben ist, gültig ist, wenn das Angebot (der Antrag) und dessen Annahme von dem Notar getrennt oder einzeln beurkundet wurden. Im Einzelnen gilt für die notarielle Beurkundung das „Beurkundungsgesetz" vom 28.8.1969.[279] Aus den §§ 8 ff. BeurkG folgt, dass durch die notarielle Beurkundung nicht nur die **Unterschriften** der Parteien und deren **Identität**, sondern auch der **Inhalt** der Urkunde **bestätigt** werden. Gemäß § 127a wird die notarielle Beurkundung bei einem gerichtlichen Vergleich durch die Aufnahme der Erklärungen in ein nach den Vorschriften der Zivilprozessordnung errichtetes Protokoll ersetzt. **296**

> **Merke:** Die notarielle Beurkundung ersetzt als stärkste Form auch die öffentliche Beglaubigung sowie die Schriftform (§§ 124 IV, 129 II).

6. Öffentliche Beglaubigung

Lesen Sie zunächst § 129! Daraus ersehen Sie, dass diese Form im Wesentlichen der gesetzlichen Schriftform des § 126 gleicht, dass aber die **Identität** des Unterzeichnenden (**nicht** die Richtigkeit des **Inhalts** der Urkunde!) von einem Notar beglaubigt werden muss. **297**

Damit dient die öffentliche Beglaubigung der **Identitätskontrolle** bzw. **-garantie**. Denn der Notar bestätigt, dass die Unterschrift auch tatsächlich von dem stammt, der sich vor ihm als Träger dieses Namens ausgewiesen hat. Vor allem bei Anträgen zu einem öffentlichen Register, wie zB Vereinsregister oder Handelsregister, ist die öffentliche Beglaubigung der Unterschrift vorgeschrieben. Damit sollen Unbefugte gehindert werden, in öffentlichen Registern Unfug zu treiben.[280]

Die Zuständigkeit für die öffentliche Beglaubigung von Abschriften oder Unterschriften kann durch Landesrecht auch anderen Personen oder Stellen, wie zB in Hessen den Ortsgerichtsvorstehern nach § 13 HessOrtsGG, übertragen werden (§ 68 BeurkG). Eine eigene Beglaubigungszuständigkeit der ermächtigten Urkundsperson bei der Betreuungsbehörde für Unterschriften und Handzeichen unter *Vorsorgevoll-*

---

278 Muster eines Mietvertrages zB abgedruckt bei Wörlen/Metzler-Müller/Kokemoor SchuldR BT Rn. 213.

279 BeurkG – abgedruckt unter **Nr. 7** in der Gesetzessammlung **BGB – Beck-Texte im dtv**.

280 So auch Kallwass/Abels/Müller-Michaels PrivatR S. 50.

machten[281] und *Betreuungsverfügungen*[282] enthält § 6 II Betreuungsbehördengesetz (BtBG)[283].

Lernhinweis: Von der *öffentlichen* Beglaubigung ist die **amtliche Beglaubigung** durch eine Verwaltungsbehörde – zB Bescheinigung der Übereinstimmung einer Kopie oder Abschrift mit der Originalurkunde – zu unterscheiden. Hier ist weder § 129 einschlägig noch sind die Vorschriften des BeurkG anwendbar (§ 70 BeurkG). Vielmehr gilt das Verwaltungsverfahrensgesetz des Bundes (vgl. §§ 33 f. VwVfG) bzw. entsprechendes Landesrecht.

7. Abgabe von Willenserklärungen bei gleichzeitiger Anwesenheit der Parteien vor zuständiger Stelle

297a Um jeglichen Rechtsmissbrauch auszuschließen, verlangt das Gesetz in bestimmten Fällen die persönliche, gleichzeitige (!) Anwesenheit beider Parteien des Rechtsgeschäfts vor der zuständigen Stelle (idR Notar). So zB bei der Einigung über den Eigentumsübergang an einem Grundstück, die das Gesetz in § 925 I (lesen!) „Auflassung“[284] nennt. Gleiches gilt gem. § 1311 S. 1 für die Eheschließung vor dem Standesbeamten, die zusätzlich ein höchstpersönliches Rechtsgeschäft ist.

■ Wissen Sie noch, was das bedeutet? Ein höchstpersönliches Rechtsgeschäft haben Sie schon kennengelernt – welches?

▶ Antwort: → Rn. 292!

Merke: Während bei der Auflassung auch ein Stellvertreter (§ 164 I) zulässig ist,[285] verlangt § 1311 S. 1 sinnvollerweise die persönliche Erklärung der Eheschließenden.

IV. Beispiele für gesetzliche Formvorschriften

298 Wie bereits erläutert (→ Rn. 291), enthält der Allgemeine Teil des BGB Vorschriften, die etwas über die Bedeutung und den Inhalt der verschiedenen Arten der Form von Rechtsgeschäften aussagen (§§ 126–129); hingegen finden sich in den nachfolgenden vier Büchern des BGB sowie auch im Handels- und Gesellschaftsrecht[286] und außerhalb des BGB Vorschriften, die festlegen, welche der vom Allgemeinen Teil des BGB (teilweise iVm dem BeurkG) zur Verfügung gestellten Formen bei dem jeweils beabsichtigten speziellen Rechtsgeschäft einzuhalten sind. Für die Textform haben wir schon Beispiele für solche Vorschriften gesehen (→ Rn. 294).

Unterteilt nach den Rechtsgebieten Schuldrecht, Sachenrecht, Familienrecht, Erbrecht, Handelsrecht und Gesellschaftsrecht sollten Sie die folgenden, beispielhaft genannten Vorschriften, die die Einhaltung einer Form vorschreiben, zumindest einmal gelesen[287] haben:

281 Vgl. § 1820 I 1 nF (bzw. bis 31.12.2022: § 1901c S. 2 aF), s. dazu → **Rn. 128a.**

282 § 1816 II 4 nF (bzw. bis 31.12.2022: § 1901c S. 1 aF) → **Rn. 128a.**

283 Diese Beglaubigung ist eine „öffentliche“ Beglaubigung iSv § 129 BGB und genügt damit auch den Anforderungen des § 29 GBO, s. Jürgens, Betreuungsrecht/Loer, 6. Aufl. 2019, BtGB § 6 Rn. 11.

284 Dazu mehr in Wörlen/Kokemoor SachenR Rn. 187 ff.

285 HK-BGB/Staudinger § 925 Rn. 3.

286 Gesetzliche Grundlagen sind hier unter anderem HGB, GmbHG und AktG = vgl. Abkürzungsverzeichnis (dort auch: GBO)!

287 Sie werden einige noch etwas genauer kennen lernen, wenn Sie sich anhand der anderen Lehrbücher der Reihe „Lernen im Dialog“ mit den jeweiligen Rechtsgebieten beschäftigen.

1. Schuldrecht

299

Vorschrift	Inhalt/Stichwort	Form
§ 311b I 1	Grundstücksveräußerung (zB Grundstücksverkauf)	Notarielle Beurkundung (§ 128; BeurkG)[288]
§ 518 I 1	Schenkungsversprechen	Notarielle Beurkundung
§ 550 S. 1	Mietvertrag für längere Zeit als ein Jahr	Gesetzliche Schriftform (§ 126)
§ 766 S. 1	Bürgschaftserklärung	Gesetzliche Schriftform

Weitere schuldrechtliche Formvorschriften: §§ 311b III und V, 492 I 1, 761, 780, 781.

2. Sachenrecht 300

Vorschrift	Inhalt/Stichwort	Form
§ 925 I	Einigung (§ 873) über Eigentumsübertragung an Grundstücken (= Auflassung)	Notarielle oder gerichtliche Beurkundung bei gleichzeitiger Anwesenheit beider Parteien (Stellvertretung ist zulässig)
§ 1154 I	Abtretung der einer Hypothek zugrunde liegenden Forderung	Gesetzliche Schriftform
§ 1155	Mehrere Abtretungen von hypothekengesicherten Forderungen	Öffentliche Beglaubigung (§ 129)

Wichtig im Sachenrecht: § 29 GBO

3. Familienrecht 301

Vorschrift	Inhalt/Stichwort	Form
§ 1410	Ehevertrag	Notarielle Beurkundung[289] bei gleichzeitiger Anwesenheit beider Teile (Stellvertretung ist zulässig)

Wichtig auch: §§ 1310 f. = formähnlich wie §§ 925 und 1410, aber vor dem Standesbeamten (keine Stellvertretung, sondern persönliche Erklärung)

4. Erbrecht 302

Vorschrift	Inhalt/Stichwort	Form
§ 2247 I	Testament	Gesetzliche Schriftform: eigenhändig geschriebener (handschriftlicher) und unterschriebener Text (+ § 2064: höchstpersönlich)
§ 2276	Erbvertrag	Notarielle Beurkundung bei gleichzeitiger Anwesenheit

Außerdem: §§ 1945, 2033, 2371, 2385

288 Zur Erinnerung: §§ ohne Bezeichnung sind in diesem Buch solche des BGB!
289 „Zur Niederschrift eines Notars" bedeutet das Gleiche!

5. Handelsrecht

303

Vorschrift	Inhalt/Stichwort	Form
§ 12 HGB	Anmeldung zum Handelsregister	Öffentliche Beglaubigung (elektronisch)

304 6. Gesellschaftsrecht

Vorschrift	Inhalt/Stichwort	Form
§ 2 GmbHG	Gesellschaftsvertrag	Notarielle Beurkundung
§ 15 III, IV GmbHG	Abtretung (bzw. Verpflichtung dazu) von Gesellschaftsanteilen	Notarielle Beurkundung
§ 53 II GmbHG	Beschluss über Gesellschaftsvertragsänderung	Notarielle Beurkundung
§ 23 I AktG	Satzung der Aktiengesellschaft	Notarielle Beurkundung

V. Rechtsfolgen der Nichteinhaltung der Form

1. Grundsatz: Nichtigkeit des Rechtsgeschäfts

305 Bei Nichteinhaltung der gesetzlich vorgeschriebenen Form ist ein Rechtsgeschäft grundsätzlich gem. § 125 S. 1 nichtig (lesen Sie § 125 ganz!). Aus § 125 S. 2 folgt, dass dies „im Zweifel“, dh, wenn sich die Parteien darüber nicht einig sind, auch gelten soll, wenn eine von ihnen vereinbarte Form nicht eingehalten wurde. Selbstverständlich können die Parteien die Geltung einer rechtsgeschäftlich vereinbarten Form, die nicht gesetzlich vorgeschrieben ist, einvernehmlich wieder aufheben! Dann bestehen keine „Zweifel“ iSv § 125 S. 2, sodass das Rechtsgeschäft voll wirksam ist.

Beispiel: Vera (V) und Kurt (K) schließen einen Kaufvertrag über den gebrauchten Pkw der V und vereinbaren hierfür die Schriftform. V übereignet K den Wagen sofort gegen Barzahlung, ohne dass ein Dokument unterzeichnet worden ist. Der Kaufvertrag ist wirksam. Denn die beiderseitige Erfüllung des Vertrags spricht dafür, dass die Parteien auf die Formabrede verzichtet haben.

2. Ausnahmen

a) Heilung des Formmangels durch Erfüllung

306 Der Mangel der Form, die für schuldrechtliche Verpflichtungsgeschäfte vorgeschrieben ist, so zB in den §§ 311b I 1, 518 I 1 und 766 S. 1, führt ausnahmsweise nicht zur Nichtigkeit, wenn das formlos geschlossene Rechtsgeschäft erfüllt wurde (vgl. §§ 311b I 2, 518 II, 766 S. 3 – lesen Sie diese Vorschriften!). Der Grund dafür ist einleuchtend: Wenn die Verpflichtungen bereits erfüllt bzw. die versprochenen Leistungen bereits erbracht sind, sind die mit der Formvorschrift bezweckten Beweis-, Warn- und Schutzfunktionen überflüssig geworden.

b) Teilnichtigkeit

307 Ist ein Teil eines Rechtsgeschäfts nichtig, weil es etwa gegen eine Formvorschrift (§ 125), gegen ein gesetzliches Verbot (§ 134) oder gegen die guten Sitten (§ 138) verstößt (→ Rn. 318 ff.), geht der Gesetzgeber in § 139 davon aus, dass das ganze Rechtsgeschäft nichtig ist, es sei denn, es wäre auch ohne den nichtigen Teil vorgenommen worden.

Beispiel:[290] Ein Kaufvertrag mit einem russischen Unternehmen betrifft 20 Gegenstände, von denen 18 unter die Ausfuhrverbote als Teil der Russland-Sanktionen[291] wegen des völkerrechtswidrigen Angriffskriegs gegen die Ukraine fallen.

Wenn anzunehmen ist, dass der Vertrag auch ohne die 18 „verbotenen" Gegenstände geschlossen worden wäre, folgt aus § 139, dass er bezüglich der nicht unter das Verbot fallenden zwei anderen Gegenstände gültig bleibt.

c) Umdeutung

Liegt ein nichtiges Rechtsgeschäft vor, das den Erfordernissen eines anderen Rechtsgeschäfts entspricht, so gilt gem. § 140 das Letztere, wenn anzunehmen ist, dass dessen Geltung bei Kenntnis der Nichtigkeit gewollt sein würde. In dem nichtigen Rechtsgeschäft muss somit ein wirksames Ersatzgeschäft enthalten sein, das die Beteiligten – bei Kenntnis von der Nichtigkeit des geschlossenen Geschäfts – geschlossen hätten. Die Umdeutung dient folglich der Aufrechterhaltung des nichtigen Geschäfts.[292] Das hört sich schwieriger an als es ist; deshalb ein 308

Beispiel: Gemäß § 626 I kann ein Dienstvertrag von jedem Vertragsteil fristlos gekündigt werden, wenn ein wichtiger Grund vorliegt. Liegt dieser wichtige Grund nicht vor, ist die außerordentliche (fristlose) Kündigung unwirksam. Sie kann aber uU gem. § 140 in eine wirksame ordentliche Kündigung umgedeutet werden.[293]

290 In Anlehnung an Däubler, BGB kompakt – Allgemeiner Teil: Schuldrecht – Sachenrecht, 3. Aufl. 2008, Kap. 14 Rn. 26.

291 Vgl. dazu die Informationen des BAFA unter www.bafa.de/DE/Aussenwirtschaft/Ausfuhrkontrolle/Embargos/Russland/russland_node.html (Abruf am 23.11.2022).

292 Brox/Walker BGB AT § 15 Rn. 15.

293 Zur Umdeutung einer nichtigen Prokuraerteilung (§ 48 HGB) in eine wirksame Erteilung einer Handlungsvollmacht (§ 54 HGB) vgl. Wörlen/Kokemoor HandelsR Übungsfall 4 Rn. 72 und Rn. 100.

309

Übersicht 23

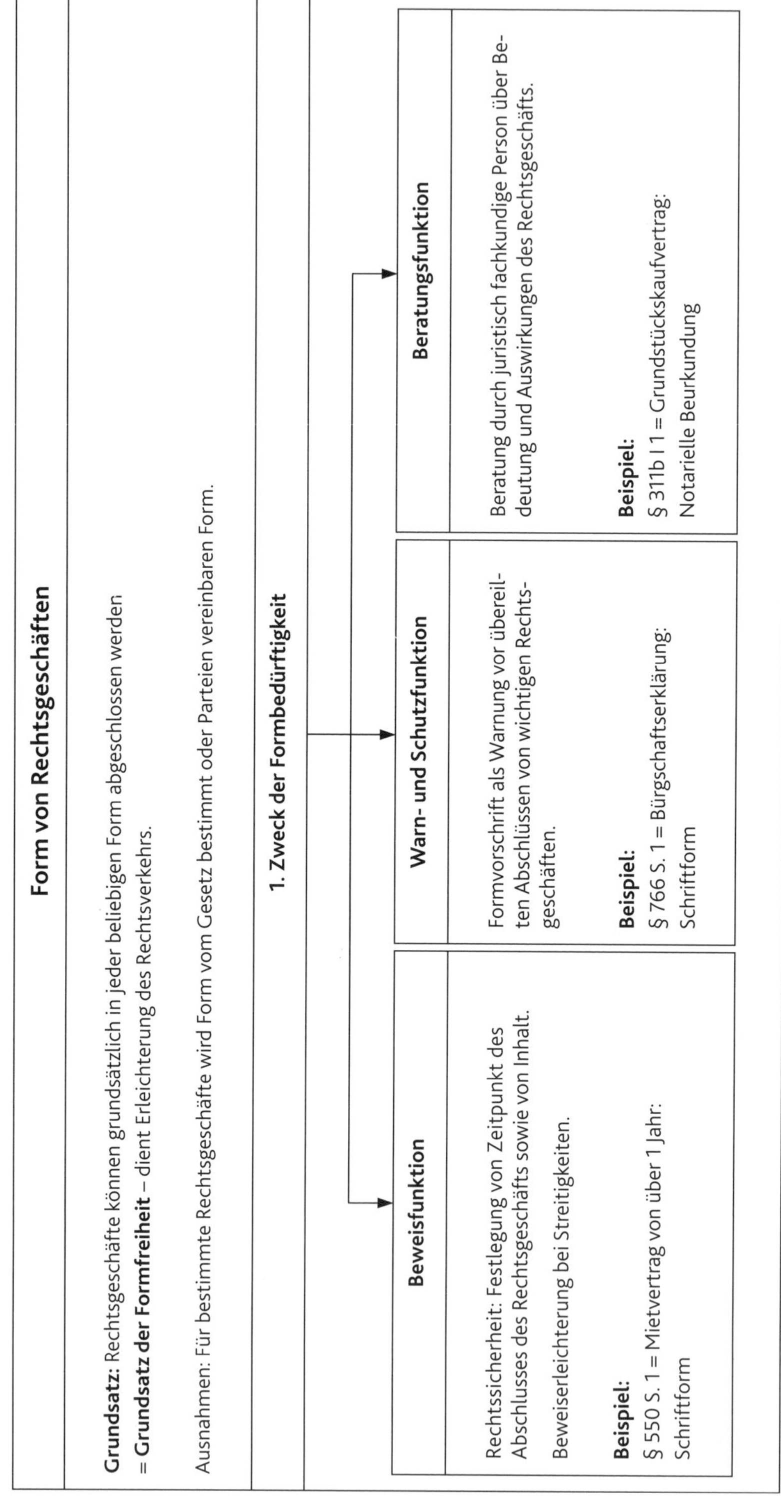

2. Arten der Form

Schriftform § 126 I	**Elektronische Form** § 126a	**Textform** § 126b	**Vereinbarte Form** § 127	**Notarielle Beurkundung** § 128	**Öffentliche Beglaubigung** § 129	**Abgabe von WEen vor öff. Behörde bzw. zuständiger Stelle**
Rechtsgeschäft muss schriftlich abgefasst (nicht unbedingt vom Unterzeichner!) und eigenhändig unterschrieben oder durch ein vom Notar beglaubigtes Handzeichen (zB: „xxx“) unterzeichnet sein. (Unterschied Testament – § 2247 I → ganzes Testament muss eigenhändig sein!) Bei Vertrag müssen beide Parteien unterschreiben → § 126 II Schriftform wird durch elektronische Form (wenn sich aus Gesetz nichts anderes ergibt, vgl. zB § 766 S. 2) → § 126 III oder notarielle Beurkundung ersetzt, § 126 IV.	Qualifizierte elektronische Signatur erfüllt Funktion von Unterschrift bei der Schriftform. Einzelheiten: eIDAS-VO VDG	„Schriftform ohne Unterschrift“, die im Gegensatz zur elektronischen Form die Schriftform nicht ersetzt.	Im Zweifel gelten §§ 126, 126a oder 126b.	Im Gegensatz zur öffentlichen Beglaubigung wird durch notarielle Beurkundung Unterschrift und Inhalt der Urkunde bestätigt; vgl. §§ 8 ff. BeurkG.	Beglaubigung der Unterschrift unter dem Text einer Urkunde durch öffentliche Behörde oder Notar → **Identitätsnachweis**, aber keine Bestätigung des Inhalts der Urkunde.	Abgabe von Willenserklärungen vor öffentlicher Behörde bzw. zuständiger Stelle (zB Notar). Willenserklärungen müssen bei gleichzeitiger Anwesenheit der Beteiligten abgegeben werden, zB Auflassung – § 925 I (Stellvertretung möglich). Außerdem: Eheschließung – § 1311 S. 1 (keine Vertretung möglich: persönliche Erklärung).

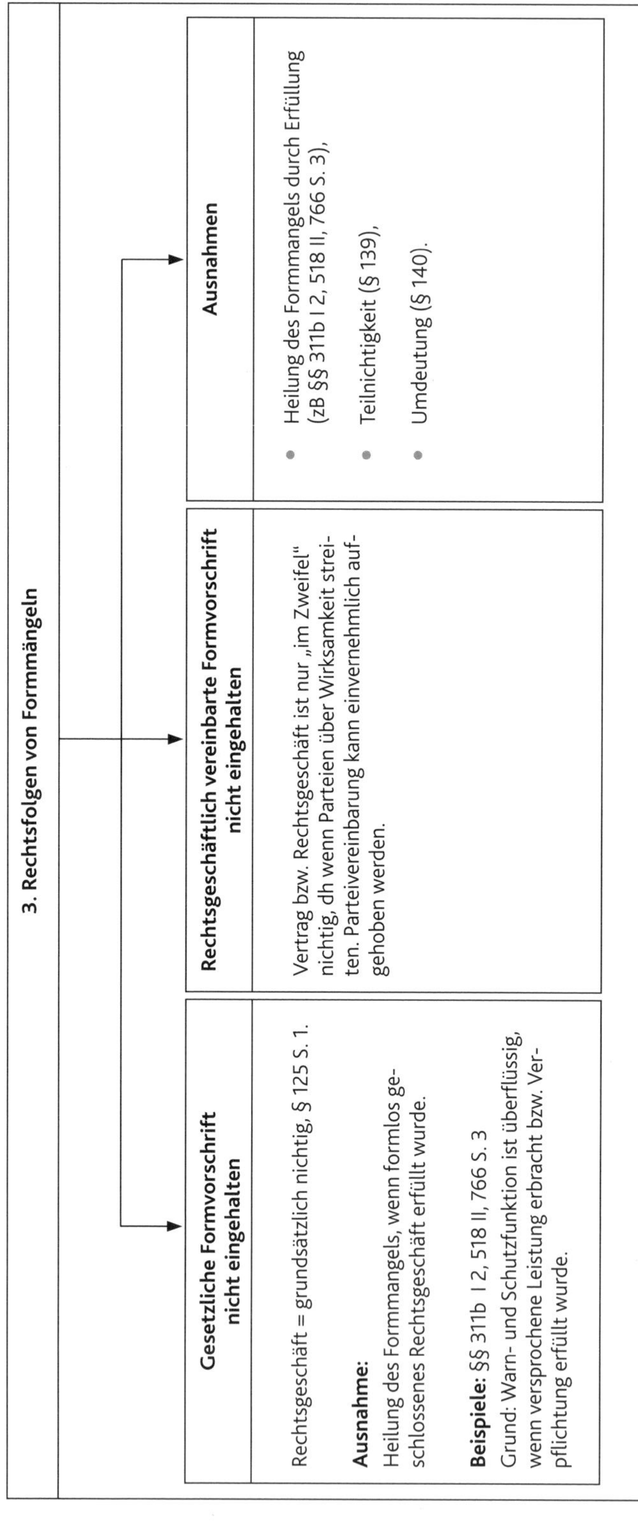
3. Rechtsfolgen von Formmängeln
Gesetzliche Formvorschrift nicht eingehalten
Rechtsgeschäft = grundsätzlich nichtig, § 125 S. 1.
Ausnahme:
Heilung des Formmangels, wenn formlos geschlossenes Rechtsgeschäft erfüllt wurde.
Beispiele: §§ 311b I 2, 518 II, 766 S. 3
Grund: Warn- und Schutzfunktion ist überflüssig, wenn versprochene Leistung erbracht bzw. Verpflichtung erfüllt wurde.
Rechtsgeschäftlich vereinbarte Formvorschrift nicht eingehalten
Vertrag bzw. Rechtsgeschäft ist nur „im Zweifel" nichtig, dh wenn Parteien über Wirksamkeit streiten. Parteivereinbarung kann einvernehmlich aufgehoben werden.
Ausnahmen
• Heilung des Formmangels durch Erfüllung (zB §§ 311b I 2, 518 II, 766 S. 3),
• Teilnichtigkeit (§ 139),
• Umdeutung (§ 140).

VI. Nichtige Rechtsgeschäfte ohne Formverstoß

1. Verstoß gegen gesetzliche Verbote

a) Verbotsgesetze

Nach § 134 (lesen) ist ein Rechtsgeschäft, das gegen ein gesetzliches Verbot verstößt, nichtig, wenn sich aus dem Gesetz nicht etwas anderes ergibt. **„Gesetz"** iSd Bürgerlichen Gesetzbuchs ist jede **Rechtsnorm** (Art. 2 EGBGB). Darunter fallen alle materiellen und formellen Gesetze (→ Rn. 4–6, 8), also auch Rechtsverordnungen, Satzungen und das Gewohnheitsrecht. 310

Verbotsgesetze iSv § 134 sind solche Rechtsnormen, aus deren Formulierung sich ergibt, dass die Rechtsordnung die Vornahme eines bestimmten Rechtsgeschäfts missbilligt.

Beispiele: § 259 StGB stellt den Ankauf gestohlener Sachen (Hehlerei) unter Strafe. Die Nichtigkeit des schuldrechtlichen Rechtsgeschäfts (Kaufvertrag) folgt aus § 134.

Auf Bitte des B hatte der U eine Auffahrt des Grundstücks des B neu gepflastert. Dabei wurde ein Werklohn von 1.800 EUR vereinbart, der in bar ohne Rechnung und ohne Abführung von Umsatzsteuer gezahlt werden sollte. § 1 II Nr. 2 SchwarzArbG enthält das Verbot zum Abschluss eines Werkvertrages, wenn dieser Regelungen beinhaltet, die dazu dienen, dass eine Vertragspartei als Steuerpflichtige ihre – sich aufgrund der nach dem Vertrag geschuldeten Werkleistungen ergebenden – steuerlichen Pflichten nicht erfüllt. Wenn der Unternehmer vorsätzlich hiergegen verstößt und der Besteller den Verstoß des Unternehmers kennt und bewusst zum eigenen Vorteil ausnutzt, ist der Vertrag gem. § 134 nichtig.[294]

b) Rechtsfolgen des Verstoßes

Nichtig ist das Rechtsgeschäft, das gegen ein gesetzliches Verbot verstößt, gem. § 134 (wie Sie eben gelesen haben) nur, „wenn sich nicht aus dem Gesetz ein anderes ergibt". Ob verbotswidrige Rechtsgeschäfte nichtig sind, richtet sich daher in erster Linie nach dem Sinn und Zweck des Verbotsgesetzes. Die in § 134 angeordnete Nichtigkeit tritt nur ein, wenn das Verbotsgesetz selbst keine ausdrückliche Rechtsfolgenregelung vorsieht und seine Auslegung ergibt, dass das Rechtsgeschäft nach Sinn und Zweck des Verbotsgesetzes keine Wirksamkeit entfalten soll.[295] So gibt es Verbotsgesetze, die sich nur gegen die äußeren Umstände der Vornahme des Rechtsgeschäfts wenden. Solche **Ordnungsvorschriften** wollen nicht den Erfolg des Rechtsgeschäfts verhindern, sondern nur dessen ordnungsgemäßen Abschluss gewährleisten. 311

Beispiel: V ist stolze Inhaberin eines Tante-Emma-Ladens. Sie beschließt, dass sie gegen die Konkurrenz der Supermarktketten nur durch besondere Serviceleistungen ankommen kann. Um diesen Gedanken umzusetzen, öffnet sie ihr Geschäft auch an Sonntagen. Student K, dessen Kühlschrank am Sonntagmorgen gähnend leer ist, geht unverzüglich ins Geschäft der V und kauft eine Tiefkühl-Lasagne. Ist der zwischen V und K geschlossene Kaufvertrag wirksam?
Gemäß § 3 S. 1 Nr. 1 LadSchlG ist es der V untersagt, an Sonn- und Feiertagen Waren zu verkaufen. Auf den ersten Blick handelt es sich hierbei um ein Verbotsgesetz iSd § 134 BGB. Allerdings will diese Norm nicht den Verkauf von Waren als solchen verhindern, sondern nur den Verkauf zu bestimmten Zeiten. Dieser Zweck erfordert nicht die Ungültigkeit von Kaufverträgen, die außerhalb der Ladenschlusszeiten geschlossen werden. Es reicht in diesen Fällen die Sanktionierung als Ordnungswidrigkeit (vgl. § 24 I Nr. 2a) LadSchlG) aus, um den Gesetzeszweck durchzusetzen. Der zwischen V und K geschlossene Kaufvertrag ist also wirksam.

---

294 BGH NJW 2013, 3167. Bei Interesse: Der BGH hat mit vorgenanntem Urteil darüber hinaus entschieden, dass in diesem Fall Mängelansprüche des Bestellers grundsätzlich nicht bestehen.

295 HK-BGB/Dörner § 134 Rn. 7 mit Hinweis auf BGHZ 118, 188 = NJW 1992, 2557, BGHZ 131, 389 = NJW 1996, 926 und BGH NJW 2014, 3568 Rn. 14.

c) Umgehungsgeschäfte

312 Ein Umgehungsgeschäft liegt vor, wenn ein Rechtsgeschäft abgeschlossen wird, das den von einem Verbotsgesetz missbilligten Erfolg auf einem Weg zu erreichen versucht, der von dem Verbotsgesetz nicht erfasst wird. Ein derartiges Umgehungsgeschäft kann ebenfalls gem. § 134 nichtig sein.

> **Beispiel:**[296] Nachdem dem Gastwirt W die Schanklizenz wegen Trunksucht entzogen wurde, verkauft W die Gaststätte an K und vereinbart mit ihr, als deren Geschäftsführer die Gaststätte zu führen.

Sinn und Zweck der Verbotsnorm des Gaststättengesetzes (vgl. § 4 I 1 Nr. 1 GastG) ist es, zu verhindern, dass eine Gaststätte zB von einem Alkoholiker geführt wird. Dieses gesetzliche Verbot würde umgangen, wenn W aufgrund des mit K geschlossenen Anstellungsvertrags die Gaststätte als Geschäftsführer weiterhin leiten könnte. Der Anstellungsvertrag zwischen K und W ist daher wegen Umgehung eines Verbotsgesetzes gem. § 134 nichtig.[297]

2. Verstoß gegen die guten Sitten

a) Sittenwidrigkeit

313 Ein Rechtsgeschäft, das gegen die guten Sitten verstößt, ist gem. § 138 I nichtig. Darüber, was „gute Sitten" sind, kann man sicherlich ganz unterschiedlicher Ansicht sein.

- ■ Was würden Sie als „sittenwidrig" bezeichnen?
- ▶ Nach ständiger Rechtsprechung[298] ist ein Rechtsgeschäft sittenwidrig, wenn es gegen „das Anstandsgefühl aller billig und gerecht Denkenden" verstößt. Was aber ist „billig", was „gerecht" und wer „denkt" so?

Außerdem unterliegen die „guten Sitten" wie auch die Gesetze einem ständigen Wandel. Während früher Mietverträge mit nicht verheirateten Paaren oder mit Prostituierten ebenso als sittenwidrig angesehen wurden wie das sog. „Geliebtentestament"[299], sind solche Rechtsgeschäfte heutzutage grundsätzlich nicht anstößig.

Das Gleiche gilt für Verträge, mit denen ein Entgelt für die Dienste von Prostituierten vereinbart wurde. Solche Verträge sind nicht mehr nach § 138 I nichtig, sondern § 1 des am 1.1.2002 in Kraft getretenen ProstG[300] gibt den Prostituierten einen einklagbaren Anspruch auf ihren Lohn.[301]

Verallgemeinernd kann man festhalten, dass ein Rechtsgeschäft objektiv sittenwidrig und damit nach § 138 I nichtig ist, wenn die Art und Weise seines Zustandekommens anstößig oder sein Inhalt verwerflich ist oder die gesamten Umstände des Rechtsgeschäfts von Motiv bis Zweck zu missbilligen sind.

---

296 Nach Brox/Walker BGB AT § 14 Fall b) vor Rn. 1, Rn. 10 bzw. OLG Koblenz NJW RR 1994, 493.

297 Eine Vielzahl von Beispielen für Verstöße gegen gesetzliche Verbote finden Sie unter anderem bei Grüneberg/Ellenberger § 134 Rn. 14–25; speziell für Umgehungsgeschäfte (inkl. „Gastwirtfall") dort Rn. 28 f.

298 Vgl. nur BGH NJW 1999, 2266 (2267).

299 Vgl. Brox/Walker BGB AT § 14 Rn. 14.

300 „Gesetz zur Regelung der Rechtsverhältnisse der Prostituierten (Prostitutionsgesetz – ProstG)" v. 20.12.2001 (BGBl. 2001 I 3983).

301 Vgl. dazu Schnabl/Hamelmann JURA 2009, 161.

Dies kann zB der Fall sein bei Ausnutzung einer wirtschaftlichen Macht- und Monopolstellung, bei Knebelungsverträgen oder bei Ausnutzung familienrechtlicher Abhängigkeit.

Als **Beispiel** für einen „Verstoß gegen die guten Sitten" kann etwa folgende „Leihmutterkonstellation" angeführt werden:[302]
Eine Frau schließt einen sog. Leihmuttervertrag, indem sie sich gegen hohe Bezahlung verpflichtet, ein zB durch natürliche Zeugung empfangenes Kind auszutragen und danach zur Adoption freizugeben.
Dieser Leihmuttervertrag ist nach hM sittenwidrig und gem. § 138 I nichtig. Anstößig ist dabei nicht die Leihmutterschaft an sich, sondern die sich aus dem Vertrag ergebende Rechtspflicht zum Austragen und zur Herausgabe des Kindes. Beides ist unvereinbar zum einen mit der Menschenwürde der Mutter (Austragen) und zum anderen mit ihrem Persönlichkeitsrecht und der Menschenwürde des Kindes (Weggabe des Kindes).[303]

Anderes **Beispiel**: Ein Wirtschaftswissenschaftler schließt mit T einen Geschäftsbesorgungsvertrag, der die Verschaffung eines Doktortitels der Universität Washington gegen Zahlung einer größeren Geldsumme zum Inhalt hat. Dieser Vertrag ist nach § 138 I nichtig, denn der Doktortitel soll die in einem speziellen Verfahren nachgewiesene wissenschaftliche Qualifikation des Trägers bekunden. Durch einen gekauften Titel wird der Öffentlichkeit eine solche Qualifikation wahrheitswidrig vorgetäuscht.[304]

Um den Rahmen dieses Grundrisses nicht zu sprengen, wird für weitere Beispiele, Einzelfälle und Fallgruppen auf die nachfolgende „Literatur zur Vertiefung" und auf die gängigen Kommentare[305] verwiesen.

b) Wucher

Nach § 138 II ist insbesondere ein Rechtsgeschäft nichtig, durch das jemand unter **314**
Ausbeutung der Zwangslage, der Unerfahrenheit, des Mangels an Urteilsvermögen oder der erheblichen Willensschwäche eines anderen sich oder einem Dritten für eine Leistung Vermögensvorteile versprechen lässt, die in einem auffälligen Missverhältnis zu der Leistung stehen. Soeben haben Sie den Gesetzestext von § 138 II gelesen, der einen Sondertatbestand darstellt, einen Rückgriff auf die „Generalklausel" von § 138 I allerdings nicht ausschließt.[306]

Beispiel: Aufgrund fehlgeschlagener Spekulationen steht der Geschäftsinhaber G kurz vor der Insolvenz. Um sein Geschäft fortführen zu können, benötigt er dringend Geld. Seine Bekannte B gewährt ihm deshalb ein Darlehen mit monatlichen Zinsen in Höhe von 15% (= Kreditwucher).

Auch hier müssen wir uns im Rahmen dieses Grundrisses damit begnügen, diese Vorschrift (§ 138 II) kurz erwähnt zu haben und Interessierte bezüglich der Ausfüllung vieler dort verwendeter Begriffe auf die „Literatur zur Vertiefung" zu verweisen.

---

302 Vgl. Brox/Walker BGB AT § 14 Rn. 11. Die Vermittlung einer Leihmutter ist gesetzlich verboten (§§ 13c, 13d AdVermiG) und damit gem. § 134 ebenso nichtig wie ein Vertrag über die (gem. § 1 I Nr. 2, 7 ESchG verbotene) künstliche Befruchtung einer Leihmutter; s. zum sog. „womb leasing" s. Staudinger/Fischinger § 138 (2021) Rn. 702 f.; MüKoBGB/Armbrüster § 138 Rz. 107.

303 OLG Hamm NJW 1986, 781 (782); MüKoBGB/Armbrüster § 138 Rn. 107 mwN.

304 Urteil des OLG Koblenz NJW 1999, 2904. Das Gericht hat auch einen Rückforderungsanspruch des Titelkäufers (er hatte bereits eine größere Summe angezahlt) ausgeschlossen.

305 ZB HK-BGB/Dörner § 138 Rn. 7 ff.; Jauernig/Mansel § 138 Rn. 12 ff.; Grüneberg/Ellenberger § 138 Rn. 24 ff.

306 Brox/Walker BGB AT § 14 Rn. 29.

Einen abschließenden Überblick gibt Ihnen

315 **Übersicht 24**

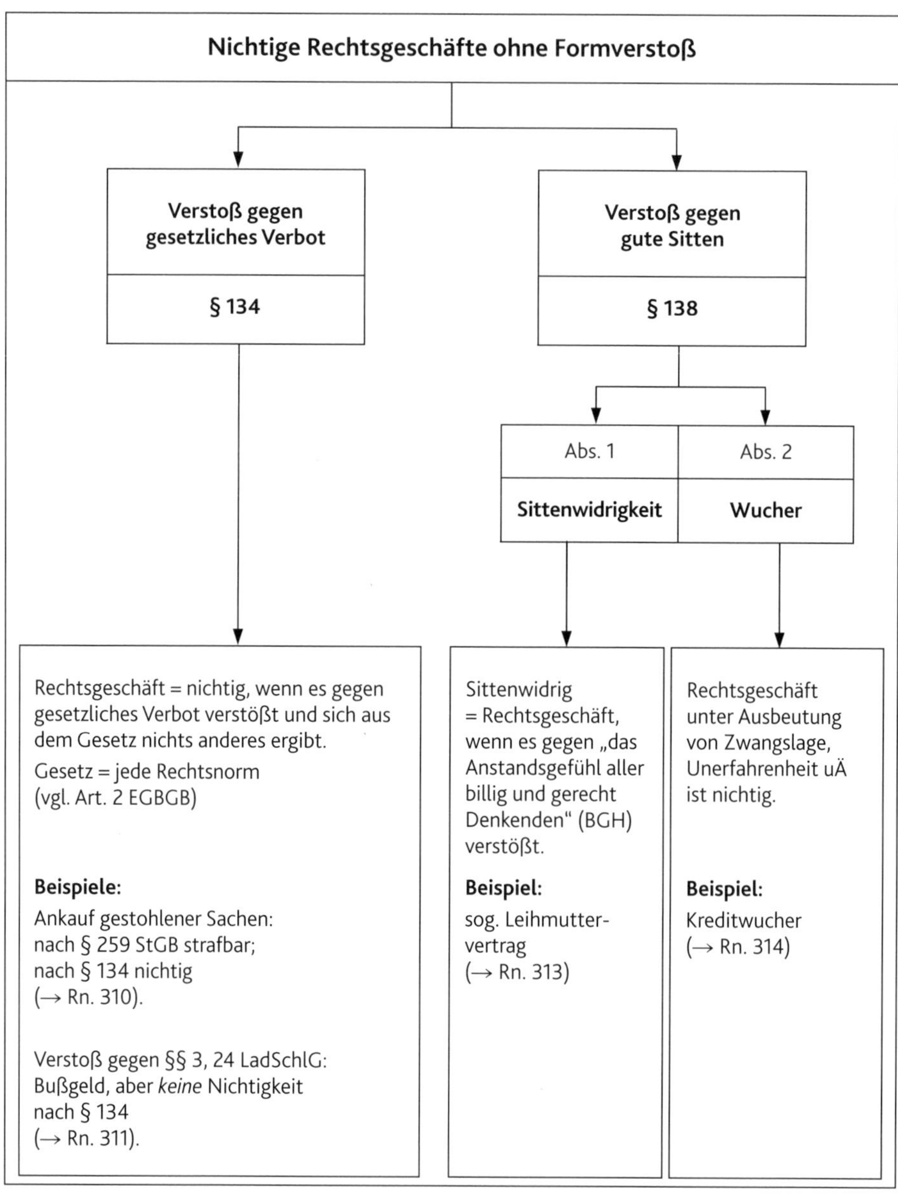

3. Nichtigkeit aufgrund von Willensmängeln

Bei den Anfechtungsgründen der §§ 119–120 (→ Rn. 217 ff.) hatten wir gesehen, dass, wenn wahrer **Wille** und tatsächliche **Erklärung unbewusst auseinanderfallen**, diese Willenserklärungen wirksam sind, aber durch **Anfechtung** vernichtet werden können und **dann nichtig** sind. 316

■ Lesen Sie die §§ 116–118! Welche Fälle von Willensmängeln betreffen diese Vorschriften mit welchen Konsequenzen?

▶ Die §§ 116–118 betreffen die Fälle, in denen der **Erklärende bewusst** eine **fehlerhafte Willenserklärung** abgibt. Die unter den dort genannten Voraussetzungen (bei § 116 nur in den in Satz 2 genannten Fällen) abgegebenen Willenserklärungen sind **ohne weiteres nichtig** und entfalten keine Rechtswirkungen.

Diesen Tatbeständen ist gemeinsam, dass der Erklärende ohne Geschäftswillen (→ Rn. 142, 144) handelt und die von ihm erklärte Rechtsfolge nicht will.[307]

a) Geheimer Vorbehalt

Wenn der Erklärende eine Willenserklärung abgibt und sich insgeheim vorbehält, das Erklärte nicht zu wollen, liegt ein *geheimer (innerer) Vorbehalt* (sog. **Mentalreservation**) vor. Unsere Rechtsordnung kann allerdings nur funktionieren, wenn die geäußerte Erklärung maßgeblich ist. Der „böse Spaßvogel" macht bewusst einen Scherz auf Kosten des anderen, der den Mangel der Ernstlichkeit gerade nicht erkennen soll. Das Gesetz macht allerdings diesen Spaß nicht mit: Nach § 116 S. 1 muss der Spaßvogel dafür geradestehen; seine Willenserklärung ist wirksam. 317

Beispiel:[308] Ludger möchte seiner auf dem Sterbebett liegenden Freundin Fanny eine Freude machen und schenkt ihr einen wertvollen Ring. Die Schenkung wollte er allerdings nicht, sondern die Sterbende noch einmal glücklich sehen. Wenn die Alleinerbin Adelgunde nach dem Tod von Fanny den Ring verlangt, hat sie Recht. Denn der Vorbehalt des Ludger ist nach § 116 S. 1 wirkungslos. Fanny konnte sich vielmehr auf dessen Willenserklärung verlassen. So ist sie noch zu Lebzeiten wirksam Eigentümerin des Ringes geworden. Adelgunde konnte den Ring also von Fanny erben.

Wenn allerdings der Erklärungsempfänger den Vorbehalt kennt, so ist er nicht schutzwürdig. In diesem Fall ist die Willenserklärung des Erklärenden gem. § 116 S. 2 nichtig.

Fortführung des Beispielsfalles: Wenn Fanny von einer Freundin vor der Schenkung erfahren hatte, dass ihr Lebensgefährte Ludger ihr den Ring gar nicht schenken, sondern nur ein Lächeln von ihr erhalten wollte, ist Ludger an seine Willenserklärung nicht gebunden; diese ist dann nach § 116 S. 2 nichtig und Fanny und später Adelgunde gehen „leer" aus.

b) Scheingeschäft

■ Lesen Sie nun die das Scheingeschäft betreffende Vorschrift des § 117, zunächst nur Absatz 1! Welche Gemeinsamkeit, welcher Unterschied besteht zu dem in § 116 geregelten geheimen Vorbehalt? 318

▶ Bei einer Scheinerklärung liegt der äußere Schein einer Willenserklärung vor; auch hier will der Erklärende die mit ihr verbundene Rechtsfolge nicht. Im Unterschied zu § 116 geschieht dies mit **Einverständnis** des **Erklärungsempfängers**.

307 S. Brox/Walker BGB AT § 17 Rn. 1.
308 Nach Stadler BGB AT § 25 Rn. 2, 5 (Fall 46).

Der Gegner durchschaut also nicht nur den Erklärenden, sondern beide handeln einvernehmlich. Sie wollen durch bewusstes Zusammenwirken das Geschäft nur äußerlich vortäuschen. In Wirklichkeit soll dieses Geschäft nicht wirksam sein.

Die zum Schein abgegebene Erklärung wird auch **simulierte Erklärung** genannt. Die Parteien wollen auf diese Weise Dritte, wie zB das Finanzamt aus steuerlichen Gründen, den Notar wegen der Höhe der zu zahlenden Kosten, den Makler wegen der Höhe der Maklergebühren, täuschen. Ein solches Interesse ist allerdings nicht schutzwürdig und deshalb die Willenserklärung gem. § 117 I nichtig. Um dies besser zu verstehen, lösen wir den folgenden Übungsfall.

Übungsfall 18

K will von V ein Grundstück kaufen. Die beiden einigen sich auf einen Kaufpreis von 200.000 EUR und schließen darüber einen entsprechenden privatschriftlichen Vertrag. Um Grunderwerbssteuer und Notarkosten zu sparen, schließen sie vor einem Notar (vgl. § 311b I S. 1) zum Schein einen weiteren Kaufvertrag über nur 100.000 EUR. Als K von V die Übereignung des Grundstücks verlangt, weigert sich dieser, da er inzwischen einen Interessenten gefunden hat, der 230.000 EUR zahlen will. K will aber nur 200.000 EUR zahlen und verweist auf eine Klausel des privatschriftlichen Kaufvertrags, nach der beide Parteien trotz eventueller Formfehler an den Vertrag gebunden seien. Kann K die Übereignung des Grundstücks zum Preis von 200.000 EUR von V verlangen?

■ Welche Anspruchsgrundlage kommt für das Verlangen des K in Betracht?
▶ § 433 I 1 (lesen!)

K könnte demnach gegen V einen Anspruch auf Übereignung des Grundstücks zum Preis von 200.000 EUR gem. § 433 I 1 haben.

■ Welche Voraussetzung muss für diesen Anspruch erfüllt sein?
▶ Zwischen K und V müsste ein entsprechender Kaufvertrag zustande gekommen sein.

319 Um dies prüfen zu können, muss man wissen, dass ein Vertrag, durch den sich jemand verpflichtet, einem anderen ein Grundstück zu übertragen, gem. § 311b I S. 1 (auf den im Sachverhalt eigens hingewiesen wird) der notariellen Beurkundung bedarf (§ 311b I noch einmal lesen).

■ Haben K und V in unserem Fall diese Formvorschrift eingehalten? Welcher Vertrag wurde beurkundet?
▶ Der Kaufvertrag zum Preis von 100.000 EUR. Somit könnte man meinen, dass dieser Vertrag wirksam ist, sodass K das Grundstück für nur 100.000 EUR verlangen könnte.
■ Was aber setzt ein wirksamer Vertrag, ob er nun notariell beurkundet ist oder nicht, immer voraus?
▶ Zwei sich deckende Willenserklärungen! Auch diese lagen scheinbar vor!

319a Aber eben nur scheinbar; denn sie wurden, wie im Sachverhalt ausdrücklich mitgeteilt wird, nur zum Schein abgegeben, um Behörde und Notar über den wahren Kaufpreis zu täuschen. Lesen Sie nochmals § 117 I!

■ Was folgt aus dieser Vorschrift für unseren Fall?
▶ Die Willenserklärungen von K und V sind nichtig und damit ist der Kaufvertrag zum Preis von 100.000 EUR trotz notarieller Beurkundung nichtig, da die Parteien den Inhalt dieses Rechtsgeschäfts nicht wollten.

Lesen Sie nun noch § 117 II.

■ Was könnte das für unseren Fall bedeuten? Welches Rechtsgeschäft wollten K und V durch ihre zum Schein abgegebenen Willenserklärungen bei dem Notar verdecken?
▶ Den Kaufvertrag über 200.000 EUR.

Nach § 117 II ist die Wirksamkeit des verdeckten Rechtsgeschäfts nach den für dieses Geschäft geltenden Vorschriften zu beurteilen.

■ Welche Vorschrift mussten K und V hier beachten, damit der Kaufvertrag über das Grundstück für 200.000 EUR wirksam werden konnte?
▶ Wiederum § 311b I S. 1!

K und V haben hierüber jedoch nur einen privatschriftlichen Vertrag ohne notarielle Beteiligung geschlossen. Sie haben somit die von § 311b I S. 1 vorgeschriebene Form nicht eingehalten.

Der zwischen K und V geschlossene Vertrag weist, mit anderen Worten, einen Formmangel auf.

Welche Rechtsfolge dieser Formmangel hat, wissen Sie inzwischen: Der Vertrag ist gem. § 125 S. 1 nichtig!

■ Wäre es nicht denkbar, dass die Parteien aufgrund der Vertragsfreiheit einfach vereinbaren können, dass der Grundstückskaufvertrag ohne notarielle Beurkundung wirksam sein soll?
▶ Dann würden die Grenzen der Vertragsfreiheit überschritten.

Vertragsfreiheit bedeutet, wie bereits erwähnt, zweierlei:

1. Es steht den Parteien frei, ob sie einen Vertrag schließen.
2. Sie können die Verträge frei gestalten, solange sie dadurch nicht gegen ein zwingendes Gesetz verstoßen.

Um zwingendes Recht, dh um eine Vorschrift, die nicht durch Parteivereinbarung **319b**
geändert oder abbedungen werden kann, handelt es sich aber bei § 311b I.[309] Wenn es in der Macht der Parteien stünde, diese Vorschrift durch eine anders lautende Vereinbarung abzuändern, wäre § 125 S. 1 überflüssig. Trotz der Vereinbarung von K und V, dass sie bei evtl. Formfehlern an den Vertrag gebunden sein sollten, ist der privatschriftliche Kaufvertrag zwischen K und V gem. § 311b I iVm § 125 S. 1 nichtig.

■ Wie lautet daher das Ergebnis unseres Falls?
▶ K hat gegen V keinen Anspruch auf Übereignung des Grundstücks gem. § 433 I 1.[310]

309 Wenn Sie sich später mit internationalem Recht beschäftigen, werden Sie feststellen, dass diese Erkenntnis sich nur auf nationale Fallkonstellationen bezieht. § 311b I ist nach einhelliger Meinung nämlich international nicht zwingend, s. nur MüKoBGB/Spellenberg Art. 11 Rom I-VO Rn. 74, Konsequenz kann sein, dass deutsche Grundstücke im Ausland nach dortigem Ortsrecht auch privatschriftlich, also formlos verkauft werden können.

310 Ein **ausformuliertes Gutachten** zu dieser Fallkonstellation können Sie nachlesen in Wörlen/Schindler/Balleis ZivilR Fall 6 Rn. 164, 165 ff.

Lernhinweis: Das beurkundete Rechtsgeschäft ist nichtig, weil es nicht gewollt war (§ 117 I). Das gewollte Rechtsgeschäft ist nichtig, weil es nicht beurkundet wurde (§ 117 II). Der Formmangel wird jedoch nach § 311b I 2 geheilt, wenn Auflassung und Eintragung in das Grundbuch erfolgen. Das verdeckte (gewollte) Geschäft wird dann wirksam.

c) Scherzerklärung

320 Die in § 118 geregelte sog. Scherzerklärung betrifft den Fall, dass der Erklärende eine **nicht ernstlich** gemeinte **Willenserklärung** in der **Erwartung** abgibt, dass der **Mangel** der Ernstlichkeit **erkannt wird.** Wie bei § 116 ist die Willenserklärung vom Erklärenden nicht ernsthaft gemeint. Der „Spaßvogel" hat keinen Geschäftswillen.

- Welcher Unterschied besteht zu dem in § 116 geregelten geheimen Vorbehalt?
- ▶ § 118 setzt im Unterschied zu § 116 voraus, dass der Erklärende davon ausgeht, der Erklärungsempfänger werde die Nichternstlichkeit der Erklärung erkennen.
- Und wie unterscheidet sich die Scherzerklärung vom Scheingeschäft nach § 117?
- ▶ Vom Scheingeschäft unterscheidet sich die Scherzerklärung durch das fehlende Zusammenwirken mit dem Erklärungsempfänger.

Der Erklärende darf also keine Täuschungsabsicht haben. Man spricht auch vom **„guten Scherz"** im Gegensatz zu dem in § 116 geregelten „bösen Scherz". Allerdings kommt es nicht darauf an, ob der andere die Nichternstlichkeit erkennt oder hätte erkennen können. Vielmehr kommt es bei § 118 nur auf die Sicht des Erklärenden an. Die Erklärung ist selbst dann nichtig, wenn der andere auf ihre Gültigkeit vertraut.

Nach § 118 wird der „Spaßvogel" nicht an der Erklärung festgehalten; seine Scherzerklärung ist **nichtig.** Sofern allerdings der Erklärungsempfänger auf die Gültigkeit der Erklärung vertraut hat, hat er für den Fall, dass er einen **Vertrauensschaden** erlitten hat, einen Schadensersatzanspruch nach § 122 I gegen den „Spaßvogel".

Der Erklärungsempfänger ist so zu stellen, als hätte er von der nicht ernstlich abgegebenen Erklärung nie etwas gehört.

> **Beispiel:**[311] In einer Gaststätte bestellt jemand „Ein Chappi, ein Bier". Die Kellnerin serviert daraufhin eine geöffnete Hundefutterdose sowie das Bier. Sie hatte nicht bemerkt, dass der Gast nur einen Scherz gemacht hat.
> Die Erklärung des Spaßvogels hinsichtlich des „Chappi" ist gem. § 118 nichtig. Allerdings muss er nach § 122 I Schadensersatz leisten, also die Kosten für das Hundefutter erstatten.

Der Erklärungsempfänger ist allerdings nicht schutzwürdig und kann keinen Schadensersatzanspruch geltend machen, wenn er den Grund der Nichtigkeit der Scherzerklärung kannte oder infolge von Fahrlässigkeit nicht kannte (= kennen musste, § 122 II), wenn er also besonders „begriffsstutzig" war.

Sofern der „Spaßvogel" erkennt, dass seine Scherzerklärung von dem anderen als ernst aufgefasst worden ist, ist er nach Treu und Glauben verpflichtet, den Erklärungsempfänger unverzüglich über diesen Irrtum aufzuklären. Ansonsten täuscht er diesen durch Unterlassen. Seine Erklärung wird in diesem Fall als gültig behandelt, was sich aus der Wertung des § 116 S. 1 ergibt: Derjenige, der etwas für sich behält, was er eigentlich offenbaren müsste, darf aus seinem Verhalten keinen Vorteil ziehen. Wenn sich der „Spaßvogel" auf die Nichternstlichkeit beruft, handelt er arglistig. Nur

311 Nach Kallwass/Abels/Müller-Michaels PrivatR S. 69.

wenn der „böse Scherz“ vom „Gefoppten“ durchschaut wird, gilt § 116 S. 2,[312] die Scherzerklärung ist also nichtig.

Übersicht 24a 320a

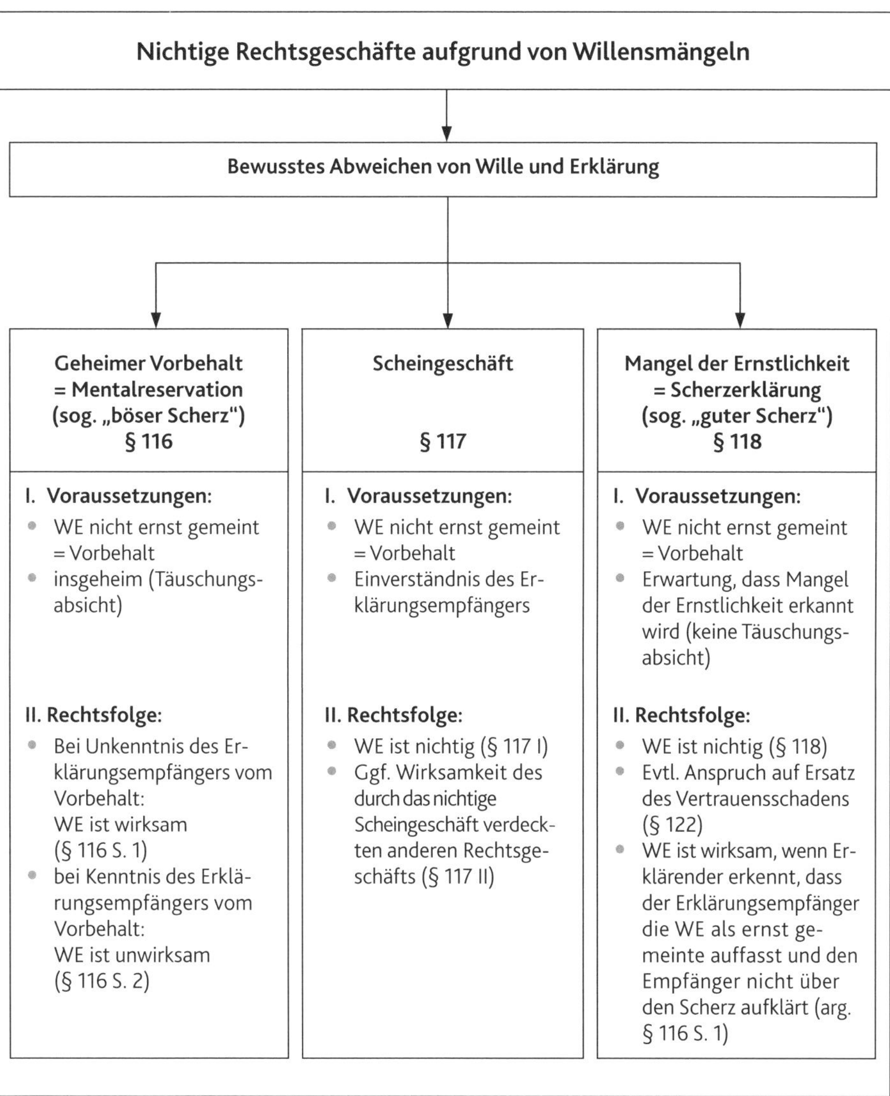

312 Musielak/Hau GK BGB Rn. 362.

Exkurs: Zwingendes und nachgiebiges Recht

321 Nachdem Sie soeben erfahren haben, dass es sich bei § 311b I um „zwingendes" Recht handelt, werden Sie sich möglicherweise gefragt haben, ob es wohl auch nicht zwingendes Recht gibt. Dies gibt es im BGB in erheblichem Umfang. Während die Vorschriften des zwingenden Rechts (lat.: „ius cogens") bedeuten, dass die dort getroffenen Regelungen durch Vereinbarung der an einem Rechtsgeschäft beteiligten Personen nicht ausgeschlossen oder verändert werden dürfen, kann eine Vielzahl von Vorschriften des Schuldrechts durch die Parteien ausgeschlossen oder verändert werden. Man spricht von abdingbarem oder nachgiebigem Recht. Das, was in diesen Vorschriften geregelt wird, wird aufgrund der allgemeinen Vertragsfreiheit des Schuldrechts zur Disposition gestellt. Man bezeichnet dieses nachgiebige Recht deshalb auch als *„dispositives" Recht* (lat.: „ius dispositivum").

322 In einigen Vorschriften gibt das Gesetz selbst einen Hinweis, dass die getroffene Regelung nicht durch Rechtsgeschäft (= Vereinbarung) abbedungen oder verändert werden kann bzw. dass entgegenstehende Vereinbarungen unwirksam sind, so zB in den §§ 125, 138, 241a III, 555, 619, 925 II (Vorschriften lesen!).

Dass sich bei den meisten Vorschriften ein solcher Hinweis nicht findet, lässt indessen nicht den Umkehrschluss zu, dass alle anderen Vorschriften des BGB zum nachgiebigen Recht gehören! Ob es sich bei einer Vorschrift um zwingendes oder nachgiebiges Recht handelt, ist vielmehr aus dem Zweck der Vorschrift zu entnehmen, was nicht einfach ist. Dies zu entscheiden, wird von Ihnen allerdings nicht verlangt. Sie müssen sich hierzu nur einige **Faustregeln** merken:

(1) Zwingend sind vor allem die in diesem Kapitel behandelten Formvorschriften (vgl. § 311b I iVm § 125), da sonst der Zweck der Formbedürftigkeit (Schutz- und Warnfunktion etc) nicht erreicht werden könnte.
(2) Zwingend sind Regelungen, deren Zweck es gerade ist, der Vertragsfreiheit Grenzen zu setzen (so zB § 134 und § 138).
(3) Zwingend sind Vorschriften, die etwas über die Rechtsstellung einer Person aussagen, wie zB die §§ 1 und 2 oder § 104 (lesen Sie nach, was darin steht!).
(4) Zwingend sind schließlich die meisten sachen-, familien- und erbrechtlichen Vorschriften, da hier die Ausgestaltung der möglichen Rechtsbeziehungen durch verbindliche Zuordnungstypen erfolgt. Dagegen handelt es sich bei den Vorschriften über die besonderen (vertraglichen) Schuldverhältnisse von Abschnitt 8 im Buch 2 des BGB weitgehend um dispositives Recht.

323 Ein typisches **Beispiel** für dispositives Recht sind die §§ 437 ff. Nach § 437 (ganz lesen!) haftet der Verkäufer dem Käufer für Mängel an der Kaufsache. Sofern ein solcher Mangel vom Verkäufer nicht arglistig, also wissentlich, verschwiegen wurde, kann er die Haftung vertraglich ausschließen. In der Praxis von privaten Gebrauchtwagenverkäufern ist das gang und gäbe; da finden Sie in Vertragsformularen (vgl. Vordrucke vom ADAC) häufig die Formulierung „gekauft wie gesehen, unter Ausschluss jeglicher Haftung" bzw. „unter Ausschluss der Sachmängelhaftung". Da die §§ 437 ff. dispositives Recht enthalten, ist dieser Haftungsausschluss möglich, solange er nicht gegen zwingendes Recht verstößt (beim sog. Verbrauchsgüterkauf ist allerdings § 475 I zu beachten!). Lesen

Sie hierzu abschließend einmal § 444. Das ist wieder eine Vorschrift, die zwingendes Recht enthält: Die Haftung für Arglist kann vertraglich nicht ausgeschlossen werden; ein solcher Ausschluss ist nichtig.

■ Welchen Umkehrschluss lässt die Formulierung von § 444 zu? (Überlegen Sie!) 324

▶ Alle Gewährleistungsansprüche können vertraglich ausgeschlossen werden, wenn der Verkäufer nicht arglistig gehandelt hat …

Literatur zur Vertiefung (→ Rn. 285–324): Alpmann Schmidt BGB AT 2, 1. Teil, 2. und 3. Abschn.; Apel/Huber, Die elektronische Signatur–Eine Einführung, JURA 2022, 1141; Blasche, Notarielle Beurkundung; öffentliche Beglaubigung und Schriftform, JURA 2008, 890; Boente/Riehm, Das BGB im Zeitalter digitaler Kommunikation, JURA, 2001, 793; Brox/Walker BGB AT §§ 13, 14, 17; Bülow, Grundfragen der Verfügungsverbote, JuS 1994, 1; Führich WirtschaftsPrivatR Rn. 130-138 (Form des Rechtsgeschäfts); Kischko, Bedeutung und Wandel des Maßstabs der guten Sitten im Zivil- und Wirtschaftsrecht, ZJS 2017, 396; Köhler BGB AT §§ 12, 13; Lieder/Berneith, Die Umdeutung nach § 140 BGB, JuS 2015, 1063; Majer, Die Vermietung des eigenen Körpers – Verträge über Leihmutterschaft und Prostitution, NJW 2018, 2294; Medicus/Petersen BürgerlR § 9; Müglich, Neue Formvorschriften für den E-Commerce – Umsetzung der Signaturrichtlinie, MMR 2000, 7 ff.; Musielak/Hau GK BGB Rn. 57 ff.; Neuner BGB AT §§ 44–46; Petersen, Der Verstoß gegen die guten Sitten, JURA 2005, 387; Petersen, Die Form des Rechtsgeschäfts, JURA 2005, 168; Petersen, Gesetzliches Verbot und Rechtsgeschäft, JURA 2003, 532; Petersen, Veräußerungs- und Verfügungsverbote, JURA 2009, 768; Preuß, Geheimer Vorbehalt, Scherzerklärung und Scheingeschäft, JURA 2002, 815; Regenfus, Gesetzliche Schriftformerfordernisse – Auswirkungen des Normzwecks auf die tatbestandlichen Anforderungen (Teil 1), JA 2008, 161; Rostalski/Hoven, Zur Legalisierung der Leihmutterschaft in Deutschland, JZ 2022, 482; Schnabl/Hamelmann, Das Ende der Sittenwidrigkeit sog. Geliebtentestamente, JURA 2009, 161; Schnorr, Die rechtliche Behandlung irrtümlich angenommener Formerfordernisse, JuS 2006, 115; Schreiber, Die Nichtigkeit von Verträgen, JURA 2007, 25; Schwab, Formzwang bei Immobiliengeschäften, JuS 2021, 789; Stadler BGB AT §§ 24, 26; Staudinger, Die Nichtigkeit der Verfügungen von Todes wegen und der Erbstreit im Adelshause Hohenzollern, JURA 2000, 467; Thomas, Sittenwidrige finanzielle Überforderung durch bankähnliche Kreditgeber, RÜ 2002, 103 (BGH Urt. V. 13.11.2001 – XI ZR 82/01) [„fSaE" = vgl. Abkürzungsverzeichnis]; Tychsen, Anforderungen an die Heilung eines formmangelhaften Grundstückskaufvertrages, RÜ 2003, 153 (OLG Naumburg Urt. V. 12.11.2002 – 11 U 204/1) [„fSaE"]; Tychsen, Individualisierung der Vertragsparteien bei der Beurkundung, RÜ 2002, 245 (KG Beschl. V. 18.12.2001 – 1 W 1712/00) [„fSaE"]; Tychsen, Nichtigkeit der Abtretung von Ansprüchen auf Ersatz von Mietwagenkosten, RÜ 2003, 436 (BGH ZIP 2003, 1608) [„fSaE"]; Tychsen, Nichtigkeit einer Vollmacht zur Abgabe einer Vollstreckungsunterwerfung, RÜ 2003, 292, (BGH NJW 2003, 1594 = ZIP 2003, 943) [„fSaE"]; Tychsen, Zur Formwirksamkeit und zur Widerrufsbelehrung beim Finanzierungsleasingvertrag …, RÜ 2003, 107 (Aufarbeitung OLG Düsseldorf NJW-RR 2003, 126) [„fSaE"]; Ulrici, Verbotsgesetze und zwingendes Recht, JuS 2005, 1073.

5. Kapitel. Vertrag

325 Der Titel dieses Kapitels ist identisch mit „Titel 3“ von „Abschnitt 3“ im „Buch 1“ des Bürgerlichen Gesetzbuchs. Obwohl der „Vertrag“ das Rechtsgeschäft schlechthin darstellt, wird diesem Titel in Abschnitt 3 des Allgemeinen Teils des BGB nur ein relativ kleiner Raum (§§ 145–157) gewidmet. Das liegt zum einen daran, dass nahezu alle Regelungen von Abschnitt 3 (= „Rechtsgeschäfte“) auch für den Vertrag gelten, zum anderen daran, dass sich das gesamte Buch 2 des BGB („Recht der Schuldverhältnisse“) sowohl in seinem allgemeinen Teil (Abschnitte 1–7, §§ 241–432) als auch in seinem besonderen Teil (Abschnitt 8, §§ 433–853) im Wesentlichen mit Verträgen (= rechtsgeschäftlichen Schuldverhältnissen) befasst.

326 Nach § 311 I ist ein Vertrag grundsätzliche Voraussetzung für die Begründung eines Schuldverhältnisses. Aus § 311 I wird zudem die **schuldrechtliche Vertragsfreiheit** (→ Rn. 16 und 286) hergeleitet.

„Vertragsfreiheit“ bedeutet zum einen, dass jede Partei frei entscheiden kann, ob sie überhaupt einen Vertrag schließt (**Abschlussfreiheit**). Zum anderen gehört zur Vertragsfreiheit, dass die Parteien Art und Inhalt des Vertrags frei gestalten können (**Gestaltungsfreiheit**). Einschränkungen der Abschlussfreiheit können sich insbesondere durch einen sog. **Kontrahierungszwang** (=Vertragsabschlusspflicht) ergeben.

Merke: Kontrahierungszwang bezeichnet die gesetzliche Pflicht mit einem anderen den von diesem gewünschten Vertrag abzuschließen.

Ein Kontrahierungszwang kann sich zB aus öffentlich-rechtlichen Vorschriften, aus solchen des GWB oder aus § 826 ergeben.[313]

Des Weiteren wird die Abschlussfreiheit auch durch das am 18.6.2006 in Kraft getretene Allgemeine Gleichbehandlungsgesetz, namentlich durch § 1 AGG eingeschränkt.[314]

327 Ein Vertrag kommt durch zwei sich deckende Willenserklärungen zustande. Eine oder mehrere Willenserklärungen sind Voraussetzung für die Gültigkeit eines jeden Rechtsgeschäfts. Somit gilt alles, was Sie bisher in den vier vorhergegangenen Kapiteln des zweiten Abschnitts dieses Buchs (nicht des BGB!) über das Recht der Willenserklärungen gelernt haben, weitestgehend auch für den Vertrag.

Wir wollen uns daher in diesem Kapitel nur kurz mit einigen Besonderheiten befassen, die innerhalb der §§ 145–157 angesprochen werden. Wiederholungen sind dabei wieder bewusst einbezogen; denn: Wiederholungen fördern den Lernprozess!

I. Vertragsschluss

328 Sie wissen bereits, dass ein Vertrag durch *zwei* sich *deckende Willenserklärungen*, dem Antrag (= *Angebot*, Offerte) und seiner *Annahme*, zustande kommt. Dies setzt der Gesetzgeber voraus, wie sich aus der Formulierung von § 151 S. 1, 1. Zeile ergibt,

313 Ausführlicher dazu in Wörlen/Metzler-Müller SchuldR AT Rn. 17–38.
314 Näheres dazu im „Arbeitsrecht“ von Wörlen/Kokemoor ArbR Rn. 78a und Rn. 238.

die verständlicher ausgedrückt lautet: „Der Vertrag kommt durch die Annahme des Antrags zustande. Dabei ist es nicht erforderlich, dass ...“ Im allgemeinen juristischen Sprachgebrauch ist anstelle von „Antrag“ durchweg von Vertrags-„Angebot“ die Rede. Dieses **Angebot**, bei dem es sich um eine *empfangsbedürftige Willenserklärung* (vgl. § 130)[315] handelt, ist unter den Voraussetzungen von § 145 (lesen!) bindend. Dies wiederum setzt voraus, dass sich das Angebot konkret an einen bestimmten Vertragspartner richtet, was bei der sog. *invitatio ad offerendum* nicht der Fall ist.[316] Bindend ist ein Angebot, dessen Gebundenheit nicht vertraglich ausgeschlossen ist (vgl. § 145!), nur so lange, wie es nicht erloschen ist (§ 146 – lesen!).[317]

Es ist auch nach § 148 möglich, eine Frist für die Annahme zu bestimmen.

Die **Annahme** des Vertragsangebots ist ebenfalls eine *empfangsbedürftige Willenserklärung*. Für ihre Wirksamkeit sind insbesondere ihre *Abgabe* und ihr *Zugang* erforderlich, womit wir uns bereits eingehend beschäftigt haben.[318] Der Zugang der Annahmeerklärung ist ausnahmsweise gem. § 151 S. 1 nicht erforderlich, wenn

- der Antragende auf die Erklärung der Annahme **verzichtet** hat

Beispiel: Gast G aus Frankfurt bestellt unmittelbar vor seiner Abreise per Telefax ein Hotelzimmer in Hamburg. Konkludent verzichtet er auf den Zugang der Annahmeerklärung, denn für den Hotelier ist er nicht mehr erreichbar, sofern er keine Mobiltelefonnummer oder Mailadresse angegeben hat.

oder

- eine Erklärung der Annahme nach der Verkehrssitte nicht zu erwarten ist.

Beispiel: Im Versandhandel ist es meist nicht üblich, eine eingegangene Bestellung, also das Angebot, ausdrücklich anzunehmen oder eine Annahmeerklärung zurückzusenden. Die Annahme wird konkludent spätestens mit dem Absenden der Ware erklärt.[319]

Diese Bestimmung enthält folglich eine Ausnahme vom Zugangserfordernis. Dadurch wird das Zustandekommen des Vertrages beschleunigt. Allerdings ist auch im Fall des § 151 ein Annahmewille erforderlich, der unmissverständlich nach außen in Erscheinung treten muss.[320] Vom Standpunkt eines objektiven Dritten muss das äußere Verhalten auf einen wirklichen Annahmewillen schließen lassen.[321]

Beispiel: In dem Versandhandel-Beispiel zeigt die Absendung der Ware für einen objektiven Dritten, dass der Verkäufer das Angebot annehmen will, weil er mit der Vertragserfüllung beginnt.

---

315 → **Rn. 178.**

316 → **Übungsfall 8, Rn. 155 ff.**

317 §§ 146–148 und §§ 150, 151 haben Sie bei → **Rn. 205 ff.** bereits kennengelernt (= Lösung zu Übungsfall 12 – ggf. nachlesen!).

318 → **Rn. 178 ff.** (Übersicht 18 → **Rn. 193** – wiederholen).

319 Jauernig/Mansel § 151 Rn. 2; Grüneberg/Ellenberger § 151 Rn. 2, 3 f. mit weiteren Beispielen. Bei einem Vertrag im **elektronischen Geschäftsverkehr** muss zwar der Zugang einer Bestellung unverzüglich bestätigt werden (§ 312i I 1 Nr. 3), doch wird auch hier die Annahme regelmäßig erst mit der Versandanzeige erklärt, s. zB Stadler BGB AT § 19 Rn. 15a, 27 sowie sogleich bei → **Rn. 329 ff., 331.**

320 BGH NJW 2004, 287; NJW-RR 2019, 1076 Rn. 20.

321 Brox/Walker BGB AT § 8 Rn. 21 m. Beispielen.

Gleichermaßen haben wir uns auch schon mit der *Auslegung* von Willenserklärungen und ihren Anfechtungsmöglichkeiten befasst.[322]

Bei der Auslegung von vertraglichen Willenserklärungen kann eine Situation eintreten, die wir bisher noch nicht behandelt haben: Es kann sich ergeben, dass zwar zwei wirksame Willenserklärungen vorliegen, dass aber nach objektiven Gesichtspunkten keine Einigung der Parteien vorliegt, ohne dass sich die Frage nach einer Anfechtungsmöglichkeit stellt! Dazu gleich mehr (→ Rn. 337 ff.).

II. Vertragsschluss im E-Commerce

329 **E-Commerce** ist die Abkürzung für electronic commerce (= **elektronischer Geschäftsverkehr**, auch: Internethandel, Onlinehandel). Mittlerweile ist er zu einer massiven Konkurrenz für den stationären, klassischen Einzelhandel geworden und beginnt, diesen teilweise zu verdrängen. Die Corona-Pandemie hat diese Effekte verstärkt.

Die zivilrechtlichen Probleme, die beim E-Commerce auftreten können, sind so vielfältig, dass sie in einem Einführungswerk zum BGB AT nur angerissen werden können (mehr finden Sie in der angegebenen „Literatur zur Vertiefung").

Hinweis: Bei Verbraucherverträgen sind auch die Vorschriften über Fernabsatzverträge (§§ 312c ff.) und über Verträge im elektronischen Geschäftsverkehr sowie Online-Marktplätze (§§ 312i ff.) zu beachten, die sich auf das Zustandekommen von Verträgen auswirken können.[323]

1. Zustandekommen des Vertrags

330 Der Vertragsschluss[324] setzt auch im E-Commerce voraus, dass sich die Parteien rechtsverbindlich über einen bestimmten Vertragsinhalt, der alle für diesen Vertrag wesentlichen Punkte enthalten muss, geeinigt haben. Für diese Einigung und das Zustandekommen des Vertrages gelten auch im E-Commerce grundsätzlich die allgemeinen Regeln des BGB, also die §§ 145 ff. Es müssen demnach zwei übereinstimmende Willenserklärungen, Angebot („Antrag" – § 145) und Annahme vorliegen. Daran fehlt es bekanntlich bei der invitatio ad offerendum, die darauf abzielt, potenzielle Kunden dazu zu bewegen, ein Angebot zum Vertragsschluss abzugeben. Wie die Auslagen im Schaufenster eines Ladengeschäfts sind daher auch durch Internet oder Bildschirm übermittelte Aufforderungen zu Bestellungen regelmäßig nur als bloße Anpreisung bzw. invitatio ad offerendum anzusehen.

331 **Übungsfall 19**

Die B ist Inhaberin einer Buchhandlung. Sie betreibt eine Internetseite mit Bestellformular und bietet im Internet unter **das-buchhaus.de** Bücher an. Der Studierende H füllt das Bestellformular aus, um sich ein Buch zum „BGB-AT" zu bestellen (das **Sie** bereits besitzen) und versendet das Formular durch Anklicken der Schaltfläche „zahlungspflichtig bestellen" . Hat H gegen B einen Anspruch auf Lieferung des Buchs?

322 → **Übersicht 16/4** (→ **Rn. 167**) und 20 (→ **Rn. 263 ff.**).

323 S. → **Rn. 332a ff., 335.** Mehr dazu bei Wörlen/Metzler-Müller SchuldR AT Rn. 64 ff., 79 ff.; Wörlen/Metzler-Müller/Kokemoor SchuldR BT Rn. 96 ff.

324 Zum verbesserten Schutz vor **telefonisch aufgedrängten** oder untergeschobenen **Verträgen** s. Lommatzsch/Albrecht, Gesetz für faire Verbraucherverträge, GWR 2021, 363; zum Schutz des Verbrauchers vor unerbetener **Werbung per E-Mail** Schirmbacher VuR 2007, 54.

■ Vergessen Sie kurz den E-Commerce! Welche Anspruchsgrundlage kommt für H in Betracht? Welche Voraussetzungen müssen erfüllt sein?

▶ H könnte gegen B einen Anspruch auf Lieferung des Buchs gem. § 433 I 1 haben.

Voraussetzung dafür ist ein wirksamer Kaufvertrag zwischen B und H.

Dann muss eine der Vertragsparteien der anderen ein Angebot gemacht haben, das von dieser angenommen wurde. Ein Angebot ist eine Willenserklärung, die auch elektronisch, sei es durch E-Mail, Fax, Telefonanruf oder durch Klicken auf eine Seite im Internet oder über einen Messenger-Dienst, erfolgen kann.[325]

Dadurch, dass B ihre Bücher im Internet anbietet, hat sie jedoch noch keinen konkret bestimmten Vertragspartner angesprochen, sondern lediglich eine **invitatio ad offerendum**[326] erklärt. Das Angebot zum Vertragsschluss hat vielmehr H durch **Ausfüllen** des Bestellformulars und **Anklicken** der **Schaltfläche** „zahlungspflichtig bestellen“[327] abgegeben. Damit hat er die Versendung eines elektronischen Signals bewirkt. Die Willenserklärung wird dadurch in Richtung Empfänger auf den Weg gebracht und das Signal vom Computer der Empfängerin B so umgewandelt, dass für B der Rechtsfolgewille des Erklärenden H erkennbar wird. Als empfangsbedürftige Erklärung unter Abwesenden ist die Bestellung des H der B zugegangen (§ 130 I 1), sobald sie von ihr unter gewöhnlichen Umständen abgerufen (vgl. § 312i I S. 2 BGB) werden kann. Mit Eingang auf dem Server bzw. in der Mailbox von das-buchhaus.de während der Geschäftsstunden ist dies gegeben und das Angebot der B zugegangen. Gemäß § 312i I 1 Nr. 3 muss B, die sich „zum Zwecke des Abschlusses eines Vertrags über die Lieferung von Waren“ „der **Telemedien**“ bedient hat, den „Zugang“ dieser Willenserklärung unverzüglich dem H auf elektronischem Weg „bestätigen“; hierbei handelt es sich um eine allgemeine Pflicht im elektronischen Geschäftsverkehr. Diese **elektronische** Empfangs- oder **Eingangsbestätigung** der Bestellung ist regelmäßig **keine Annahmeerklärung!**[328]

Lernhinweis: Bei einem Vertrag im elektronischen Geschäftsverkehr muss zwar der Zugang einer Bestellung unverzüglich bestätigt werden (§ 312i I 1 Nr. 3), doch wird auch hier die Annahme grundsätzlich erst mit der Versandanzeige erklärt.[329]

Da für den Kaufvertrag über bewegliche Sachen keine Formvorschriften gelten, ist das Angebot des H ohne Unterschrift bzw. Signatur wirksam. B muss es allerdings noch annehmen, sei es durch eine E-Mail oder sonstige Nachricht (Vertragsbestätigung oder Versandanzeige) oder durch Zusendung (= konkludente Annahme) des Buches, damit ein Vertrag zustande kommt, der einen Anspruch des H begründet. Da B das Angebot von H noch nicht angenommen hat, ist kein Vertrag zwischen B und H zustande gekommen. H hat somit (noch) keinen Anspruch auf Lieferung des Buchs.

---

325 → **Rn. 212.**

326 Da Ihnen dieses Rechtsinstitut inzwischen gut bekannt sein sollte, empfehlen wir zur Vertiefung den interessanten Aufsatz von Muscheler/Schewe JURA 2000, 565.

327 S. dazu § 312j III 2, IV, sowie unten → **Rn. 332a.**

328 Die Annahmeerklärung kann aber mit der Empfangsbestätigung verknüpft werden, mehr dazu bei BeckOK BGB/Maume § 312i Rn. 27.

329 Stadler BGB AT § 19 Rn. 15a, 27. S. dazu oben → **Rn. 328.**

331a Auch bei Online- oder **Internetauktionen**, wie zB bei **eBay**, werden regelmäßig Kaufverträge über Waren geschlossen.[330] § 156, nach dem bei einer Versteigerung der Vertrag erst durch den Zuschlag zustande kommt, findet hier keine Anwendung.[331] Der Start einer Auktion durch den **Verkäufer** stellt hier bereits das verbindliche **Angebot** iSd § 145 dar. Es handelt sich um ein solches an eine nicht konkret bezeichnete Person. Man spricht auch von einem Angebot **„ad incertas personas"** (lat.: „an unbestimmte Personen"), wenn sich dieses an einen unbestimmten Personenkreis bzw. an die Allgemeinheit richtet.[332] Der Kaufvertrag kommt – ohne Zuschlag – durch das Höchstgebot des Bieters (Käufer) am Ende der Laufzeit zustande. Der Anbieter kann sein Angebot nicht mehr zurückziehen, wenn er den gebotenen Preis für zu niedrig hält.[333]

Bei einer Internetversteigerung kann die **Bindungswirkung des Angebots** dadurch **ausgeschlossen** werden (vgl. § 145 aE), dass sich der Anbieter zB in den Auktionsbedingungen das Recht vorbehält, sein Angebot vor Ablauf der Auktionszeit aus bestimmten Gründen zurückzunehmen. Eine solche Rücknahme, die zum vorzeitigen Abbruch der Auktion führt, ist nach der Rechtsprechung allerdings nur bei zB unverschuldetem Verlust der angebotenen Sache zulässig, nicht aber bei deren anderweitiger Veräußerung.[334]

Beispiel:[335] V stellt einen gebrauchten VW Passat für zehn Tage zur Internetauktion bei eBay mit einem Startpreis von 1 EUR ein. K nimmt das Angebot wenige Minuten später an, wobei er ein Maximalgebot von 555,55 EUR festlegt. Nach rund sieben Stunden bricht V die Auktion ab. Zu dieser Zeit ist K der einzige Bieter. Auf dessen Nachfrage teilt V mit, dass er einen Käufer außerhalb der Auktion gefunden habe. Nach § 6 Nr. 6 der zu dieser Zeit gültigen eBay-AGB kommt bei Abbruch der Auktion durch den Verkäufer „zwischen diesem und dem Höchstbietenden ein Vertrag zustande, es sei denn der Verkäufer war dazu berechtigt, das Angebot zurückzunehmen und die vorliegenden Gebote zu streichen". Ein anderweitiger Verkauf gehört nicht zu diesen Gründen. Damit ist hier ein Kaufvertrag zu 1 EUR zwischen K und V zustande gekommen. Dieser ist auch nicht nach § 138 I sittenwidrig. K hat also ein „Schnäppchen" gemacht.

Wenn der Anbieter grundlos die Auktion vorzeitig abbricht, kommt der Vertrag mit dem zu dieser Zeit Höchstbietenden zustande. Dieser Bieter hat einen Erfüllungsanspruch auch in dem Fall, dass sein Maximalgebot unterhalb des Marktwertes liegt.[336] Falls der Veräußerer wegen Unmöglichkeit der Lieferung nicht erfüllen kann, ist er zum Schadensersatz statt der Leistung verpflichtet.[337]

2. Abgabe und Zugang von elektronischen Willenserklärungen

Für die Abgabe und den Zugang von elektronischen Willenserklärungen gilt grundsätzlich nichts anderes als für andere Willenserklärungen:

330 Ausf. zum Thema MüKoBGB/Busche § 145 Rn. 19 ff.

331 BGH NJW 2005, 53; OLG Hamm BeckRS 2020, 18655; Grüneberg/Ellenberger § 156 Rn. 3.

332 Anderes Bsp.: Warenautomaten.

333 Vgl. BGHZ 149, 129 = JuS 2002, 290.

334 Nachw. bei MüKoBGB/Busche § 145 Rn. 20 f. und Erläuterung der interessanten Bietervariante des „Abbruchjägers".

335 Nach BGH NJW 2015, 548 f.: Wirksamkeit eines Kaufvertrags über ein „Schnäppchen" bei Internetauktion.

336 BGH NJW 2015, 548 f.

337 Näheres hierzu Wörlen/Metzler-Müller SchuldR AT Rn. 216 ff.

Der Erklärende hat eine Willenserklärung abgegeben, wenn er den Erklärungsvorgang beendet hat und wenn er sie **willentlich in** den **Herrschaftsbereich des Empfängers** gelangen hat lassen. Dies ist etwa bei der E-Mail der Fall, wenn der Absender den endgültigen Sendebefehl willentlich erteilt hat, und zwar durch **Mausklick** oder das **Betätigen der Taste „Return"**. Ein versehentlicher, reflexartiger Mausklick (aber wer mag das beweisen?) löst daher noch keine Willensklärung aus, da es am Handlungswillen fehlt.[338] **332**

Zugegangen ist eine Willenserklärung bekanntlich(?), wenn sie so in den **Machtbereich** des **Empfängers** gelangt ist, dass dieser unter **gewöhnlichen Umständen** die **Möglichkeit** hat, vom Inhalt der Erklärung **Kenntnis zu nehmen.** So wie der Brief mit Einwurf in den Briefkasten ist die E-Mail zugegangen, wenn sie in der **Mailbox während der Geschäftszeit** abrufbar ist. Eine elektronische Willenserklärung ist daher, anders ausgedrückt, zugegangen, wenn sie in die Mailbox gelangt ist und – nach der Verkehrsanschauung – damit zu rechnen ist, dass der Empfänger sie lesen bzw. unter gewöhnlichen Umständen abrufen konnte. Gemäß § 312i I 2 gelten Bestellung und Empfangsbestätigung bei Verträgen im elektronischen Geschäftsverkehr iSv § 312i I 1 Nr. 3 als zugegangen, wenn die Parteien, für die sie bestimmt sind, sie unter gewöhnlichen Umständen abrufen können.

Man muss grundsätzlich unterscheiden:[339]

- Bei **geschäftlicher E-Mail-/Messenger-Dienst-Nutzung**[340] ist die Willenserklärung in dem Zeitpunkt zugegangen, in dem nach den Gepflogenheiten des Geschäftsbetriebs mit der Kenntnisnahme zu rechnen ist; der Mailabruf kann grundsätzlich mehrmals am Tag erwartet werden, spätestens am Ende der täglichen Geschäftszeit. Die zu den üblichen Geschäftszeiten in die Mailbox gelangte E-Mail geht also noch am selben Tag zu. Sofern ein 24-Stunden-Service am Geschäftsort besteht, ist rund um die Uhr mit dem Zugang zu rechnen.
- Bei der **E-Mail-Nutzung** zu **privaten Zwecken** ist die Willenserklärung in dem Zeitpunkt zugegangen, in dem unter normalen Umständen mit einer Abfrage der E-Mails zu rechnen ist. Ähnlich wie bei der täglichen Leerung des Hausbriefkastens dürfte das regelmäßig (nur) einmal am Tag der Fall sein. Wann dies ist, ist individuell sehr verschieden. Während der Hausbriefkasten meist zu einer einheitlichen Tageszeit am Morgen oder am Abend geleert wird, gibt es für die Abfrage von E-Mails idR keine einheitliche Tageszeit. Im Regelfall dürfte aber anzunehmen sein, dass die E-Mails am Tag nach deren Eingang in der Mailbox des Empfängers zugehen.[341]

---

338 Ebenso wenn Dritter dem Nutzer die Maus führt und klickt, siehe zu beiden Varianten Spindler/Schuster Vorbem. zu §§ 116 ff. Rn. 3.

339 S. ausf. MüKoBGB/Einsele § 130 Rn. 19.

340 = Empfänger hat zu erkennen gegeben, über diesen Messenger-Dienst oder diese E-Mail-Adresse am Rechtsverkehr teilnehmen zu wollen, vgl. Jauernig/Mansel § 130 Rn. 5; MüKoBGB/Einsele § 130 Rn. 18.

341 So auch Brox/Walker BGB AT § 7 Rn. 13. Hat jemand nicht zu erkennen gegeben, dass ihn Mitteilungen auf diesem Wege überhaupt erreichen können, dürfte Zugang sogar erst mit tatsächlicher Kenntnisnahme eintreten, Köhler BGB AT § 6 Rn. 18.

3. Besonderheiten beim Vertragsschluss mit Verbrauchern im elektronischen Geschäftsverkehr

332a Für das Zustandekommen von Verträgen im elektronischen Geschäftsverkehr zwischen einem Unternehmer und einem Verbraucher (sog. Verbrauchervertrag), die eine entgeltliche Leistung des Unternehmers zum Gegenstand haben, enthält das Gesetz in § 312j II–IV **zusätzliche Voraussetzungen**. So muss der Unternehmer nach § 312j II dem Verbraucher **Informationen** gem. Art. 246a § 1 I 1 Nr. 1, 5 bis 7, 8, 14 und 15 EGBGB unmittelbar vor Abgabe der Bestellung **klar** und **verständlich** sowie in **hervorgehobener Weise** zur Verfügung stellen.

Der Vertragsschluss erfolgt im elektronischen Geschäftsverkehr meist durch Anklicken einer Schaltfläche durch den Kunden, der auf diese Weise seine Willenserklärung (meist: Vertragsangebot) abgibt. In der Vergangenheit wurde dem Kunden nicht immer deutlich, dass er damit bereits eine Zahlungsverpflichtung eingeht, zumal die Schaltflächen[342] nicht immer klar und eindeutig „beschriftet" waren. Deshalb regelt § 312j III zum Schutz vor solchen Kostenfallen im Internet, wie der Unternehmer bei einem Vertrag iSv § 312j II die **Bestellsituation** für den Verbraucher **gestalten** muss, damit der Vertrag nach Maßgabe von § 312j IV für den Verbraucher bindend wird.[343] Nach § 312j III 1 hat der Unternehmer die Bestellsituation so zu gestalten, dass der Verbraucher mit seiner Bestellung ausdrücklich bestätigt, dass er sich zu einer Zahlung verpflichtet, es bedarf also einer Erklärung des Verbrauchers, die sich gerade auf den Umstand der Zahlungspflichtigkeit bezieht. Wenn die Bestellung über eine Schaltfläche erfolgt, ist diese Pflicht des Unternehmers nur erfüllt, wenn die Schaltfläche gut lesbar mit nichts anderem als den Wörtern „zahlungspflichtig bestellen" oder mit einer entsprechenden eindeutigen Formulierung[344] beschriftet ist (sog. **„Buttonlösung"**, vgl. § 312j III 2).

Wenn gegen diese Pflicht verstoßen wird, ist der Vertrag nach § 312j IV nicht zustande gekommen – unabhängig davon, ob die Bestellung des Verbrauchers das Vertragsangebot aufgrund einer vorherigen invitatio ad offerendum des Unternehmers war oder aber die Annahmeerklärung.[345]

Hinweis: Die Gestaltung des Bestellvorgangs und der Bestell-Schaltfläche ist durch § 312j III 2 vorgeschrieben und Wirksamkeitsvoraussetzung für den Vertragsschluss bei Verbraucherverträgen, § 312j IV! Damit Sie dies nicht übersehen, sollten Sie „kommt nur zustande" im Text des § § 312j IV unterstreichen und Abs. 4 neben Abs. 3 notieren.

Fassen wir den Vertragsschluss mit der folgenden Übersicht zusammen.

342 Alle grafischen Bedienelemente, die es dem Anwender erlauben, eine Aktion in Gang zu setzen oder dem System eine Rückmeldung zu geben.

343 BT-Drs. 17/7745, 11.

344 Bei der Beurteilung ist ausschließlich auf die Schaltfläche selbst abzustellen, EuGH NJW 2022, 1439, Rn. 28. Beispiele dazu bei BeckOK BGB/Maume § 312j Rn. 28 ff.

345 Ausf. hierzu Wörlen/Metzler-Müller SchuldR AT Rn. 102 ff.

Übersicht 25 333

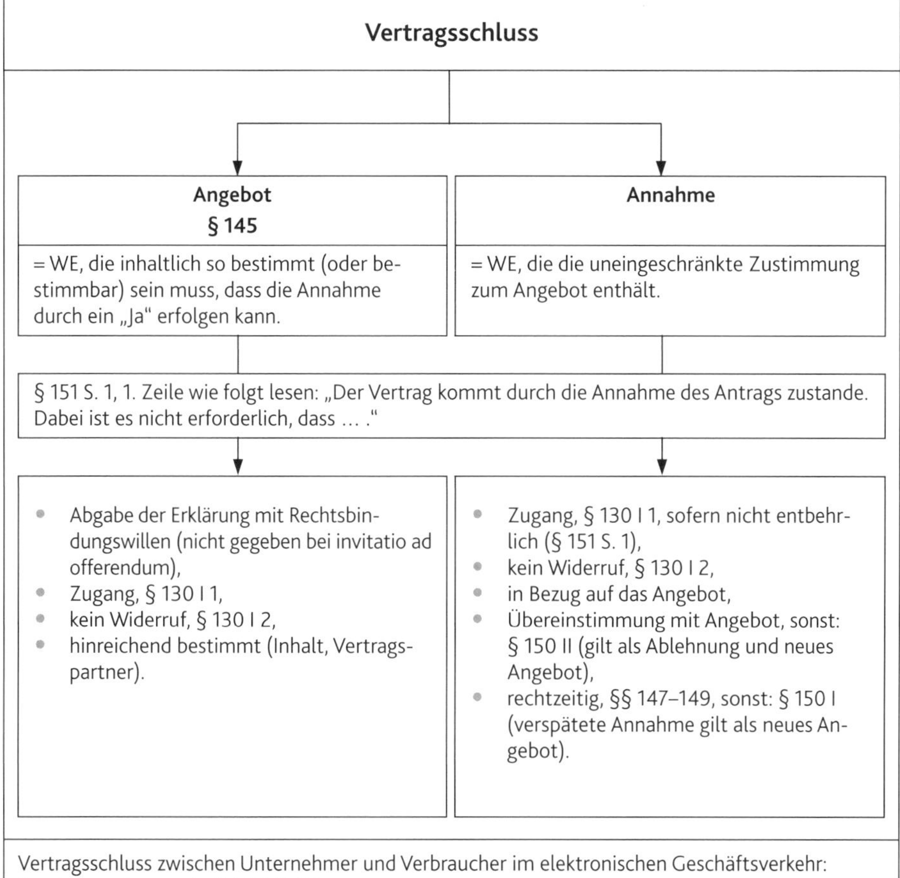

III. Einbeziehung von Allgemeinen Geschäftsbedingungen (AGB); Widerrufsrecht

1. Einbeziehung von Allgemeinen Geschäftsbedingungen (AGB)

Was „Allgemeine Geschäftsbedingungen" sind, haben Sie in diesem Buch zum Allgemeinen Teil des BGB noch nicht erklärt bekommen. Sie wurden bisweilen nur andeutungsweise darauf hingewiesen, dass es AGB gibt. 334

„AGB" sind alle für eine **Vielzahl von Verträgen vorformulierten Vertragsbedingungen**, die eine Vertragspartei (**Verwender**) der anderen Partei **bei Vertragsschluss stellt** (§ 305 I – lesen!). Das heißt, die Angebotserklärung enthält häufig seitenlanges „Kleingedrucktes", dass die andere Seite allenfalls oberflächlich zur Kenntnis nimmt und akzeptiert, auch weil sie sonst wohl auf einen anderen Anbieter ausweichen müsste (der vielleicht ebenfalls auf Vereinbarung seiner AGB besteht). Die §§ 305 ff. schützen hier diese (meist schwächere) Vertragspartei, indem sie besondere Anforderungen an die **Einbeziehung** von AGB **in den Vertrag** aufstellen (§§ 305–305c) und die einzelnen AGB-Bestimmungen einer **Inhaltskontrolle** unterwerfen (§§ 307–309).

Was dies im Einzelnen bedeutet, erfahren Sie im „Schuldrecht AT"[346] dieser Buchreihe.

335 **Merken sollten Sie sich schon jetzt:**
AGB werden gem. § 305 II grundsätzlich nur dann Bestandteil eines Vertrags, wenn der Verwender bei Vertragsschluss
(1.) die andere Vertragspartei ausdrücklich auf sie hinweist,
(2.) der anderen Vertragspartei die Möglichkeit verschafft, in zumutbarer Weise von ihrem Inhalt Kenntnis zu nehmen und
(3.) die andere Vertragspartei mit ihrer Geltung einverstanden ist.

Auch beim Vertragsschluss im **E-Commerce** können AGB daher nur durch deutliche **Hinweise**, zB als **Icon oder Hyperlink,** mit der Möglichkeit der zumutbaren Kenntnisnahme und mit Einverständnis des Kunden Bestandteil des geschlossenen Vertrages werden.

Wenngleich also ein Hinweis auf die AGB im Internet-Angebot durchaus möglich ist, stellt sich die Frage, wie dem Kunden („Verbraucher") Gelegenheit gegeben werden kann, sich in zumutbarer Weise vom Inhalt der jeweiligen AGB Kenntnis zu verschaffen. Zunächst genügt es nicht, wenn sich der Hinweis auf die AGB irgendwo auf der Homepage befindet. Er muss vielmehr so angeordnet sein, dass er auch bei flüchtiger Betrachtung nicht übersehen werden kann. Wenn die AGB des Anbieters über einen auf der Bestellseite **gut sichtbaren Link** aufgerufen und ausgedruckt werden können, ist den Anforderungen von § 305 II Nr. 2 (Kenntnisnahme vom Inhalt der AGB in zumutbarer Weise) genügt.[347]

Eine Möglichkeit, die bisweilen praktiziert wird, besteht darin, dem Verbraucher bei Aufruf der entsprechenden Anbieterseiten bereits vor der Präsentation des Produkts auf dem Bestellschein die AGB zur Kenntnis zu geben. Eine andere – ebenfalls praktizierte – Möglichkeit besteht darin, den Kunden (spätestens auf der Bestellseite) auf die Existenz von AGB hinzuweisen und den Zugriff auf den Volltext dieser AGB mittels eines Links zu ermöglichen. Dem Vertragspartner muss bei Verträgen im elektronischen Geschäftsverkehr gem. § 312i I Nr. 4 die Möglichkeit gegeben werden, die AGB in wiedergabefähiger Form zu speichern. Deshalb werden häufig die AGB als PDF-Dokumente bereitgehalten.

Zur Möglichkeit der Kenntnisnahme in zumutbarer Weise gehört auch, dass die AGB einem **Mindestmaß** an müheloser **Lesbarkeit, Übersichtlichkeit** und **Verständlichkeit** genügen und dass der Umfang des AGB-Texts in einem angemessenen, vertretbaren Verhältnis zum Vertragstext steht. Sofern die Parteien keine besondere Verhandlungssprache vereinbart haben, müssen die AGB dem Kunden in einer mühelos verständlichen Sprache zugänglich gemacht werden. Im Internet soll es ausreichen, wenn die AGB in derselben Sprache wie das Bestellformular bzw. die Angebotsliste verfasst sind. Denn die Angebote sind weltweit verfügbar und dem Anbieter ist es daher nicht zumutbar, die AGB in sämtlichen Sprachen bereitzuhalten.[348]

346 S. dazu Wörlen/Metzler-Müller SchuldR AT Rn. 39–63.
347 BGH NJW 2006, 2976.
348 Hierzu und zum Ganzen MüKoBGB/Fornasier § 305 Rn. 76–79.

2. Widerrufsrecht

Wir hatten bereits erwähnt, dass Willenserklärungen nur bis zu ihrem Zugang § 130 I 2 widerrufen werden können,[349] und dass das BGB vom Grundsatz „pacta sunt servanda“[350] ausgeht. 336

■ Wissen Sie noch, was das bedeutet?

▶ „Verträge müssen eingehalten werden“!

Zum Schutz vor übereilten und unüberlegten Vertragsschlüssen sehen einige **Verbraucherschutzvorschriften** abweichend davon vor, dass Verbraucher ihre auf den Vertragsschluss gerichtete Willenserklärung in bestimmten Fällen *nach* dem Vertragsschluss innerhalb einer Frist von 14 Tagen (§ 355 I, II) frei widerrufen können. Dies gilt gem. § 312g insbesondere für außerhalb von Geschäftsräumen geschlossene Verträge (§ 312b I) und Fernabsatzverträge (§ 312c I).[351]

Für Fernabsatzverträge gelten seit dem 1.1.2002 die mit Wirkung vom 13.6.2014 neugefassten §§ 312c–312h[352]. Zum Schutz des Verbrauchers enthalten diese Vorschriften Regelungen, welche die Vertragsparität gewährleisten sollen. So sind dem Unternehmer zB umfangreiche Informationspflichten auferlegt. Da der Verbraucher aufgrund der Fernabsatzsituation bis zur Inempfangnahme der Ware keine Möglichkeit hat, diese in Augenschein zu nehmen und ihre Beschaffenheit und den konkreten Nutzen zu testen, wird ihm in § 312g ein **starkes Widerrufsrecht** eingeräumt. Dieses Widerrufsrecht ist in **§ 355** verankert. § 355 regelt als „Widerrufsrecht bei Verbraucherverträgen“ einheitlich die Ausgestaltung, Ausübung sowie Folgen aller verbraucherschützenden Widerrufsrechte[353] und wird durch zahlreiche Sonderregelungen in §§ 356 ff. ergänzt und modifiziert. Auf § 355 verweisen neben § 312g I insbesondere § 485 I (Teilzeit-Wohnrechtevertrag), § 495 I (Verbraucherdarlehensvertrag), § 510 II (Ratenlieferungsvertrag), § 514 II (unentgeltlicher Darlehnsvertrag), § 515 (unentgeltliche Finanzierungshilfen), § 650l (Verbraucherbauvertrag) sowie § 4 S. 1 FernUSG (Fernunterrichtsvertrag).

Ein Vertrag, der über das **Internet** abgeschlossen wurde, ist regelmäßig ein Vertrag, der unter ausschließlicher Verwendung von Fernkommunikationsmitteln zustande kommt; wurde er zwischen einem Unternehmer und einem Verbraucher geschlossen, handelt es sich um einen „Fernabsatzvertrag“ iSv § 312c I. Das Widerrufsrecht des § 312g I besteht aber auch bei einer **Internet-Auktion** (eBay), wenn es hier zu einem Vertragsschluss zwischen einem Unternehmer und einem Verbraucher kommt.[354] Nach § 312g II Nr. 10 ist das Widerrufsrecht bei Fernabsatzverträgen, die in Form von Versteigerungen (§ 156) geschlossen wurden, ausgeschlossen. Allerdings bezieht sich das nur auf Versteigerungen, bei denen ein Vertrag durch Zuschlag zustande kommt. 336a

■ Trifft dies auf eine Auktion bei eBay zu? Wie wird hier der Vertrag geschlossen? Wir hatten das eben behandelt (→ Rn. 331), erinnern Sie sich?

349 → **Rn. 188, 191 f.**

350 → **Rn. 198 und 287.**

351 S. dazu Wörlen/Metzler-Müller SchuldR AT Rn. 64 ff., 73 ff.; vgl. auch Wörlen/Metzler-Müller/Kokemoor SchuldR BT Rn. 96 ff.

352 S. dazu zB Wörlen/Metzler-Müller SchuldR AT Rn. 79 ff.

353 Vgl. Lorenz JuS 2000, 833 (835).

354 BGH NJW 2005, 53 ff.

▶ Verträge im Rahmen von Internet-Auktionen kommen durch das Angebot des Verkäufers und die Annahme durch den Meistbietenden zustande. Sie fallen deshalb nicht unter § 312g II Nr. 10.

Mehr über das Widerrufsrecht bei außerhalb von Geschäftsräumen geschlossenen Verträgen (§ 312b) und bei Fernabsatzverträgen (§ 312c) erfahren Sie im „Schuldrecht AT" dieser Lehrbuchreihe[355]. Gleiches gilt für § 357, der § 355 ergänzt und weitere Rechtsfolgen des Widerrufs, unter anderem die Rückgewähr der Leistungen, regelt.

IV. Einigungsmangel (Dissens)

337 Jeder Vertragsschluss, ob elektronisch oder nicht elektronisch, setzt voraus, dass sich Angebot und Annahme decken, dh die Parteien müssen sich über alle wesentlichen Punkte des Vertrags einig sein. Ist dies nicht der Fall, kann ein Dissens vorliegen.

„Dissens" bedeutet, schlägt man diesen Begriff im Wörterbuch[356] nach: „Meinungsverschiedenheit in Bezug auf bestimmte Fragen o.Ä.". Im BGB gibt es übrigens – wenn auch manchmal etwas umständlich erscheinendes Deutsch … – kaum Fremdwörter: „Dissens" erscheint nur in Lehrbüchern und heißt im BGB „Einigungsmangel". Solche Einigungsmängel beim Vertragsschluss können „offen" zutage treten oder (zunächst) „versteckt" sein.

1. Offener Dissens

338 Lesen Sie zunächst § 154 I 1!

■ Was bedeutet das?

▶ Ein sog. offener Einigungsmangel oder „offener Dissens" liegt danach vor, wenn die Auslegung der Willenserklärungen zweier Vertragspartner ergibt, dass sich die Parteien **noch nicht** über **alle Punkte** eines Vertrags **geeinigt** haben und dies **beiden Parteien bewusst** ist. Bevor das Vorliegen eines Dissenses festgestellt werden kann, muss durch Auslegung der objektive Erklärungswert beider Willenserklärungen ermittelt werden. Ergibt die Auslegung, dass beide Parteien trotz scheinbar verschiedener Erklärungen dasselbe meinen, so liegt kein Dissens vor, sondern der Vertrag kommt zustande, da objektiv zwei sich deckende Willenserklärungen vorliegen. Ist dies aber nicht der Fall (zB wenn die eine Partei erklärt, sie wolle ein Grundstück pachten, während die Auslegung der Willenserklärung der anderen Partei ergibt, dass sie das Grundstück nur vermieten will), fallen die Willenserklärungen objektiv auseinander. Denn die Verpachtung (§ 581) bezieht sich vereinfacht gesprochen auf die Nutzung (Früchteziehung) und Benutzung des Grundstücks, die Vermietung (§ 535) bezieht sich lediglich auf die Benutzung des Grundstücks. Es liegt ein offener Dissens gem. § 154 I vor. Da die Parteien bei diesem offenen Dissens wissen, dass sie sich noch nicht über alle Punkte (inklusive Nebenabreden) des Vertrags geeinigt haben, ist der Vertrag „im Zweifel", also „im Streitfall" noch nicht zustande gekommen.

2. Versteckter Dissens

339 Ein „versteckter Dissens" iSv § 155 liegt vor, wenn beide Parteien **irrtümlich annehmen, einig zu sein**, dies aber in Wirklichkeit gar nicht sind (§ 155 lesen!). Die

355 Dort Rn. 86 ff.

356 www.dwds.de „Dissens" (Abruf am 23.11.2022).

Parteien haben möglicherweise einen Punkt übersehen, sich verlesen oder mehrdeutige Erklärungen abgegeben, die sich zwar äußerlich decken, inhaltlich aber von jeder Seite verschieden ausgelegt werden.[357]

> Dazu ein **Beispiel:** V sagt zu K: „Ich verkaufe dir meine Strauß-Biographie für 20 EUR". V meint – ohne das ausdrücklich zu äußern – eine Biographie über den Komponisten Johann Strauss (manchmal auch Strauß). K geht davon aus, dass es sich um eine Biographie über den bayerischen Politiker Franz Josef Strauß handelt und antwortet: „O.k. Ich nehme die Strauß-Biographie."
> V und K erklären objektiv mit „Strauß-Biographie" dasselbe, meinen aber subjektiv jeweils etwas anderes. Diese von beiden Parteien gebrauchte scheinbar gleichbedeutende Willenserklärung ist in Wirklichkeit mehrdeutig. Die Auslegung der beiden Willenserklärungen ergibt, dass keine Übereinstimmung besteht, sondern ein Dissens iSv § 155 vorliegt.
> Rechtsfolge ist: Der Vertrag kommt nicht zustande; die Frage nach einer Anfechtung stellt sich nicht.

Anders ist die Situation bei der „*falsa demonstratio*", die wir im „Haakjöringsköd"-Fall (9 → Rn. 160 f.) kennengelernt haben. Von beiden Parteien wird zur Bezeichnung des Vertragsgegenstands wiederum ein Begriff benutzt, der den Vertragsgegenstand nicht richtig bezeichnet. 340

■ Worin aber liegt der wesentliche Unterschied zum versteckten Dissens?

▶ Beide Parteien meinen im „Haakjöringsköd-Fall" dasselbe, sodass der Vertrag über den von beiden Parteien tatsächlich gewollten, nur falsch bezeichneten Vertragsgegenstand zustande kam. Hier sind beide Parteien vollständig einig (und eine Anfechtung weder nötig noch möglich)!

Da die Bedeutung des Dissenses nicht immer ganz einfach zu durchschauen ist, wollen wir noch den nächsten dreiteiligen Übungsfall zur Abgrenzung von Dissens, Inhaltsirrtum und „falsa demonstratio" lösen.

3. Abgrenzung: Dissens, Inhaltsirrtum und falsa demonstratio

Übungsfall 20 341

a) V hat einen wertvollen Hund und ein Pferd. Beide Tiere heißen „Hektor". K sucht einen Begleiter für seine Spaziergänge und sagt zu V: „Ich will den Hektor für 1.000 EUR kaufen", wobei er den Hund meint. V hingegen weiß, dass K Reiter ist, und glaubt, K wolle ihr – nicht mehr so wertvolles – Pferd kaufen und antwortet: „O.k., ich verkaufe dir Hektor zum Freundschaftspreis von 1.000 EUR."

b) Der Amerikaner V bietet aus seiner Geschäftsfiliale in Chicago der Kanadierin K in Toronto ein Sortiment von 25 Flaschen Whiskey für „1.000 Dollar" an. K nimmt dieses Angebot an. Hinterher behauptet K, sie habe kanadische Dollar (CAD) gemeint, während V von amerikanischen Dollars (USD) ausging.

c) Die reiche V hat zwei alte „Porsche"-Sportwagen, einen „911" und einen „944", die sie verkaufen möchte. K ist „Normalverdienerin" und interessiert sich für den billigeren „944", weil sie sich den teureren „911" nicht leisten kann. Nachdem sie mit V über diesen verhandelt hat, sagt V zu K: „Gut, ich verkaufe dir den „911" zum Preis von 10.000 EUR", wobei sie glaubt, dass sie damit die Typenbezeichnung für den billigen Porsche gewählt hat. K geht ebenfalls davon aus, dass mit „911" der billigere Typ gemeint ist und nimmt das Angebot an.

Fragen zu a) – c):

Ist ein Vertrag zustande gekommen? Wenn ja, was ist Vertragsgegenstand?

357 Vgl. Creifelds Rechtswörterbuch/Schmidt „Vertrag" (1).

Die Fallfrage ist in allen drei Varianten konkret gestellt, sodass jeweils sofort die Voraussetzungen für das wirksame Zustandekommen eines Vertrags – dass es sich jedesmal um einen Kaufvertrag handelt (§ 433), ist für die Lösung nicht weiter interessant! – geprüft werden können.

342 Lösen wir zunächst **Fall 20a)**:

■ Welche Voraussetzung muss für das Zustandekommen eines Vertrags (also auch für einen Kaufvertrag) erfüllt sein?
▶ Es müssen zwei übereinstimmende Willenserklärungen, Angebot und Annahme, vorliegen.
■ In welcher Willenserklärung ist hier das Angebot zu sehen?
▶ In der Äußerung des K „Ich will den Hektor für 1.000 EUR kaufen."
■ Worin liegt die Annahme?
▶ In der Äußerung der V „O.k., ich verkaufe dir Hektor zum Freundschaftspreis von 1.000 EUR".
Beide meinen aber bei ihren insoweit im Wortlaut übereinstimmenden Willenserklärungen mit „Hektor" etwas anderes; K meint den Hund, V meint das Pferd.
■ Was müssen wir mit den beiden Willenserklärungen deshalb machen, um festzustellen, ob und worüber hier ein Vertrag zustande gekommen ist?
▶ Wir müssen den Inhalt jeder Willenserklärung durch Auslegung gem. § 133 iVm § 157[358] (beide §§ lesen!) ermitteln.

Klausurtipp: In Klausuren sind in der Regel keine Ausführungen zur Abgrenzung der beiden Vorschriften zu machen, sondern es genügt, wenn man bei der Auslegung von vertraglichen Willenserklärungen neben § 133 den § 157 mitzitiert.

§ 133 kennen wir schon. Er bezieht sich auf die **Auslegung** jeder Willenserklärung. Handelt es sich dabei um eine Willenserklärung, die auf den Abschluss eines Vertrags gerichtet ist, müssen wir auch noch § 157 berücksichtigen (lesen Sie die Vorschrift nochmals!).

343 Über das, was alles unter „Treu und Glauben" und unter der „Verkehrssitte" zu verstehen ist, ist in der juristischen Literatur so viel geschrieben worden, dass man Regale damit füllen kann.

Wir wollen uns hierzu nur zwei Aussagen merken.

(1) Der Grundsatz von Treu und Glauben besagt unter anderem, dass bei der Auslegung von vertraglichen Willenserklärungen von der Redlichkeit der Erklärenden und von objektiven Gesichtspunkten auszugehen ist.
(2) Verkehrssitte ist die allgemeine Anschauung bestimmter Lebens- und Rechtsvorgänge, die sich aufgrund langjähriger Übung entwickelt hat, wobei die Beteiligten zu gegenseitiger Rücksichtnahme verpflichtet sind.

■ Welche Bedeutung hat nun die Willenserklärung des K, wenn wir sie gem. § 133 nach objektiven Maßstäben auslegen?
▶ „Hektor" kann, wie gesagt, sowohl „Hund" wie auch „Pferd" bedeuten. Wenn uns im Sachverhalt mitgeteilt wird, dass K einen Begleiter für seine Spaziergänge

358 Zum Verhältnis von § 133 und § 157 vgl. Jauernig/Mansel § 133 Rn. 7.

sucht, kann das an der Mehrdeutigkeit der Erklärung vom Standpunkt eines objektiven Beobachters nichts ändern: Auch wenn es nicht die Regel ist, gehen (gar nicht so wenige) Menschen auch mit Pferden spazieren. Da V nun einmal einen wertvollen Hund namens „Hektor" und ein gleichnamiges Pferd hat, bleibt die Erklärung weiterhin mehrdeutig. Wenn K „Hund" meinte, dann ist das sein innerer Wille, der für einen objektiven Erklärungsempfänger nicht erkennbar ist. Die Auslegung kann in einem solchen Fall die Mehrdeutigkeit der Willenserklärung nicht beseitigen!

■ Wie ist die Willenserklärung der V zu deuten?

▶ Auch ihrer Willenserklärung kann durch Auslegung die Mehrdeutigkeit nicht genommen werden, selbst wenn V glaubte, dass der „Freundschaftspreis" auf das Pferd schließen ließe. Da es durchaus auch wertvolle Hunde für über 1.000 EUR gibt, kann ein objektiver Erklärungsempfänger daraus nicht entnehmen, dass V das Pferd meinte.

Damit liegt hier ein typischer Fall des **versteckten Einigungsmangels** nach § 155 vor, welchen Sie noch einmal Schritt für Schritt lesen sollen: 344

■ „Haben sich die Parteien bei einem Vertrag, den sie als geschlossen ansehen …". – Passt dieser Wortlaut auf unseren Fall?

▶ Ja!

■ … „über einen Punkt, über den eine Vereinbarung getroffen werden sollte …" – Über welchen Punkt sollte eine Einigung getroffen werden?

▶ Darüber, welches Tier mit „Hektor" gemeint ist …

■ … „in Wirklichkeit nicht geeinigt" – Trifft das zu?

▶ Ja …

■ … „so gilt das Vereinbarte" – Was ist vereinbart?

▶ Kauf des Tiers Hektor!

… „sofern anzunehmen ist, dass der Vertrag auch ohne Bestimmung über diesen Punkt geschlossen sein würde."

■ Welcher Punkt ist wieder gemeint?

▶ Die Art des Tiers; dh für unseren Fall: Wenn V und K irgendein Tier, Hauptsache es heißt „Hektor", verkaufen und kaufen wollten, wäre der Vertrag trotz der verschiedenen Bedeutung, die V und K mit der Willenserklärung „Hektor" verbunden haben, zustande gekommen.

Da dies aber nicht der Fall ist, sondern es den beiden nicht um irgendein Tier, sondern K um den Hund und V um das Pferd geht, kann der versteckte Einigungsmangel hier nicht zu einem Vertragsschluss führen. Ein Vertrag ist nicht zustande gekommen.

Wenn wir versuchen, diesen Vorgang anhand einer grafischen Skizze, die das Verständnis des Dissenses erleichtert, darzustellen, könnte das etwa folgendermaßen aussehen:

[Die Willenserklärung (WE) „Hektor" kann Hund („x") oder Pferd („y") bedeuten.]

345 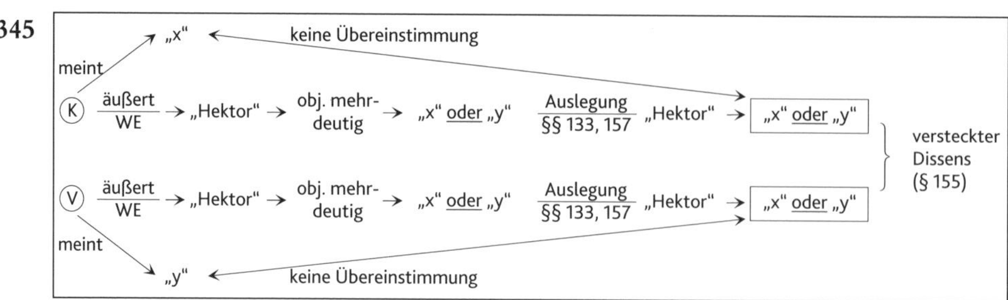

Rechtsfolge: Mangels zweier übereinstimmender Willenserklärungen ist kein Vertrag zustande gekommen.

346 Lesen Sie nun nochmals **Fall 20b)**! – Lösung:

Voraussetzung für das Zustandekommen eines wirksamen Vertrags zwischen V und K sind wiederum zwei sich deckende Willenserklärungen (Angebot und Annahme).

Da das Angebot des V „25 Flaschen Whiskey für 1.000 Dollar" mehrdeutig ist (amerikanische Dollars – USD – oder kanadische – CAD?) muss die Bedeutung durch Auslegung (§§ 133, 157) ermittelt werden (→ Rn. 160 ff., 214). Vom Standpunkt eines vernünftigen objektiven Erklärungsempfängers kann das Angebot nur auf ‚USD' lauten. Dafür spricht zum einen die Nationalität des Anbietenden V, der als Amerikaner regelmäßig ein Verkaufsangebot in seiner eigenen Währung machen wird, zum anderen der Preis von 1.000 Dollar. K kann dieses Angebot nicht zu ihren Gunsten dahingehend auslegen, dass V damit die für K günstigere Währung von CAD (= ca. 726 EUR)[359] meinte. Sie musste entweder nachfragen, von welcher Währung V ausging, oder die Erklärung des V vom objektiven Empfängerhorizont nach dessen wirklichen Willen erforschen und hätte dann erkennen müssen, dass der in den USA lebende V im Normalfall nur zu USD (also zu einem Gegenwert von ca. 970 EUR)[360] verkaufen wollte. Wenn K aber von CAD ausging, irrte sie sich über den Inhalt ihrer Erklärung „Dollar". Rechtsfolge ist, dass der Vertrag zunächst zu 1.000 USD zustande gekommen ist und dass K ihre Willenserklärung gem. § 119 I anfechten kann.

Auch diesen Fall verdeutlichen wir uns anhand einer Skizze:

[Die Willenserklärung (WE) „Dollar" kann „USD" („x") oder „CAD" („y") bedeuten].

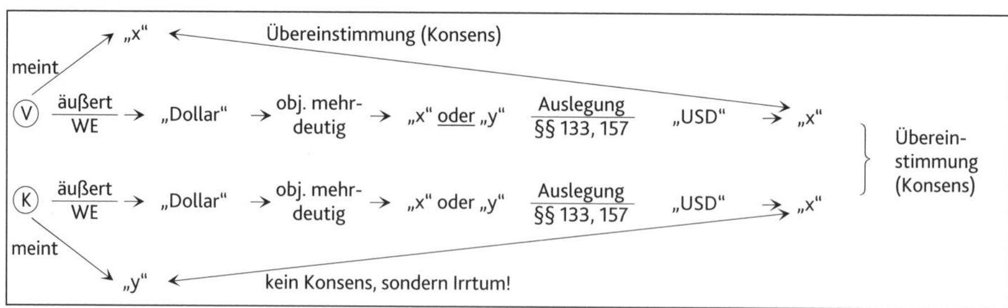

Rechtsfolge: Vertrag zustande gekommen, aber Anfechtung durch K möglich!

359 Umrechnungskurs Stand 11/2022.
360 Umrechnungskurs Stand 11/2022.

Lesen Sie schließlich auch noch einmal **Fall 20c)**! – Lösung: 347

Voraussetzung für einen Vertragsschluss sind wiederum ein wirksames Angebot und seine Annahme.

■ Wie lautet das Angebot?
▶ V sagt: „Ich verkaufe dir meinen Porsche 911!"

K nimmt dieses Angebot ohne Einschränkung an. Beide Parteien äußern „Porsche 911", meinen und wollen aber (verkaufen und kaufen) das billigere Modell „Porsche 944".

■ An welches Fallbeispiel erinnert Sie diese Konstellation? (Überlegen Sie!)
▶ An den „Haakjöringsköd-Fall"[361]!

Ergebnis: Kein Dissens, keine Anfechtung, da die Willenserklärungen nach Auslegung nicht mehr mehrdeutig sind und sich nicht widersprechen. Der Vertrag kommt über den „Porsche 944" zustande!

Dazu die Skizze:

[Die Willenserklärung „Porsche 911" bedeutet „x"; beide Vertragspartner meinen damit „Porsche 944" (= „y")].

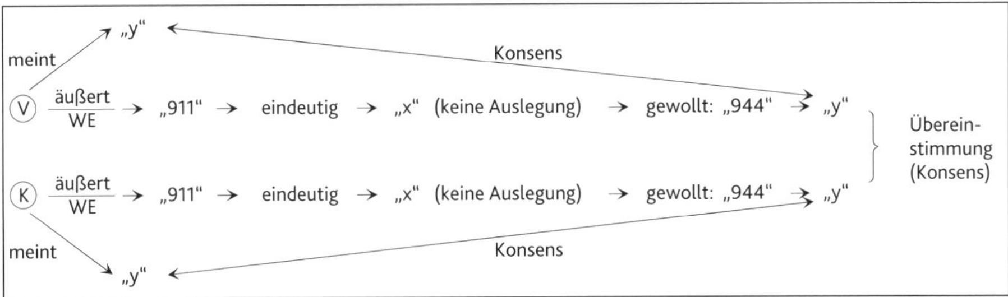

Rechtsfolge: „falsa demonstratio non nocet", dh eine **falsche Bezeichnung** des Vertragsgegenstands **schadet nicht,** wenn beide Parteien die Erklärung nicht in ihrer wahren Bedeutung verstehen, sondern übereinstimmend in einem anderen Sinn begreifen = Vertrag über „y" (Porsche 944) ist trotz falscher Bezeichnung (911) zustande gekommen!

Bevor wir ein neues Kapitel beginnen, auch hierzu nachfolgend eine Übersicht.

361 → **Rn. 161.**

348 Übersicht 26

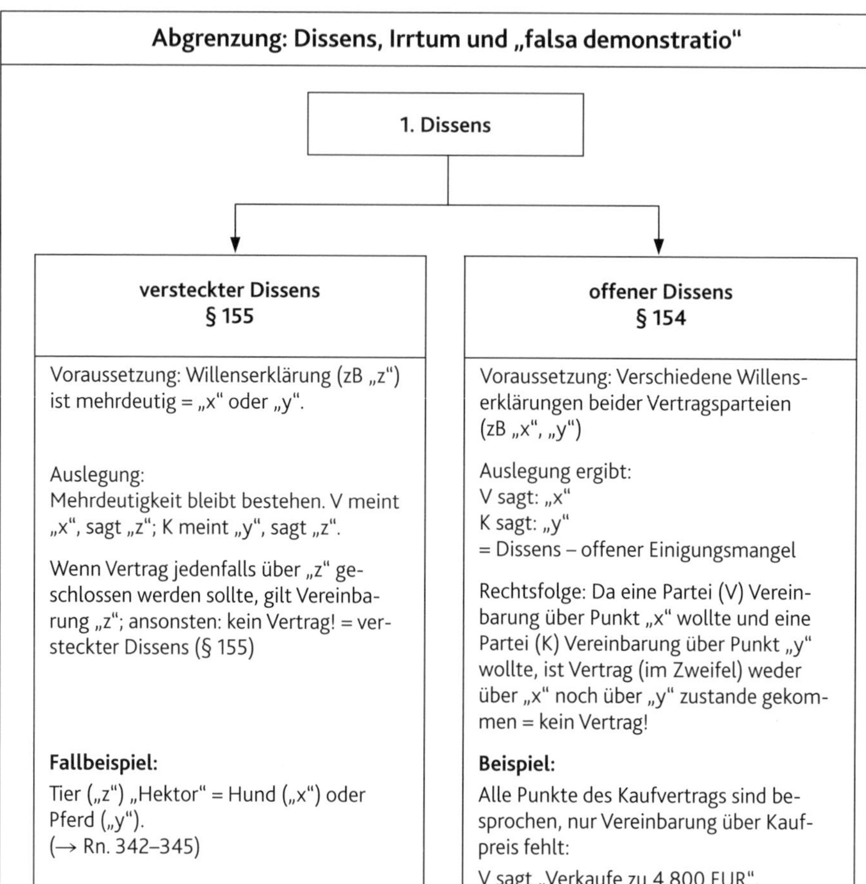

2. (Inhalts-)Irrtum
Voraussetzung: Mehrdeutige WE („z") – Auslegung ergibt: V sagt „z", meint „x", „z" bedeutet objektiv „x"; K sagt „z", meint „y", objektive Erklärung „z" bedeutet „x" = Vertrag über „x" zustande gekommen.
Rechtsfolge: K kann anfechten nach § 119 I, 1. Var.
Fallbeispiel: Dollar (USD/CAD) → Rn. 346

3. „falsa demonstratio (non nocet)"
Voraussetzung: Gleichlautende WEen beider Parteien („x") haben andere Bedeutung („y") → V sagt „x", meint „y" – K sagt „x", meint „y". Rechtsfolge: Vertrag kommt über „y" zustande, da V und K „y" wollten; falsche Bezeichnung schadet nicht!
Fallbeispiel: Porsche 911 und 944 (→ Rn. 341, 347); vgl. auch „Haakjöringsköd" (→ Rn. 161)

Literatur zur Vertiefung (→ Rn. 325–348): Alpmann Schmidt BGB AT 1 2. Teil, 3. Abschn. (Vertragliche Einigung); Bitter/Röder BGB AT § 5; Boss, ZR-Anfängerhausarbeit zum Allgemeinen Teil „Der etwas andere Mietvertragsschluss", JURA 2021, 695; Brox/Walker BGB AT §§ 8, 11; Coester-Waltjen, Schuldverhältnis – Rechtsgeschäfte – Vertrag, JURA 2003, 819; Cordes, Der Haakjöringsköd-Fall, JURA 1991, 352 ff.; Deuschl, Einführung in die Widerrufsrechte unter Berücksichtigung der ab 28.5.2022 geltenden teilreformierten Rechtslage, JA 2022, 184; Deutschmann, Der Vertragsschluss im Rahmen von Internetauktionsverfahren, NJ 2020, 528; Duden, Verbraucherschutz und Vertragsschluss im Internet der Dinge, ZRP 2020, 102; Fischinger, Grundfälle zur Bedeutung des Schweigens im Rechtsverkehr – Reden ist Silber, Schweigen ist Gold?, JuS 2015, 294, 394; Föhlisch/Löwer, Die Entwicklung des E-Commerce-Rechts seit Mitte 2020, VuR 2022, 50; Föhlisch/Stariradeff, Zahlungsmittel und Vertragsschluss im Internet, NJW 2016, 353; Führich WirtschaftsPrivatR Rn. 144–179 (Vertragsschluss); Hemler, Das neue Kaufrecht, JURA 2022 931; Hergenröder, Vertragsschlüsse im E-Commerce. Eine kompakte Darstellung für Studium und Examen, ZJS 2017, 131; Hirsch BGB AT §§ 6–8; Jung, Die Einigung über die „essentialia negotii"[362] als Voraussetzung für das Zustandekommen eines Vertrages, JuS 1999, 28; Hoeren, in Graf von Westphalen/Thüsing (Vertragsrecht und AGB-Klauselwerke), E-Commerce-Verträge (Werkstand: 48. EL März 2022); Karabas, Der Vertragsschluss durch gemeinsame Zustimmung zu einem von einem Dritten erstellten Vertragsentwurf, JURA 2022, 670; Karampatzos/Belakouzova, Voraussetzungen und Folgen der Widerrufsrechtsausübung im Fernabsatz und im digitalen Verkehr, NJOZ 2018, 1681; Klunzinger BürgerlR § 10; Knops, Falsches Spiel mit dem „Widerrufsjoker", ZRP 2022, 145; Köhler BGB AT § 8; Köhler/Arndt, Recht des Internet, 8. Aufl. 2016; Leyens/Böttcher, Anfängerhausarbeit – Zivilrecht: Computergenerierte Willenserklärungen, Anfechtbarkeit und Erklärungsrisiken – Der smarte Kühlschrank, JuS 2019, 133; Mantz, Die Entwicklung des Internetrechts, NJW 2021, 516; Medicus/Petersen BürgerlR § 4; Muscheler/Schewe, Die invitatio ad offerendum auf dem Prüfstand, JURA 2000, 565; Musielak/Hau GK BGB Rn. 110 ff.; Neuner BGB AT §§ 37, 38; Oechsler, Der Allgemeine Teil des Bürgerlichen Gesetzbuchs und das Internet, JURA 2012, 422 (1. Teil), 497 (2. Teil) und 581 (3. Teil); Petersen, Das Zustandekommen des Vertrags, JURA 2009, 183; Petersen, Der Dissens beim Vertragsschluss, JURA 2009, 419; Pfeiffer, Von Preistreibern und Abbruchjägern – Rechtsgeschäftslehre bei Online-Auktionen, NJW 2017, 1437; Schade/Graewe WirtschaftsPrivatR § 7; Schärtl, Der verbraucherschützende Widerruf bei außerhalb von Geschäftsräumen geschlossenen Verträgen und Fernabsatzverträgen, JuS 2014, 577; Schiefke, Nachhaltiger Konsum: Die Retourenproblematik im Onlinehandel, VuR 2021, 416; Schmidt/Brunschier, Fortgeschrittenenklausur – Zivilrecht: Abbruch einer eBay-Auktion, JuS 2017, 137; Stadler BGB AT § 19; Stiegler, Der Online-Verbrauchsgüterkauf, JA 2021, 624; Sutschet, Anforderungen an die Rechtsgeschäftslehre im Internet, NJW 2014, 1041; Weber, Anfängerklausur zum AGB-Recht: Das Studium als AGB-Falle, JURA 2022, 955; Weiss, Die Untiefen der „Button"-Lösung, JuS 2013, 590; Wertenbruch, Abgabe und Zugang von Willenserklärungen, JuS 2020, 481; Zerres BürgerlR 2.3.

362 Lat. = „wesentlichen Eigenschaften des Geschäfts"; terminus technicus, der den notwendigen Mindestinhalts eines Vertrags beschreibt.

6. Kapitel. Recht der Stellvertretung

I. Zulässigkeit der Stellvertretung

349 Beim Recht der Willenserklärungen ging es bisher immer um Fälle, in denen zwei Personen direkt miteinander verhandelten. Möglich ist aber auch, dass bei den Verhandlungen über den Abschluss eines Rechtsgeschäfts eine dritte Person eingeschaltet wird, sei es als Bote oder als sog. „Stellvertreter“, den das Gesetz nur als „Vertreter“ bezeichnet. Stellvertretung bedeutet, vereinfacht ausgedrückt, das Handeln anstelle eines anderen mit Wirkung für diesen.

Beispiel: V will mit K einen Vertrag schließen und möchte, da er selbst keine Zeit hat, den S zu K schicken, mit der Vollmacht, die zum Vertragsschluss mit K erforderliche Willenserklärung für ihn abzugeben. Die folgende Grafik verdeutlicht diesen Vorgang:

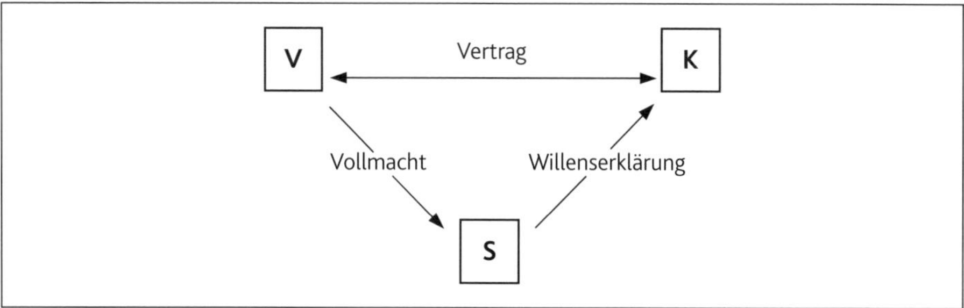

Die Willenserklärung, die S für V gegenüber K abgibt, wirkt unmittelbar für und gegen V, dh, der Vertrag kommt direkt zwischen V und K zustande.

Die Möglichkeit zu dieser Art des Vertragsschlusses wird dem V durch die §§ 164 ff. (jetzt noch nicht lesen!) eröffnet, die das Recht der rechtsgeschäftlichen Vertretung regeln.

Im Schuld- und Sachenrecht ist Stellvertretung stets zulässig. Bei **höchstpersönlichen Rechtsgeschäften** im Familien- und Erbrecht gibt es allerdings Ausnahmen; hier verlangt das Gesetz den persönlichen Abschluss durch die jeweilige Person.

> **Beispiele:**[363] Bei der Eheschließung müssen die Ehewilligen persönlich und bei gleichzeitiger Anwesenheit vor dem Standesbeamten erklären, die Ehe miteinander eingehen zu wollen (§ 1311 S. 1). Ein Testament kann nur persönlich vom Erblasser errichtet werden (§ 2064); Gleiches gilt für den Erbvertrag (§ 2274).

Auch in weiteren Fällen wird die Vertretung vom Gesetz für unzulässig erklärt.

> **Beispiele:** Die Einwilligung in eine Adoption kann nicht durch einen Vertreter erteilt werden (§ 1750 III 1). Der Erblasser kann die Anfechtung des Erbvertrages nicht durch einen Vertreter erklären lassen (§ 2282 I 1).

Die Vertretung kann auch durch vertragliche Abreden der Parteien abbedungen werden, sog. **gewillkürte Höchstpersönlichkeit.**[364]

---

363 Sie erinnern sich an die Bespiele, die wir schon behandelt haben? → **Rn. 292** und **297a**.

364 Grüneberg/Ellenberger Einf. v. § 164 Rn. 4 unter Hinweis auf BGHZ 99, 94 = NJW 1987, 650.

Sofern die Stellvertretung unzulässig ist, ist die Willenserklärung des Vertreters nichtig; eine Genehmigung durch den Vertretenen ist nicht möglich.

Lernhinweis: Das Gesetz verlangt in bestimmten Fällen die gleichzeitige Anwesenheit beider Vertragsparteien, wie zB bei den Einigungserklärungen bei der Eigentumsübertragung durch Auflassung im Grundstücksrecht (§ 925 I 1). Eine Stellvertretung ist hier zulässig. Denn die gleichzeitige Anwesenheit ist nicht identisch mit der persönlichen Anwesenheit. Der Vertreter der einen Vertragspartei kann also gleichzeitig mit der anderen Vertragspartei anwesend sein.

II. Arten der Stellvertretung

1. Gesetzliche Vertretung

Voraussetzung für jede wirksame Vertretung ist eine Berechtigung des Handelnden, als Vertreter für einen anderen aufzutreten (Vertretungsmacht). Für bestimmte Personen wird die Vertretungsmacht durch das Gesetz selbst festgesetzt. Die beiden wichtigsten Fälle der „gesetzlichen Vertretung" haben wir schon einmal angedeutet.[365] **350**

- Welche sind das?
- ▶ Gemäß § 1626 I iVm § 1629 I 1 (lesen!) sind die Eltern gesetzliche Vertreter ihrer (minderjährigen) Kinder und der Vormund ist gem. § 1789 II S. 1 nF (bzw. bis 31.12.2022: §§ 1773 I, 1793 I aF) gesetzlicher Vertreter des Mündels. Weitere gesetzliche Vertreter sind der Betreuer (§ 1823 nF[366] bzw. § 1902 aF) und der Pfleger (§ 1888 nF[367] bzw. §§ 1915, 1793 I aF).

Schließlich sind die Ehepartner im Rahmen der sog. „Schlüsselgewalt"[368], also der „Geschäfte zur angemessen Deckung des Lebensbedarfs der Familie", gem. § 1357 I (lesen!) jeweils berechtigt, den anderen Ehepartner rechtsgeschäftlich mit zu verpflichten, und somit ebenfalls gesetzliche Vertreter. Neu zum 1.1.2023 ist die gegenseitige Vertretung von Ehegatten in Angelegenheiten der Gesundheitsfürsorge gem. § 1358 nF, wozu auch Rechtsgeschäfte wie zB der Abschluss eines Behandlungs- oder Krankenhausvertrages gehören.[369]

2. Organschaftliche Vertretung

Die organschaftliche Vertretung, dh die Vertretung der juristischen Personen durch ihre Organe, ist, wie die Formulierung von § 26 I 2 (lesen!) für den Vereinsvorstand zeigt, der gesetzlichen Vertretung gleichgestellt. Ähnliche Vorschriften finden sich zB in § 35 I GmbHG und § 78 I AktG. **351**

---

365 → **Rn. 55.**

366 Beachte neue Formulierung im § 1823 nF ab 1.1.2023 durch das Gesetz zur Reform des Vormundschafts- und Betreuungsrechts (v. 4.5.2021, BGBl. 2021 I 882): „… *kann* der Betreuer den Betreuten gerichtlich oder außergerichtlich vertreten…"

367 … der eine entsprechende Anwendung der Vorschriften des Betreuungsrechts und der sonstigen Pflegschaften anordnet.

368 Creifelds Rechtswörterbuch/Fuchs „Schlüsselgewalt": Der – als solcher überholte – Begriff bezeichnete früher die beschränkte Vertretungsbefugnis der Ehefrau im Rahmen ihres häuslichen Wirkungskreises (→ **Geschäfte zur Deckung des Lebensbedarfs**).

369 Gesetz zur Reform des Vormundschafts- und Betreuungsrechts vom 4.5.2021, BGBl. 2021 I 882.

3. Rechtsgeschäftliche Vertretung (Stellvertretung)

352 Für die rechtsgeschäftliche (auch: gewillkürte) Vertretung gelten die §§ 164–181, die zum Teil auf die beiden erstgenannten Vertretungsarten entsprechende Anwendung finden.

Die rechtsgeschäftliche Vertretung[370] wird im Folgenden den Schwerpunkt dieses Kapitels bilden und verkürzt nur noch mit „Stellvertretung" bezeichnet werden.

III. Voraussetzungen und Wirkungen der wirksamen Stellvertretung

Übungsfall 21

V möchte ihren gebrauchten englischen Sportwagen verkaufen. Sie will dafür 10.000 EUR. K will nur 5.000 EUR zahlen. V, der die Feilscherei lästig wurde, schickt, nachdem sie sich mit K noch nicht einigen konnte, ihren Freund S zu K. S soll für V mit K verhandeln und ist von V ermächtigt, das Angebot bis auf 7.500 EUR zu reduzieren. S einigt sich mit K auf einen Preis von 8.000 EUR und vereinbart mit K, dass dieser sich die endgültige Annahme noch eine Woche überlegen könne. Als K die V zwei Tage später aufsucht, erklärt er dieser, er sei mit dem von S gemachten Angebot einverstanden. Daraufhin übergibt V ihm den Wagen. Als nach 14 Tagen noch keine Zahlung von K eingegangen ist und V ihn dazu auffordert, antwortet K, auf 8.000 EUR könne er sich doch nicht einlassen, mehr als 5.000 EUR sei der Oldie einfach nicht wert. Welchen Betrag kann V von K verlangen?

Die Summe, die V von K verlangen will, beträgt 8.000 EUR.

353 ■ Welche vertragliche Anspruchsgrundlage des besonderen Schuldrechts, die Sie bereits kennen, kommt für dieses Verlangen in Betracht? [Überlegen Sie zunächst, welche Vorschrift (genau zitieren!) dies ist (im Gesetz suchen!), und versuchen Sie, den möglichen Anspruch der V gegen K im Gutachtenstil zu formulieren!]

▶ „V könnte gegen K einen Anspruch auf Zahlung von 8.000 EUR gem. § 433 II haben" (falls noch nicht geschehen: Vorschrift lesen!).

■ Was ist Voraussetzung für diesen Anspruch?

▶ Ein gültiger Kaufvertrag, der wiederum ein wirksames Angebot und dessen Annahme voraussetzt.

■ Wer hat dem K ein Angebot gemacht?

▶ Nicht V, sondern S!

Fraglich ist nun, ob dieses Angebot unmittelbar für V wirkt. Dies ist der Fall, wenn S für V als Vertreter gem. § 164 I 1 gehandelt hat (§ 164 I 1 lesen).

1. Merkmale der Vertretung

354 Nach § 164 I 1 wirkt eine Willenserklärung, die jemand innerhalb der ihm zustehenden Vertretungsmacht im Namen des Vertretenen abgibt, unmittelbar für und gegen den Vertretenen. Der Vertreter iSv § 164 I 1 muss demnach drei Voraussetzungen erfüllen.

■ Welche drei Voraussetzungen sind dies? Versuchen Sie, diese drei Voraussetzungen dem Wortlaut von § 164 I 1 zu entnehmen! (Schreiben Sie sie auf ein Blatt Papier, bevor Sie weiterlesen!)

370 Zu der in einer alternden Gesellschaft praktisch immer wichtiger werdenden **Vorsorgevollmacht → Rn. 128a.**

▶ **Erste Voraussetzung:** Der Vertreter – in unserem Falle S – muss *selbst* eine *Willenserklärung* abgeben.
■ Ist dies geschehen?
▶ S hat im Rahmen der Verhandlungen über den Autokauf, zu denen V ihm Verhandlungsspielraum eingeräumt hatte, das Angebot über 8.000 EUR gemacht.

Zweite Voraussetzung: Diese Willenserklärung muss erkennbar im Namen des Vertretenen, dh allgemeiner ausgedrückt, *in fremdem Namen*, abgegeben worden sein. Dabei stellt § 164 I 2 klar, dass es unerheblich ist, ob die Willenserklärung ausdrücklich oder konkludent in fremdem Namen abgegeben wurde.

■ Ist diese Voraussetzung in unserem Fall erfüllt?
▶ Da S mit K verhandelt hat und K die V zwei Tage später aufsucht, ist davon auszugehen, dass S dem K gegenüber zu erkennen gegeben hat, im Namen der V zu handeln. Somit hat S dem K als Vertreter der V ein Angebot gemacht.

Damit dieses Angebot unmittelbar für V wirkt, muss schließlich noch eine **dritte Voraussetzung** erfüllt sein, die in § 164 I 1 ausdrücklich genannt ist.

■ Welche Voraussetzung haben wir noch nicht geprüft?
▶ S müsste *„innerhalb der ihm zustehenden Vertretungsmacht"* gehandelt haben. 355
(Sollten Sie diese Voraussetzung als zweite notiert haben, entspricht das zwar dem Wortlaut von § 164 I 1; man prüft die Voraussetzungen aber in der Reihenfolge wie hier geschehen.)

Dies ist der Fall, wenn V den S zur Abgabe von Willenserklärungen in ihrem Namen bevollmächtigt bzw. ihm dazu Vollmacht erteilt hat. Auf welche Weise der Vertretene dem Vertreter Vollmacht erteilen kann, folgt aus § 167 I (lesen!). Die Erteilung der Vollmacht kann entweder gegenüber dem Vertreter selbst, dem „zu Bevollmächtigenden", erfolgen (= **Innenvollmacht**), oder gegenüber dem Dritten, mit dem der Vertreter verhandeln soll (= **Außenvollmacht**).

■ Hat V eine solche Vollmacht erteilt?
▶ Ja! Sie hat den S zu den Verhandlungen mit K ausdrücklich ermächtigt (also Innenvollmacht erteilt) und ihm dabei einen Verhandlungsspielraum nach unten bis zu einem Preis von 7.500 EUR eingeräumt. Somit hatte S auch die für sein Angebot von 8.000 EUR notwendige Vertretungsmacht.

Damit liegen alle drei Voraussetzungen für eine wirksame Vertretung der V durch S 356
vor, sodass das von S gegenüber K abgegebene Angebot gem. § 164 I 1 unmittelbar für und gegen die Vertretene V wirkt. Die Wirkungen (Rechtsfolgen) dieses Angebots sind die gleichen, als hätte V dieses Angebot selbst abgegeben.

■ Hat K dieses Angebot angenommen?
▶ Ja! Er hat sich ausdrücklich damit einverstanden erklärt.

Da diese Annahme durch K unter Anwesenden erfolgte, hätte K ihre Wirksamkeit allenfalls durch gleichzeitigen Widerruf verhindern können.

■ Aus welcher Ihnen bekannten Vorschrift ergibt sich das?
▶ § 130 I analog – lesen!

Zwischen V und K ist ein gültiger Kaufvertrag über das Auto zum Preis von 8.000 EUR zustande gekommen, sodass der Anspruch der V aus § 433 II begründet ist.

Lesen Sie nun § 164 III.

Wenn Sie diese Vorschrift verstanden haben, können Sie die Lösung der folgenden kleinen **Abwandlung von Fall 21** selbst finden:

■ „Wie wäre es, wenn K die Annahme des Angebots nicht der V, sondern gleich dem Vertreter S gegenüber mitgeteilt hätte?“ (Überlegen Sie, bevor Sie weiterlesen!)

357 ▶ S hat als „aktiver“ Vertreter der V dem K nicht nur ein wirksames Angebot gemacht, sondern er hat als Vertreter der V an deren Stelle zugleich die Annahmeerklärung des K entgegengenommen. S handelte somit auch als „passiver“ Vertreter. Gemäß § 164 III gilt Abs. 1 entsprechend auch bei passiver Vertretung, dh, hier erfolgt durch den Vertreter keine Abgabe einer Willenserklärung für den Vertretenen, sondern der Vertreter nimmt für diesen eine Willenserklärung entgegen. Somit wirkt auch eine gegenüber S abgegebene Annahme des Angebots durch K für und gegen V: Der Vertrag kommt zwischen V und K zustande. Für unseren Fall ergibt sich daraus im Ergebnis keine Änderung.

Fassen wir als Fazit unseres Übungsfalls noch einmal zusammen:
Damit jemand wirksam als Vertreter für einen anderen handeln kann, müssen drei Voraussetzungen erfüllt sein (= **Prüfungsschema**).

■ Nämlich (erst nachdenken, dann weiterlesen!)?

▶ (1) Vertreter gibt eine **eigene Willenserklärung** ab.
(2) Diese Willenserklärung gibt er erkennbar **in fremdem Namen** ab.
(3) Die Willenserklärung gibt er innerhalb der ihm **zustehenden Vertretungsmacht** ab.
Letzteres bedeutet zweierlei
(a) Es muss überhaupt Vertretungsmacht vorhanden sein (vgl. § 167) und
(b) der Vertreter darf die vorhandene Vertretungsmacht nicht überschreiten (dazu später noch mehr).

2. Vertreter und Bote

Übungsfall 22
a) Der grippekranke K bittet seinen Freund S, ihm beim Zeitschriftenhändler V, bei dem K immer anschreiben lässt und monatlich abrechnet, einige interessante Zeitschriften zu besorgen. S tut dies und V notiert den Kaufpreis auf der Monatsrechnung für K.
b) Wie a), nur bittet K den S lediglich, ihm bei V „DIE ZEIT“ zu besorgen.
c) Wie a), nur gibt S gegenüber V nicht zu erkennen, dass er für K handelt und bezahlt die Zeitschriften von den 20 EUR, die K ihm diesmal mitgegeben hat.

358 Worin der wesentliche rechtliche Unterschied von Fall 22a und b liegt, müssten Sie nach dem, was Sie bisher über die Stellvertretung erfahren haben, und wenn Sie sich an Fall 10[371] erinnern, eigentlich selbst herausfinden können!

■ Welche Stellung hat S in Fall 22a und welche in Fall 22b?

▶ Im ersten Fall ist S Vertreter, im zweiten Fall nur Bote!

Während der Vertreter S mit Wirkung für K aufgrund seines Entscheidungsspielraums eine eigene Willenserklärung abgibt, hat der Bote S keinerlei Entscheidungs-

371 → **Rn. 179.**

befugnis, sondern übermittelt nur eine vorformulierte Willenserklärung. Der Bote ist lediglich Reproduzent fremder Willenserklärungen, der Vertreter hingegen hat Vertretungsmacht und ist Produzent eigener Willenserklärungen, die seinen Vollmachtgeber (den Vertretenen) rechtlich binden. Der Vertreter muss daher mindestens beschränkt geschäftsfähig sein (vgl. § 165 – lesen!), der Bote kann dagegen auch geschäftsunfähig sein. Dementsprechend sind auch die Folgen von falsch geäußerten Willenserklärungen: Gibt der Vertreter eine fehlerhafte Willenserklärung ab, so sind gem. § 166 I (lesen) seine eigenen Fehlvorstellungen maßgeblich; übermittelt der Bote eine falsche Willenserklärung, so sind die Fehlvorstellungen seines Auftraggebers maßgeblich, der die falsch übermittelte Willenserklärung dann gem. § 120 anfechten kann.

Merke:

Vertreter	**Bote** (im BGB nicht definiert)
• hat eigenen Entscheidungsspielraum • ist Produzent eigener Willenserklärungen • hat immer Vertretungsmacht • kann beschränkt geschäftsfähig sein (§ 165)	• hat keinen Entscheidungsspielraum • ist Reproduzent fremder Willenserklärung • hat nur „Auftrag", nie Vertretungsmacht • „Ist das Kindlein noch so klein, kann es doch schon Bote sein" (dh auch geschäftsunfähig)

3. Offenkundigkeitsprinzip

■ Welche Voraussetzung des § 164 I für eine wirksame Vertretung des K durch S ist im Fall 22c nicht erfüllt? **359**

▶ Es fehlt am Handeln in fremdem Namen!

Lesen Sie dazu § 164 II!

§ 164 II dient dem Schutz des Erklärungsempfängers, der in diesem Fall nicht wissen oder ahnen kann, dass sein Gegenüber für jemand anderen handeln will. Wenn S nicht zu erkennen gibt, dass er für K handelt, sondern dies nur will, wird nicht K, sondern S selbst Vertragspartner des V. Die Wirkungen der §§ 164 ff. treten für den Vertretenen nur ein, wenn der Vertreter seine **Vertretungsmacht nach außen zu erkennen** gibt. Das Stellvertretungsrecht wird vom sog. *Offenkundigkeitsprinzip* beherrscht. Das Offenkundigkeitsprinzip wurde in Fall 22c bezüglich der Vertretung beim Kaufvertrag nicht gewahrt. Mangels Erkennbarkeit der Vertretungsmacht lag bei Abschluss des Kaufvertrags keine wirksame Vertretung durch S vor.

Zu bedenken ist jedoch, dass dieser Kaufvertrag durch Bezahlung des Kaufpreises und Übergabe der Zeitschriften bereits erfüllt ist.

Wenn Sie sich an das Trennungs- und Abstraktionsprinzip erinnern, wissen Sie, dass in Erfüllung des schuldrechtlichen Kaufvertrags zwei sachenrechtliche Verfügungsgeschäfte stattgefunden haben. **360**

■ Nämlich welche?

▶ (1) Die Übereignung der Zeitschriften gem. § 929 S. 1 und
(2) die Übereignung des Gelds gem. § 929 S. 1.

■ Welche beiden Voraussetzungen müssen gem. § 929 S. 1 erfüllt sein, damit der Eigentumsübergang an einer beweglichen Sache wirksam ist?

▶ Einigung und Übergabe!

Dabei enthält die Einigung, wie Sie wissen, zwei Willenserklärungen. Deshalb kann es in Fall 22c noch gleichgültig sein, ob S die Einigungserklärung bezüglich des Eigentumsübergangs an dem Geld für V erkennbar im Namen des Vertretenen K abgegeben hat oder nicht. Es würde im Streitfall anstelle des V kaum jemand auf den Gedanken kommen, sich auf § 164 II zu berufen, indem er zB sagt: „Ich bin nicht Eigentümer des Gelds geworden; S konnte mir das Geld nicht wirksam übereignen, weil er erstens nicht selbst Eigentümer war und weil er zweitens mangels Erkennbarkeit seiner Vertretungsmacht gem. § 164 II die Einigungserklärung auch nicht wirksam als Vertreter für K abgegeben hat." V wird vielmehr das Geld für die Zeitschriften gerne entgegennehmen und sich darüber, ob S ihm das Geld nun als Eigentümer oder als Vertreter eines Eigentümers verschaffte, keine Gedanken machen.

Anders sieht das bezüglich der Eigentumsübertragung an den Zeitschriften aus. S nimmt als passiver Vertreter für K die Einigungserklärung des V, dass das Eigentum an den Zeitungen auf ihn übergehen solle, entgegen.

■ Was hätte das zur Folge, wenn wir mangels der Erkennbarkeit des Vertreterhandelns des S für K § 164 II streng anwenden würden?

▶ Dann hätte V dem S das Eigentum an den Zeitschriften übertragen, obwohl dieser sie mit Geld des K bezahlt hat.

361 Bei strenger Einhaltung des Offenkundigkeitsprinzips hätte die Einigung über den Eigentumsübergang an den Zeitschriften zwischen K und V nur wirksam werden können, wenn V ein Einigungsangebot an K abgegeben bzw. S dieses (erkennbar) als Vertreter des K angenommen hätte. Um dennoch in einem solchen Fall den K sofort zum Eigentümer zu machen, haben Rechtsprechung[372] und Lehre[373] eine Ausnahme von dem aus § 164 II folgenden Offenkundigkeitsprinzip anerkannt und den Fall folgendermaßen gelöst:

Voraussetzung für den Eigentumserwerb des K ist, wie gesagt, neben der Übergabe der Zeitschriften gem. § 929 S. 1 die wirksame Einigung mit V. Da die Einigungserklärung des V nicht von K selbst angenommen wurde, sondern von S, der ja wirklich Vertretungsmacht hatte, diese nur nicht zu erkennen gab, ist zu prüfen, ob es für V besondere Bedeutung hatte, wem er das Eigentum der Sache übertragen wollte. Ist das nicht der Fall, ist es dem Veräußerer einer Sache also gleichgültig, wer Eigentümer dieser Sache wird, dann hat er im Rahmen der Einigung gem. § 929 S. 1 ein Einigungsangebot **an den, den es angeht**, abgegeben.

■ War es in unserem Fall dem V wichtig zu wissen, wer schließlich Eigentümer der Zeitschriften wurde?

▶ Nein, „Hauptsache, er hat sein Geld"!

362 Bei sog. **Bargeschäften des täglichen Lebens**, die ein Vertreter mit wirksamer Vertretungsmacht abschließt, ohne zu offenbaren, für wen er als Vertreter auftritt, handelt es sich aus der Sicht des Geschäftsgegners um ein (verdecktes) *„Geschäft für den, den es angeht"*.

---

372 Nachw. bei Jauernig/Mansel § 164 Rn. 5.

373 Vgl. Neuner BGB AT § 49 Rn. 47 ff. sowie Brox/Walker BGB § 24 AT Rn. 11 f. mwN.

Unter den beiden Voraussetzungen, dass

(1) dem Geschäftsgegner die Person des Vertragspartners gleichgültig ist und
(2) beim Vertreter tatsächlich Vertretungsmacht und der Wille zur Vertretung vorlagen, wirkt deshalb unter Durchbrechung des Offenkundigkeitsprinzips die Willenserklärung des Vertreters gem. § 164 I unmittelbar für und gegen den Vertretenen.

■ Was bedeutet das in Fall 22c bezüglich der Einigungserklärung des V gem. § 929 S. 1, die er dem S gegenüber abgab?

▶ Mit der Einigung und Übergabe an S wurde K sofort Eigentümer der Zeitschriften, während S nur unmittelbarer Besitzer wurde.

Lernhinweis: Beim schuldrechtlichen Verpflichtungsgeschäft (zB Kaufvertrag) sind die Grundsätze über das „Geschäft für den, den es angeht" grundsätzlich auch anwendbar. Anders als bei der dinglichen Einigung sind jedoch strengere Anforderungen zu stellen; denn oft wird es dem Verkäufer nicht gleichgültig sein, wem gegenüber er schuldrechtliche Pflichten begründet, weil der Käufer uU Gewährleistungsansprüche nach §§ 437 ff. gegen ihn geltend machen kann.

Dass das Offenkundigkeitsprinzip auch gewahrt ist, wenn das Vertreterhandeln nur konkludent erkennbar gemacht worden ist, wurde bereits erwähnt. Das ist zB der Fall, wenn der Angestellte A des Versicherungsunternehmers V in den Räumen des V mit dem Kunden K einen Vertrag schließt. Alle Umstände sprechen dafür, dass A konkludent als Vertreter für V handelt. Dass es dabei Abgrenzungsschwierigkeiten geben kann, werden wir noch sehen.

Streng zu unterscheiden von dem für die Vertretung maßgeblichen Handeln „im" 363
fremden Namen ist das **Handeln „unter" fremdem Namen.**

Beispiele:[374] (a) Die verheiratete F mietet ein Hotelzimmer unter falschem Namen, weil sie sich dort mit ihrem Freund treffen möchte.
(b) Die mittellose Studentin A bringt ihr Motorrad zur Reparatur und gibt dabei den Namen ihrer ortsbekannten und wohlhabenden Schwester B an, um bei der Abholung nicht bar bezahlen zu müssen, sondern die Rechnung erst später per Überweisung begleichen zu dürfen.

Die Antwort auf die Frage, wer Vertragspartner des Hotelinhabers bzw. des Werkstattinhabers geworden ist, ist davon abhängig, ob die Person des Vertragspartners für den anderen wesentlich war oder nicht. Ergibt die Auslegung, dass es für das Rechtsgeschäft keiner Partei auf den richtigen Namen ankommt, stellt sich die Frage nach der Vertretungsmacht gar nicht. Vertragspartner wird der, der den falschen Namen benutzt! Es liegt ein *Eigengeschäft* des unter falschem Namen Handelnden vor.

Merke: Beim Handeln unter falschem Namen will eine Person idR lediglich unerkannt bleiben. Der Name ist hier nur ein belangloser Zusatz, weil es nicht zu einer Fehlvorstellung über die Identität des Handelnden kommt.[375]

Im Hotelzimmerbeispiel wird es dem Hotelinhaber in der Regel gleichgültig sein, wie seine Vertragspartnerin heißt, „Hauptsache sie zahlt" (siehe oben)!

Beispiel: Handeln unter falschem Namen liegt typischerweise auch vor bei der Nutzung von Fantasienamen wie zB Müller, Meier, Marge Simpson, Donald Duck.

374 In loser Anlehnung an Stadler BGB AT § 30 Rn. 9.
375 Grunewald, Bürgerliches Recht, 9. Aufl. 2014, § 7 Rn. 23; BGH NJW 2011, 2421 Rn. 10.

Aber wie würden Sie unseren Motorradreparatur-Fall beurteilen?

- ■ Ist für den Werkstattinhaber die Person der Vertragspartnerin wesentlich oder nicht? Überlegen Sie, bevor sie weiterlesen!
- ▶ Auch der Werkstattinhaber möchte zu seinem Geld kommen. Die Möglichkeit, auf Rechnung zu zahlen, will er nur kreditwürdigen Personen wie der B einräumen, bei denen er davon ausgeht, dass sie später auch zahlen werden. Einer mittellosen Studentin wie A würde er keinen Kredit einräumen und das Motorrad nur gegen Barzahlung wieder aushändigen. Daher kommt es dem Werkstattinhaber hier darauf an, den Vertrag gerade mit der Namensinhaberin B abzuschließen!

> **Merke:** Beim sog. Handeln unter fremdem Namen wird beim Vertragspartner eine falsche Vorstellung über die Identität des Handelnden hervorgerufen. Obwohl der Handelnde den Namensinhaber gar nicht vertreten will, finden im Falle des Identitätsirrtums die §§ 164 ff., 177 ff. entsprechende Anwendung.[376]

Da es für eine wirksame Stellvertretung gem. den §§ 164 ff. an der Vertretungsmacht der A für ihre Schwester B fehlt sowie daran, dass sie ja eigentlich gar nicht für B handeln will, sind hier die §§ 177 und 179 entsprechend anzuwenden.[377] Der Werkstattinhaber könnte sich nach Herausgabe des Motorrades nur dann an B halten, wenn diese als die echte Namensträgerin das Geschäft gem. § 177 I genehmigte (etwa zur „Rettung der Familienehre"). Anderenfalls bliebe ihm nur die Möglichkeit, die A als „Vertreterin ohne Vertretungsmacht" über § 179 in Anspruch zu nehmen (Näheres zu §§ 177, 179 → Rn. 373 ff.) … und zu hoffen, dass sie zahlen wird.

4. Inhalt der Vertretungsmacht

364 Die Vertretungsmacht folgt in den Fällen der gesetzlichen und organschaftlichen Vertretung unmittelbar aus dem Gesetz; bei der rechtsgeschäftlichen Vertretung beruht sie allein auf dem Parteiwillen. Das Gesetz regelt in den §§ 164 ff. die Rechtsfolgen der wirksamen Vertretung, die Art und Weise, wie die Vertretungsmacht erteilt wird sowie schließlich die Rechtsfolgen des Handelns ohne Vertretungsmacht.

a) Vertretungsmacht durch Vollmachtserteilung

365 Die durch Rechtsgeschäft erteilte Vertretungsmacht heißt, wie sich aus der Definition in § 166 II 1 ergibt, „Vollmacht" (Zeile 1 – lesen!).

Die Art und Weise der Erteilung einer wirksamen Vollmacht bestimmt, wie Sie bereits gelesen haben, § 167 (nun ganz lesen!).

Einer Form bedarf die Vollmacht nach § 167 grundsätzlich nicht. Das gilt nach § 167 II selbst dann, wenn das Rechtsgeschäft, für das die Vollmacht erteilt wurde, der Form bedarf (zB für den Grundstückskauf, § 311b I 1).

Ausnahmen sind beispielsweise:

- § 1945 III 1 (öffentlich beglaubigte Vollmacht bei Ausschlagung der Erbschaft durch einen Bevollmächtigten),

376 BGH NJW 2011, 2421 Rn. 12: Handeln unter fremdem Namen bei Benutzung des **eBay-Accounts** einer anderen Person.

377 Grüneberg/Ellenberger § 164 Rn. 10.

- § 80 ZPO (schriftliche Prozessvollmacht für den Anwalt),
- 29 I 1 GBO (öffentliche oder öffentlich beglaubigte Urkunden bei Grundbuchantrag).

Allgemeinere Vorschriften werden bekanntlich durch speziellere Regelungen verdrängt!

Zu Beweiszwecken wird die Vollmacht meistens schriftlich erteilt (vgl. §§ 172–176 – zur Information lesen!).

Schließlich kann die Erteilung der Vertretungsmacht, wie andere Willenserklärungen, auch konkludent erfolgen! Bevor wir auf die konkludente Vollmacht zurückkommen, befassen wir uns mit der Vertretungsmacht kraft guten Glaubens und mit zwei ähnlichen, aber nicht identischen Vollmachten, die eine wirksame Vertretungsmacht begründen können.

b) Vertretungsmacht kraft guten Glaubens bzw. kraft Rechtsscheins

Vom Gesetz wird in der Regel derjenige, der an einen nicht bestehenden Umstand **365a**
glaubt, nicht geschützt. Denn im Rechtsverkehr muss jede Person in eigener Verantwortung in Erfahrung bringen, ob die von ihr angenommenen Umstände der Wahrheit entsprechen. Ausnahmsweise wird der **Geschäftspartner**, der auf den Bestand einer Vollmacht **vertraut**, also **gutgläubig** ist, **durch die §§ 170–173 geschützt.** Voraussetzung ist, dass der Vollmachtgeber durch die Kundgabe der Bevollmächtigung an den Dritten einen **Rechtsschein** für das **Bestehen einer Vollmacht** gesetzt hat. Letztgenannter ist nur dann schutzwürdig, wenn er das Erlöschen der Vollmacht nicht kannte und auch nicht kennen musste (§ 173). Der gutgläubige Geschäftspartner wird aufgrund des bestehenden Rechtsscheins so behandelt, als würde die Vollmacht weiterhin bestehen. Der **Schutz des Dritten** besteht in folgenden **Fällen:**

- Wenn die Vollmacht durch Erklärung gegenüber einem Dritten erteilt worden ist (= Außenvollmacht) bleibt sie diesem gegenüber so lange wirksam, bis ihr Erlöschen vom Vollmachtgeber angezeigt wird (§ 170). Das betrifft zB den Fall, dass eine Vollmacht (nur) gegenüber dem Bevollmächtigten widerrufen wurde (§§ 168 S. 3, 167 I).
- Der Dritte, dem die bereits erfolgte Bevollmächtigung eines anderen durch besondere Mitteilung oder durch öffentliche Bekanntmachung kundgetan wurde, darf nach § 171 auf den Fortbestand der Vollmacht vertrauen, solange nicht die Kundgabe in derselben Weise widerrufen wird, wie sie erfolgt ist.
- Wenn der Vollmachtgeber dem Vertreter eine Vollmachtsurkunde ausgehändigt und der Vertreter diese dem Dritten vorgelegt hat, wird der Dritte gem. § 172 in seinem Vertrauen auf die Urkunde geschützt. Der Vollmachtgeber kann den Rechtsschein der bestehenden Vollmacht dadurch zerstören, dass er die Vollmachtsurkunde vom Vertreter herausverlangt – Letztgenannter ist nach § 175 zur Herausgabe verpflichtet –, oder aber die Urkunde nach § 176 für kraftlos erklären lässt.[378]

Aus Gründen des Minderjährigenschutzes kann nur ein voll Geschäftsfähiger zurechenbar einen Rechtsschein iSd §§ 171, 172 setzen.[379]

378 Ausführlich hierzu mit Beispielen: Stadler BGB AT § 30 Rn. 33 ff.
379 BGH NJW 1977, 623.

c) Duldungsvollmacht und Anscheinsvollmacht

366 **Übungsfall 23**

Sauhund Siggi (S) ist als Versicherungsvertreter der Argus-Versicherung (V) tätig. Er soll möglichst viele Verträge vermitteln, während die V sich den Abschluss der Verträge selbst vorbehält. Nachdem S mehrere Verträge mit der Firma Kemal Kebap (K) vermittelt hat, schließt er mit K im Namen der V einen Feuerversicherungsvertrag zu Sonderkonditionen. V erfüllt diesen Vertrag zwar, weist aber den S ausdrücklich darauf hin, dass dies nur eine Ausnahme sei und er die K darüber informieren solle, dass weitere Verträge nur direkt mit V abgeschlossen werden können. S unterlässt dies und schließt bei einem erneuten Besuch bei K mit dieser im Namen der V einen Betriebshaftpflichtversicherungsvertrag zu Sonderkonditionen ab. V lehnt die Erfüllung dieses Vertrags unter Berufung auf die fehlende Vertretungsmacht des S ab. K besteht auf Einhaltung des Vertrags. Wer hat Recht?

■ Was ist Voraussetzung, damit K gegen V einen Anspruch auf Erfüllung des Versicherungsvertrags hat?

▶ Zwischen V und K müsste ein gültiger Versicherungsvertrag zustande gekommen sein!

Da V nicht selbst mit K verhandelt hat, ist dies nur der Fall, wenn S die V bei Vertragsschluss wirksam vertreten hat.

■ Welche drei Voraussetzungen müssen dazu gem. § 164 I 1 erfüllt sein? (Überlegen Sie erst, bevor Sie weiterlesen!)

▶ (1) S müsste eine *eigene Willenserklärung* abgegeben haben.
(2) Die Willenserklärung müsste S *erkennbar im Namen der V* abgegeben haben und
(3) S müsste *innerhalb* der ihm zustehenden *Vertretungsmacht* gehandelt haben.

■ Sind diese Voraussetzungen erfüllt?

▶ Voraussetzungen eins und zwei sind sicherlich problemlos:
S hat ein Vertragsangebot (eigene Willenserklärung) abgegeben und dies ausdrücklich im Namen der V getan.

367 Fraglich ist allerdings, ob er dazu auch Vertretungsmacht hatte!

■ Wie wird die Vertretungsmacht erteilt?

▶ Gemäß § 167 I durch Erteilung der Vollmacht, wobei dies nicht ausdrücklich ausgesprochen werden muss, sondern auch konkludent geschehen kann.

■ Liegt eine solche Vollmachtserteilung vor?

▶ V hat den S weder ausdrücklich noch konkludent dazu ermächtigt, für sie Verträge abzuschließen. Sie hat ihn im Gegenteil ausdrücklich darauf hingewiesen, dass sie sich den Abschluss der von S vermittelten Verträge selbst vorbehalte und dass die Erfüllung des von S abgeschlossenen (Feuerversicherungs-)Vertrags nur eine Ausnahme war. Aufgrund dieser Tatsache war dem S bekannt, dass er ohne Vertretungsmacht handelte.

Dabei sind allerdings die Interessen des Vertragspartners (hier: K) völlig unberücksichtigt. In bestimmten Fällen muss sich deshalb der Vertretene aus Gründen des Vertrauensschutzes des Geschäftsgegners so behandeln lassen, als habe der vollmachtlose Vertreter für ihn mit wirksamer Vertretungsmacht gehandelt.

Dies sind die Fälle der „Duldungsvollmacht“ und der „Anscheinsvollmacht“.

Eine **Duldungsvollmacht** liegt unter folgenden Voraussetzungen vor:

(1) Der Erklärende muss eine *Willenserklärung in fremdem Namen*, dh, im Namen des Vertretenen, abgegeben haben.

■ Wie steht es damit in unserem Fall?
▶ Diese Voraussetzung ist erfüllt. (Wortlaut des Sachverhalts!)

(2) Der Vertretene muss den *Rechtsschein* der Vertretung *zurechenbar gesetzt* haben. Das ist der Fall, wenn er von dem Auftreten des Vertreters ohne Vertretungsmacht Kenntnis hatte und dies nicht verhindert, sondern **bewusst duldet**.

■ Liegt diese Voraussetzung vor?
▶ Die V hat zwar den S darauf hingewiesen, dass er künftig keine Verträge mehr abschließen dürfe, und dass S die K darüber informieren solle. Ansonsten hat V das Auftreten des S bewusst geduldet und somit den Rechtsschein gesetzt, dass S als Vertreter für V handelte.

(3) Weitere Voraussetzung für eine Duldungsvollmacht ist, dass der Vertragspartner auf die Vertretungsmacht vertraute und dabei *gutgläubig* war, dh, keinerlei Anlass hatte, an ihrem Vorliegen zu zweifeln.

■ Liegt diese Voraussetzung in unserem Fall vor?
▶ Da V bereits einen Vertrag (den Feuerversicherungsvertrag), den S mit K abgeschlossen hatte, akzeptiert hatte[380], konnte K gutgläubig davon ausgehen, dass S aufgrund einer wirksamen Vollmacht tätig wurde.

Die Duldungsvollmacht wird von der hM als **Rechtsscheinvollmacht** angesehen, da das bloße Schweigen ebenso wie das Dulden keine Willenserklärung darstellt.[381] Gemäß § 164 I 1 wirkt das Vertretergeschäft unmittelbar für und gegen den Vertretenen.[382]

■ Ergebnis in unserem Fall somit?
▶ Da die Duldungsvollmacht die gleichen Rechtswirkungen wie eine gültige Vollmacht begründet, gilt S als von V bevollmächtigt und hat die V daher gem. § 164 I 1 wirksam vertreten. Ein Betriebshaftpflichtversicherungsvertrag ist zwischen K und V, vertreten durch S, zustande gekommen. K kann also auf der Einhaltung dieses Vertrags zu Sonderkonditionen bestehen.

Mit einem Unterschied gelten für die **Anscheinsvollmacht** die gleichen Voraussetzungen wie für die Duldungsvollmacht: **368**

(1) Der Erklärende muss eine *rechtsgeschäftliche Erklärung in fremdem Namen*, dh im Namen des Vertretenen, abgegeben haben.
(2) Der Vertretene muss den *Rechtsschein* der Vertretung *zurechenbar* dadurch *gesetzt* haben, dass er vom Auftreten des Vertreters zwar nichts weiß und dies nicht wissentlich duldet, dass er aber bei Anwendung verkehrsüblicher Sorgfalt hätte

380 Ein einmaliges Gewährenlassen genügt, Jauernig/Mansel § 67 Rn. 8 unter Berufung auf OLG Brandenburg NJW-RR 2009, 236.

381 BGH NJW 2014, 3150 Rn. 24; BGH NJW 2005, 2985; jurisPK-BGB/Weinland § 173 (Stand: 12.8.2022) Rn. 6; Neuner BGB AT § 50 Rn. 86 ff. Die Gegenansicht sieht in der Duldungsvollmacht eine rechtsgeschäftlich erteilte Vollmacht, denn wer bewusst einen anderen für sich handeln lasse, tue in einem rechtsgeschäftlichen Sinne kund, dass diese Person Vertretungsmacht habe; vgl. Flume, Allgemeiner Teil des Bürgerlichen Rechts, Zweiter Band: Das Rechtsgeschäft, 4. Aufl. 1992; Grüneberg/Ellenberger § 172 Rn. 8 mwN.

382 Neuner BGB AT § 50 Rn. 93.

wissen müssen und **verhindern können**, dass ein Auftreten des angeblichen Vertreters vorliegt (= Unterschied zur Duldungsvollmacht!).

(3) Der Vertragspartner muss auf den Rechtsschein der Vertretungsmacht *gutgläubig* vertraut haben.

Die Anscheinsvollmacht verleiht nach hM entsprechend dem Umfang des gesetzten Rechtsscheins Vertretungsmacht.[383] Der Geschäftsherr muss sich so behandeln lassen, als habe er den Handelnden tatsächlich bevollmächtigt. Denn das Vertrauen des Vertragspartners auf das Bestehen einer Vollmacht ist in der Weise schutzwürdig, dass ihm gegenüber der Rechtsschein als Wirklichkeit gilt. Sie ist also ebenfalls eine **Rechtsscheinvollmacht.**[384]

Beispiel: Die als Telefonistin bei V beschäftigte B hat sich seit einiger Zeit angewöhnt, Bestellungen von Kunden selbst anzunehmen, anstatt die Kunden mit dem bevollmächtigten Angestellten A zu verbinden. Der Dauerkunde K verlangt von V Erfüllung eines Vertrags. V verweigert diese, weil er die B, von deren Handeln er nichts gewusst hat, nicht bevollmächtigt habe.[385]
V muss sich das Verhalten der B nach den Grundsätzen der Anscheinsvollmacht zurechnen lassen, da man von ihm verlangen kann, dass er sich um sein Geschäft derartig kümmert, dass das Handeln der B verhindert worden wäre. Bei Anwendung verkehrsüblicher Sorgfalt hätte V jedenfalls das Auftreten der B vermeiden können. V muss sich also so behandeln lassen, als hätte er der B eine entsprechende Vertretungsmacht eingeräumt.

Lernhinweis:
Duldungsvollmacht: Vertretener kennt und duldet das wissentliche Auftreten eines Vertreters.
Anscheinsvollmacht: Vertretener kennt das wiederholte Handeln des Vertreters zwar nicht, hätte es aber erkennen und verhindern können.

d) Vollmacht durch konkludentes Handeln

369 Nicht verwechseln darf man die Duldungs- und die Anscheinsvollmacht, denen ja in Wirklichkeit keine echte Vollmachtserteilung zugrunde liegt, mit der stillschweigenden Vollmacht, die durch konkludentes Handeln erteilt wird. Eine konkludente Willenserklärung ist, wie Sie wissen, eine echte, vollgültige Willenserklärung; somit ist auch die stillschweigend, konkludent erteilte Vollmacht eine echte Vollmacht, bei deren Vorliegen ebenfalls die §§ 164 ff. gelten!

Beispiel: Eine stillschweigende, konkludente Vollmachtserteilung iSd § 167 I liegt zB vor, wenn die Geschäftsinhaberin G ihren neu eingestellten Angestellten A innerhalb ihres Geschäfts mit Aufgaben betraut, zu deren Erfüllung notwendigerweise Verträge mit Dritten abgeschlossen werden und der Vorgänger des A diese Verträge stets auch selbstständig abgeschlossen hat. Ohne dass die Geschäftsherrin dem A ausdrücklich Vollmacht erteilte, konnte A seinen Einsatz zu dieser Tätigkeit nicht anders verstehen, als dass er zum Abschluss der Verträge bevollmächtigt wurde.

e) Erlöschen der Vollmacht

370 Lesen Sie zunächst § 168! Danach erlischt die Vollmacht entweder, wenn

- der Vertreter das Rechtsgeschäft, zu dessen Vornahme er bevollmächtigt war, für den Vertretenen abgeschlossen hat (Satz 1),
  oder
- wenn die Vollmacht widerrufen wurde (Satz 2).

---

383 BGH NJW 1981, 1727 (1728); Grüneberg/Ellenberger § 172 Rn. 11; jurisPK-BGB/Weinland § 173 (Stand: 12.8.2022) Rn. 8; Brox/Walker BGB AT § 25 Rn. 32 mwN.

384 Vgl. MüKoBGB/Schubert § 167 Rn. 112; Stadler BGB AT § 30 Rn. 46 mwN.

385 Nach Brox/Walker BGB AT, 42. Aufl. 2018, § 25 vor Rn. 1, Fall d.

Der Widerruf kann sowohl gegenüber dem zu Bevollmächtigenden (= Vertreter) als auch gegenüber dem Dritten (= Vertragspartner) erfolgen (Satz 3).

Ohne dass wir alle Details des Stellvertretungsrechts im Rahmen dieses Grundrisses behandeln konnten, haben Sie doch schon so viel darüber erfahren, dass sich die Wiederholung des Erlernten anhand des folgenden Prüfungsschemas und der Übersicht 27 lohnt.

Prüfungsschema 370a

Prüfungsfolge bei der Stellvertretung, § 164

I. Zulässigkeit der Stellvertretung (→ Rn. 349)
unzulässig zB: § 1311 (Eheschließung), §§ 2064, 2274, 2284 (letztwillige Verfügungen)
Falls unzulässig: WE des Vertreters = nichtig; keine Genehmigungsmöglichkeit

II. Eigene Willenserklärung des Vertreters (→ Rn. 354, → Rn. 358)
§ 164 I 1 – Abgrenzung zum Boten
§ 165 – Vertreter kann beschränkt geschäftsfähig sein

III. Handeln in fremdem Namen – Offenkundigkeitsprinzip (→ Rn. 359 ff.)
§ 164 I 1 und 2; ansonsten Eigengeschäft nach § 164 II
Ausnahme: Geschäft für den, den es angeht (Bargeschäfte des täglichen Lebens)

IV. Vertretungsmacht des Handelnden (→ Rn. 364 ff.)
1. gesetzliche (zB Eltern, §§ 1626, 1629)
2. organschaftliche (§ 26 I 2)
3. rechtsgeschäftliche = Vollmacht (Legaldefinition § 166 II 1)
   a) wirksame Erteilung, § 167
      aa) Spezialregelungen: §§ 170–173
      bb) Duldungsvollmacht
      cc) Anscheinsvollmacht
   b) kein Erlöschen der Vollmacht, § 168
   c) keine Überschreitung der Vertretungsmacht
   Beachte bei Fehlen oder Überschreitung der Vertretungsmacht:
   Vertrag = schwebend unwirksam bis Genehmigung durch Vertretenen (§ 177 I)

371 Übersicht 27

Recht der Stellvertretung

Stellvertretung (kurz: „Vertretung" – vgl. Gesetzestext) bedeutet das Handeln anstelle eines anderen mit Wirkung für diesen.

I. Im BGB: drei Arten der Vertretung

1. Gesetzliche Vertretung	2. Organschaftliche Vertretung	3. Rechtsgeschäftliche (gewillkürte) Vertretung
zB §§ 1626 I; 1629 I 1: Eltern/Kind; § 1793 I: Vormund/Mündel	zB § 26 I 2 Vorstand/Verein	§§ 164 ff. (gelten zum Teil auch für 1. und 2.); nur für 3.: §§ 166 II–176

II. Voraussetzungen für wirksame Stellvertretung nach §§ 164 ff.

1. Abgabe **eigener Willenserklärung** durch Vertreter	2. Abgabe der Willenserklärung im Namen des Vertretenen = **„in fremdem Namen"** für den Dritten erkennbar (**„Offenkundigkeitsprinzip"**) – vgl. § 164 II	3. Abgabe der WE **innerhalb** zustehender **Vertretungsmacht**
Abgrenzung Bote – Vertreter: **Bote:** • kein Entscheidungsspielraum bei Willenserklärung • Reproduzent fremder Willenserklärung • hat nur „Auftrag", nie Vertretungsmacht **Vertreter:** • Entscheidungsspielraum bei Willenserklärung • Produzent eigener Willenserklärung • hat immer Vertretungsmacht, • manchmal inklusive Auftrag (vgl. schon § 662) • muss mindestens beschränkt geschäftsfähig sein (§ 165)	Vertreter handelt in fremdem Namen, gibt dies aber nicht zu erkennen. Rechtsfolge: § 164 II = Verstoß gegen „Offenkundigkeitsprinzip". Ausnahme vom Prinzip: **„Geschäft für den, den es angeht"** → Wirksames Vertreterhandeln liegt vor, wenn dem Geschäftsgegner die Person des Vertragspartners gleichgültig ist und Vollmacht sowie Wille des Vertreters zur Vertretung vorliegen. **Keine** Vertretung, wenn „Handeln unter **falschem** Namen" Rechtsfolge: Vertragspartner wird der unter falschem Namen Handelnde. **Ausnahme:** Wenn **fremder** Name bei Vertragspartner für Vertragsschluss entscheidend! Rechtsfolge: wie bei „Vertreter ohne Vertretungsmacht" (→ Rn. 384).	Die rechtsgeschäftlich erteilte Vertretungsmacht heißt **„Vollmacht"** (§ 166 II). Erteilung (§ 167): Innenvollmacht § 167, 1. Var. oder Außenvollmacht § 167, 2. Var., formfrei (vgl. § 167 II). Oft: Aushändigung von Vollmachtsurkunde (vgl. § 172) → Beweisfunktion! Möglichkeiten der Erteilung von Vertretungsmacht: ausdrücklich oder „stillschweigend" durch konkludentes Verhalten. Rechtsfolge: Direkte Anwendung der §§ 164 ff. Falls (-): evtl. Duldungs- oder Anscheinsvollmacht (→ Rn. 372).

Übersicht 27 (Fortsetzung) 372

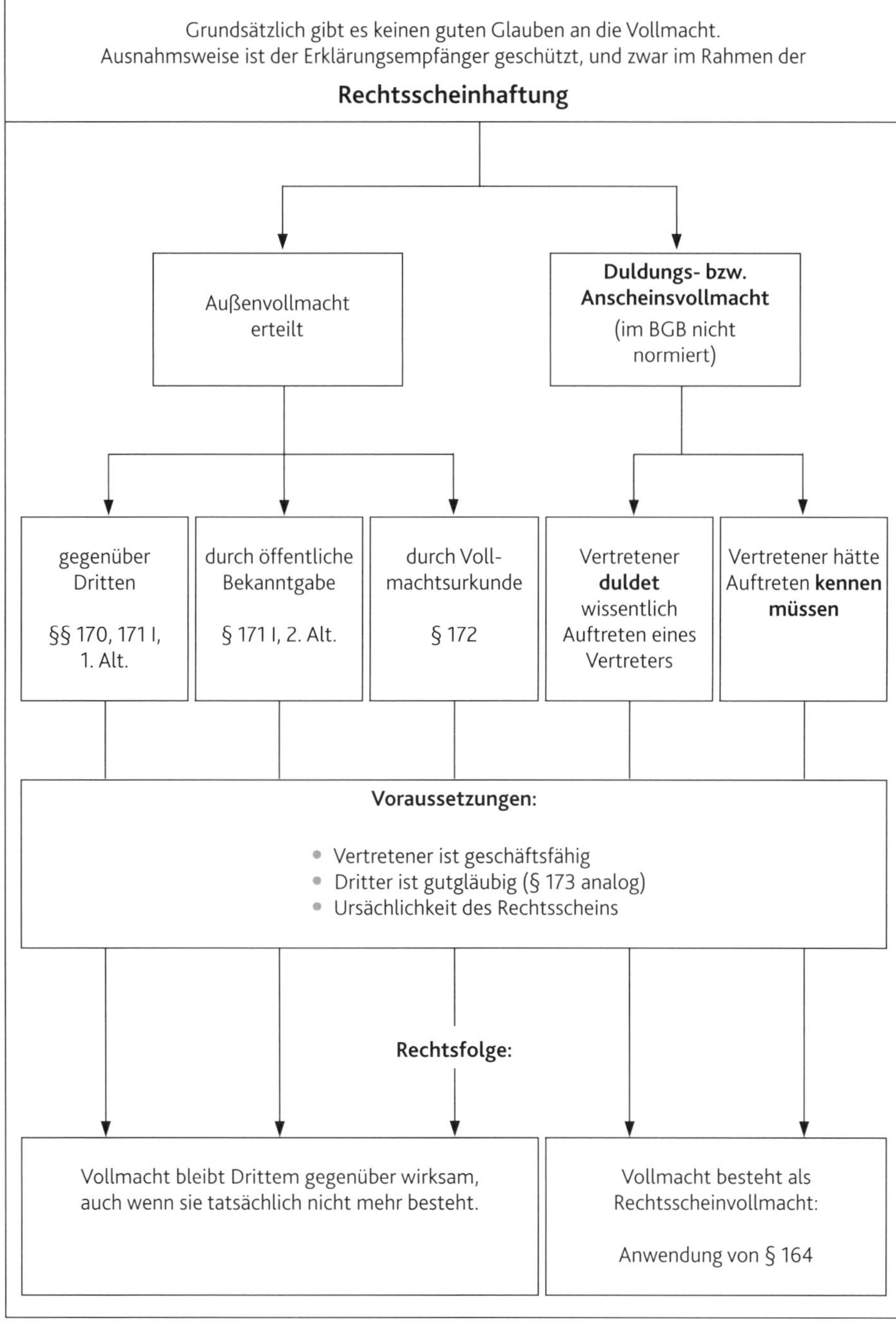

IV. Vertretung ohne Vertretungsmacht

373 Möglich ist schließlich auch, dass jemand für einen anderen auftritt, ohne überhaupt Vertretungsmacht zu haben, oder dass er seine Vertretungsmacht überschreitet. Soweit er die eigentlich vorliegende Vertretungsmacht überschreitet, handelt er ebenfalls ohne Vertretungsmacht.

Für das Handeln ohne Vertretungsmacht sieht das Gesetz im Stellvertretungsrecht bestimmte Rechtsfolgen vor, die wir uns gleich ansehen werden. Zuvor ist nochmals darauf hinzuweisen, dass man in einem Fall, in dem die Vertretungsmacht offensichtlich fehlt, dies für den Geschäftsgegner aber nicht so eindeutig ist, gedanklich zunächst prüfen sollte, ob das Vertretungsrecht nicht nach den Grundsätzen über die **Duldungs-** oder **Anscheinsvollmacht** anzuwenden ist.

1. Genehmigung des Vertragsschlusses durch den Vertretenen

374 Zum Handeln des Vertreters ohne Vertretungsmacht folgender Fall:

Übungsfall 24

Der S kauft im Namen der K, ohne von dieser dazu bevollmächtigt zu sein, im Geschäft des V einen hochwertigen Bluetooth-Lautsprecher. Die Lieferung soll in 14 Tagen erfolgen. Als S der K davon erzählt, erklärt K sich mit dem Geschäft einverstanden. Kurz darauf sieht K das gleiche Gerät wesentlich preisgünstiger in einem anderen Laden. Deshalb verweigert sie gegenüber V die Abnahme und Bezahlung des Geräts, da S keine Vollmacht gehabt habe. V verlangt Erfüllung des Vertrags durch K. Zu Recht?

375 ■ Welchen Anspruch macht V gegenüber K geltend?
▶ Den Anspruch auf Erfüllung des Kaufvertrags gem. § 433 II (Anspruch auf Kaufpreiszahlung).
■ Welche Voraussetzung muss dazu vorliegen?
▶ Es muss ein gültiger Kaufvertrag zwischen K und V zustande gekommen sein.

Da K und V nicht direkt miteinander verhandelt haben, ist zu prüfen, ob S als Vertreter die K wirksam verpflichten konnte.

■ Welche Voraussetzung muss gem. § 164 I 1 zunächst erfüllt sein?
▶ S müsste gegenüber V eine eigene Willenserklärung abgegeben haben.
■ Ist das geschehen?
▶ S hat aus eigenem Entschluss ein Kaufvertragsangebot abgegeben.
■ Welches ist die zweite Voraussetzung dafür, dass S als Vertreter der K handelte?
▶ S müsste eine Willenserklärung in fremdem Namen abgegeben haben, dh im Namen des Vertretenen.

Auch diese Voraussetzung ist erfüllt: S hat ausdrücklich „im Namen der K" gehandelt.

376 ■ Welche dritte Voraussetzung muss schließlich gegeben sein?
▶ Der Vertreter muss innerhalb der ihm zustehenden Vertretungsmacht gehandelt haben!
■ Ist dies der Fall?

▶ S war von K nicht zu dem Kauf bevollmächtigt. Somit sind die Voraussetzungen des § 164 I 1 mangels Vertretungsmacht des S nicht erfüllt, sodass die von S für K abgegebenen Willenserklärungen grundsätzlich nicht für diese wirken.

■ Welche Auswirkungen hat dies auf den Kaufvertrag K–V? (Überlegen Sie selbst!)

▶ Man könnte durchaus meinen, dass der Vertrag unwirksam ist. Dieser Gedanke ist auch grundsätzlich richtig.

Der Gesetzgeber gibt aber für den Fall, dass sich jemand anmaßt, für einen anderen unberechtigt als Vertreter aufzutreten, dem vermeintlich Vertretenen die **Möglichkeit**, das vom Vertreter ohne Vertretungsmacht geschlossene **Geschäft „an sich zu ziehen“**. Der Vertretene kann, wenn er von diesem Geschäft erfährt und es ihm günstig erscheint, das Geschäft noch genehmigen und die fehlende Vertretungsmacht heilen.

■ Suchen Sie selbst im Stellvertretungsrecht oder im Index unter „Vertreter (ohne Vertretungsmacht)“, aus welcher Vorschrift sich diese Rechtsfolge ergibt!

▶ Wenn Sie fündig geworden sind, haben Sie § 177 I gelesen! **377**

■ An welche Ihnen schon bekannte Vorschrift erinnert Sie seine Formulierung? (Überlegen Sie!)
Der Wortlaut dieser Vorschrift ist ähnlich wie der von § 177 I und die Rechtsfolge, die eintritt, ist die gleiche.

▶ Gemeint ist § 108 I (lesen!)!

Rechtsfolge des ohne Einwilligung[386] des gesetzlichen Vertreters geschlossenen Vertrags des beschränkt Geschäftsfähigen ist, dass der Vertrag bis zur Erteilung oder Verweigerung der Genehmigung (vgl. § 108 I) **„schwebend unwirksam“** ist. Dies gilt auch für den Vertragsschluss des Vertreters ohne Vertretungsmacht. Bis zur Erteilung oder Verweigerung der Genehmigung durch K, die sie sowohl gegenüber V als auch S aussprechen kann (vgl. § 182 I – lesen!), ist der Vertrag „schwebend unwirksam“ (§ 177 I).

Als K sich S gegenüber mit dem Geschäft einverstanden erklärte, hat sie somit den Vertrag genehmigt, sodass dieser gem. § 184 I von Anfang an wirksam wurde (§ 184 I nochmals lesen). V verlangt zu Recht Bezahlung und Abnahme des Bluetooth-Lautsprechers.

2. Haftung des Vertreters ohne Vertretungsmacht

Der in der Praxis häufigere Fall wird in der Regel sein, dass der Vertretene einen Vertrag, der in seinem Namen ohne Vertretungsmacht geschlossen wurde, nicht genehmigt, sondern die Genehmigung verweigert. In diesem Fall ist der Vertrag endgültig unwirksam. **378**

Das ist natürlich unter Umständen für den Vertragspartner (zB) eines Kaufvertrags sehr ärgerlich, wenn er im Vertrauen auf die Wirksamkeit der Vertretung und damit auf die Wirksamkeit des Vertrags andere Kaufinteressenten abgewiesen hat und nun sozusagen auf seiner Sache „sitzen bleiben“ müsste. Dieses Vertrauen hat der Gesetzgeber grundsätzlich als schutzwürdig angesehen und deshalb dem Vertragspartner für diesen Fall Ansprüche gegen den vollmachtlosen Vertreter gegeben.

a) Bewusstes Handeln ohne Vertretungsmacht

Diesen Fall regelt § 179 I, den Sie lesen müssen. **379**

386 Zur Wiederholung: Oberbegriff = Zustimmung (§§ 183 S. 1 und 184 I).

Aus der Formulierung, dass jemand unter bestimmten Voraussetzungen einem anderen zur Erfüllung oder zum Schadensersatz verpflichtet ist, ersehen Sie, dass § 179 I eine „Anspruchsgrundlage" ist. Wenn in Fall 24 die K den Vertragsschluss mit V durch S nicht genehmigt hätte, wären wir zu dem Ergebnis gekommen, dass V gegen K mangels gültigen Kaufvertrags keinen Anspruch auf Bezahlung gem. § 433 II hat.

In einem Gutachten hätte man dann fortfahren können:

„V könnte aber einen Anspruch auf Erfüllung des Kaufvertrags gegen S gem. § 179 I iVm § 433 II haben".

380 Wenn V in diesem Fall Erfüllung des Vertrags verlangt, kann er von S den Kaufpreis verlangen, und S muss den Bluetooth-Lautsprecher abnehmen. Verlangt V statt der Erfüllung Schadensersatz, dann haftet der Vertreter ohne Vertretungsmacht auf das **„Erfüllungsinteresse"** oder sog. **„positive Interesse"**.

■ Was bedeutet das?

▶ Das bedeutet zunächst: Der Vertrag wird nicht erfüllt! V liefert nicht und S muss weder die Kaufsache abnehmen noch den Kaufpreis zahlen. S muss aber im Rahmen der Schadensersatzleistung den V *so stellen*, wie dieser (wertmäßig) stehen würde, wenn *ordnungsgemäß erfüllt worden wäre!* Da V als Verkäufer an dem Bluetooth-Lautsprecher verdienen muss, wird der Kaufpreis höher sein als der reine Wert der Anlage. Hätte der Kaufpreis zB 300 EUR betragen, während der Wert der Anlage nur mit 250 EUR zu beziffern war, könnte V als Schadensersatz die Differenz von 50 EUR verlangen und den Bluetooth-Lautsprecher behalten.

b) Unbewusstes Handeln ohne Vertretungsmacht

381 Für die Haftung des Vertreters ohne Vertretungsmacht macht das Gesetz in § 179 II (lesen!) eine Einschränkung. Vereinfacht ausgedrückt bedeutet das: In dem Fall, dass er selbst den Mangel der Vertretungsmacht nicht kannte, haftet der Vertreter nur begrenzt, dh, er muss nur den **Vertrauensschaden** bzw. das sog. **„negative Interesse"** ersetzen (dazu gleich noch).

■ Können Sie sich einen Fall denken, in dem der Vertreter ohne Vertretungsmacht selbst nichts vom Fehlen der Vertretungsmacht weiß?

▶ Das kommt sicher nicht allzu oft vor. Denkbar ist folgender Fall:

Der beschränkt geschäftsfähige 17-jährige K gibt S, die ihn für volljährig hält, Vollmacht, für ihn ein Auto beim Autohaus V zu kaufen. V liefert daraufhin das Auto zum Haus von K. Die Eltern weisen auf die Nichtigkeit der Vollmachtserteilung nach § 111 hin.

Diese Dreiecksbeziehung machen wir uns mit folgender Skizze deutlich:

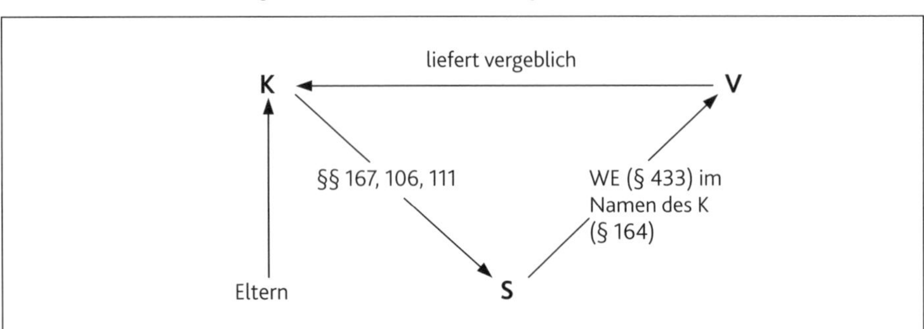

- ■ Wenn Sie § 111 (nochmals?) gelesen haben, können Sie die Antwort auf die Frage geben, ob der zwischen K und V geschlossene Vertrag wirksam ist!
- ▶ Der zwischen K und V geschlossene Vertrag ist unwirksam.
- ■ Muss S als Vertreterin ohne Vertretungsmacht gegenüber V (voll) haften?
- ▶ Nach § 179 II ist, da S den Mangel der Vertretungsmacht nicht gekannt hat, S nur zum Ersatz des Vertrauensschadens verpflichtet.
- ■ Was bedeutet Ersatz des Vertrauensschadens, des „negativen Interesses", nach § 179 II? (Kommt Ihnen vielleicht bekannt vor? Lesen Sie § 122 I, → Rn. 246)
- ▶ Das bedeutet, dass der Vertreter ohne Vertretungsmacht den Vertragspartner so stellen muss, wie dieser stehen würde, wenn er nicht von der Wirksamkeit des Vertrags ausgegangen wäre.

Mit anderen Worten: Der Vertreter muss dem anderen Teil den Schaden ersetzen, den dieser im Vertrauen auf das Zustandekommen des gescheiterten Vertrags erlitten hat.

- ■ Haben Sie eine Vorstellung, was das zB für ein Schaden sein könnte? (Überlegen Sie!)
- ▶ Möglich wäre, dass der Vertragspartner im Vertrauen auf das Zustandekommen des Vertrags irgendwelche Aufwendungen getätigt hat, zB musste er den Vertragsgegenstand erst zu sich transportieren lassen. In unserem Fall wären die Liefer- bzw. Transportkosten zu K und zurück als Vertrauensschaden zu ersetzen. Typischer Vertrauensschaden sind auch evtl. Fahrtkosten, die für die Fahrt zum Ort des Vertragsschlusses nötig waren (sog. vergebliche Aufwendungen).

c) Handeln ohne Vertretungsmacht bei Kenntnis des Vertragspartners

Schließlich regelt das Gesetz in § 179 noch den Fall, in dem der Vertreter trotz **382**
Fehlens der Vertretungsmacht dem Vertragspartner gar nicht haftet. Lesen Sie § 179 III 1!

- ■ Was ist wohl der Grund dafür, dass hier eine Haftung entfällt?
- ▶ Wenn der Vertragspartner vom Fehlen der Vertretungsmacht weiß, verdient er auch keinen Vertrauensschutz mehr!

Lesen Sie nun § 179 III 2!

- ■ Warum muss der beschränkt geschäftsfähige Vertreter ohne Vertretungsmacht, der ohne Zustimmung seines gesetzlichen Vertreters handelt, nicht haften?
- ▶ Weil der Gesetzgeber dem Minderjährigenschutz den Vorrang vor dem Vertrauensschutz gibt.

Am Beispiel der drei Absätze von § 179 können wir sehr gut erkennen, dass der Gesetzgeber das Vertrauensschutzprinzip sehr ernst nimmt und versucht, den Interessen der Beteiligten so gut wie möglich gerecht zu werden.

Nach § 180 (ganz lesen!) ist eine **Vertretung ohne Vertretungsmacht** bei einem **einseitigen Rechtsgeschäft** grundsätzlich **unzulässig**.

382a **Prüfungsschema**

Haftung des Vertreters ohne Vertretungsmacht gem. § 179

I. **Voraussetzungen:**
1. Vertreter hat in fremdem Namen ohne Vertretungsmacht gehandelt
2. Keine Genehmigung des Geschäftsherrn oder Fiktion der Verweigerung, § 177 II 2
3. Keine sonstigen Wirksamkeitshindernisse, wie zB §§ 125, 134, 138, 142 I
4. Kein Haftungsausschluss nach § 179 III

II. **Rechtsfolgen:**
Geschäftsgegner hat
- Wahlrecht: Erfüllung oder Schadensersatz („positives Erfüllungsinteresse"), falls Vertreter vom Fehlen seiner Vertretungsmacht weiß (§ 179 I)
- ggf. nur Anspruch auf Vertrauensschaden („negatives Interesse") (§ 179 II)

V. Insichgeschäft

383 Bei einem Insichgeschäft nach § 181 wirkt dieselbe Person auf beiden Seiten des Rechtsgeschäfts mit. Dies birgt die Gefahr eines Interessenkonflikts und damit die Schädigung eines Teils. Durch den Abschluss des Insichgeschäfts überschreitet der Vertreter seine Vertretungsmacht. Nach § 181 ist ein Insichgeschäft grundsätzlich **unzulässig.** Trotz des Wortlauts („kann nicht") ist das vorgenommene Geschäft allerdings nicht nichtig, sondern entsprechend § 177 I *schwebend unwirksam.*[387]

§ 181 nennt zwei Arten des Insichgeschäfts:

- **Selbstkontrahieren**

Beispiel:

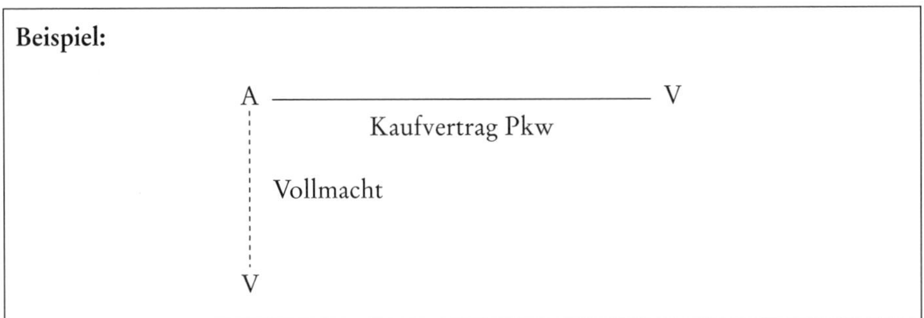

A erteilt V Vollmacht zur Veräußerung seines gebrauchten Pkw. Da V selbst ein gebrauchtes Fahrzeug sucht, setzt er einen Vertrag auf, nach dem das Fahrzeug von A an V verkauft wird. Er unterzeichnet die Vertragsurkunde zweimal: als Vertreter des Verkäufers A und als Käufer.

Der Vertrag ist schwebend unwirksam nach § 177 I. A kann den Kauf genehmigen. Dann wird der Kaufvertrag zwischen A und V von Anfang an wirksam, §§ 177 I, 184 I.

387 Grüneberg/Ellenberger § 181 Rn. 15 mwN.

- **Mehrvertretung**

Beispiel:

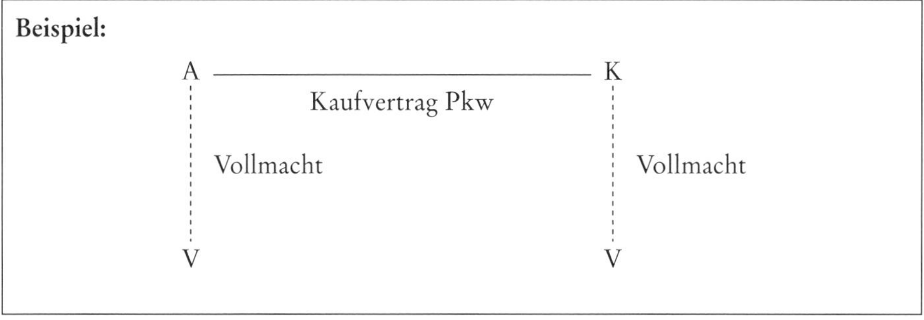

V wurde von A zum Verkauf und von K zum Kauf eines gebrauchten Fahrzeugs bevollmächtigt. Er schließt einen Vertrag und tritt dabei auf der Verkäuferseite als Vertreter des A und auf der Käuferseite als Vertreter des K auf. Zur Gültigkeit des Kaufvertrags ist eine Genehmigung von beiden Vertretenen, also A und K, erforderlich.

Das Gesetz regelt zwei **Ausnahmen**, bei deren Vorliegen das Insichgeschäft gültig ist:

Das Geschäft ist wirksam, wenn

- es dem Vertreter durch Rechtsgeschäft[388] (also aufgrund einer Vollmacht) oder durch das Gesetz gestattet war (zB § 1009 II, § 125 II HGB, § 78 IV AktG, § 10 III BBiG)

oder

- das Rechtsgeschäft in der Erfüllung einer Verbindlichkeit besteht (zB zahlt sich der vertretungsbefugte Angestellte A in Abwesenheit seines Chefs die ihm tatsächlich entstandenen Fahrtkosten aus der Firmenkasse aus).

Außerdem ist § 181 nicht einschlägig, wenn das Geschäft dem Vertretenen lediglich einen rechtlichen Vorteil bringt. Die Vorschrift wird in diesem Fall einschränkend ausgelegt. Denn eine Interessenkollision kann zu Lasten des Vertretenen nicht eintreten, wenn dieser aus dem Geschäft ausschließlich Vorteile zieht.[389] Das ist zB der Fall, wenn die Eltern ihrem minderjährigen Kind ein Wertpapierdepot schenken. Dieses Geschäft ist für den Vertretenen (= das Kind) vorteilhaft.[390]

§ 181, der unter den Vorschriften über die **rechtsgeschäftliche (gewillkürte) Vertretung** angesiedelt ist, **gilt gleichermaßen** auch für die **organschaftliche** und die **gesetzliche** Vertretung.[391]

Namentlich bei Letzterer durch die Eltern (§ 1629 II 1, welcher auf die Anwendung von § 1795, ab 1.1.2023 auf § 1824 verweist) oder durch den Vormund (§ 1795) kommt § 181, der gem. § 1795 II bzw. ab 1.1.2023 gem. § 1789 II S. 2 iVm § 1824 „unberührt“ bleibt (also anwendbar ist), besondere Bedeutung zu, wie schon das Beispiel der Schenkung eines Wertpapierdepots erahnen lässt.

388 ZB sehen viele GmbH-Verträge routinemäßig vor, dass der Geschäftsführer mit der Gesellschaft Verträge schließen darf und insoweit von den Beschränkungen des § 181 befreit ist.

389 Grüneberg/Ellenberger § 181 Rn. 9 mwN.

390 Beispiele in Anlehnung an Köhler BGB AT § 11 Rn. 64. Zum tlw. str. Anwendungsbereich von § 181 vgl. zB Petersen JURA 2007, 418; Brox/Walker BGB AT § 26 Rn. 11 ff.

391 HK-BGB/Dörner § 181 Rn. 3.

Für die Haftung im Stellvertretungsrecht gelten folgende Grundsätze, die wir uns an Übersicht 28 verdeutlichen wollen:

384 **Übersicht 28**

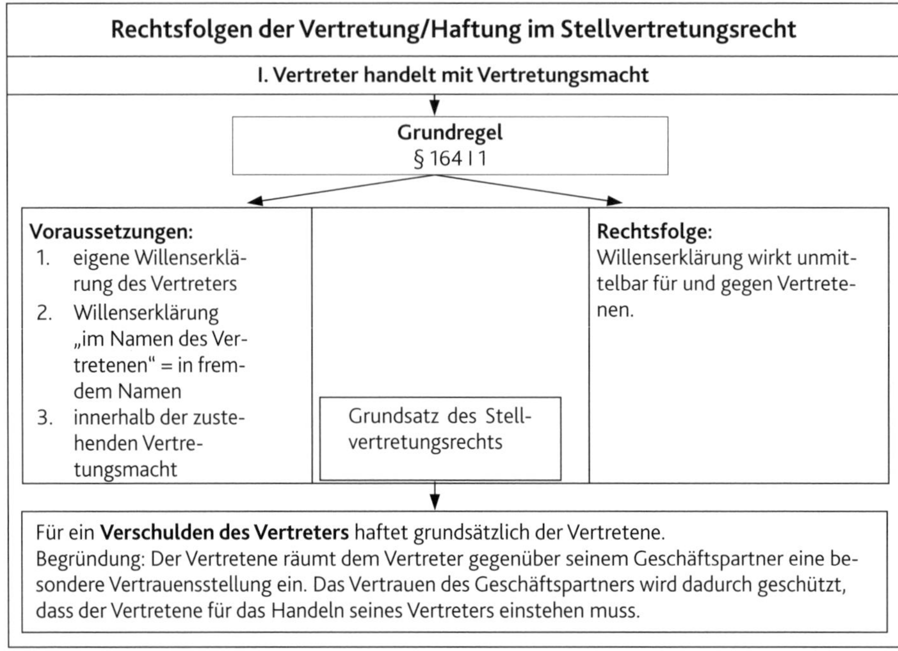

Übersicht 28 (Fortsetzung)  385

II. Vertreter handelt ohne Vertretungsmacht

Vertrag ist **schwebend unwirksam** (§ 177 I)

- Nach **Genehmigung:** Wirksamkeit
  - → Zurechnung der WE für Vertretenen
- **Keine Genehmigung:** Unwirksamkeit
  - → **Haftung** des **Vertreters**
    - ① **§ 179 I: Erfüllung** oder **Schadensersatz**
    - ② **§ 179 II: Vertrauensschaden** bei Nichtkenntnis des Vertreters
    - ③ **§ 179 III: Keine Haftung** bei
      - Bösgläubigkeit des Vertragspartners
      - beschränkter Geschäftsfähigkeit des Vertreters

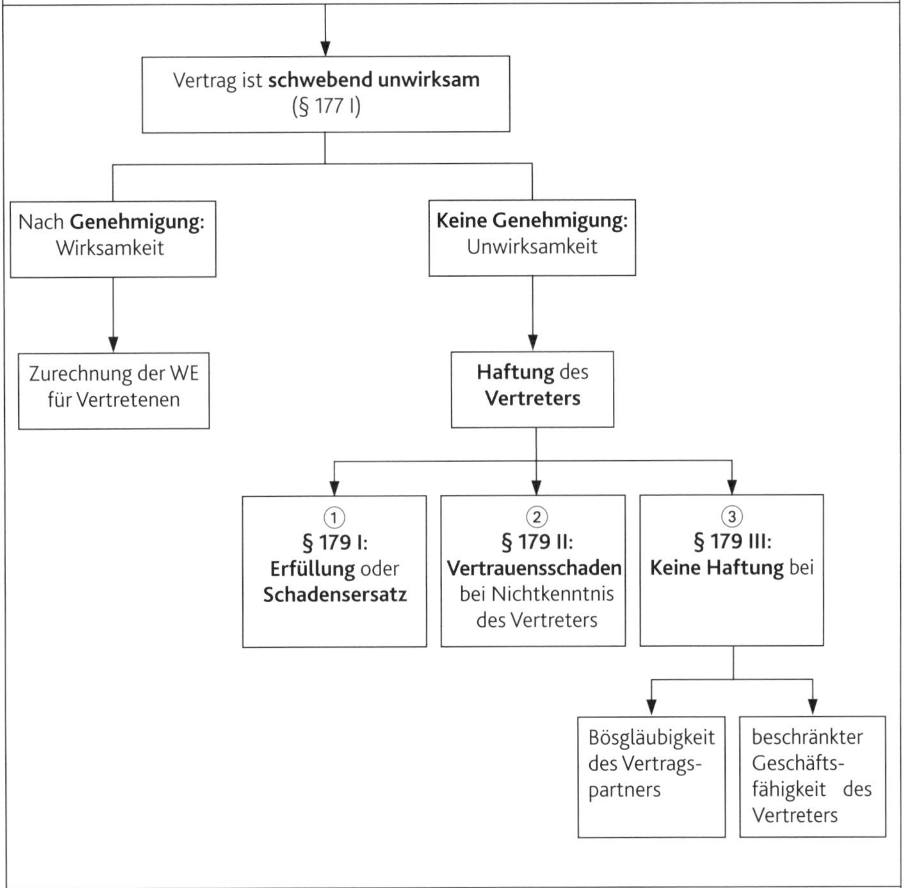

zu ①

§ 179 I

Voraussetzungen:		**Rechtsfolge:**
1. Vertreter schließt **bewusst** Vertrag ohne Vertretungsmacht und 2. Vertretener verweigert Genehmigung nach § 177	**Beispiel:** → Rn. 379 f.	• **Eigenhaftung** des Vertreters • Umfang der Haftung: **Erfüllung** des Vertrags oder **Schadensersatz** (**Erfüllungsinteresse** = positives Interesse)

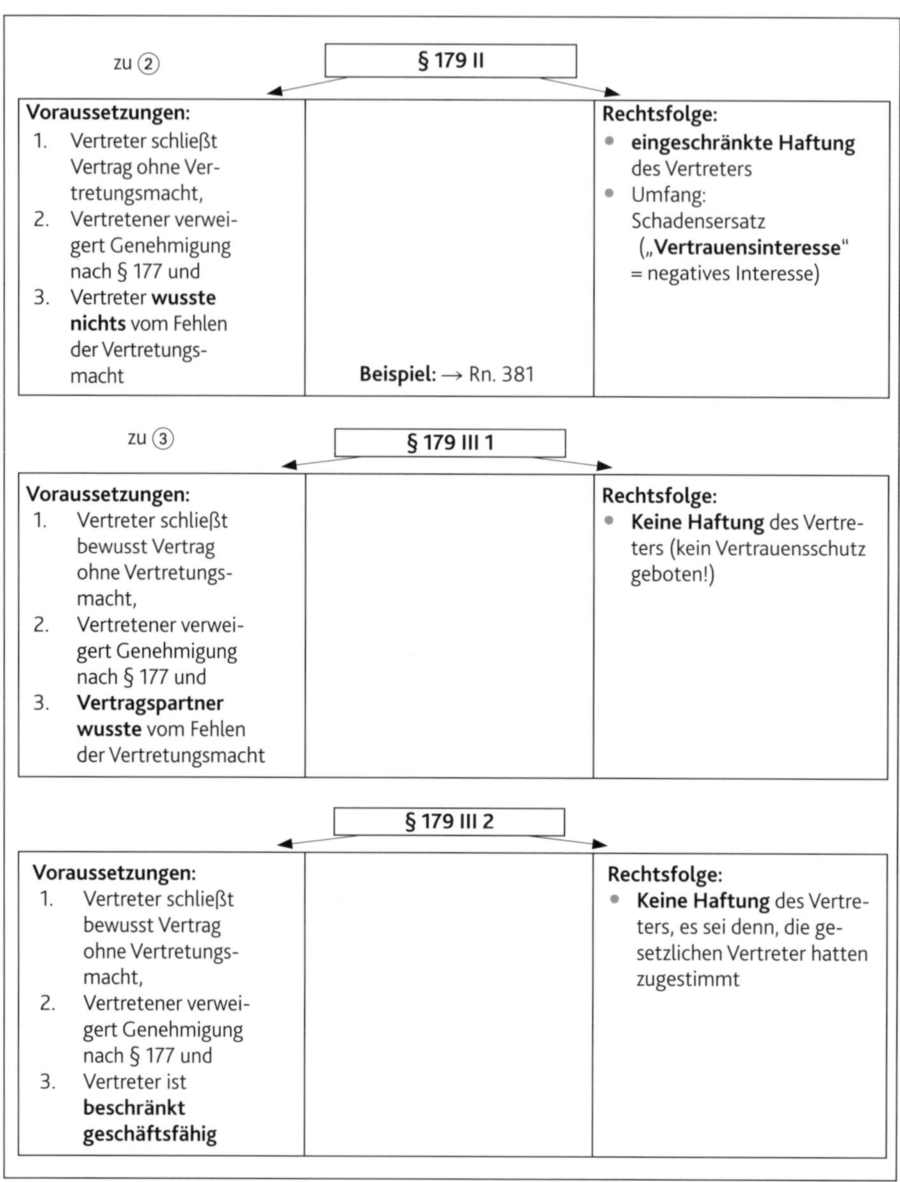
zu ②
§ 179 II
Voraussetzungen:
1. Vertreter schließt Vertrag ohne Vertretungsmacht,
2. Vertretener verweigert Genehmigung nach § 177 und
3. Vertreter wusste nichts vom Fehlen der Vertretungsmacht
Beispiel: → Rn. 381
Rechtsfolge:
• eingeschränkte Haftung des Vertreters
• Umfang: Schadensersatz („Vertrauensinteresse“ = negatives Interesse)
zu ③
§ 179 III 1
Voraussetzungen:
1. Vertreter schließt bewusst Vertrag ohne Vertretungsmacht,
2. Vertretener verweigert Genehmigung nach § 177 und
3. Vertragspartner wusste vom Fehlen der Vertretungsmacht
Rechtsfolge:
• Keine Haftung des Vertreters (kein Vertrauensschutz geboten!)
§ 179 III 2
Voraussetzungen:
1. Vertreter schließt bewusst Vertrag ohne Vertretungsmacht,
2. Vertretener verweigert Genehmigung nach § 177 und
3. Vertreter ist beschränkt geschäftsfähig
Rechtsfolge:
• Keine Haftung des Vertreters, es sei denn, die gesetzlichen Vertreter hatten zugestimmt

VI. Eigenhaftung des Vertreters mit Vertretungsmacht als Dritter iSv § 311 III

Bei wirksamer Stellvertretung haftet an sich allein der Vertretene, der auch für Pflichtverletzungen des Vertreters nach § 278 einstehen muss. Die Haftung des Stellvertreters, als Ausnahme von der grundsätzlichen Haftung des Vertretenen, ist in § 179 geregelt und greift nur bei fehlender Vertretungsmacht. Fälle, in denen der **Vertreter** zwar **mit Vertretungsmacht** handelt, aber **trotzdem persönlich** für einen Schaden des Vertragspartners **haften** muss, sind über § 311 III zu lösen. Diese Norm betrifft nicht nur Stellvertreter, sondern jeden „Dritten", der nicht selbst Vertragspartei werden soll, aber in besonderem Maße Vertrauen für sich in Anspruch nimmt und dadurch die Vertragsverhandlungen oder den Vertragsschluss erheblich beeinflusst. 386

Diese „**Eigenhaftung** des Vertreters" mit Vertretungsmacht als Dritter zwischen dem Vertretenen und dessen Vertragspartner verdeutlichen die beiden folgenden Fälle.

1. Besondere Vertrauensinanspruchnahme durch Dritte

Übungsfall 25 387

„Der missglückte Gebrauchtwagenkauf"

V möchte seinen gut gepflegten alten BMW für 2.000 EUR verkaufen. Er bittet seinen Freund D, der eine Kfz-Werkstatt hat und mit Gebrauchtwagen handelt, dies für ihn zu tun. V hatte den Wagen damals selbst gebraucht gekauft und sagte dem D, seines Wissens sei das Auto unfallfrei. K ist an dem Kauf des BMW interessiert. Als sie den D nach der Unfallfreiheit fragt, gibt dieser die Auskunft des V an K weiter, ohne sich selbst den Wagen überhaupt näher angesehen zu haben. Auf Verlangen des K fügt D auf dem Kaufvertragsformular, aus dem hervorgeht, dass D den Wagen „im Namen des V" verkauft, den Zusatz „werkstattgeprüft und unfallfrei", „Unterschrift D" hinzu. K bezahlt die 2.000 EUR und nimmt das Auto mit. Kurze Zeit später „baut" sie einen Unfall mit Totalschaden. Die Untersuchung ergibt, dass der Wagen einen Rahmenriss hatte, der aus einem früheren Unfall herrührt und der für den neuen Unfall ursächlich war. K verlangt 2.000 EUR Schadenersatz von V, der jedoch nicht zahlen kann.

K verlangt daraufhin die 2.000 EUR von D, weil dieser ihr die Unfallfreiheit schriftlich zugesichert habe. Zu Recht?

Da es sich um einen Beispielsfall für die Eigenhaftung des Vertreters mit Vertretungsmacht handelt, wissen Sie die Antwort auf die Fallfrage natürlich schon! Wir wollen uns indessen nicht mit einem kurzen „Ja" als Antwort begnügen, sondern die Gründe kennenlernen, die eine Eigenhaftung des Vertreters anstelle der grundsätzlich vorgesehenen Haftung des Vertretenen rechtfertigen.

- ■ Welches war der Grund des Gesetzgebers, gem. § 164 I 1 dem Vertretenen Willenserklärungen des Vertreters zuzurechnen bzw. ihn gegebenenfalls gem. § 278 für ein Verschulden seines Erfüllungsgehilfen haften zu lassen? 388
- ▶ Der Vertrauensschutz! Das heißt: Schutzwürdig ist das Vertrauen der Vertragspartnerin, welches sie trotz Kontaktes mit dem Vertreter in erster Linie ihrem Vertragspartner entgegengebracht hat.
- ■ Hat K ihrem Vertragspartner, dem Verkäufer V, ein derartiges Vertrauen bezüglich der Unfallfreiheit des BMW entgegengebracht?
- ▶ K hat den V nicht einmal gekannt! Obwohl sie wusste, dass D das Auto im Namen des V verkaufte, hat sie sich die Unfallfreiheit ausdrücklich schriftlich von D bestätigen lassen! Versetzen Sie sich einmal in die Lage der K: Sie kommen zu

einem Gebrauchtwagenhändler und Kfz-Werkstattbesitzer, weil Sie sich für einen der auf seinem Hof ausgestellten Gebrauchtwagen interessieren. Auch Sie fragen den Gebrauchtwagenhändler, der Ihnen sagt, dass er das Auto in fremdem Namen verkaufe, nach der Unfallfreiheit.

■ Was erwarten Sie, wenn Ihnen der Gebrauchtwagenhändler die Unfallfreiheit nach Werkstattprüfung ausdrücklich und schriftlich zusichert und diese Zusicherung mit seiner Unterschrift versieht?

▶ Dass der Wagen auch wirklich unfallfrei ist!

■ Wie kann ein Gebrauchtwagenhändler und Kfz-Werkstattbesitzer die Unfallfreiheit feststellen? Worauf richtet sich Ihr Vertrauen?

▶ Sie vertrauen normalerweise darauf, dass er sich vorher von der Unfallfreiheit überzeugt hat! Schließlich hat er als Fachmann die Möglichkeiten und Kenntnisse, das Auto gründlich zu untersuchen. Er kann es zB in seiner Werkstatt aufbocken und vorhandene Fehler besser erkennen als Sie und jeder andere Laie.

D hat in unserem Fall jedoch nichts von alledem getan, sondern die Unfallfreiheit nur auf die Auskunft des V hin und ohne die ebenfalls ausdrücklich im Vertrag genannte Werkstattüberprüfung durch seine Unterschrift bestätigt.

389 ■ Wie würden Sie dieses Verhalten des D rechtlich charakterisieren? Welche Pflicht hat der Gebrauchtwagenhändler D verletzt?

▶ D hat eine Sorgfaltspflicht verletzt; denn zu den Sorgfaltspflichten eines Kfz-Händlers gehört es, ein Auto, dessen Unfallfreiheit er zusichert, vorher daraufhin zu untersuchen. Dabei spielt es keine Rolle, ob er das Auto in eigenem oder in fremdem Namen verkauft!

■ In welchem Stadium befanden sich übrigens die Vertragsverhandlungen, als D der K die Unfallfreiheit zusicherte? War der Vertrag schon geschlossen?

▶ Nein! Über den Vertragsschluss wurde noch verhandelt. D sicherte der K die Unfallfreiheit, ohne seiner Untersuchungspflicht nachgekommen zu sein, vor Vertragsschluss zu. Somit stellt die **Pflichtverletzung des Vertreters** D ein sog. „Verschulden bei/vor Vertragsschluss“[392] dar.

■ Wer haftet nach dem Grundsatz des Stellvertretungsrechts normalerweise für ein Verschulden im Zusammenhang mit einem Vertragsschluss durch den Vertreter?

▶ Der Vertretene (vgl. § 164)!

390 Dennoch muss in unserem Fall der Gebrauchtwagenhändler D nach den von der Rechtsprechung entwickelten[393] und seit 1.1.2002 im BGB normierten Grundsätzen ausnahmsweise auch selbst haften.

■ Was könnte wohl der Grund dafür sein? Wem hat K ihr Vertrauen auf die Unfallfreiheit entgegengebracht?

▶ K hat ein „besonderes, persönliches Vertrauen“ nicht ihrem Vertragspartner V, sondern dem als Vertreter handelnden Gebrauchtwagenhändler D entgegengebracht. (Sind Sie auch dieser Meinung?)

392 Zur Haftung für „Verschulden beim Vertragsschluss“ (lat. „culpa in contrahendo“) nach § 311 II vgl. Wörlen/Metzler-Müller SchuldR AT Rn. 359 ff.

393 Nachw. bei MüKoBGB/Emmerich § 311 Rn. 207 f., 214 f.; Grüneberg/Grüneberg § 311 Rn. 60.

§ 311 II iVm III und § 241 II sind für den vorliegenden Fall relevant. Deshalb sollen Sie die genannten Vorschriften des allgemeinen Schuldrechts schon jetzt kennenlernen.[394] Lesen Sie zunächst § 241 II. 391

Diese Vorschrift setzt ein **bestehendes Schuldverhältnis** voraus, aus dem sog. Schutz-, Sorgfalts- und Rücksichtnahmepflichten entstehen können. Begeht nun der **Schuldner** eine **Pflichtverletzung**, so ist er gem. § 280 I (lesen!) dem Gläubiger grundsätzlich zum Schadensersatz verpflichtet. Die Pflichten, die gem. § 241 II bei einem bereits bestehenden Schuldverhältnis existieren, können aber auch schon vor Zustandekommen eines Schuldverhältnisses entstehen. Dies ist in § 311 II (lesen!) bestimmt. Pflichten aus § 241 II können daher bereits bei der Aufnahme von Vertragsverhandlungen, bei der Anbahnung eines Vertrags oder bei ähnlichen geschäftlichen Kontakten entstehen.

- ■ Zwischenfrage: Wer ist, allgemein ausgedrückt, Beteiligter eines „Schuldverhältnisses"? 392
- ▶ Gläubiger und Schuldner, also zwei Parteien. Somit gilt auch § 311 II nur für das Verhältnis zwischen zwei Vertragsparteien.
- ■ Was aber gilt, wenn sich ein Dritter sozusagen in dieses vorvertragliche Schuldverhältnis „einmischt"?
- ▶ Diesen Fall regelt § 311 III. Lesen Sie Satz 1 und insbesondere Satz 2 genau! 393
- ■ Woran erinnert das, was dort beschrieben bzw. geregelt ist?
- ▶ Hoffentlich(!) an unseren Übungsfall 25!
- ■ Die Person, die nach § 311 III 1 „nicht selbst Partei werden soll" entspricht in § 311 III 2 – ja, welcher Person?
- ▶ Das ist „der Dritte".
- ■ Wer ist dieser Dritte in unserem Fall?
- ▶ Es ist weder der Vertragspartner V noch die Vertragspartnerin K, sondern D.

Die Skizze verdeutlicht diese Dreiecksbeziehung:

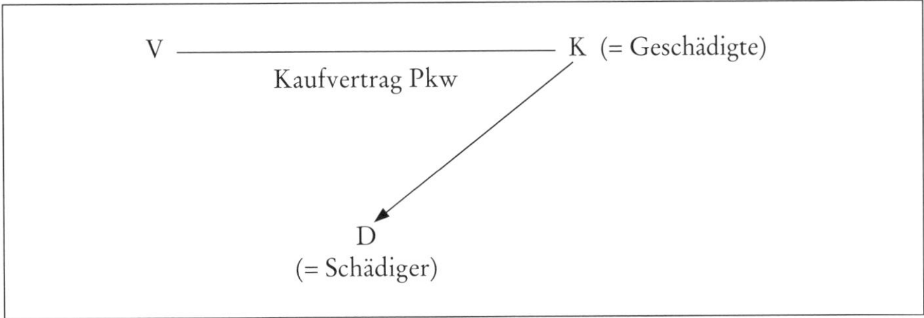

D als „Dritter", der nicht selbst Vertragspartner sein soll, wird also – gleichgültig, ob als „Vertreter" oder in anderer Eigenschaft – unter den Voraussetzungen von § 311 III Beteiligter eines (vorvertraglichen) Schuldverhältnisses iSv § 311 II mit den Pflichten aus § 241 II. Diese Pflichten hat er auch gegenüber Personen, die nicht (seine) Vertragspartei werden sollen, also auch gegenüber K, die ja Vertragspartei von V werden soll.

394 Und ggf. bei Wörlen/Metzler-Müller SchuldR AT Rn. 359 ff. vertiefen.

Wenn Sie diesem Gedankengang folgen konnten und alle zitierten Vorschriften gelesen und durchdacht haben, sollten Sie die folgende Frage beantworten können:

394 ■ Was könnte die Folge davon sein, wenn D eine ihm aus § 241 II auferlegte Pflicht gegenüber K (schuldhaft) verletzt, also eine Pflichtverletzung begeht, aus der der K ein Schaden entsteht? Konkreter: Aus welcher Anspruchsgrundlage könnte K gegen D einen Anspruch auf Schadensersatz herleiten?

▶ Damit Ihr Blick nicht sofort auf die §§-Zahlen fällt, decken Sie bitte die folgenden Zeilen zunächst mit einem Blatt Papier ab. Denken Sie nach und notieren Sie sich die einschlägigen §§ , bevor Sie die Lösung lesen.

In welcher Reihenfolge Sie sich die §§ notiert haben, ist nicht so wichtig. Hauptsache, Sie haben sie gefunden. Im „HK-BGB" von *Schulze* und anderen (vgl. Literaturverzeichnis) sind unter Randnummer 13 zu § 311 vier Vorschriften genannt: „§§ 311 II und III, 241 II, 280".

Als Anspruchsgrundlage könnten wir sie wie folgt ordnen und formulieren: „K könnte gegen D einen Anspruch auf Schadensersatz in Höhe von 2.000 EUR gem. § 280 I iVm §§ 241 II, 311 II und III haben".

Da wir kein Gutachten anfertigen wollen, folgt die Lösung mehr oder minder im Urteilsstil:

395 § 280 I setzt ein (bestehendes) Schuldverhältnis und eine vom Schuldner zu vertretende Pflichtverletzung voraus. Ein Schuldverhältnis kann nach § 241 II auch bestimmte Rücksichtnahme- und ähnliche Schutz- und Sorgfaltspflichten begründen. Gemäß § 311 II kann ein Schuldverhältnis mit den Pflichten aus § 241 II auch ein vorvertragliches sein. Und ein solches Schuldverhältnis kann sich gem. § 311 III 1 auch zwischen Personen, die nicht selbst Vertragsparteien werden sollen, und Dritten ergeben (gem. § 311 III 2) – vor allem dann bzw. „insbesondere, wenn der Dritte in besonderem Maße Vertrauen für sich in Anspruch nimmt und dadurch die Vertragsverhandlungen oder den Vertragsschluss erheblich beeinflusst".

396 Mit dieser Formulierung hat der Gesetzgeber all das, was früher von Rechtsprechung und Lehre zur Haftung Dritter aus „culpa in contrahendo" (c. i. c.)[395] entwickelt wurde, zum 1.1.2002 ins BGB aufgenommen, wobei ihm die **„besondere Vertrauensinanspruchnahme" durch** den **Dritten**[396] offenbar am wichtigsten erschien, um die Haftung des Dritten zu begründen. Durch das Wort „insbesondere" hat der Gesetzgeber aber nicht ausgeschlossen, dass außer der „besonderen Vertrauensinanspruchnahme" auch andere Kriterien zur Haftung des Dritten aus § 311 II und III führen können.[397]

397 Bevor wir zu einem solchen anderen Kriterium kommen, können wir als Ergebnis der Falllösung festhalten:

In der Person des D liegen alle unter → Rn. 391 ff. genannten Voraussetzungen vor, namentlich eine schuldhafte Sorgfaltspflichtverletzung iSv § 241 II, indem D der K

395 Mehr zu dieser Haftung für **„Verschulden beim Vertragsschluss"** (lat. „culpa in contrahendo") nach § 311 II bei Wörlen/Metzler-Müller SchuldR AT Rn. 359 ff.

396 Die Rspr nimmt eine **Sachwalterhaftung** an, s. BeckOK BGB/Schäfer § 164 Rn. 40 mwN; MüKoBGB/Emmerich § 311 Rn. 212 ff., 215.

397 Vgl. HK-BGB/Fries/Schulze § 311 Rn. 19; Grüneberg/Grüneberg § 311 Rn. 60 ff.

die Werkstattprüfung und Unfallfreiheit des Autos zusicherte. Der Anspruch der K gegen D aus § 280 I iVm §§ 241 II, 311 II und III ist daher begründet.

2. Besonderes wirtschaftliches Eigeninteresse von Dritten

Übungsfall 26 „Der gierige Versicherungsvertreter" 398

D ist freier Mitarbeiter auf Provisionsbasis bei der Argus-Krankenversicherung (A). Die A bietet ihm an, ihn gegen ein zusätzliches festes Grundgehalt als Leiter ihrer Bezirksabteilung einzustellen, wenn er bis zum 31.12. noch 100 Versicherungsabschlüsse vermitteln könnte. Kurz vor Büroschluss am 31.12. hat D erst 99 Verträge vermittelt, als B ihn aufsucht und um die Vermittlung einer Krankenversicherung bittet. B erklärt wahrheitsgemäß, dass er früher an Magengeschwüren gelitten habe, jetzt aber beschwerdefrei sei. Wider besseres Wissen erklärt D, dann brauche B die frühere Krankheit auch nicht in das Antragsformular der A mit aufnehmen. Daraufhin unterschreibt B den Antrag und bekommt einige Zeit später den Versicherungsschein der A als Bestätigung des Vertragsschlusses. D wird Bezirksleiter der A. Kurze Zeit danach muss B für zwei Wochen ins Krankenhaus, wo ihm ein Magengeschwür wegoperiert wird. Als er seine Arzt- und Krankenhausrechnung iHv 4.900 EUR bei A zur Erstattung einreicht, verweigert diese den Versicherungsschutz unter Hinweis auf § 19 Versicherungsvertragsgesetz (VVG),[398] weil B die frühere Krankheit nicht angegeben hat, und tritt vom Vertrag wirksam zurück. B verlangt daraufhin von D die 4.900 EUR als Schadensersatz, weil dieser ihn bei Vertragsschluss zu falschen Angaben verleitet habe. Zu Recht?

Da der Sachverhalt ausdrücklich sagt, dass das Versicherungsunternehmen gem. § 19 VVG wirksam vom Vertrag zurückgetreten ist, können wir sogleich die Frage prüfen, warum der Versicherungsvertreter D selbst haften muss.

- ■ Liegt die Ausnahme der „besonderen persönlichen Vertrauensinanspruchnahme" vor? (Überlegen Sie selbst!)
- ▶ Dieser Fall weist eine andere Konstellation als der vorherige Fall auf: Der Versicherungsvertreter D nimmt zwar durchaus eine gewisse Vertrauensstellung ein. Anders als der Gebrauchtwagenhändler, dem der Käufer regelmäßig als Fachmann das größere Vertrauen entgegenbringt, nimmt grundsätzlich das Versicherungsunternehmen selbst, sozusagen „über den Versicherungsvertreter", das Vertrauen des Versicherungsnehmers in Anspruch.

Dies wird klarer, wenn man die Situation einmal sehr unjuristisch mit Begriffen aus 399
der „Sportbranche" betrachtet:

In Fall 25 wird ein „Amateur", der Verkäufer V, von einem „Profi", dem Gebrauchtwagenhändler D, gegenüber einem anderen „Amateur", der Käuferin K vertreten …

- ■ Wem brachte V mehr Vertrauen entgegen?
- ▶ Selbstverständlich dem „Profi", dem Gebrauchtwagenhändler D.

398 Versicherungsvertragsgesetz (VVG) § 19 Anzeigepflicht
(1) Der Versicherungsnehmer hat bis zur Abgabe seiner Vertragserklärung die ihm bekannten Gefahrenumstände, die für den Entschluss des Versicherers, den Vertrag mit dem vereinbarten Inhalt zu schließen, erheblich sind und nach denen der Versicherer in Textform gefragt hat, dem Versicherer anzuzeigen. Stellt der Versicherer nach der Vertragserklärung des Versicherungsnehmers, aber vor Vertragsannahme Fragen im Sinn des Satzes 1, ist der Versicherungsnehmer auch insoweit zur Anzeige verpflichtet.
(2) Verletzt der Versicherungsnehmer seine Anzeigepflicht nach Absatz 1, kann der Versicherer vom Vertrag zurücktreten.
(3) …

In Fall 26 lässt sich nun ein „großer Profi", das Versicherungsunternehmen A, von einem „kleinen Profi", dem Versicherungsvertreter D, gegenüber einem „Amateur", dem Versicherungsnehmer B, vertreten.

- ■ Wem gilt das Vertrauen des „Amateurs" B wohl in erster Linie?
- ▶ Der Versicherungsnehmer vertraut vor allem dem „großen Profi", also dem Versicherungsunternehmen, seinem Vertragspartner! Von ihm erwartet er den Versicherungsschutz! Nicht der Versicherungsvertreter hat letztlich die Kenntnisse und die Befugnis zu entscheiden, ob und dass tatsächlich auch der Versicherungsschutz gewährt wird, sondern grundsätzlich nur das Versicherungsunternehmen! In unserem Fall hat auch D, wie wir festgestellt haben, zweifellos ein gewisses Vertrauen des Versicherungsnehmers B in Anspruch genommen. Dieses Vertrauen ist aber nicht mit dem besonders hohen persönlichen Vertrauen vergleichbar, das der Gebrauchtwagenhändler D gegenüber K in Fall 25 in Anspruch genommen hat. Es muss daher noch einen anderen Tatbestand geben, der ausnahmsweise eine Eigenhaftung des Versicherungsvertreters mit Vertretungsmacht eintreten lässt.

400 Fraglich ist, ob auch „wirtschaftliches Eigeninteresse" des Dritten zu den Voraussetzungen für ein Schuldverhältnis nach § 311 III gehört. Die Antwort wurde in → Rn. 396 bereits gegeben: Durch das Wort „insbesondere" in § 311 III 2 wollte der Gesetzgeber das „wirtschaftliche Eigeninteresse" und andere Fallgruppen, die früher von Rechtsprechung und Lehre entwickelt wurden, als Haftungsvoraussetzung nicht ausschließen.[399]

401 ■ Hat D in unserem Fall ein solches **eigenes wirtschaftliches Interesse**? Worin könnte es liegen? Provision?

- ▶ Dieser Gedanke liegt nahe; man wird kaum bestreiten können, dass die Einnahme von Provisionen für den Versicherungsvertreter ein (allgemeines) wirtschaftliches Interesse darstellt. Und persönlichen Nutzen hat D durch die Provisionszahlung sicher auch!

Dieses allgemeine Interesse des Versicherungsvertreters an der Provisionszahlung lässt die Rechtsprechung aber als Haftungsgrund nicht ausreichen.[400]

- ■ Warum wohl nicht? Was hätte das generell für Konsequenzen? (Überlegen Sie!)
- ▶ Wenn allein die Provisionszahlung als wirtschaftliches Interesse für eine Eigenhaftung ausreichen würde, müsste ja jeder Versicherungsvertreter immer für jeden Fehler haften!
  Die Eigenhaftung des Vertreters wäre nicht die Ausnahme, sondern die Regel!
  Deshalb wird ein *besonderes* **wirtschaftliches Interesse** gerade an diesem Vertrag gefordert! Das besondere wirtschaftliche Interesse und der persönliche Nutzen des Versicherungsvertreters müssen also über das allgemeine wirtschaftliche Interesse an der Provisionszahlung hinausgehen!
  Der Vertreter muss, so die Rechtsprechung, dem Vertrag so nahestehen, als ob er, wirtschaftlich betrachtet, gleichsam in eigener Sache verhandele („Tätigkeit in gleichsam eigener Sache").[401]

399 HK-BGB/Fries/Schulze § 311 Rn. 19.
400 S. MüKoBGB/Schubert § 164 Rn. 256 mwN.
401 S. BeckOK BGB/Schäfer § 164 Rn 40 m. Nachw. zur Rspr.

- Liegen diese Voraussetzungen bei D vor?
- ▶ D brauchte den hundertsten Vertrag für seine Bezirksleiteranstellung! Deshalb forcierte er das Verschweigen der früheren Krankheit des B.
- Was hätte zB passieren können, wenn die Krankheit in das Antragsformular aufgenommen worden wäre?
- ▶ A hätte möglicherweise den Vertrag mit B gar nicht geschlossen oder eine höhere Prämie verlangt, um das höhere Risiko abzudecken. Die höhere Prämie wiederum hätte den B vom Vertragsschluss abhalten können.
  D hat den B **bewusst zu falschen Angaben verleitet**, weil er ein ganz besonderes wirtschaftliches Interesse an diesem Vertrag hatte und einen persönlichen Nutzen aus dem Geschäft anstrebte!
- Welche Rechtsfolge tritt deshalb wieder ein?
- ▶ B hat gegen D einen Schadensersatzanspruch gem. § 280 I iVm §§ 241 II, 311 II **402**
  und III.
- Welchen Umfang hat der Schadenersatz?
- ▶ D muss den B gem. § 249 I so stellen, wie dieser stehen würde, wenn er nicht auf das ordnungsgemäße Zustandekommen des Vertrags mit A vertraut hätte: Hätte B auf das ordnungsgemäße Zustandekommen des Vertrags nicht vertraut, hätte er die Krankheit angegeben und gegebenenfalls den Vertrag zu anderen Konditionen abgeschlossen oder aber gar nicht, sondern bei einem anderen Versicherungsunternehmer, sodass ihm die 4.900 EUR jedenfalls erstattet worden wären. Diese 4.900 EUR muss D daher an B als Schadensersatz leisten.

403

Prüfungsschema

Eigenhaftung des Vertreters mit Vertretungsmacht gem. § 280 I iVm §§ 241 II, 311 II und III

(Vertreter ist Dritter iSv § 311 III)

I. Voraussetzungen:

1. Vorvertragliches Schuldverhältnis iSv § 311 II
   Dritter ist nicht Vertragspartner (§ 311 III 1), hat aber
   - persönliches Vertrauen für sich in Anspruch genommen und dadurch die Vertragsverhandlungen oder den Vertragsschluss erheblich beeinflusst (§ 311 III 2)
     oder
   - am Vertragsschluss eigenes wirtschaftliches Interesse
2. Pflichtverletzung des Dritten, § 241 II
3. Vertretenmüssen, § 280 I 2 iVm § 276 I
4. Schaden beim Vertragspartner

II. Rechtsfolge:
Schadensersatz (Umfang: § 249 I)

Literatur zur Vertiefung (→ Rn. 349–403): Alpmann Schmidt BGB AT 1, 3. Teil (Vertretung, 164 ff.); Bartels, Die Bestimmung der Vertragssubjekte und der Offenheitsgrundsatz des Stellvertretungsrechts, JURA 2015, 438; Beck, Die Stellvertretung bei Namensähnlichkeit, JURA 2021, 276; Bien/Heim/Jocham, Das Stellvertretungsrecht im Zeitalter von WhatsApp, JURA 2019, 193; Bitter/Röder

BGB AT § 10; Boss, § 179 III S. 2 Hs. 2 BGB und der zu schützende Minderjährige, JURA 2022, 10; Brox/Walker BGB AT §§ 23–27; Chiusi, Geschäftsfähigkeit im Recht der Stellvertretung, JURA 2005, 532; Führich WirtschaftsPrivatR Rn. 223 ff. (Stellvertretung); Hauck, Handeln unter fremdem Namen, JuS 2011, 967; Herberger, Anfängerklausur – Zivilrecht: BGB AT – Elektroauto gegen Bitcoins? JuS 2022, 326; Himmen, Der stellvertretungsrechtliche Abstraktionsgrundsatz, JURA 2016, 1345; Jahani, Der Umfang des Schadensersatzanspruches gegen die Vertreterin ohne Vertretungsmacht nach § 179 BGB, JURA 2022, 655; Jauß, Mängel des Zuordnungswillens beim (vermeintlichen) Stellvertreter, JURA 2020, 199; Joussen, Abgabe und Zugang von Willenserklärungen unter Einschaltung einer Hilfsperson, JURA 2003, 577; Kallwass/Abels/Müller-Michaels PrivatR § 28; Kleinhenz, Der Widerruf der Vollmacht gegenüber dem beschränkt Geschäftsfähigen, JURA 2007, 810; Klunzinger BürgerlR §§ 18–20; Köhler BGB AT § 11; Lieder, Missbrauch der Vertretungsmacht und Kollusion, JuS 2014, 681; Lieder, Trennung und Abstraktion im Recht der Stellvertretung, JuS 2014, 393; Linke, Vertrauensschutz im Zivilrecht, JURA 2022, 787; Lorenz, Grundwissen Zivilrecht: die Vollmacht, JuS 2010, 771; Lorenz, Grundwissen Zivilrecht: Stellvertretung, JuS 2010, 382; Medicus/Petersen BürgerlR § 5; Metzing, Das Erlöschen von rechtsgeschäftlicher Vertretungsmacht und Rechtsscheinsvollmacht, JA 2018, 413; Metzler-Müller/Füglein Privatrechtsfall Fall 1, S. 51 ff.; Musielak, Referendarexamensklausur – Bürgerliches Recht: Probleme der Rechtsscheinhaftung, JuS 2004, 1081; Neuner BGB AT §§ 49–51; Paulus, Stellvertretung und unternehmensbezogenes Geschäft, JuS 2017, 301, 399; Payrhuber, Die Genehmigungsfähigkeit von ohne Vertretungsmacht erklärten Kündigungen, JuS 2018, 222; Petersen, Bestand und Umfang der Vertretungsmacht, JURA 2003, 310; Petersen, Das Offenkundigkeitsprinzip, JURA 2009, 734; Petersen, Der Dritte in der Rechtsgeschäftslehre, JURA 2004, 306; Petersen, Der gesetzliche Vertreter, JURA 2017, 907; Petersen, Die Abstraktheit der Vollmacht, JURA 2004, 829; Petersen, Die Haftung bei der Untervollmacht, JURA 1999, 401; Petersen, Die Wissenszurechnung, JURA 2008, 914 (betr. § 166); Petersen, Insichgeschäfte, JURA 2007, 418; Petersen, Unmittelbare und mittelbare Stellvertretung, JURA 2003, 744; Petersen, Vertretung ohne Vertretungsmacht, JURA 2010, 904; Pioch, „Der minderjährige Stellvertreter", JA 2018, 815; Prütting/Schirrmacher, Vertragsnahe gesetzliche Schuldverhältnisse: § 179 BGB, JURA 2016, 1156; Schade/Graewe WirtschaftsPrivatR § 8; Schmitz/Schettl, „Vollmachtsphantasien", JA 2021, 100; Schwab, Wissenszurechnung in arbeitsteiligen Organisationen, JuS 2017, 481; Seifert/Leipold, Anfängerklausur – BGB AT – Vertretergeschäfte unter Minderjährigen, JuS 2021, 43; Stadler BGB AT §§ 29–32; Weber, Das Handeln unter fremdem Namen, JA 1996, 426; Westermann Grundbegriffe BGB Kap. 7; Wieling, Duldungs- und Anscheinsvollmacht, JA 1991, 222; Willems, Ersatz von Vertrauensschäden und Begrenzung auf das Erfüllungsinteresse nach § 122 und § 179 II BGB, JuS 2015, 586; Zerres BürgerlR 2.8.

7. Kapitel. Bedingung; Befristung; Fristen, Termine; Auflage; Verjährung

Übungsfall 27 404

Versicherungsunternehmer Allvers (A) aus Aschaffenburg möchte in der Gemeinde Bessenbach (B) eine Zweigstelle eröffnen und zu diesem Zweck ein Grundstück kaufen. Er stellt folgende „Bedingungen":

1. Die Gemeinde soll ihm 1000 qm Baugrund zum Preis von 40 EUR/qm als „Gewerbegelände" verkaufen.
2. Auf dem Gelände muss sich ein Brunnen bohren lassen, der den Betrieb von der öffentlichen Wasserversorgung unabhängig macht.
3. Bis zum 30.6.2023 muss die Gemeinde das Gelände erschlossen haben.

Die Gemeinde B stellt ebenfalls „Bedingungen":

a) A soll sämtliche Kinder (bzw. deren Eltern) des gemeindlichen Kindergartens kostenlos gegen Unfall und Krankheit versichern.
b) A soll auf dem Grundstück eine eigene Kläranlage bauen, und zwar innerhalb von drei Jahren nach Eröffnung der Zweigstelle, spätestens bis zum 31.10.2027.

Alle vorstehenden „Bedingungen" werden Inhalt des Grundstückskaufvertrags, den die Parteien am 1.12.2022 geschlossen haben.

I. Bedingung

■ Warum ist in diesem Sachverhalt wohl der Begriff „Bedingungen" in Anführungsstriche gesetzt? 405

▶ Weil der Begriff „Bedingung" im allgemeinen Sprachgebrauch häufig anders verwendet, als er im BGB verstanden wird.

Im Bürgerlichen Recht versteht man unter Bedingung nicht nur Bedingungen wie „Allgemeine Geschäftsbedingungen" oder „Versicherungsbedingungen". Die „Bedingung" iSd BGB ist (abgesehen von einer „allgemeinen Geschäftsbedingung" iSd §§ 305 ff.) vielmehr die einer rechtsgeschäftlichen Willenserklärung hinzugefügte Bestimmung, nach der die Wirkung des Rechtsgeschäfts von einem **zukünftigen, ungewissen Ereignis** abhängen soll.

Sehen wir uns die einzelnen Punkte des Vertrags auf diese Definition hin an:

■ Ist der Kaufpreiswunsch des A bezüglich der Höhe des Kaufpreises eine Bedingung in diesem Sinne?

▶ Nein! Der Kaufpreiswunsch war Verhandlungsgegenstand vor Abschluss des Vertrags. Offenbar hatte A so feste Preisvorstellungen, dass er nur für 40 EUR pro qm kaufen wollte. Das bedeutet, dass dieser Preis nur die wirtschaftliche Voraussetzung für den Abschluss des Kaufvertrags war. Ungewiss war nur, ob eine rechtliche Einigung über diesen Preis zustande kommen würde. Diese Ungewissheit liegt aber zeitlich vor dem Vertragsschluss. Haben sich die Parteien aber einmal über den Preis geeinigt, so wird er zur bekannten Größe des Vertrags. Da die Bedingung ein zukünftiges, ungewisses Ereignis ist, über dessen Eintreten sich die Parteien nicht sicher sind, kann ein in der Vergangenheit liegender Umstand wie die Kaufpreisvorstellungen des A keine Bedingung iSd BGB sein.

Die **echte Bedingung**, also der Eintritt des zukünftigen Ereignisses, kann von verschiedenen Umständen abhängen:

Es kann

- sich um einen für die Vertragsparteien rein zufälligen Umstand handeln

  > **Beispiel:** „Ich werde das Grundstück kaufen, wenn die Grundstückspreise nicht steigen" (sog. **kasuelle Bedingung**),

- der Eintritt des Ereignisses allein vom Willen einer Partei abhängen

  > **Beispiel:** „Wenn du nicht wieder heiratest" (sog. **Potestativbedingung**)

  oder

- der Eintritt des Ereignisses von beiden, also Zufall und Wille einer Partei, abhängig sein

  > **Beispiel:** „Wenn du dein Examen bestehst" (sog. **gemischte Bedingung**).[402]

1. Aufschiebende Bedingung

406 Wenn Sie das wissen, können Sie entscheiden, ob es sich bei dem zweiten Vertragspunkt in Fall 27 um eine echte Bedingung iSd BGB handelt:

- ■ Ist der Umstand, dass sich auf dem Gelände ein Brunnen bohren lässt, eine echte Bedingung?
- ▶ Ja! Denn ob sich auf dem Gelände ein ausreichend ergiebiger Brunnen bohren lässt, ist ein zufälliger Umstand, der erst in Zukunft geklärt werden kann. Man hätte das zwar vorher klären können, hat es aber offensichtlich nicht getan! Die Feststellung, ob das Gelände zum Bohren eines Wasserbrunnens geeignet ist, ist somit ein ungewisses, zukünftiges Ereignis, das die Parteien zur echten Bedingung des Vertrags gemacht haben. Das hat zur Folge, dass der Kaufvertrag erst und nur wirksam wird, wenn diese Bedingung tatsächlich eintritt. Man spricht deshalb von einer „aufschiebenden Bedingung", die das BGB in § 158 I regelt (lesen!).

> Klassisches **Beispiel** für die aufschiebende Bedingung iSv § 158 I ist der „Kauf unter Eigentumsvorbehalt".

Lesen Sie dazu einmal § 449 I! Beim Kauf unter Eigentumsvorbehalt haben die Parteien ein voll wirksames schuldrechtliches Verpflichtungsgeschäft vereinbart, den Kaufvertrag. Dabei hat der Verkäufer dem Käufer die Sache bereits übergeben, ihm also den Besitz daran verschafft. Zugleich hat er dem Käufer den Kaufpreis als Kredit gewährt, der erst später zurückzuzahlen ist.

Das sachenrechtliche Verfügungsgeschäft, die Übertragung des Eigentums (Abstraktionsprinzip!), soll erst voll wirksam werden unter der aufschiebenden Bedingung, dass der Käufer den Kaufpreis vollständig bezahlt hat. Da man nie wissen kann, ob der Käufer immer zahlungsfähig bleibt, ist die Zahlung der letzten Kaufpreisrate ein zukünftiges, ungewisses Ereignis. Die Wirksamkeit der Übertragung des Eigentums an der Kaufsache wird aufgeschoben, bis dieses Ereignis eintritt.

---

402 Beispiele nach Creifelds Rechtswörterbuch/Fuchs „Bedingung" (2).

2. Auflösende Bedingung

Neben der aufschiebenden Bedingung des § 158 I kennt das BGB die „auflösende Bedingung", die in § 158 II geregelt ist (lesen!). 407

Typisches **Beispiel** dafür ist die „Wiederverheiratungsklausel" in einem Testament, in dem ein Ehepartner den anderen zum Alleinerben einsetzt, unter der auflösenden Bedingung, dass er (sie) nicht wieder heiratet.

Heiratet der überlebende Ehepartner, ist Folge dieser auflösenden Bedingung gem. § 158 II, dass die Wirksamkeit der Erbeinsetzung zu diesem Zeitpunkt endet. Das bedeutet, dass der überlebende Ehepartner nicht mehr der Alleinerbe ist. Die auflösende Bedingung führt dazu, dass mit Eintritt des zunächst ungewissen, zukünftigen Ereignisses die Wirksamkeit des vorher wirksamen Rechtsgeschäfts endet.

II. Befristung (Zeitbestimmung)

Ähnliche Wirkungen wie die echte Bedingung nach § 158 I und II hat die „Befristung" oder „Zeitbestimmung" iSv § 163 (lesen!). 408

■ Versuchen Sie, aus dieser Gesetzesformulierung den Unterschied zur Bedingung selbst zu erkennen! (Überlegen Sie!)

▶ Während es bei der Bedingung um ein ungewisses, zukünftiges Ereignis geht, geht es bei der Befristung um ein gewisses, **mit Sicherheit eintretendes Ereignis**. Die Parteien können ein Datum bestimmen, dh, sie können bestimmen, ab wann das Rechtsgeschäft wirksam werden soll; dann liegt entsprechend § 158 I eine „aufschiebende Befristung" vor. Oder sie können bestimmen, wie lange bzw. bis wann das Rechtsgeschäft wirksam sein soll; dann liegt entsprechend § 158 II eine „auflösende Befristung" vor.

Beispiel: Mietvertragsschluss im November, Mietbeginn: 1.1.2023 = aufschiebende Befristung; Mietende: 31.12.2023 = auflösende Befristung.

Hier ist der Eintritt des zukünftigen Ereignisses gewiss; ebenso ist sicher, wann es eintritt. „Dass" das Ereignis eintritt, ist bei der Befristung immer sicher. „Wann" es eintritt, kann allerdings durchaus ungewiss sein; zum Beispiel, wenn festgelegt wird, dass die Wirkungen eines Rechtsgeschäfts mit dem Tod einer Partei enden sollen.

III. Fristen und Termine

Nicht zu verwechseln mit der Befristung, bei der die Wirkung eines Rechtsgeschäfts mit Eintritt eines bestimmten Ereignisses eintreten oder enden soll, ist die Fristsetzung zur Vornahme einer Handlung oder zur Erfüllung einer bestehenden Verpflichtung aus einem bereits wirksamen Vertrag. 409

Wie wichtig Fristbestimmungen mitunter sein können, haben Sie bereits erfahren, als es um den Zeitpunkt des Zugangs von Willenserklärungen ging.

Um eine Fristsetzung geht es auch bei Punkt 3 unseres Grundstücksvertrags, sowie bei der „Gegenbedingung" b) der Gemeinde. Bei der Erschließung des Grundstücks handelt es sich um eine typische vertragliche Verpflichtung der Gemeinde, die sie auf jeden Fall erfüllen muss.

Dadurch, dass die Parteien bei Vertragsschluss am 1.12.2022 vereinbarten, dass die Gemeinde diese vertragliche Pflicht bis zum 30.6.2023 erfüllen soll, haben sie eine Frist festgesetzt, innerhalb derer dies geschehen muss.

410 Unter „Frist" versteht man deshalb einen „fest abgegrenzten, bestimmten oder bestimmbaren, Zeitraum". Den Anfangs- und Endpunkt einer Frist bezeichnet man als „Termin". Typische Fristen sind zB Kündigungsfristen bei Mietverträgen oder Arbeitsverträgen. Bei Fristen kann manchmal zweifelhaft sein, wann genau eine Frist beginnt und wann sie endet. Da aus Gründen der Rechtssicherheit Klarheit herrschen muss, gibt das BGB gem. § 186 für die in Gesetzen und Verträgen enthaltenen Frist- und Terminbestimmungen in den **§§ 187–193** bestimmte **Auslegungsvorschriften**. Lesen Sie zunächst § 186 und § 187 I.

Zum Fristbeginn nach § 187 I sogleich ein kurzes

> **Beispiel:** Am 5.1. wird ein Vertrag geschlossen, in dem festgelegt wird, dass jede Partei innerhalb einer Frist von zehn Tagen vom Vertrag zurücktreten kann.

Nach § 187 I beginnt diese Frist erst am 6.1. zu laufen. Die Parteien können ihr Rücktrittsrecht noch am 15.1. (bis 24.00 Uhr) ausüben. Würde man den Tag des Vertragsschlusses schon zur Frist rechnen, wäre der 14.1. letzter Termin zur Rücktrittsausübung.

Mitgerechnet wird der erste Tag gem. § 187 II nur dann, wenn er für den Beginn einer Frist ausdrücklich maßgebend ist (§ 187 II lesen!). Wenn zB § 2 BGB bestimmt, dass man mit Vollendung des 18. Lebensjahres volljährig wird, dann bedeutet das nach § 187 II, dass man bereits während seines Geburtstags volljährig ist und nicht erst nach Ablauf des Tags. (Ebenso: „Mietvertrag ab 1.12." = der 1.12. wird mitgerechnet!)

Nach § 188 I endet eine Frist, die nach Tagen bestimmt ist, mit dem Ablauf des letzten Tags der Frist, dh in unserem Rücktrittsfall, bei dem der Vertrag am 5.1. geschlossen wurde, endet die am 6.1. beginnende Frist, wie gesehen, am 15.1. um 24.00 Uhr (§ 188 I lesen).

411 Während die Lektüre von § 188 I Ihnen sicherlich keine Verständnisschwierigkeiten bereitet haben wird, kann sich dies bei der Lektüre von § 188 II durchaus ändern (lesen!) … Sie können sich das Verständnis dieser Vorschrift wesentlich erleichtern, wenn Sie sich in Ihrem Text die Worte **„Woche(n)"** und **„Benennung"** mit einem Textmarker gleicher Farbe kennzeichnen sowie mit einer anderen Farbe die Worte **„Monaten/Monats"** und **„Zahl"** markieren.

> **Beispiel: § 188 II** (den vorgeschlagenen verschiedenen Farben entsprechen die verschiedenen Druckarten, also fett bzw. fett und unterstrichen):
> „Eine Frist, die nach <u>**Wochen**</u>, nach **Monaten** oder nach einem mehrere Monate umfassenden Zeitraume – Jahr, halbes Jahr, Vierteljahr – bestimmt ist, endigt im Falle des § 187 I mit dem Ablaufe desjenigen Tages der letzten <u>**Woche**</u> oder des letzten **Monats**, welcher durch seine <u>**Benennung**</u> oder seine **Zahl** dem Tage entspricht, in den das Ereignis oder der Zeitpunkt fällt, im Falle des § 187 II mit dem Ablaufe desjenigen Tages der letzten <u>**Woche**</u> oder des letzten **Monats**, welcher dem Tage vorhergeht, der durch seine <u>**Benennung**</u> oder seine **Zahl** dem Anfangstage der Frist entspricht."

Anhand der folgenden fünf **Beispiele** können Sie sich nun in der Berechnung von Fristen etwas üben:

Beispiel 1: Einem Versicherungsnehmer wird wegen nicht rechtzeitiger Zahlung der Prämie am Dienstag, den 12.9.2023, eine Zahlungsfrist von vier Wochen gesetzt.
a) Wann endet die Frist?
b) Wann würde die Frist enden, wenn die Versicherung nicht vier Wochen, sondern einen Monat als Frist gesetzt hätte?

■ Die Lösung enthält § 188 II, 1. Var. (betrifft den Fristbeginn nach § 187 I). Lesen Sie die genannten Vorschriften nochmals und versuchen Sie die Lösung selbst zu finden!

▶ Die richtige **Lösung** zu a) lautet: Die Frist endet am Dienstag, den 10.10. um 24.00 Uhr. In der Abwandlung b) endet die Frist mit Ablauf des 12.10.

Sofern Sie dieses Ergebnis problemlos selbst gefunden haben, können Sie gleich das nächste Fallbeispiel (2) lösen. Falls Ihnen die Lösung nicht gelungen ist, lesen Sie zunächst die folgende Erläuterung:

(a) Am Dienstag, den 12.9. wurde eine Zahlungsfrist von vier Wochen gesetzt. Nach § 187 I beginnt die Frist zu laufen mit Beginn von Mittwoch, den 13.9.; die erste Woche, die bekanntlich sieben Tage hat, läuft ab am Dienstag, den 19.9., 24.00 Uhr, die vierte und letzte Woche der Frist am Dienstag, den 10.10., 24.00 Uhr. Die „Benennung“ dieses Tags – nämlich Dienstag – entspricht der Benennung des Tags – „Dienstag“ (12.9.) –, in den das Ereignis, die Setzung der Zahlungsfrist nämlich, fällt.

(b) Bei der Monatsfrist dagegen ist nicht die „Benennung“ des Tags, sondern die „Zahl“ des Tags maßgebend, die der „Zahl“ des Tags entspricht, in den das Ereignis fällt, hier der 12.9. Eine Ein-Monatsfrist endet daher am 12.10., eine Zwei-Monatsfrist am 12.11. usw.

Beispiel 2: In einem kurzfristigen Mietvertrag ist festgesetzt, dass die Mietzeit am Dienstag, den 3.10. beginnt und nach vier Wochen enden soll. Wann endet die Frist?

(Versuchen Sie zunächst wieder, das Fristende – hier: gem. § 187 II iVm § 188 II, 2. Var. – selbst zu bestimmen!)

Lösung:
Für den Fristbeginn gilt § 187 II (lesen!).

■ Mit Beginn welchen Tags beginnt danach die Vier-Wochenfrist zu laufen?
▶ Dienstag, 3.10.
■ Und mit dem Ablauf welchen Tags endet die Frist gem. § 188 II?
▶ Im Falle des § 187 II endet gem. § 188 II die Wochenfrist mit Ablauf desjenigen Tags der letzten Woche, welcher dem Tage vorhergeht, der durch seine Benennung dem Anfangstage der Frist entspricht.
■ Anfangstag der Frist?
▶ Dienstag, 3.10.
■ Welcher Tag der letzten (vierten) Woche der Frist entspricht diesem Tag seiner Benennung nach?
▶ Dienstag, 31.10.!
■ Fristende also?
▶ Ablauf des vorhergehenden Tags, Montag, 30.10., 24.00 Uhr.

Beispiel 3: Wann würde die Frist gem. § 188 II ablaufen, wenn der Mietvertrag bestimmen würde, dass das Mietverhältnis am 1.10. beginnt und nach einem Monat endet?

Lösung:
Fristbeginn: 1.10.; Tag, dessen Zahl dem Anfangstag der Frist einen Monat später entspricht: 1.11.; vorhergehender Tag: 31.10.; Fristende: 31.10., 24.00 Uhr!

Beispiel 4: Beginn des Mietverhältnisses 30.9.; Mietvertragsende nach einem Monat. An welchem Tag endet das Mietverhältnis?

Lösung:
Fristbeginn gemäß § 187 II = 30.9. - Tag, dessen Zahl dem Anfangstag einen Monat später entspricht? 30.10.; Fristende gem. § 188 II: ein Tag vorher = 29.10., 24.00 Uhr!

Beispiel 5: Beginn des Mietverhältnisses: 31.1.; Ende nach einem Monat.

- ■ Wann ist das? An welchem Tag endet das Mietverhältnis?
- ▶ Fristbeginn 31.1.! Tag, dessen Zahl dem Anfangstag der Frist einen Monat später entspricht: 31.2.??
  Ein Tag vorher = 30.2.??
  Kein Grund, Ihr BGB wegzuwerfen, sondern: § 188 III lesen!
- ■ Wann endet also die Frist?
- ▶ Je nachdem (= Schaltjahr), am 28. oder 29.2.!

Schließlich kommt es in der Praxis nicht selten vor, dass innerhalb einer Frist eine Willenserklärung abzugeben (zB ein Vertragsangebot anzunehmen ist) oder eine Leistung zu erbringen ist (zB eine Zahlung geleistet werden muss). Was gilt, wenn eine solche Frist an einem Samstag, Sonntag oder Feiertag endet? Auch diesen Fall hat das Gesetz berücksichtigt, nämlich in § 193, der im Vergleich zu § 188 relativ einfach zu verstehen ist – lesen!

- ■ An welchem Tag endet zB eine Frist, wenn Sie nach § 188 ausgerechnet haben, dass das Fristende auf Donnerstag, den 25.12., 24.00 Uhr, fällt? (Überlegen Sie! Antwort: Fußnote[403])

IV. Auflage

412 Im Übungsfall 27 (→ Rn. 404) hat die Gemeinde unter „a)“ (nachlesen!) eine weitere „Bedingung“ mit dem Vertragsschluss verbunden.

- ■ Überlegen Sie, warum dies keine Bedingung iSv § 158 ist!
- ▶ Es wird nicht auf ein ungewisses, zukünftiges Ereignis Bezug genommen, sondern es wird eine besondere Verpflichtung des A ausgesprochen. Von ihm wird eine ganz bestimmte Leistung verlangt. Empfänger dieser Leistung soll aber nicht der Vertragspartner des A, die Gemeinde B, sein, sondern außerhalb des Vertrags stehende Dritte, die Kinder des Kindergartens bzw. deren Eltern.

Eine solche Verpflichtung, durch die ein Vertragspartner dem anderen eine bestimmte Leistung an einen Dritten auferlegt, nennt man im privatrechtlichen Sprachgebrauch nicht Bedingung, sondern „Auflage“ (vgl. dazu die Legaldefinition im Erbrecht, § 1940: „…zu einer Leistung verpflichten, ohne einem anderen ein Recht auf die Leistung zuzuwenden“; der Begünstigte hat also keinen direkten Anspruch gegen den Beschwerten, im Fall des § 1940 den Erben!). Sie ist zu unterscheiden von den öffentlich-rechtlichen Auflagen, die zB im Baurecht häufig vorkommen.

403 Am Montag, den 29.12., 24.00 Uhr!

Öffentlich-rechtliche Auflagen muss (!) der Bürger akzeptieren, privatrechtliche Auflagen kann (!) er akzeptieren (= vereinbaren). Von der Bedingung des BGB unterscheidet sich die Auflage dadurch, dass sie bestimmte **Leistungspflichten begründet**, deren Erfüllung nicht von dem Eintritt eines ungewissen Ereignisses abhängt.

V. Verjährung/Ausschluss- und Verjährungsfristen/Einwendungen und Einreden

Bisher haben wir uns in diesem Kapitel nur mit dem Beginn und Ende des Fristablaufs beschäftigt, aber noch nicht berücksichtigt, dass das BGB unterschiedliche Arten von Fristen kennt: „Ausschlussfristen" und „Verjährungsfristen"! **413**

1. Ausschlussfristen/Einwendungen

Gestaltungsrechte, wie zB das Recht, einen Vertrag anzufechten, zu kündigen oder von diesem zurückzutreten, können nur innerhalb bestimmter gesetzlicher (oder vertraglich vereinbarter) Fristen geltend gemacht werden (s. zB §§ 121, 124 für die Anfechtung).[404] Wesen einer solchen Ausschlussfrist ist es, dass eine Handlung innerhalb oder binnen eines Zeitraums vorgenommen bzw. ein Recht ausgeübt werden muss, wenn nicht ein bestimmter Rechtsnachteil eintreten soll. Dabei trifft die Beweislast dafür, dass das Recht innerhalb der Ausschlussfrist ausgeübt worden ist, den Rechtsinhaber, da die Fristeinhaltung zum Nachweis des Rechts gehört.[405] **414**

Mit Ablauf der Frist ist das Recht erloschen. Die Ausschlussfrist nennt man daher **„rechtsvernichtende Einwendung"**.

Daneben unterscheidet man im juristischen Sprachgebrauch auch noch **„rechtshindernde Einwendungen"**. Gegen einen Anspruch besteht eine rechtshindernde Einwendung, wenn der Anspruch nicht wirksam entstanden ist.[406]

Beispiel: Wenn ein Geschäftsunfähiger ein Auto kauft, kann einem Anspruch auf Kaufpreiszahlung aus § 433 II die rechtshindernde Einwendung des (wegen Geschäftsunfähigkeit gem. §§ 104, 105 I) nicht wirksam entstandenen Vertrags entgegengehalten werden.

Einwendungen sind vor Gericht grundsätzlich „von Amts wegen" (= ohne, dass man sich darauf berufen müsste) zu berücksichtigen; dh, wenn einem eingeklagten Anspruch eine Einwendung entgegensteht, darf das Gericht der Klage nicht stattgeben!

2. Verjährungsfristen/Einreden

Das Verjährungsrecht wurde durch das „Gesetz zur Anpassung von Verjährungsvorschriften an das Gesetz zur Modernisierung des Schuldrechts"[407] grundlegend und durch das am 1.1.2010 in Kraft getretene „Gesetz zur Änderung des Erb- und Verjährungsrechts"[408] geändert. Im Folgenden begnügen wir uns damit, den Begriff „Verjährung" kurz zu erläutern und Ihnen die wichtigsten Verjährungsfristen zu nennen. **415**

404 Stadler BGB AT § 9 Rn. 13.
405 Köhler BGB AT § 18 Rn. 17.
406 S. zB Köhler BGB AT § 18 Rn. 10.
407 BGBl. 2004 I 3214.
408 BGBl. 2009 I 3142.

Im Unterschied zu den Einwendungen muss das Gericht **„Einreden"** (zu denen auch die Verjährung gehört) nur berücksichtigen, wenn eine Partei sich ausdrücklich darauf beruft. Zu unterscheiden sind folgende Arten:

- Die **dauernden** („peremptorischen") **Einreden**; bei ihrer Geltendmachung wird die gerichtliche Durchsetzung des Anspruchs *für immer* verhindert.

  > **Beispiel:** Wenn sich der Käufer gegenüber dem Zahlungsanspruch des Verkäufers auf die Einrede der Verjährung (§ 214 I) beruft, ist die Durchsetzung des Kaufpreiszahlungsanspruchs für immer ausgeschlossen.

und

- die **aufschiebenden** („dilatorischen") **Einreden**; durch sie wird die Anspruchsdurchsetzung nicht für immer, sondern nur *auf Zeit* verhindert, bis das Durchsetzungshindernis wieder entfallen ist.

  > **Beispiele:** Sofern sich der Käufer gegenüber dem Zahlungsanspruch des Verkäufers auf die Einrede des nicht erfüllten Vertrags (§ 320 I) beruft, wird der Zahlungsanspruch des Verkäufers bis zur Lieferung der Kaufsache, also nur vorübergehend, gehemmt. Oder: Einrede der Vorausklage des Bürgen (§ 771).

Im BGB wird der Unterschied zwischen Einwendungen und Einreden leider nicht immer einheitlich verwendet: zB sind in § 334 und § 404 mit „Einwendungen" auch „Einreden" gemeint![409] Eine typische Einrede ist zB die „Verjährung" von Ansprüchen. Unter Verjährung versteht man den Zeitablauf, der für den Schuldner das Recht begründet, die Erfüllung eines Anspruchs zu verweigern: Nach Eintritt der Verjährung ist der Schuldner **berechtigt**, die **Leistung zu verweigern**. Dafür gelten bestimmte Verjährungsfristen. Im Unterschied zu den Ausschlussfristen führt der Ablauf einer Verjährungsfrist nicht dazu, dass der Anspruch erloschen ist, sondern er besteht rechtlich weiter; der Schuldner kann (!) sich jedoch darauf berufen, dass der Anspruch verjährt ist und die Erfüllung des Anspruchs verweigern. Tut er es nicht, macht er also von der Einrede der Verjährung keinen Gebrauch (zB, weil er einen nachlässigen Rechtsanwalt hat!), darf das Gericht ihn nicht auf die Verjährung des Anspruchs hinweisen, sondern muss der Klage des Gläubigers stattgeben, sofern sie begründet ist!

416 Schlagen Sie zum Stichwort Verjährung die §§ 194 ff. auf! § 194 (nochmals lesen!) kennen Sie schon. Er definiert den Begriff des „Anspruchs" und weist darauf hin, dass **Ansprüche** der **Verjährung unterliegen**. Je nach Art des Anspruchs ist die Verjährungsfrist unterschiedlich lang.

Sofern in einer speziellen Verjährungsvorschrift keine andere Frist genannt ist, gelten die allgemeinen Verjährungsfristen des Allgemeinen Teils.

Wenn Sie § 195 lesen, sehen Sie, dass das BGB als **regelmäßige Verjährungsfrist drei Jahre** ansetzt.

Diese Frist beginnt, soweit nicht ein anderer Verjährungsbeginn bestimmt ist, gem. § 199 I Nr. 1 und 2 mit dem Schluss des Jahres, in dem der Anspruch entstanden ist und der Gläubiger von den den Anspruch begründenden Umständen Kenntnis erlangt oder ohne grobe Fahrlässigkeit Kenntnis erlangen müsste.

409 S. zB Jauernig/Stadler § 334 Rn. 3; Jauernig/Stürner § 404 Rn. 2 ff.

Ausnahmen davon sind in §§ 199 II–IV, 200 und 201 geregelt. 417

Besondere Verjährungsfristen enthalten § 196 (zehn Jahre bei Rechten an Grundstücken) und § 197 (30 Jahre bei den dort genannten speziellen Ansprüchen).

Außerhalb des Allgemeinen Teils des BGB gibt es eine Reihe von Vorschriften, in denen eine andere als die regelmäßige Verjährungsfrist und (oder) verschiedene Termine für den Fristbeginn bestimmt sind. 418

Die wichtigsten davon sind (lesen Sie die Vorschriften ganz): 419

- Verjährungsfrist von Gewährleistungsansprüchen im Kaufrecht: Gemäß § 438 I Nr. 3 beträgt die grundsätzliche Verjährungsfrist hier zwei Jahre (Ausnahmen vgl. § 438 I Nr. 1 und 2) und beginnt gem. § 438 II mit der Ablieferung der Sache bzw. der Übergabe des Grundstücks.
- Ersatzansprüche des Vermieters verjähren gem. § 548 I in sechs Monaten, ebenso Ansprüche des Mieters auf Aufwendungsersatz oder Gestattung der Wegnahme (§ 548 II).
- Gemäß § 604 V beginnt die Verjährung des Anspruchs auf Rückgabe der Sache mit Beendigung der Leihe.
- Im Werkvertragsrecht beträgt die Verjährungsfrist im Fall der Herstellung, Wartung oder Veränderung einer Sache (vorbehaltlich der Nr. 2) gem. § 634a I Nr. 1 zwei Jahre.

Grundsätzlich können Verjährungsfristen (mit den Einschränkungen von § 202 I und II – lesen) frei vereinbart werden.

Wir wollen unsere Einführung in den Allgemeinen Teil des BGB damit abschließen und uns den Stoff dieses Kapitels anhand der folgenden Übersicht 29 nochmals verdeutlichen.

420 **Übersicht 29**

Bedingung, Befristung, Fristen, Auflage, Verjährung, Einreden, Einwendungen

I. Bedingung ...

... ist die einer rechtsgeschäftlichen WE hinzugefügte Bestimmung, nach der die Wirkung des Rechtsgeschäftes von einem zukünftigen, **ungewissen** Ereignis abhängen soll.
Die echte Bedingung kann abhängen von:

- einem zufälligen Umstand („wenn die Grundstückspreise nicht steigen")
- dem Willen einer Partei („wenn Du nicht wieder heiratest")
- Zufall und Willen („wenn Du Dein Examen bestehst")

Das BGB kennt zwei Arten der Bedingung:
§ 158 I = **aufschiebende** Bedingung = Wirkung des Rechtsgeschäfts wird bis zum Eintritt der Bedingung aufgeschoben (zB Eigentumsvorbehalt: § 449 I)
§ 158 II = **auflösende** Bedingung = Wirkung des Rechtsgeschäfts endet mit Eintritt der Bedingung (zB Wiederverheiratungsklausel im Testament)

II. Befristung (Zeitbestimmung)

§ 163 – Wirkung eines Rechtsgeschäfts hängt vom Eintritt eines **gewissen** Ereignisses ab
= entsprechende Anwendung von § 158 I, wenn Anfangstermin der Wirkung des Rechtsgeschäfts, von § 158 II, wenn Endtermin bestimmt ist
Zeitpunkt des sicher eintretenden Ereignisses kann ungewiss sein (zB Tod eines Menschen)

III. Frist ...

... ist ein bestimmter Zeitraum, in dem etwas geschehen muss (zB Kündigungsfrist bei Miet- oder Arbeitsverträgen).
Anfangs- und Endpunkt einer Frist = Termine
Frist = Zeitraum, Termin = Zeitpunkt
Für die Berechnung des Beginns und des Endes von Fristen gelten die §§ 186 ff. – Einzelheiten vgl. dort! – Merke: „Tag" iSv §§ 187 ff. = 0.00 Uhr – 24.00 Uhr.

IV. Auflage ...

... im privatrechtlichen Sinn ist eine Verpflichtung, durch die ein Vertragspartner dem anderen eine bestimmte Leistung an einen Dritten auferlegt (kein Anspruch des Dritten gegen den Verpflichteten).

V. Ausschluss- und Verjährungsfristen, Einwendungen und Einreden

1. Ausschlussfristen ...

... beziehen sich insbesondere auf **Gestaltungsrechte**, zB Anfechtung, Kündigung, Rücktritt.

- Wesen: Wenn Recht innerhalb der Ausschlussfrist nicht ausgeübt wird, erlischt das Recht (Beweislast für Ausübung des Rechts trifft Rechtsinhaber)
- Ausschlussfrist ist **rechtsvernichtende Einwendung**
- Außerdem: **Rechtshindernde** Einwendung = Recht/Anspruch gelangt nicht zur Entstehung – zB wegen Geschäftsunfähigkeit
- Einwendungen sind (vom Gericht) „**von Amts wegen**" zu berücksichtigen!

Übersicht 29 (Fortsetzung)

421

2. Verjährungsfristen …

… beziehen sich auf **Ansprüche** (vgl. § 194): Ablauf der Verjährungsfrist führt nicht zum Erlöschen des Anspruchs, sondern bewirkt nur Recht des Schuldners, sich auf Verjährung zu berufen und Erfüllung des Anspruchs zu verweigern = „**Einrede** der Verjährung"

- Auf eine Einrede muss Schuldner sich berufen = **keine Berücksichtigung von Amts wegen!**
- Verjährungsfrist frei vereinbar – Schranken: § 202

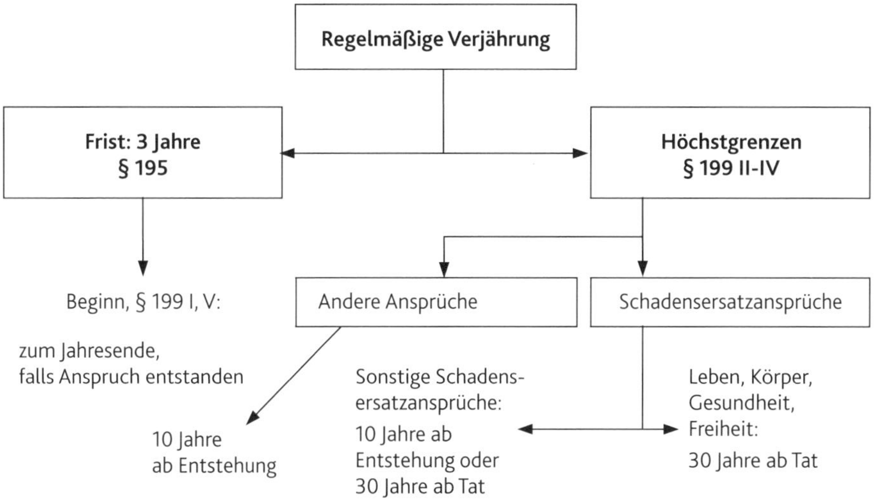

Regelmäßige Verjährung

Frist: 3 Jahre
§ 195

Höchstgrenzen
§ 199 II-IV

Beginn, § 199 I, V:

zum Jahresende,
falls Anspruch entstanden

Andere Ansprüche

10 Jahre
ab Entstehung

Schadensersatzansprüche

Sonstige Schadens-
ersatzansprüche:
10 Jahre ab
Entstehung oder
30 Jahre ab Tat

Leben, Körper,
Gesundheit,
Freiheit:
30 Jahre ab Tat

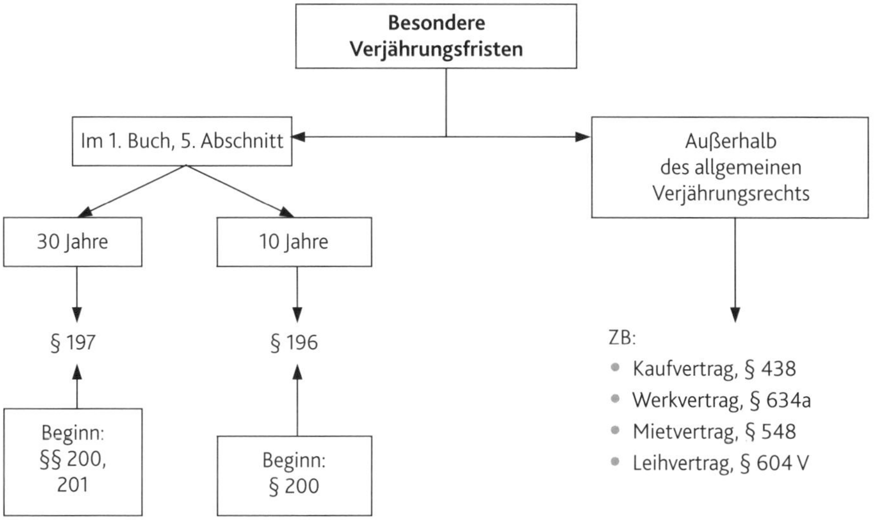

Besondere
Verjährungsfristen

Im 1. Buch, 5. Abschnitt

30 Jahre

§ 197

Beginn:
§§ 200,
201

10 Jahre

§ 196

Beginn:
§ 200

Außerhalb
des allgemeinen
Verjährungsrechts

ZB:
- Kaufvertrag, § 438
- Werkvertrag, § 634a
- Mietvertrag, § 548
- Leihvertrag, § 604 V

Literatur zur Vertiefung (→ Rn. 404–421): Alpmann Schmidt BGB AT 2, 3. Teil; Becker, Verjährung, insbes. Berechnung der Verjährungsfrist in juristischen Fallbearbeitungen, RÜ 2003, AS-aktuell, S. 9, 17 und 25; Blasche, Aktuelle Probleme des Verjährungsrechts, JURA 2009, 481; Brox/Walker BGB AT §§ 21, 31 III, 37; Hahne/Goldmann, Der Beginn der regelmäßigen Verjährungsfrist nach § 199 I BGB, JA 2015, 407; Hakenberg, Die Neuregelung des Verjährungsrechts durch das Schuldrechtsmodernisierungs-Gesetz, DRiZ 2002, 370; Hirsch BGB AT § 17; Köhler BGB AT §§ 14, 18; Lorenz/Eichhorn, Grundwissen – Zivilrecht: Bedingung und Befristung, JuS 2017, 393; Mansel/Budzikiewicz, Einführung in das neue Verjährungsrecht, JURA 2003, 1; Martens, Grundfälle zur Bedingung und Befristung, JuS 2010, 481 und 578; Meller-Hannich, Die Einrede der Verjährung, JZ 2005, 656; Neuner BGB AT §§ 52–54; Petersen, Bedingung und Befristung, JURA 2011, 275; Petersen, Die Berechnung von Fristen und Terminen, JURA 2012, 432; Petersen, Die Verjährung der Ansprüche, JURA 2011, 657; Petersen, Einwendungen und Einreden, JURA 2008, 422; Stadler BGB AT §§ 9, 20; Ulrici/Purmann, Einwendungen und Einreden, JuS 2011, 104; Wernecke, Die Einrede der Verjährung – Schnittpunkt zwischen materiellem Recht und Zivilprozessrecht, JA 2004, 331; Witt, Schuldrechtsmodernisierung 2001/2002 – Das neue Verjährungsrecht, JuS 2002, 105; Zerres BürgerlR 2.6, 2.9; Ziegeltrum, Grundfälle zur Berechnung von Fristen und Terminen gem. §§ 187 ff. BGB, JuS 1986, 705 und 784.

Sachverzeichnis

(Die Zahlen beziehen sich auf die Randnummern.)

Abnahme 189, 270, 374
Abschlussfreiheit 286, 326
Abstraktionsprinzip 268 ff., 284, 360, 406
Allgemeine Geschäftsbedingungen 334
Allgemeines Gleichbehandlungsgesetz 326
Analogie 173 f., 176, 186
Anfechtung 214 ff.
– Eigenschaftsirrtum 224
– Erklärungsirrtum 220
– Inhaltsirrtum 218
– Irrtum wegen falscher Übermittlung 234
– wegen arglistiger Täuschung 235 ff.
– wegen widerrechtlicher Drohung 238 ff.
– Wirkungen 245 ff.
Anfechtungserklärung 230, 243, 265 f.
Anfechtungsfrist 230, 244, 253, 265 f.
Anfechtungsgegner 230, 243, 246
Anfechtungsgründe 217 ff., 264, 266
Angebot 63 f.; 143 ff., 156 ff., 201 ff., 328 ff., 333, 356 ff.
– ad incertas personas 331
– Definition 140
Annahme 63 f.; 143 ff., 156 ff., 201 ff., 328 ff., 333, 356 ff.
– Definition 150
– rechtzeitige 210
Annahmefrist 210
Anscheinsvollmacht 366 ff., 371 ff.
Anspruch 15, 44, 51, 139, 147, 156, 202 ff., 209, 271
Anspruchsbegehren 204
Anspruchsgegner 202 ff., 266
Anspruchsgrundlage 44, 51, 78, 205 ff., 222
Anspruchsteller 202 ff., 266
Arbeitsmündigkeit 128, 129
Arglist 237 ff., 265, 323
Auflage 412, 420
Auflassung 297a, 300
Auslegung 168 ff., 185 ff., 214 f., 338 ff.
– grammatikalische (wörtliche) 169, 176
– historische 171, 176
– systematische 170, 176
– teleologische 172, 176
– von Verträgen 342 ff.
– von Willenserklärungen 160 ff., 177
Ausschlussfrist 414 f., 420

Bedingung 405 ff., 420
– auflösende 407, 420
– aufschiebende 406, 420
Befristung 408, 420
Beglaubigung
– öffentliche 297, 300, 303, 309
Bereicherung
– ungerechtfertigte 267, 275, 280
Berufung 33
Besitz 248, 250, 267, 282 f.
Bestandteile
– von Sachen 102
– wesentliche 103 f., 114
– wesentliche, von Grundstücken 105 ff.
Betreuung 128a
Betreuungsverfügung 128a, 297
Beurkundung
– notarielle 296, 299 ff., 309
BGB-Gesellschaft 92 f.
Bote 181, 264, 358, 371
– Absendung 181

Computererklärung 213, 260
culpa in contrahendo 396

Darlehen 125 f.
Deliktsfähigkeit 58 ff., 129
– bedingte 59 ff.
digitale Produkte 95
digitale Signatur 293, 309
dispositives Recht 322 f.
Dissens 337 ff., 344 ff., 348
– offener 338, 348
– versteckter 339, 348
Drohung 238 ff.
– widerrechtliche 257, 264, 266
Duldungsvollmacht 366 ff., 372

eBay
– Handeln unter fremdem Namen 363
– Internetauktion 331a, 336a
– Kleinanzeige 155 ff.
– Powerseller 83
e-commerce
– Einbeziehung von AGB 335
– Vertragsabschluss 329 ff.
EG-Richtlinien 26
EG-Verordnungen 26
EG-Vertrag 18, 26
Ehegatten, gegenseitige Vertretung 350
Ehemündigkeit 61
Eheschließung 297a, 309
Eigenhaftung
– des Vertreters mit Vertretungsmacht 386 ff., 403
Eigenschaften 257 f.
Eigenschaftsirrtum 224 ff., 251 ff.

Eigentümer 11, 43 f., 103 ff., 270 ff., 283
Eigentum 11, 58, 90, 103 ff., 270 ff.
Eigentumsübertragung 43, 97, 112, 271 ff., 284
Einigung 43, 272 ff., 284, 300, 360 ff.
Einigungsmangel 337 ff., 348
Einladung, ein Angebot zu machen 158 ff.
Einreden 415 ff., 420 f.
- dilatorische 415
- peremptorische 415
Einwendungen 414 ff., 420 f.
Einwilligung 55 f., 60, 120 ff., 129, 377
Einwilligungsvorbehalt 128a
elektronische Form 293, 309
elektronische Willenserklärung 212
- Abgabe 212, 332
- Anfechtung 261
- Zugang 212, 332
elektronischer Geschäftsverkehr 329 ff., 332a
Eltern 55 ff., 89, 350, 371
E-Mail 179 ff., 185, 212, 330 ff.
Empfängerhorizont 149 ff., 160, 165, 167, 346
- objektiver 149 ff., 160, 167, 346
Empfangstheorie 185, 191, 193 f., 199
Erbbaurecht 111
Erbfähigkeit 50, 61
Erbfall 50
Erblasser 49 ff., 177
Erbrecht 49 ff., 61, 302
Erfüllungsgehilfe 241, 255, 388
Erfüllungsinteresse 380, 385
Erklärung 143
Erklärungsbewusstsein 143 ff., 219, 263
Erklärungsirrtum 151, 217, 220, 229, 261, 265
europäisches Gemeinschaftsrecht 25
Exekutive 7

falsa demonstratio (non nocet) 161, 167, 340, 347 f.
Familienrecht 51, 61, 66, 301
Fehler (der Kaufsache) 252 f.
Fernkommunikationsmittel 212, 336
Fiktion 50 f., 61, 119, 124, 129, 149, 184, 223 f.
Fiskus 16, 44
Form (von Rechtsgeschäften) 285 ff., 291 ff., 309, 365
- Beratungsfunktion 289, 309
- Beweisfunktion 288, 309
- elektronische 293
- vereinbarte 295
- Warn- und Schutzfunktion 290, 309
Formbedürftigkeit 287 ff., 309
Formfreiheit 286, 309
Formvorschriften 298 ff.
Fristen 410 ff.
Früchte 113 f.

GbR 92 f.
Gebäude 105, 111, 114
Gefälligkeitsverhältnisse 154
Gegenstand 94 ff., 98, 114
Geheimer Vorbehalt 317, 320a
Gemeinschaftsrecht
- europäisches 25 f.
Genehmigung 55 ff., 60, 92 f., 120 ff., 127, 129, 377 f., 385
Gericht 29 ff.
Gerichtsaufbau 29 ff., 35
Gerichtsbarkeit 30 ff., 35
Geschäft für den, den es angeht 362, 371
geschäftsähnliche Handlung 152
Geschäftsfähigkeit 53 ff., 61 f., 117 ff., 129
- beschränkte 54, 61 f., 120 ff., 129
- partielle 128 f.
Geschäftsunfähigkeit 61, 119 ff., 127, 129, 280, 414
Geschäftswille 142 ff., 116 f., 170, 219, 228, 263
Gesellschaft 44, 92
Gesetz 4, 9, 12, 62 f.
- formelles 6, 9, 12
- materielles 6, 12
Gesetzesanalogie 173, 176, 186
Gesetzgebung 7, 36, 41
Gesetzgebungsverfahren 7 ff., 12, 36
gesetzlicher Vertreter 55, 91, 129, 350
Gestaltungsfreiheit 286, 295, 326
Gestaltungsrechte 414, 420
Gewährleistungsansprüche 252 f., 325, 419
Gewaltenteilung 7
Gewohnheitsrecht 5, 8 ff., 12, 38, 41
Gläubiger 44, 51, 65, 392
Grundgesetz 7
Grundstück 97, 101, 105 ff., 114, 298 ff.
Gutachten 132 ff., 138, 195 ff., 209

Haftung
- des Vertreters ohne Vertretungsmacht 378 ff.
- für Organe 91
- im Stellvertretungsrecht 384 ff., 403
Haftungsausschluss 323
Handelsmündigkeit 128, 129
Handlungsfähigkeit 52, 60, 89
Handlungswille 141 ff., 144, 228, 238
Heilung von Formmängeln 306, 309
Herausgabe
- wegen ungerechtfertigter Bereicherung 248 ff., 267
Herausgabeanspruch
- des Eigentümers 103 f., 107, 278, 280

Idealverein 85
Immobilien 44, 97
Inhaltsirrtum 218 ff., 265, 348
Insichgeschäft 383
Instanz 31 ff.
Interesse
– negatives 246
– positives 385
Internationales Privatrecht 24
Internet
– Vertragsschluss 187, 329 ff.
– Web-Seite 335
invitatio ad offerendum 158 f., 190, 207 f., 328, 330 ff.
Irrtum 214 ff., 346, 348
– durch arglistige Täuschung 235 ff.
– durch widerrechtliche Drohung 238 ff.
– wegen falscher Übermittlung 234, 263
ius civile 13
ius commune 38, 41
ius dispositivum 321

Judikative 7, 30
juristische Person 48, 51, 83 ff., 91 f.

Kalkulationsirrtum 222, 262, 265
Kaufvertrag 14, 43, 54 ff., 63, 133 f., 139, 145 f., 156 ff., 179, 189 f., 203 ff., 268 ff., 284, 311 ff., 353 ff.
Kodifizierung 5, 36, 41
Kollisionsnorm 24
konkludentes Verhalten 43, 60, 145, 272, 371
Konzessionssystem 85, 93
Kündigung 116, 125 f., 188, 214, 308

Lasten 113 f.
Lebensalter
– rechtliche Bedeutung 61
Legaldefinition 55, 202, 209
Legislative 7
Leihvertrag 142, 219, 421
Leistung 248, 250, 267, 279

Mahnung 153, 159
Mehrvertretung 383
Methodik der Fallbearbeitung 132 ff., 195 ff., 227 ff.
Mietvertrag 89, 219, 227 ff., 259 ff., 295
Minderjährige(r) 54, 59 f., 117, 120 ff.
Mitgliederversammlung (Verein) 89
Mitverschulden 233
Mobilien 97
Moral 12
Motive 40 f., 171
Motivirrtum 221 ff., 262, 264

Namenschutz 78 f.
– Beseitigungsanspruch 78
– Unterlassungsanspruch 78
nasciturus 50, 51
natürliche Personen 47, 51, 77 ff.
negatives Interesse 246, 381, 385
Nichteinhaltung der Form 305 f.
Nichtigkeit 127, 129, 169, 176, 245, 305 ff., 320
Nichtstun 146
nichtwirtschaftlicher Verein 85, 91
Norm 5, 169, 174 f.
Normativsystem 85
notarielle Beurkundung 296, 299 ff., 309
Nutzungen 113, 114

öffentliche Beglaubigung 297, 300, 303, 309
öffentliches Recht 13, 15, 18
Offenkundigkeitsprinzip 359 ff.
Organ (Verein) 89 ff., 351

pacta sunt servanda 198, 287, 336
Partikularrechte 38, 41
Persönlichkeitsrecht 78
– absolutes 78
– allgemeines 79, 173
– besonderes 78
– postmortales 79
Person(en) 45 ff., 91
– juristische 48, 51, 76, 84 ff., 91, 92
– natürliche 47 ff., 51, 76, 91
Pfändung 105
Pflichtverletzung 389 ff.
positives Interesse 380, 385
Primärrecht 25 f.
Privatautonomie 16, 143, 286
Privatrecht 14 ff., 18, 37, 40 ff.
Produkte, digitale 95
Protokolle 40, 41, 171
Prozessfähigkeit 61

Realakt 152, 159
Recht 4, 10, 12, 36
– absolutes 51, 78
– dispositives 321 ff.
– formelles 28
– gemeines 39, 41
– internationales 23
– kodifiziertes 5, 12
– materielles 28
– nachgiebiges 321 ff.
– objektives 5, 10 ff.
– öffentliches 13 ff.
– relatives 51
– römisches 38, 41
– subjektives 5, 10 ff., 46
– supranationales 23
– zwingendes 321 ff.
Rechtsanalogie 173, 176

Rechtsfähigkeit 45 ff., 85 ff.
Rechtsfolge 152 ff., 212, 215
Rechtsfolgenregelung 205, 316
Rechtsgeschäft 63, 116
– einseitiges 116, 126
Rechtsnorm 5, 12
Rechtsobjekt(e) 94 ff.
Rechtsscheinsvollmacht 367 ff.
Rechtsprechung 7, 30
Rechtssubjekt(e) 13, 18, 47, 51, 91, 94
Rechtsverordnung 12
Reduktion
– geltungserhaltende 175, 176
– teleologische 174, 176
Religionsmündigkeit 61
Revision 34
Rezeption 38, 41
Richterrecht 8
römisches Recht 38, 41
Rückgaberecht des Verbrauchers 336

Sachen 44, 96 ff., 114
– bewegliche 44, 97 f., 114
– nicht teilbare 101
– nicht verbrauchbare 100
– nicht vertretbare 99
– teilbare 101
– unbewegliche 97 f., 105 f., 114
– verbrauchbare 100
– vertretbare 87
Sachenrecht 44, 51, 66
Sachgesamtheiten 96
Sachteile 102
Satzung 8, 12, 91, 168
Schaden 58, 60, 90, 172, 233
Schadensersatz 58, 90, 154, 172, 205, 267, 380, 385, 391
– des Anfechtenden 246 f.
Scheinbestandteile 110 f., 114
Scheingeschäft 318 ff., 320a
Scherzerklärung 320, 320a
Schiedsgerichtsbarkeit 31
Schiffe 97
Schriftform 288, 292, 300 ff., 309
– gesetzliche 292, 299, 302, 309
– gewillkürte 295, 309
Schuldner 44, 65, 269, 392
Schuldnerverzug 153, 159
Schuldrecht 19, 43 f., 51, 65, 66
Schuldverhältnis 44, 51, 66, 269, 271
Schweigen 146, 148 f.
Sekundärrecht 25
Selbstkontrahieren 383
Signatur
– digitale 293, 309
Sitte 12
Sittenwidrigkeit 313, 315
Sorgfaltspflicht 389, 395
Stellvertreter 349
Stellvertretung 349 ff.
Stiftung 92 f.
Strafunmündigkeit 61
Streitwert 32
Subsidiaritätsprinzip 39
Subsumtion 135, 137, 207, 209
supranationales Recht 23

Täuschung
– arglistige 235 ff.
– durch Dritte 240 f.
Taschengeldparagraf 57, 122 f.
Teilgeschäftsfähigkeit 128
Teilnichtigkeit 307
Teleshopping 330
Termine 410, 418, 420
Testament 116, 177, 193, 302, 309
Testierfähigkeit 61
Textform 294, 309
Tier(e) 45, 94
Trennungsprinzip 268 ff.

Übergabe 43, 186, 247, 270, 278 ff., 284, 360
Umdeutung 308
Umgehungsgeschäfte 312
unbestellte Leistungen 147
unerlaubte Handlung 60, 90, 152, 159
Unionsrecht 26
– Aufwendungsvorrang 27
ungerechtfertigte Bereicherung 267, 275, 280
Unternehmer 83, 147, 212, 332
Unwirksamkeit 127
Urteil 133

Verbot
– gesetzliches 310, 315
Verbraucher 80 ff., 147, 212, 331 ff.
Verein 44, 85 ff., 91 f.
Vereinsmitglieder 88
Vereinsregister 86, 88, 91
Vereinsvermögen 88
Verfügung 271
Verfügungsgeschäft 271, 273 ff., 284, 360, 406
Verjährung 415 ff.
Verjährungsfrist 415 ff., 421
Verpflichtungsgeschäft 269, 273 ff., 284, 406
Verschulden bei (vor) Vertragsschluss 396 f.
Verstoß
– gegen Gesetze 311, 315
– gegen gute Sitten 313, 315
Vertrag 54, 63 f., 116, 325 ff.
– dinglicher 43
– von Amsterdam 24
– von Maastricht 24
Vertragsfreiheit 16, 157, 198, 286
Vertragsschluss 117, 333
Vertrauensinteresse 246, 246a, 385

Vertrauensschaden 232, 246a, 267, 381
Vertrauensschutzprinzip 178, 240 f., 382
Vertreter 349 ff.
– gesetzlicher 55, 60, 89, 120 ff., 350, 383
– ohne Vertretungsmacht 373 ff., 385
Vertretung 349 ff.
– gesetzliche 350, 371, 383
– ohne Vertretungsmacht 373 ff., 385
– organschaftliche 351, 371
– rechtsgeschäftliche 352 ff., 383, 371
– Zulässigkeit 349
Vertretungsmacht 355 ff., 371
– kraft guten Glaubens 365a
– kraft Rechtsschein 365a
Volljährigkeit 61, 77
Vollmacht 349, 355, 365, 371
– durch konkludentes Handeln 369
– Erlöschen 370
– Rechtsscheinsvollmacht 367
Vollmachtserteilung 365 ff.
Vormund 55, 89, 350, 371
Vorsatz 237
– bedingter 237
Vorsorgevollmacht 128a, 297
Vorstand (Verein) 89 ff., 351

Wahlrecht 61
WhatsApp-Nachricht 185, 212, 246a, 294a
Widerruf
– von Willenserklärung 182
Widerrufsrecht des Verbrauchers 336
Wille 141 f.
– innerer 170, 176
– wirklicher 170, 176
Willenserklärung(en) 53 f., 60, 63, 115 ff.
– Abgabe 178 ff., 332
– abhanden gekommene 180, 193
– ausdrückliche 145
– Auslegung 160 ff., 342 ff.
– automatisierte 213, 260
– Bestandteile 140 ff.
– elektronische 212, 260 f., 332
– empfangsbedürftige 177, 193
– konkludente 145, 150, 369
– Kundgebung 149, 212
– nicht empfangsbedürftige 177, 193
– unter Abwesenden 183 ff., 193
– unter Anwesenden 183 ff., 193
– verkörperte 186, 193
– Widerruf 182, 188, 191 f.
– Zugang 178 ff., 183 ff., 192, 332 f.
wirtschaftlicher Verein 85, 92
Wirtschaftsprivatrecht 4, 19 ff., 26
Wohnungseigentum 111
Wucher 314, 315

Zeitbestimmung 408, 420
Zivilrecht 13, 44
Zubehör 112, 114
Zugang
– von Willenserklärungen 178 ff., 183 ff., 192, 332 f.
Zustimmung 56 f., 60, 122 f., 127